儿童阅读课程

教学案例

主编 / 余云德

·南 昌·

编委会

主　编

余云德

副主编

禹玉珍　吴书华　李祖文

编　者

深圳市福田区儿童分级阅读研究核心团队

彭翠华　姚　莉　文国锋　刘　恋　舒　林　彭小山

袁凤娟　林　艳　蔡兆光　刘　莉　高　莹　叶海玉

吴晓颖　刘　婷　王晓敏　张　莹　吴　蓓　童再燕

深圳市《小学语文整本书阅读教学策略研究》课题组

洪钰龄　陈伟茵　刘　佳　谭晨冬　樊萍丽　陈　洁

马金香　钟艳榴　邵　成　周爱红　何小娜　肖　啸

杨　扬　周靖雯　吴利利　周华玲　彭稚雅　叶晓芬

序一

活动实践，指向表达

——儿童整本书阅读教学策略研究

一、问题的提出

阅读的过程，如同花朵盛放的过程。

兰花、芍药、吊兰等，此类花，其色泽单一而简洁，不耀眼夺目，生来独具淡雅芬芳；而有的花，无吐芳露华的天赋，只能靠光鲜色泽以粉饰自我，美艳花期，牡丹、玫瑰当属此列。

由此有云："香花不色，色花不香。"

阅读的人，在书籍中饱尝百态滋味：分离的怅惘、相爱的欢愉、去国的乡愁、追梦的笃定……丰腴鲜活的情绪体验，虽改变不了如水逝去的眉目，润泽不了花的娇嫩，却浸润了阅读人的心，白纸黑字化成阅读人的气质：不凡的谈吐、优雅的言行、一颦一笑间的与众不同。

于是，作为深圳市现代化、国际化中心城区的福田区，着力打造与之相匹配的"幸福教育"品牌。8 年来，在全区 73 所中小学持续推进基于"习程"的"语文主题学习"。其中，整本书阅读作为该课程的重要内容，纳入了学生期末学业评价。目的就是阅读经典，增加阅读量，用整本书的完整情境，提高阅读品位，为每个学生的生命打底。

福田区儿童整本书阅读经历了三个阶段："福田阅读 1.0"——全班共读一本书（一月一本）；"福田阅读 2.0"——全区学生自下而上的自我推荐阅读书目活动（学生每人推荐 3 本书→班级投票→年级统筹→全区汇总→全员投票，历时一年）；"福田阅读 3.0"——全区构建分级阅读体系，指向学生自主选择阅读材料。这三个阶段正好印证了"强制—认同—内化"的教育规律。整本书阅读教学，在福田区，可谓百花齐放：或作品，或"桥梁"书，或绘本；或阅读前的指导课，或阅读中的推进课，或阅读后的分享课。

尽管如此，老师们仍然困惑：学生喜爱读书了，可是为何语文成绩提高幅度不大？学生家长也怀疑：孩子读了那么多的书，怎么还是不会写作？

通过大量的调查和文献研究，我们认为，儿童整本书阅读及其教学，不仅指向内容，更应指向形式，指向语言，指向表达。

《义务教育语文课程标准（2011 年版）》指出："语文是实践性很强的课程，应着重培养学生的语文实践能力，而培养这种能力的主要途径也应是语文实践。"这里的"语文实践"指的就是语言文字的运用。歌德说："内容人人看得见，含义只有有心人得之，而形式对于大多数人是一个秘密。"对于大多数学生来说，整本书阅读更多的是留意内容，关注情节，很少注意形式这个"秘密"。这就需要广大教师用引导来进行教学"干预"。教师如果不引导学生加以关注，学生就会缺失感受"言语表达形式"的能力。正如潘新和教授所言："就文本教文本，教得再卖力、再艺术、再别出心裁，也是死路一条。"

于是，我们整本书阅读教学的重心，从解读"写什么"转向探究"怎么写"，用"写"的活动来驱动"读"，让学生读一篇文章或者一本书，不光知道写了什么，更重要的是让学生知道作者是如何写的，发现写作表达的奥秘及规律。

指向体验与表达的整本书阅读教学，专业一点讲，解答的是语文学科的本位价值是什么的问题；通俗一点讲，回答的是阅读课的语文味是什么的问题。

二、解决问题

那么，如何引导学生在整本书阅读中指向体验与表达呢？下面我们以学生循序渐进地阅读《城南旧事》的实践活动为例。

活动 1：阅读《城南旧事》，用简要的语言写出五个故事的梗概。

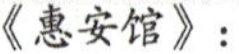

《惠安馆》：	《我们看海去》：	《兰姨娘》：

《驴打滚儿》：

《爸爸的花儿落了》：

“书是用来读的，而不是用来教的。”活动 1 是整本书阅读实践活动的基础，目的就是让学生整体感知整本书的内容，培养学生整体感知的能力。

接着，跟进第二项活动。目的是让学生就情节方面做进一步的深入理解。学生读书不能只是了解大略的情节，而是要把握情节结构，欣赏情节安排的逻辑美；不能只是了解有几个人物，而是要能分析人物之间的关系，揣摩作者塑造这些人物的意图。同时，提高学生“提取信息，形成理解”的能力。

活动 2：按要求填写“人物命运谱”。

故事	小英子年龄	人物	人物身份与性格	人物命运或结局	猜想的依据
《惠安馆》	六岁	“疯子”秀贞			
		妞儿			
《我们看海去》	七岁	“厚嘴唇”			
《兰姨娘》	八岁	德先叔			
		兰姨娘			
《驴打滚儿》	九岁	宋妈			
		“黄板儿牙”			
		小栓子			
		丫头子			
《爸爸的花儿落了》	十二岁	爸爸			
		英子			

小说是通过塑造人物形象来反映社会生活的。人物的悲欢离合、喜怒哀乐和兴衰荣辱，往往折射出时代和社会的世态人情与精神风貌。让学生写出小说中的人物关系图，在一定程度上可以促进学生深入思考小说的主题和思想，而不仅仅是把握情节内容。

叙事类文学作品阅读的深度可以分为三个层次：最基本的是把握情节，高一点的是理解思想，再高一点的是品味语言。所以接下来设计了第三、四、五个“跟进活动”，指向表达，目的就是培养学生的评价鉴赏能力。这类活动实践是整本书阅读的关键，解答的是整本书阅读的本位价值问题——感悟语言和铺排的魅力。

活动 3：发现细节中的“童心”，寻找能引起你共鸣的“儿童隐秘的世界”。举例摘录，并说说你的隐秘世界。

成人视角	儿童视角	我内心的隐秘世界
大人们很高，看得又远又宽阔，事情常常成了夸张的模样：________________	小孩子很矮，却能看到更多的真相和更细致的感情：________________	大人以为你这样，其实，我想的和他们多么不同（举例）：________
妈妈和宋妈赶着来哄我，妈妈说： “英子想爸爸了，爸爸知道多高兴，他下班就会来看你！” 宋妈说： “孩子委屈喽，孩子这回受大委屈喽！”	妈妈把我抱起来搂着我，宋妈拍着我，她们全不懂得我！我是在想那两个人啊！我做了什么不对的事吗？我很怕！爸爸，爸爸，你是男人，你应当帮助我啊！我是为了这个才叫爸爸的。	
妈妈说：“小英子，看见这个坏人了没有？你不是喜欢做文章吗？将来你长大了，就把今天的事儿写一本书，说一说一个坏人怎么做了贼，又怎么落得这么个下场。”	“不！”我反抗妈妈这么教我！ 我将来长大了是要写一本书的，但绝不是像妈妈说的这么写。我要写的是： “我们看海去”。	
……	……	

活动 4：五个故事中选取的典型景物，对表现人物情感、表达思想有什么作用？

故事	景物描写摘记	对表现人物情感、表达思想的作用
《惠安馆》	1. 小跨院里只有这么两间小房，门一推吱吱扭扭的一串尖响，那声音不好听，好像有一根刺扎在人心上。 2. 我从没有黑天以后来这里，推开跨院的门，吱扭扭的一声响，像用一根针划过我的心，怎么那么不舒服！ 3. “送他到门口，看他上了洋车，抬头看看天，一块白云彩，像条船，慢慢地往天边儿上挪动，我仿佛上了船，心是飘的，就跟没了主儿似的。” 4. 我仰起头来，望见了青蓝的天空，上面浮着一块白云彩，不，一条船。我记得她说：“那条船，慢慢儿地往天边上挪动，我仿佛上了船，心是飘的。”	
《我们看海去》	1. 哪个是疯子，哪个是傻子，哪个是骗子，哪个是贼子，我分也分不清。就我现在抬头看见窗外蓝色的天空上，飘动白色的云朵，我就分不清天空和大海。金红的太阳，是从蓝色的大海上升上来的呢？还是从蓝色的天空升上来的呢？我一遍一遍地念，好像躺在船上，又像睡在云上。 2. 草被风吹得向前倒，打着我的头，我只看见草上面远远的那块蓝色的海，不，蓝色的天。 3. 再看过去，旁边的空草地上，也还有一片太阳闪着亮，草被风吹得轻轻地动，我看愣了，不由得向它走过去。……但当我拨开那一丛草的时候，使人倒抽了一口气，惊奇地喊了一声：“哦！”	
《兰姨娘》	那马车越走越远越快了，扬起一阵滚滚灰尘，就什么也看不清了。	
《驴打滚儿》	黄板儿牙拍了一下驴屁股，小驴儿朝前走，在厚厚雪地上印下了一个个清楚的蹄印儿。	
《爸爸的花儿落了》	1. 到了五月节，石榴花没有开得那么红，那么大。如果秋天来了，爸还要买那样多的菊花，摆满在我们的院子里、廊檐下、客厅的花架上吗？ 2. 旁边的夹竹桃不知什么时候垂下了好几个枝子，散散落落地很不像样，是因为爸爸今年没有收拾它们——修剪、捆扎和施肥。 3. 走过院子，看那垂落的夹竹桃，我默念着：爸爸的花儿落了，我也不再是小孩子。	

活动 5：读读方框里的话，你读《城南旧事》时是不是想这样一直追读下去呢？这就是作品引人入胜的写作技巧——埋伏笔。

> 妞儿是“疯子”秀贞的女儿“小桂子”吗？秀贞带着妞儿出走，去寻找心爱的思康，结局是什么？
>
> “厚嘴唇”的那个人被抓，被公安认定为“贼子”，他真的是“坏人”吗？
>
> ……

书中人物的命运、结局，一眼是参不透的。那些隐含的信息，就藏在不经意的细节里，含蓄暗示，略微提及，像埋下的“定时炸弹”，吊足读者的胃口，引得读者在不断追索。在“后来呢，后来怎样了”的疑问中，层层剥离表象，缓缓切入血脉，逐次接近人物命运的“内核”，而高明的作者，总是预先设定好了爆破的时间，随着情节的发展，有层次地进行细部雕刻，引发情绪波澜，然后突然爆炸，与爆破点前后呼应。这样一点一点地迫近，一点一点地解剖，呈现一个多姿多彩的立体图景，使人物形象丰满起来，故事结局确信起来，读者掩卷长思起来。

这种写法，就叫作“埋伏笔”。伏笔使文章前后照应，结构严谨。

用作伏笔的，言语不多，有隐含性，不注意看不出来，所以，伏笔一般是“细节”。伏笔与下文承接的“点”有一段距离，甚至是文首与文尾的长距离，要仔细辨别。

请以“剥洋葱”的方式，解剖《惠安馆》，抓住细节中的“伏笔”，学习作者如何呈现人物的命运和结局。有了这次尝试，对提升你的写作技巧，大有益处。

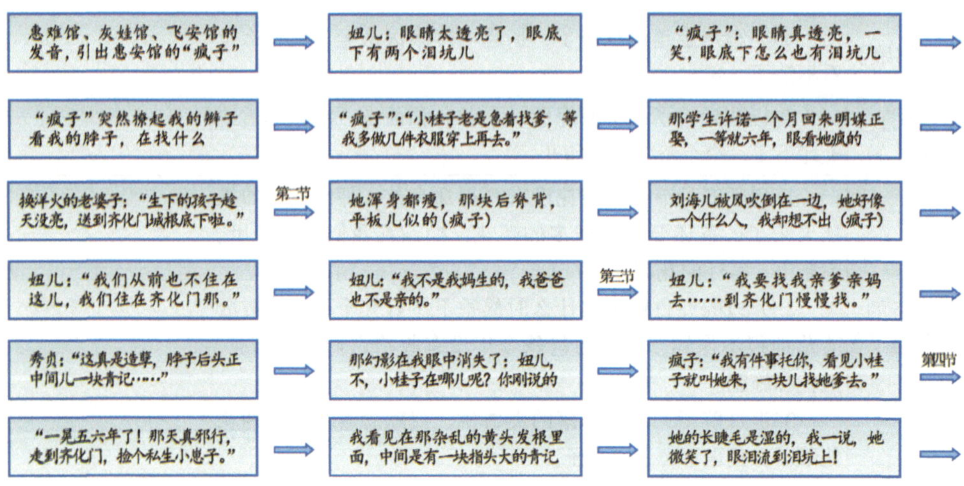

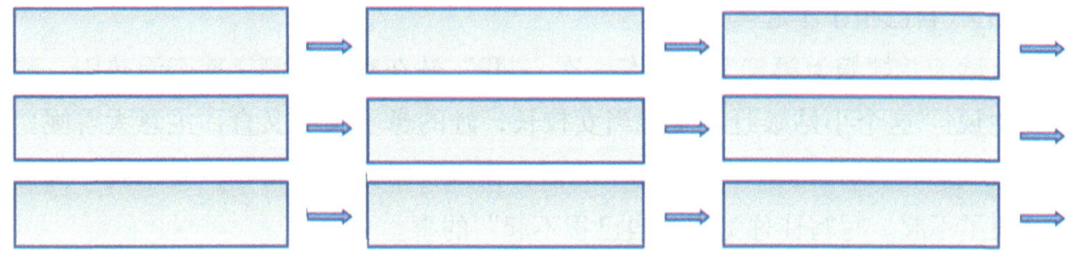

……

用同样的方法，找找《我们看海去》中的伏笔，找出依据，说说“厚嘴唇”那个人是不是“坏人”。

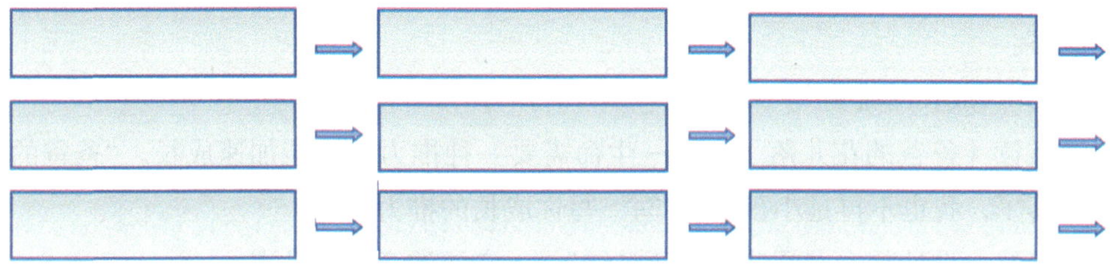

……

活动3、4、5解决的是语言的感悟与积累、审美的评价与鉴赏问题。如果再跟进一项活动“语言的运用”就锦上添花了。目的就是培养学生联结运用的能力。

活动6：创意写作

比如，可以设计、制作人物名片——从小英子、秀贞、妞儿、宋妈中挑选两个人物，做100字以内的人物介绍；也可以以著作为蓝本，改编成剧本，分饰角色，排练演出；还可以模仿创作（分五个小组，择一而作）：

（1）“快乐窝”。

英子说“西厢房是我们的快乐窝”，鲁迅的快乐窝是百草园，萧红的快乐窝是祖父的园子，你的快乐窝是哪里？写写“我的快乐窝”，分享童年记忆。

（2）“真带劲儿”。

重读《我们看海去》第三节——教跳舞唱歌的韩老师挑出我当“小麻雀”，“我只觉得脸热，真高兴死了，同学们会多么羡慕我啊！”你特别感兴趣的、令人羡慕的事是什么？写出来分享一下吧。

（3）“自己很了不起”。

重读《兰姨娘》第二节——有一次，“我”站在对街的测字摊旁看热闹，测字先生说：“这个小姑娘赶明儿能当女校长，她的鼻子又高又直，主意大着呢！有男人气。”兰姨娘的话，测字先生的话，让人听了都舒服得很，使“我”觉得自己很了不起。写写让你觉得“自己很不起”的事。

（4）“难忘迟到”。

重读《爸爸的花儿落了》——“想到这么不舒服的上学，我竟有勇气赖在床上不起来了。”“爸爸抄起鸡毛掸子倒转来拿，藤鞭子在空中一抡，就发出咻咻的声音，我挨打了！”“自从六年前的那一次，我何曾再迟到过？”写写你“迟到”的故事。

（5）“成长的推力”。

重读《爸爸的花儿落了》——生命需要一种推力，才能加速成长。“爸爸的花儿落了，我也不再是小孩子。”写一写你成长的推力。

当然，设计整本书阅读的“活动链”，一定要注意以下几点：

一是师生共读是前提。只有共读一本书，师生才有交流的话题，教师才能找到设计活动的抓手。

二是贴近学生是关键。活动的最终完成者是学生，教师设计的活动必须建立在了解学生的基础上，看看他们阅读中已经“到了哪里”，还需要“去哪里”，还能够“到哪里”。

三是循序渐进是根本。所谓“活动链”，就是指一环套一环的活动，必须具有由浅入深、逐层递进的特质。

序二

从学习阅读走向阅读学习

本书是深圳市福田区儿童分级阅读研究核心团队及深圳市《小学语文整本书阅读教学策略》研究课题组，在余云德校长的带领下深耕近十年开出的花，结出的果。研究团队在努力推动儿童阅读课程校本化的同时，让阅读更有策略，让阅读更有乐趣，让师生阅读更有质量，让校园飘满书香。

一、儿童阅读课程设计理念

从儿童发展心理学角度出发，根据不同年段孩子的心智发展特点，结合阅读心理学、阅读脑科学等相关研究成果，确定不同年段不同学期的主题阅读课程，以精读带动泛读。既有指向体裁的阅读，也有指向主题的阅读；既有一个作家作品的系列阅读，也有一个主题的拓展阅读。同时，为避免主题阅读带来的遗漏，我们特意为每个年级补充了适合该年段阅读的一百本书（见下表），供孩子自由阅读，充分尊重并满足不同孩子的阅读需求。

附：儿童分级阅读书目

年级	阅读主题	精读（必读）书目
一（上）	与开学有关的图画书	《小魔怪要上学》《小阿力的大学校》《我好担心》《爱心树》《魔法亲亲》《我要上学啦》《我的名字克丽桑丝美美菊花》《最想做的事》
一（下）	无字书阅读	《飞机》《十朵小云》《疯狂星期二》《父与子》《海浪》《狮子和老鼠》《黄气球》《黄雨伞》
二（上）	童话故事	《小巴掌童话》《格林童话》《笨狼的故事》

（续表）

年级	阅读主题	精读（必读）书目
二（下）	神话与民间故事	《中国古代神话故事》《中国民间故事》《希腊神话故事》《中国神话与传说》
三（上）	顽童系列阅读	《窗边的小豆豆》《查理和巧克力工厂》《时代广场的蟋蟀》《父与子》
三（下）	寓言·科普	《中国寓言故事》《中国历史地图绘本》《夏洛的网》《森林报》
四（上）	成长·探险	《爱的教育》《海底两万里》《生于天空》《昆虫记》
四（下）	神话·想象	《多莱尔的希腊神话书》《将军胡同》《小王子》《不可思议的发明》
五（上）	哲学启蒙	《写给孩子的哲学启蒙书（六册）》《西游记》《天蓝色的彼岸》《毛毛》
五（下）	童年故事	《城南旧事》《青铜葵花》《呼兰河传》《俗世奇人》
六（上）	战争与历史	《三国演义》《狼图腾》《安德的游戏》《东周列国故事（林汉达版）》
六（下）	传记文学与成长故事	《鲁滨孙漂流记》《假如给我三天光明》《绿山墙的安妮》《苏东坡传》

二、儿童分级阅读教学策略

（一）一年级——基础阅读能力培养

（1）阅读：能够掌握阅读图画书的方法，具备文字的基本理解力以及读图能力。

（2）表达：能够大致讲述图画书的内容，意思表达清楚，并乐于与人交流。

（3）倾听：能够具备专注倾听的能力，能从他人的表达中领会主要意思。

（4）思考：对感兴趣的人物和事件有自己的感受和想法。

（5）习惯：培养爱护图书的习惯。

（二）二年级、三年级——检视阅读能力培养

1. 阅读

（1）培养学生的朗读能力，做到正确、流利，读出自己的理解。

（2）能够速读、略读、停顿或倒退，能调整读书方法，提升阅读的速度和效能；能读懂内容，了解文章大意。

（3）掌握阅读整本书的步骤（有系统的略读或粗读）。

2. 阅读速度

培养默读能力，学生能够进行阅读速度的练习。

3. 表达

（1）能够主动提出问题，能讨论阅读的内容。

（2）能够大致复述书籍中的故事，语言流畅，讲述清晰。

（3）能够说出自己的观点和想法，乐于与人分享。

（三）四年级、五年级——分析阅读能力的培养

1. 阅读

（1）培养学生朗读、默读、浏览、略读的能力，能调整读书方法，提升阅读的速度和效能。

（2）在阅读中，培养分析归纳的能力。

2. 表达

（1）能够积极参与讨论，乐于与人分享自己的观点。

（2）能够言之有物、言之有序、言之有理。

（3）能够根据所读内容（小说、历史、哲学）开展相应的辩论活动，使学生掌握一定的辩论技巧。

（四）六年级——比较阅读能力的培养

1. 阅读

（1）能够根据主题分类进行选择性、研究性阅读。

（2）能够掌握主题阅读的策略。

2. 表达

（1）能够根据阅读所得分享收获，能够将主题阅读的设计思路及阅读过程进行清晰讲述。

（2）能够根据不同议题开展讨论、辩论活动。

（3）能够讲述名人故事，并结合自己的生活经验谈出对故事理解。

三、本书编写体例说明

本册教师用书推动了儿童阅读课程校本化，融合了整本书阅读教学导学课、推进课、分享课、专题课、精读课、群文阅读课等课型。从儿童阅读规律出发，教学案例设计呈现六个板块，分别是“阅读解析”“阅读策略”“教学设计”“创意天地”“阅读加油站”和“阅读工具箱”。现分别说明如下：

（1）阅读解析。我们甄选了目前市面上最优质的图书版本，从主题内容、表现手法及语言风格、角色特征等几个层面深度解析文本价值，以期帮助教师全面把握整本书作品特色、阅读方向。在此基础上，我们结合学生的阅读能力基础与生活经历，围绕整本书提出了一些有思考价值的问题链，以期激发学生的阅读兴趣，引导学生带着问题走进文本。同时与统编版教材对应年级相关阅读训练要素紧密联系，开展阅读教学活动。

（2）阅读策略。我们对小学生在整本书阅读实践中可能形成的阅读能力进行了梯度分析。根据作品特色及学生的阅读能力最近发展区，不同的年级采用不同的阅读策略，循序渐进实现阅读素养螺旋式提升。

（3）教学设计。是儿童阅读课程中最核心的环节。呈现出课型丰富、活动多样、贴近生活等特点，关注学生阅读、思考、批注、习作，甚至角色扮演、演讲辩论等丰富的学习方式。学生在课程中学习运用阅读策略，形成扎实的阅读能力。

（4）创意天地。展示了整本书阅读与习作表达之间内在的联系，包括了仿写、续写、改写、书信、模拟采访、名片设计、剧本创作等多种形式的习作训练，读写紧密结合，推动学生从输入走向输出，有利于学生语言的构建与运用、思维的提升与发展。

（5）阅读加油站。介绍了与文本相关的书籍、影视等主题性阅读课程资源，引导学生在多样化阅读学习中激发兴趣、拓宽视野、提升阅读鉴赏力。

（6）阅读工具箱。在对学生阅读力进行基础评估的前提下，补充了一些整本书内容重要知识框架，一般涉及作品相关的文体知识、写作技巧、阅读策略等。关键知识信息的支撑，有利于帮助师生站在“学用”的角度观照整本书的知识架构。

总之，我们力求通过本书的教学案例，帮助教师通过师生共读引领学生从一个策略出发，走向更自由的阅读；从一本书出发，走向更广阔的阅读；从一个主题出发，走向教科书般的大千世界。师生得以在“学习阅读”中体验思考的乐趣，找寻属于自己的阅读方向；最终实现在“阅读学习”中认识自我，建立与世界交往的信心！甚慰！

禹玉珍

序三

如果教育只能干好一件事

如果教育只能干好一件事，那就是阅读。

如果孩子从小就爱上阅读，教育这件事就变得简单了许多。

苏霍姆林斯基在《给教师的一百条建议》中，曾多次强调阅读对儿童发展的重要意义，“阅读是学生发展心智的主要方法”，“阅读是减轻学生负担的主要途径”，“阅读是各学科医治学困之疾共同的‘灵丹妙药’”……让儿童在最佳成长阶段读到最好的书，这是我们能给儿童的最宝贵的精神食粮。优秀的书籍，哪怕仅仅是一本，对于儿童的心灵也有着重要的影响。它是一种有效的经验，可以帮助儿童培养判断力并获得良好的品位。优秀的儿童书籍给予喜欢阅读的儿童某种稳固的力量，好像狂风中的备用锚，让他们紧紧抓住这个复杂、多变的世界。儿童一旦在书里找到了通往世界的道路，他们就好像被上天赐予了一对神奇的翅膀，可以舒展双翼自由翱翔。他们将以超出常人的热情与恒久的坚持投入喜欢的学科学习中，在不断地努力中崭露头角，并将这种热情延伸到其他学科的学习中。通过广泛、持久的品质阅读，他们获得一股巨大的力量来面对这个纷繁、复杂、充满矛盾的世界，并以卓绝的毅力、优秀的品质及充满魅力的人格力量来改变这个世界。他们具有更优雅的气质、更完美的品格、更丰富的内心世界，他们会以更大的热情来投入生活，并通过坚持不懈的努力来实现人生理想与拥抱幸福。恒久坚持的品质阅读可以促进一个人的终身发展并达至完美。

今天，已没有人再怀疑阅读对一个人的发展的重要性了，人们投入了极大的热情来阅读。但是我们知道，光有热情还远远不够，儿童需要具有专业能力的成年人引导他们阅读，从而不断提升他们的阅读力及思考力，并将他们引领到适宜成长的阳光地带：自主阅读，个性发展，逐步提升，直至内化为一种学习习惯与个性品质。

为此，我们一直在努力做着一件事，那就是坚持不懈地带领儿童进行整本书阅读。我们力求以学生的学为中心组织阅读活动，培养阅读习惯，促进阅读力及思考力的全面提升。

为了实现这个目标，我们在大量教学实践研究的基础上编写了整本书阅读教材，聚焦阅读素养，从阅读兴趣与习惯、阅读理解与交流、阅读技巧与策略以及创意写作等多个方面分年段展开教学。

我们希望通过六年的整本书阅读教学，可以帮助学生养成如下习惯：（1）喜欢阅读，能充分利用点滴时间天天坚持阅读。（2）认识到阅读对学习、工作以及日常生活的重要性，尝试利用阅读解决实际问题。（3）能为完成任务而读，也能为个人兴趣发展而读。（4）主动与他人交换读物，乐意分享阅读所得。（5）养成主动阅读的习惯，具有较广泛的阅读面。

同时，我们更希望通过整本书阅读教学（主要是文学作品），可以帮助学生提升基本素养，具体要求如下：

（1）能判断所读文本基本类别。（2）能在自由阅读时自觉获取重要信息。（3）能根据外在任务精准获取关键信息。（4）能根据封面、标题或目录，对文本进行猜想推测。（5）能概括文本主要内容，基本把握作者的写作思路和情感倾向。（6）能简单诠释人物行动，找出原因和影响，初步体验角色的经历和情感。（7）能读出文本空白处和不确定之处的特别意义。（8）能结合作者和作品背景提炼文本主旨。（9）能初步了解文本在体裁、结构、表现手法等方面的特点。（10）能就文本中的信息或人物行为的可信度发表看法，并作出价值判断。

这只是一个比较粗略的概括。教学中我们需要适时加入知识类阅读，丰富学生的阅读内容，增加学生的阅读体验，并学习比较、对比等多种阅读策略。

当然，在朗读技巧、持续阅读及策略运用方面，我们也希望对学生提出具体要求，并逐渐转化为他们的行为方式，比如边阅读边思考的习惯、利用符号做标记的习惯、批注阅读的习惯、有意识地提高阅读效率的习惯，以及尝试运用批判性思维与文本对话的习惯等。这些习惯的养成与能力的提升也不是一蹴而就的，需要我们在教学中不断强化与训练。只有当学生习惯了边阅读边思考、边阅读边品味的阅读方式，他们才可能借助阅读不断提升自己并逐渐走向优秀。

为了帮助一线教师更好地开展整本书阅读教学，我们编排了大量可供参考的教学设计。这些教学设计都极具创意又各具特色，合理利用这些教学设计来开展教学实践研究，可以达到事半功倍的效果。

当然，在这个文化如此多元、世界以各种方式争夺每个人注意力的时代，我们开展整本书阅读教学实践显得尤为艰难。这就需要我们以极大的热情去研究，不断完善教学设计，让我们的教学设计更多地在学习方式上下功夫，帮助儿童兴致勃勃地扎根在人类文明与智慧的土壤里，尽情地阅读，拼命地生长。我们也希望一线教师们能在这样富有挑战性的工作中获得成长，收获教育的快乐与幸福。

需要说明的是，整本书阅读需要学习各种理解策略，但不排斥中国传统的读书方法。需要精读，也需要略读；需要自主阅读与独立思考，也需要聚焦讨论与课堂分享；需要安静阅读，也需要大声朗诵；需要批注，也需要摘录；需要多种形式的创意写作，也需要刻意模仿。此外，还有创意改编与表演……没有哪一种读书方法是绝对的，每一种都有其存在的价值与意义。我们要有勇气带着学生进行各种形式的练习，并将这些方法贯彻到他们日常的学习活动中，让这些好的读书方法陪伴他们不断成长。

有人说，我们欠学生一节真正的阅读课。那是因为在过去的阅读教学中，我们过分重视教材的学习而忽略了整本书的阅读教学。其实，整本书阅读远没有想象中的那么难，我们要创造条件让学生阅读真正的整本书，尤其是儿童文学作品。因为这些作品与学生生活更接近，更容易引发他们思想的共鸣，为他们提供思考的张力和探索的空间，有助于培养其批判思维，发展其独立人格。尤其是整本书阅读，更重视文本细读中的自我发现、批判与质疑，以及对作品主旨及写作手法的深入探索，都有助于提升学生的阅读力及思考力，这些都是单篇课文阅读教学无法取代的。当然，我们也要让学生明白一点：学会阅读也是一个人成长的过程，成长的过程必然要学会接触一些不太感兴趣的东西，比如阅读有些深奥的书籍，就要借助参考书或是请教他人，最重要的是让自己在“啃书”的过程中学会“沉潜”，学会忍耐与坚持。

“热爱阅读的人生一定有未来”，热爱阅读的儿童一定不会差。慢慢地，我们就会看到孩子们的变化，他们的阅读兴趣与选书范围、阅读的品质与深度、想象力、阅读力、思考力、表达力、创造力……长时间的海量阅读，必定会培育儿童良好的“心智土壤”，推动他们不断超越自我，走向更加美好的人生。

小学阶段的阅读，核心是培养儿童的阅读兴趣和终身学习的能力，以及独立判断和思考的能力。只要我们引导得法，学生自然融入其中，久而久之，学生的阅读力、思考力与表达力自然得以提升，学习兴趣与学习能力也相应得到提高。

课本不是我们的世界，世界才是我们的课本。阅读，早就从教科书的王国突围，迈向无限宽广的世界。无论哪一门学科，想要学得更为深入，都离不开阅读。所以，带着学生由整本书阅读开始到更广泛地阅读，就是为学生未来发展奠基。

如果教育只能干一件事，那就是阅读。如果我们都能在学校和图书馆里安静地阅读，自然地成长，那该有多好。

教育若如此，世界会更美好！

吴书华

目录

一年级上册

与上学有关的图画书

一年级上册

图画书

图画书一般只有三十几页，依据一连串的图画和为数不多的文字，讲述一个完整的故事。阅读图画书，我们将在图画和文字中感受故事的魅力，我们的阅读也将从这里起步。

彭懿老师的《图画书应该这样读》告诉我们怎样七步读懂图画书。

第一步：封面和封底有故事

封面既有书名又有图画，还将图书的创作者和出版社介绍给读者。读完封面，接着看封底，一本书的封底至少需要看两遍——阅读故事前看一遍，故事读完后再看一遍，因为有些作者会将故事的结尾画在封底上。

第二步：藏在环衬里的秘密

一般精装书都会有环衬，而平装书则没有。要是环衬上有颜色，建议耐心地看上十余秒。颜色会给我们一种心理暗示，跟随它调整自己的心情，然后走进后面的故事中。

要是环衬上有图案，那么更要多停留一会儿，这些图案一定跟书中的故事有某种联系。看了前环衬，读完故事再看看后环衬，看看它们都告诉了我们什么。前后环衬有时会遥相呼应，一个作为故事的开头，一个作为故事的结尾，要是漏看一个，就会读出完全不同的结局。

第三步：文字与图画相结合

一本图画书至少会包括三个故事：一是文字讲述的故事；二是图画讲述的故事；三是文字与图画相结合而产生的故事。

第四步：想象力不可或缺

故事有情节，有悬念，存在一定的因果关系。这些因果关系潜藏在故事里，就像一个个预先设计好了的问与答，会激发我们的好奇心，邀请我们参与到故事中去。

第五步：反复多看几遍

反反复复地细读文字和图画，至少读上十遍。图画书把太多的东西都悄悄地隐藏了起来，留待我们去寻找、去发现、去感受。

第六步：学会欣赏版面设计

对着图画书的页面版式不停地发问：为什么它的画面一页比一页大，甚至突然来了个大跨页呢？为什么它的文字不排在图画里，而要排在图画之外呢？……只要我们能把问题问出来，再带着这些问题把书看上一遍，就一定可以知道画家或者是平面设计师为什么要这样设计了。

第七步：一起来讨论吧

在学校里，大家一起坐下来讨论一本图画书，可以发表自己的见解，也可以听听别人是怎么读图画书的，看看自己还有哪些地方没有读出来。在讨论中得到启发，提升自己的阅读力。可以讨论的话题很多，从封面到正文，从文字到图画，和伙伴一起品味一本图画书所要传达的观点和想法吧！

《小魔怪要上学》阅读设计

一、阅读解析

《小魔怪要上学》的作者玛丽·阿涅丝·高德哈（Marie-Agnès Gaudrat）是法国儿童出版界中极具才华和见解的领导者。她写的这本书讨论的是阅读的力量。阅读能改变食人魔的“饮食习惯”，使其初步具有“人性”。这是每个读完这本书的人都会得出的大致印象。在故事中，借助阅读，食人魔家族得到了极大的改变，展现出“书籍当中存在着力量，可以让许多事情获得改变”的主题。

《小魔怪要上学》适合两种读者阅读：一种是不爱读书的孩子，老师可以通过小魔怪上学的故事来激励他；一种是不爱读书的大人，希望他们读了这个故事后，能多抽出一些时间陪孩子阅读。

（一）内容解析

小魔怪是食人魔的孩子，可是他和父母不同，他不吃人，他羡慕人类的小孩子有那么多做游戏的方法，有那么多玩耍的快乐。有一天，他捡到了一本书，决定要去上学，“破译”书中的秘密。从小魔怪上学这天起，一切都改变了。当他学会阅读，念着书上的故事时，把食人魔爸爸和妈妈都吸引过来了。最后，不但小魔怪每天可以吃到香喷喷的水果蛋糕，连小魔怪的同学和食人魔爸爸妈妈也全都变成了好朋友呢！

（二）作品特色

第一，阅读的重要。能否阅读是人与兽的重要区别。在小魔怪上学前，“爸爸妈妈从来不陪小魔怪玩游戏，也从来不给他讲故事”，而每天想的都是明天吃什么。小魔怪学会阅读后，不仅脾气变好了，还带着爸爸妈妈一起阅读。爸爸妈妈不仅从书中学会了糕点的制作方法，还开始和人类一起玩耍嬉闹。如果没有阅读，就没有这一切的改变。

第二，阅读的步骤。小魔怪学习阅读的过程，其实就是小孩子学习阅读的过程。他首先是被书中漂亮的图画吸引，然后对书中的黑色符号——文字感兴趣。经过努力学习，慢慢地，小魔怪可以读出一个个句子了，最后终于可以读一本本的书了。阅读就是通过文字获得意义，对孩子来说是一个渐进的学习过程。从故事中我们还可以看到，讲故事是培养阅读兴趣的重要方式。

第三，阅读的快乐。对于小魔怪而言，他喜欢读书，没有直接的功利目的，只是因为阅读使他快乐。所以，他才会打着手电筒躲在被窝里琢磨那些黑色符号，才会以绝食来要求上学。阅读的快乐也感染了小魔怪的爸爸妈妈，他们在"再讲一个故事"的乞求中，收获了快乐和感动。书中小魔怪一家人或坐或卧一起阅读的情景，其乐融融，多么令人感动。

（三）阅读提示

（1）你喜欢小魔怪的爸爸妈妈吗？为什么？

（2）小魔怪是怎样看懂那些黑色符号的呢？

（3）爸爸妈妈会同意小魔怪的想法吗？为什么？

（4）上学以后的小魔怪是怎样的呢？

（5）你觉得小魔怪的爸爸妈妈会吃了他的小伙伴们吗？为什么？

（6）你觉得现在小魔怪的爸爸妈妈还可怕吗？

（7）刚开始，小魔怪的爸爸妈妈是怎样的？现在他们又是什么样子的？

（8）这是多大的变化啊！是什么让他们发生了这么大的改变呢？

（四）教学主题对接

建议与统编版教材语文一年级上册第一单元相衔接。

二、阅读策略

（一）提问

策略的描述：阅读时提出问题来帮助思考。想要得到聪明的回答，就要提出聪明的问题。依据不同的阅读目标提出不同性质的问题。

策略的功能：（1）帮助理解、澄清思想；（2）让读者更深入地寻求意义；（3）刺激研究和发明。

（二）图像化

策略的描述：将文字化为脑海中的图像，将文字变得具体生动。

策略的功能：（1）图像化帮助读者投入文本，形成个人特有的诠释；（2）厘清文字所叙述的过程、时空关系和因果关系。

三、教学设计

（一）小魔怪来啦

（1）封面上画了谁？它在干什么？你觉得这会是一只怎样的小魔怪？

（2）你还能从封面上得到什么信息？

（3）打开绘本前，你想知道有关小魔怪的哪些信息呢？

（4）教师大声朗读绘本第 1、2 页。

（5）接下来又会发生什么故事？

（6）教师续讲故事。学生谈感受：你喜欢这样的小魔怪吗？

（7）给小魔怪画一幅自画像吧。

（二）小魔怪一家

（1）说一说：小魔怪在想什么？小魔怪看到这本书会怎么做呢？

（2）议一议：小魔怪是怎样学会阅读的？

（3）演一演：观察一下小魔怪一家的表情和动作，你能把他们表演出来吗？（想一想：在小组里分配好角色，表演的时候小魔怪和爸爸妈妈还会说些什么，做些什么呢？先在小组里表演一下，然后请一组同学到台上来表演。）

（4）答一答：小魔怪一家发生了什么变化呢？

小魔怪一家的变化	
阅读前	阅读后

①小魔怪的爸爸妈妈以前从来不陪小魔怪玩游戏，每天想的都是明天吃什么。

②小魔怪的爸爸妈妈脾气变好了，学会了制作糕点，还和人类的小伙伴们一起玩耍嬉闹。

③小魔怪每天大喊大叫，还不停地跺脚。

④小魔怪变得快乐，并感到了幸福。

（三）改变从学会阅读开始

（1）回忆故事内容，在这个故事里，你喜欢谁？为什么？

（2）是啊，小魔怪的爸爸妈妈以前“从来不陪小魔怪玩游戏”，每天“想的都是明天吃什么”。后来，他们脾气变好了，学会了制作糕点，还和人类的小伙伴们一起玩耍嬉闹。小魔怪也从每天大喊大叫变得不再跺脚，从难过、讨厌家里的一切变得快乐，并感到了幸福。这是多大的变化啊！你们知道是什么让他们发生了这么大的改变吗？

（3）原来，读书有这么大的作用呀！本书的编者，儿童阅读专家王林读完这个故事后也说：……（出示封底）

（4）还记得这样的几个画面吗？

小魔怪坐在床上看书、小魔怪坐在沙发上给爸爸妈妈讲故事、小魔怪一家趴在地毯上看书。多么温馨的画面啊！你们家中曾经有过类似的场景吗？

老师知道，很多小朋友平时在家也常和爸爸妈妈一起读书，让我们来看一看吧。（投影出示学生亲子共读的画面）教师画外音：你们看到了谁？多么温馨、多么幸福的画面啊！带着我们走进了书的世界，让我们每个人的心也跟着温暖起来了。

四、创意天地

（1）以后，小魔怪过生日时会邀请谁呢？帮他写一张邀请卡吧。

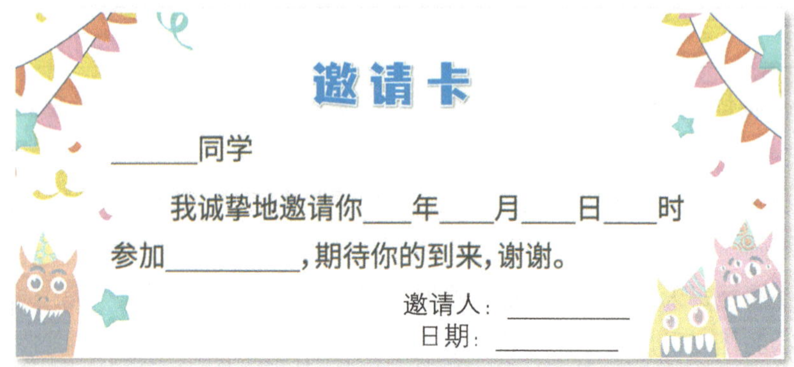

邀请卡

______同学

我诚挚地邀请你___年___月___日___时

参加_________，期待你的到来，谢谢。

邀请人：________

日期：________

（2）如何让自己的爸爸妈妈也爱上阅读呢？请你来支招。

五、阅读加油站

（1）《我喜欢书》，[英]安东尼·布朗/绘著，余治莹/译，河北教育出版社。

（2）《爱书的孩子》，[澳大利亚]彼得·卡纳沃斯/著，方素珍/译，浙江少年儿童出版社。

（3）《图书馆狮子》，[美]米歇尔·努森/著，[美]凯文·霍克斯/绘，周逸芬/译，河北少年儿童出版社。

（4）《闪电鱼尼克：一条爱读书的鱼》，方素珍/著，方素珍、江书婷/绘，中信出版社。

（5）《图书馆来了个熊馆长》，[英]艾莉森·唐纳德/著，[英]亚力克斯·维尔默/绘，中青文/译，中国青年出版社。

（6）《做个爱书人》，[美]巴巴拉·伯特/著，[美]迈克尔·艾伯力/绘，余治莹/译，青岛出版社。

六、阅读工具箱

小学生的阅读方式

1. 初读——目标阅读法

要求学生根据自己的需要与读物的实际情况来选定阅读目的。大到思想内容、写作特点，小到段落层次、遣词造句，制定明确的目标。在阅读时要直接捕捉与目标有关的材料，通过各种途径达成目标。阅读时还要避开与目标无关的内容，避免绕圈子。在此基础上，及时进行筛选，找到真正切中目标的实际内容。

2. 速读——快速阅读法

要求学生从文字材料中迅速接收有用信息，让学生懂得这是一种在注意力高度集中状态下，积极的、创造性的理解过程。阅读时不出声，简化理解材料的思维过程，以加快阅读速度。同时，尽力拓宽视读广度，以句、段文字为一个阅读单位，做到一目十行。阅读时注意力高度集中，阅读途中不回视、不重读。另外，还可灵活运用多种筛选信息的方法，只选取主要信息，尽量排除次要的与无关的信息。阅读结束后，要求学生复述大意、浓缩要点、编写提纲，及时反馈，检查阅读的效果。

3. 悟读——以意逆志法

孟子说："故说诗者，不以文害辞，不以辞害志。以意逆志，是为得之。"这就是说拿自己的"意"，即思想、知识、经验来推想作者的思想。对于小学课本中一些古诗、寓言故事以及有比较深刻思想意义的作品，可以运用这种方法来加深理解。如林巧稚说"我们要得一百一十分"，其中"一百一十分"是什么意思？学生可以结合自己生活中所见的倔强性格、不甘歧视、顽强精神、目标动力、志气骨气等"意"来逆推作者的"志"。

4. 熟读——十目一行法

清代学者阮元说："世人每矜一目十行之才，余哂之。夫必十目一行，始是真能读书也。"这是说精读之法。有的书要速读，是为了快速摄取信息；有的书要精读，是为了对内容和形式进行仔细的研究，做到剖析至微，以更好地领会作者的笔法、旨趣。

5. 感读——写写画画法

美国哲学家、教育家阿德勒主张随着阅读和思考，在书中写写画画，做各种各样的记号并写下自己的随感。他认为这才是书籍的主人，这个过程就是占有书籍的过程。学生尤宜采用此法，凡是好词好句用一种符号画出；作者的思路立意用另一种符号画出；疑难不解之处再用其他符号勾出。多读多思，勤画勤写，一定会取得成效。

深圳市福田区南华小学　禹玉珍

《小阿力的大学校》阅读设计

一、阅读解析

很多小朋友在刚准备进入校门时，也许就是小阿力的样子，对校园生活有期待、有紧张，也有担心。或许也会碰到像小阿力一样的状况，想待在妈妈身边，不想长大。那么，读一读《小阿力的大学校》也许就能缓解你的“开学焦虑”。这本描写细腻、画风精致的图画书，是准备上学的小朋友必读的好书。

这本图画书，是由英国的罗伦斯·安荷特和凯瑟琳·安荷特创作的。这一对夫妻档童书创作者在英国十分著名，自 1984 年以来合作出版了超过 90 部作品，并被翻译为多国文字，深受世界各地儿童的喜爱。他们合作的图画书，多取材于真实的家庭生活，读者常可在凯瑟琳的图画中看到熟悉的家常事物和丰富有趣的细节。

（一）内容解析

小阿力即将走进学校的大门，他对未来的学校生活有点担心，也有点害怕。上学的前一天，他在院子里收留了一只可怜的、灰头土脸的小麻雀。可就在上学的这天早上，小麻雀已经能自己稳稳地站在地板中央了。小麻雀的成长鼓励了小阿力，他觉得自己可以和小麻雀一样自己照顾自己了。果然，小阿力用小麻雀的故事在学校收获了自信，认识了新朋友，成了一个快乐勇敢的小男孩。

（二）作品特色

1. 熟悉的生活场景

作为一本图文并茂的儿童读物，书中充满了温馨现实的生活场景，如餐桌、沙发、花园、教室、厕所等，这些都带给小读者亲切熟悉的感觉，让小读者能在阅读的过程中捕捉到和自己日常生活相似的情节，构建属于自己的故事画面。

2. 丰富有趣的细节

绘本虽然故事情节较为简单，易于理解，但并不单一。丰富的细节描写让整本书简单而不枯燥，充满了生活气息。无论是小阿力照顾受伤小鸟的动作，还是妈妈帮小阿力准备学习用品的情节，都描写得十分细致具体，让人身临其境。

3. 细腻精致的画面

两位作者对生活的细致观察和耐心捕捉在画作中体现得淋漓尽致。绘本中的每一幅图画都带有生活的印记，加上作者巧妙的设计，让图画中每一处细节都流露出细腻精致的特点。从书包上的小恐龙到小朋友们各异的肤色和发色，无不体现出作者精湛的画工和爱探索的童心。

4. 以小见大的构思

害怕上学的小阿力照料了灰头土脸的小麻雀，“自身难保”的小麻雀鼓励了紧张胆怯的小阿力。最终，小麻雀飞上了天空，小阿力走进了学校。就像雅斯贝尔斯所说：“教育就是一棵树摇动一棵树，一朵云推动一朵云，一个灵魂唤醒另一个灵魂。”自然里的教育更能够鼓舞孩子，唤醒孩子内心里的勇敢，让孩子逐渐长成独立、有思想的个体。一个被引导的孩子成为另外一个小生命的引导者，这样的设计以小见大，彰显了生命的力量。

（三）阅读提示

（1）小阿力要去上学了，他有点担心，你知道他担心什么吗？

（2）你有同样的经历吗？

（3）小阿力是怎么照顾灰头土脸的小麻雀的？

（4）小阿力的妈妈在他上学前为他做了哪些准备？

（5）小麻雀能够听懂小阿力的话吗？

（6）小阿力进入校门的时候是什么心情？

（7）小阿力的老师带着他认识了哪些新环境呢？

（8）小阿力是怎样认识他的第一个新朋友的？

（9）你上学后的第一个新朋友是谁，你们是怎么认识的？

（10）小阿力的第一次课堂发言讲了什么内容？

（11）发完言，小阿力的心情如何呢？
（12）你上课发过言吗？你发完言的心情是怎样的呢？
（13）小阿力后来解决自己担心的事了吗？他喜欢上学了吗？
（14）你喜欢上学吗？你喜欢学校的哪些地方呢？

（四）教学主题对接

建议与统编版教材语文一年级上册《我上学了》相衔接。

二、阅读策略

（一）联想与想象

策略的描述：想象是一种特殊的思维形式，是人在头脑里对已储存的表象进行加工改造形成新形象的心理过程。它能突破时间和空间的束缚。阅读是由感知、情感、想象等多种心理因素组成的智力活动。阅读的整个过程是把原文转化成为自己的思想认识的过程。这一过程需要想象和创造，在图画书中尤其如此。绘本阅读能够培养儿童良好的图画概念，图画书结合师生共读、亲子共读的形式，能够更好地提高学生思维的连贯性，鼓励学生在阅读过程中结合自己的生活经验，对文本和图画内容进行同步理解。对学生而言，最需要调动的是联想与想象。

策略的功能：在阅读过程中，学生不但能够逐渐丰富头脑中的知识储备，将相对抽象的图画和文字与自己大脑中的日常生活经验建立连接，还能够主动思考，通过连贯的图画构建自己的思维逻辑，通过想象之后的情节形成看图思考的思维模式，感受阅读情境。在阅读《小阿力的大学校》过程中，可以先请学生主动观察封面和封底，结合自己的校园生活经验想象小阿力在校园中的生活，激发学生的阅读兴趣，提高共情能力。之后在情节转折处请学生猜想可能的情节，将自己想象成小阿力，把自己作为故事的主人公来推动情节发展。

（二）比较阅读

策略的描述：通过比较，读者会产生疑问，在心理上造成一种悬而未决但必须解决的求知状态，从而激发强烈的学习愿望，促使其注意力高度集中，积极主动地投入学习，形成学习动力。

策略的功能：比较阅读对于引导学生进行主动思考具有重要意义。《小阿力的大学校》的情节相对简单，但在小麻雀这一主要线索前后，小阿力这一主人公的人物性格发生了较为明显的变化。找出人物性格变化发生的原因和内在的逻辑关系，学生也就在阅读过程中和小阿力一起勇敢地成长了。

（三）体验法

策略的描述：所谓体验，需要学生有身临其境之感。增强学生的体验感则需要创设情境，或以角色扮演的方式让学生代入其中。

策略的功能：想要激发学生阅读的兴趣，并让这一兴趣能够保持下去，首先需要学生与书籍产生共鸣。每一个学生都可能做过“小阿力”，或者能够体会到小阿力的心情。请学生结合自己的生活经验，说一说自己进入学校之前的心情，以及进入学校之后的体验，这会让学生更好地理解人物心情，学会在阅读中主动理解人物情感。

三、教学设计

（一）游戏：摸一摸

教师提前准备两个箱子，即安全箱和惊奇箱。安全箱内的东西学生们是可以一眼瞧见的，而惊奇箱内的东西学生看不见，只能靠触觉去感受。

请学生站在箱子前，先把手伸进安全箱里，然后把手伸进惊奇箱里，分别摸摸箱内的东西。完成之后，请学生分享自己的感受：摸哪个箱子里的东西会更加紧张？为什么会有紧张的情绪？

由游戏感受延伸到图画书中的故事，引导学生体会主人公小阿力的感受，与小阿力产生共情，理解小阿力上学前要面对一无所知的新环境的紧张和担心。

（二）阅读：想一想

请学生仔细观察封面和封底，并结合自己的校园生活经验想象小阿力在校内的生活，并与同学们分享。

教师为学生朗读图画书上的文字，带着学生一同走进小阿力的家。引导学生思考：

（1）当小阿力第一次见到小麻雀时，他是什么样的心情？

（2）当小阿力看见小麻雀自己跳出鞋盒时，小阿力又是怎么想的？他是怎么做的？如果是你，你会怎么想，怎么做？你在日常生活中有没有类似的经验？

（3）当小阿力最后一次在家里看见一只相似但又不一样的小麻雀时，小阿力有怎样的表现？小麻雀是原来的小麻雀吗？它和原来有什么不同呢？小阿力还是原来的小阿力吗？他又发生了什么变化呢？

（三）游戏：找一找

环节一：找一找上学前的小阿力和上学后小阿力的不同。（穿的衣服不同，穿上了新鞋子，背上了书包，表情也不同，等等）说一说自己在上学前后有什么不同。（提醒学生，除了外表之外，还有生活作息、语言习惯、情绪状态等不同）

两个小阿力

环节二：找一找贝瑞老师、黛萍、凯儿、小杰、小丽、小强和阿珍。

环节三：你能说出你周围同学的名字吗？被叫到名字的同学请站起来。

1. 我和小阿力

在教师朗读绘本故事小阿力发言部分之后，请学生进行简单复述，了解小阿力在学校的表现，并进行评价。说一说：小阿力是一个怎样的学生？你喜欢这样的学生吗？你和小阿力有什么相同和不同之处？

请学生来分享一下自己与宠物的故事。介绍自己宠物的种类、外形、名字和性格，讲一个自己和宠物之间有趣的小故事或印象深刻的事。提示学生在分享过程中注意细节。

在教师朗读绘本故事小阿力做的美梦之后，请学生也来分享一个自己做过的有意思的梦。

2. 大和小

出示书中的一些画面，让学生比较事物大小（例如：小阿力大，麻雀小；妈妈大，小阿力小；沙发大，妈妈小；其他鸟儿大，麻雀小；学校大，小阿力小，等等）

小和大　　　　大和小

问题启发：小阿力一开始为什么害怕学校呢？小麻雀为什么会被其他鸟儿欺负呢？大的东西是不是就很可怕呀？引导学生发现强大的事物并不一定就可怕，也可能是很可爱的。比如：妈妈比阿力大，但是她很爱阿力；阿力比麻雀大，但是阿力一直在保护小麻雀；学校也很大，但是那里有老师和朋友；等等。

（四）魔法变变变

出示花园、梦和小阿力前后不同的图片，找出前后图片中发生变化的地方。

花园不一样了

不一样的小阿力

不一样的梦

分别出示两张梦、花园、小阿力的图案，朗读并观察有哪些变化。

花园变了，小阿力变了，连小阿力的梦也变了，这是为什么呢?

四、创意天地

（一）说说画画

请学生拿出自己的彩笔和绘画本，画下自己喜欢的校园里的人或物。展示自己的绘画作品，和同学分享自己最喜欢的人和物，讲一讲为什么喜欢他们。

画下你喜欢的校园里的人或物：

爸爸妈妈的话：____

____

（二）我是故事大王

回家后，把小阿力的故事复述表演或续编给爸爸妈妈看，并把自己绘画的内容向爸爸妈妈展示，请爸爸妈妈在绘画本的空白处记下他们想说的话。

五、阅读加油站

（1）《上学的路》，[波兰] 伊娃娜 · 奇米勒斯卡 / 绘著，徐丽红 / 译，广西师范大学出版社。

（2）《妈妈，今天是我第一天上学！》，[美] 廉惠媛 / 绘著，李一慢 / 译，北京联合出版公司。

（3）《不一样的上学日》，[英] 柯林 · 麦克诺顿 / 著，[日] 喜多村惠 / 绘，徐

超 / 译，二十一世纪出版社。

（4）《艾米莉上学记 · 小学一年级 100 天快乐生活》，[美] 罗斯玛丽 · 威尔斯 / 绘著，李小强 / 译，贵州人民出版社。

六、阅读工具箱

复述故事

复述是将读过或听过的课文内容或材料重新叙述出来的一种口语表达方式。它对于巩固识记内容，发展思维和连贯的说话能力很有意义。要求学生进行复述，类似于《小阿力的大学校》这一类贴合学生生活实际的、图文并茂的故事是非常合适的。要求学生进行复述，首先，需要教师先富于情感、绘声绘色地对故事进行讲述。教师在讲述过程中应与学生互动，有助于学生结合图画对故事进行充分的理解，也可放录音让学生听，必要时可重复播放。之后再请学生复述故事中的主要情节，提倡学生用自己的话来复述。教师和同学随后进行补充和点评，评价学生说得是否通顺，有无遗漏。通过点评，学生进一步熟悉复述内容，学会复述。在学生基本掌握复述内容之后，以同桌或小组为单位，轮流复述，互相评说。最后，要求学生回家后向家人复述故事，并请他们评议。

深圳市福田区教科院附属小学　周华玲

深圳市福田区南华小学　杨　扬

《我好担心》阅读设计

一、阅读解析

本书曾获得以下荣誉：美国 ABBY 获奖作品，美国图书馆协会知名图书，美国童书蓝丝带协会核心公告书目，美国《出版人周刊》年度最佳童书，美国《号角书》着重推荐的获奖书目，美国《学校图书馆杂志》年度童书，美国《书单编辑人精选》青少年读物排行榜榜首作品。

凯文·亨克斯（Kevin Henkes）是美国著名童书作家及插画家。亨克斯的作品特色是以幽默、温馨的方式呈现孩子的成长经历，创作贴近孩子内心世界的内容，反映孩子的心声，并为他们描绘出充满喜悦和希望的未来。

亨克斯尤其擅长绘画小老鼠，用小老鼠比拟人物、形容生命。他笔调生动地将小老鼠之间的感情和彼此的关系全然拟人化。他的画风明亮、温暖、可爱。一系列以小老鼠为形象的作品广受读者欢迎。亨克斯也被誉为“二十世纪会用老鼠讲故事的人”。

（一）内容解析

小莉，是一只个性鲜明的小鼠妹，美丽又可爱，娇气又敏感。小莉平时总是有太多的担心，无论大事情、小事情，还是不大不小的事情，她总是无时无刻不在担心：爸爸妈妈会不会突然不见了，自己会不会因为变小在澡盆里被淹死……过生日她担心，过节日她还担心，到了上幼儿园的时候，她担心的事情更是越来越多。就在读者和鼠爸爸鼠妈妈一起为初次离开家去上幼儿园的小莉深深担心的时候，小莉自己解决了问题——离开幼儿园时她告诉老师：“我一定会来。”“不要担心！”

（二）作品特色

本书以老鼠为主角，通过拟人化的描绘，反映幼儿在家庭、幼儿园的生活情境。故事内容对于孩子内在情绪的捕捉，深刻而动人；对于孩子成长过程中父母、老师所扮演角色的把握，带来了深刻的思考与启发。

小读者会在书中看到自己的影子，并且自己找到解决问题的方法；而对父母来说，也会从书中悟到教子良方——家长的爱心和耐心，可以保护并温暖孩子稚嫩的心。

亨克斯的绘画也别具风格，不是单纯的每页一幅画面，而是运用组合的画面来表达故事情节和人物的心理变化，是真正意义上的用图画来讲故事，他的文字和图画结合得天衣无缝。

（三）阅读提示

（1）豆豆和小莉有什么担心的事情？

（2）为什么后来他们不担心了呢？

（3）豆豆和小莉的问题解决了，你们还有什么问题没有解决吗？怎么解决呢？

（四）教学主题对接

建议与统编版教材语文一年级上册第七单元相衔接。

二、阅读策略

（一）提问

策略的描述：阅读时提出问题来帮助思考。想要得到聪明的回答，就要提出聪明的问题。依据不同的阅读目标，提出不同性质的问题。

策略的功能：1. 帮助理解，澄清思想。2. 让读者更深入地寻求文字内在意义。3. 刺激研究和发明。

（二）运用已知

策略的描述：包含已有的知识定义或曾经历过的事情。

策略的功能：读者利用已有知识和经验去认识新的信息，将新知建立在已有知识的基础之上。

三、教学设计

（一）人物对对碰

（1）知道图书封面的主人翁叫什么名字吗？（小莉）

（2）她的表情好特别：

蹙着眉，大张着耳朵倾听四周，稍低着头，紧紧攥着怀里的兔子布娃娃，只因为她——好担心。

（3）出示第一组图（家庭）：

（4）小莉对什么事都好担心，在家里她是怎样的？

小结：看，这就是小莉，在家里，她对每一件事都好担心，那么外出散散心，会不会好一点呢？

（5）出示第二组图。

小结：糟糕，家里担心，外出担心，现在小莉要去学校读书了，这可怎么办？

（6）出示第三组图。

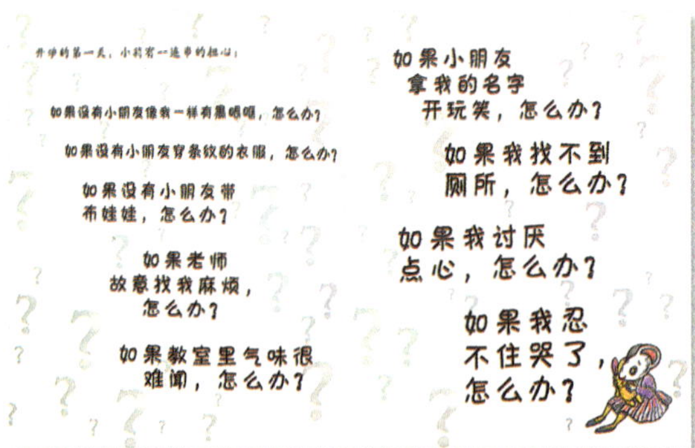

这都是小莉所担心的，一个小组一个小组地读，一边读一边观察。你发现这些文字有什么变化或规律？

我们往下看看这些情况有没有再出现？

小结：太令人意想不到了，“不用担心”竟然从小莉的嘴里蹦了出来。这真是喜剧性的一幕。

（二）小莉好担心

1. 看第一段 PPT

有两位小朋友，叫豆豆和小莉，他们要上小学了，他们好担心。担心什么呢？一起来听一听、看一看。

豆豆和小莉有哪些担心的问题？你能帮助他们解决问题吗？

小结：上小学有规定的时间，比幼儿园早一点；你早睡早起就不会迟到了；每餐吃饱，不挑食，到小学没点心吃也没关系；上厕所要有秩序，不推也不挤；养成良好的生活习惯，我们才能更好地学习哦！

刚刚豆豆和小莉担心的点心、迟到、上厕所的生活问题解决了，不过他们现在又在担心了。你看一看，他们在担心什么问题呢？

2. 看第二段 PPT

小学生能带玩具吗？为什么？能带什么？（文具）有哪些文具？文具有什么用？

小结：我们把豆豆和小莉担心书包里放什么的问题又解决了。上小学了，书包里不能带零食和玩具，要爱惜自己的书本和文具，每天整理好自己的书包，可不能丢三落四哦！

3. 继续观看 PPT，了解小学里的老师

小学里的老师会是什么样的呢？

小结：其实，小学里的男老师就像爸爸和叔叔那样，阳刚、有活力、勇敢、坚强，会教给我们不同的本领。如果你能专心听讲，积极举手发言，认真完成作业，老师都会喜欢你。

豆豆和小莉担心的小学里男老师的问题又解决了，这下豆豆和小莉真的要上小学了。我们再来听一听豆豆和小莉上小学那天早上的事，想一想，他们为什么又不担心了？

讲述故事“开学第一天”。故事讲完了，豆豆和莉莉开开心心地去上小学了。

（三）情绪大揭秘

（1）故事里的小莉担心什么？你觉得这些事情需要担心吗？

（2）个别学生说出自己的担心。

你担心的是什么？为什么会担心？担心的时候你心里是什么感觉？（不舒服）

小莉担心的时候会……	我担心的时候会……

（3）经验归类梳理。

生活中，有哪些事情经常让你担心呢？

（4）克服担心心理。

小莉担心的事	我觉得……

讨论：怎样才能不担心呢？你有什么好办法吗？

四、创意天地

（一）情景表演，积极面对担心的情绪

每个人或多或少都会有自己担心的事，演一演自己所担心的事。看看小莉给你们的提示，想象你解决问题后的情形。

（二）情绪转转转

想想自己在生活中喜怒哀乐的情绪，给自己制作一本心情书。

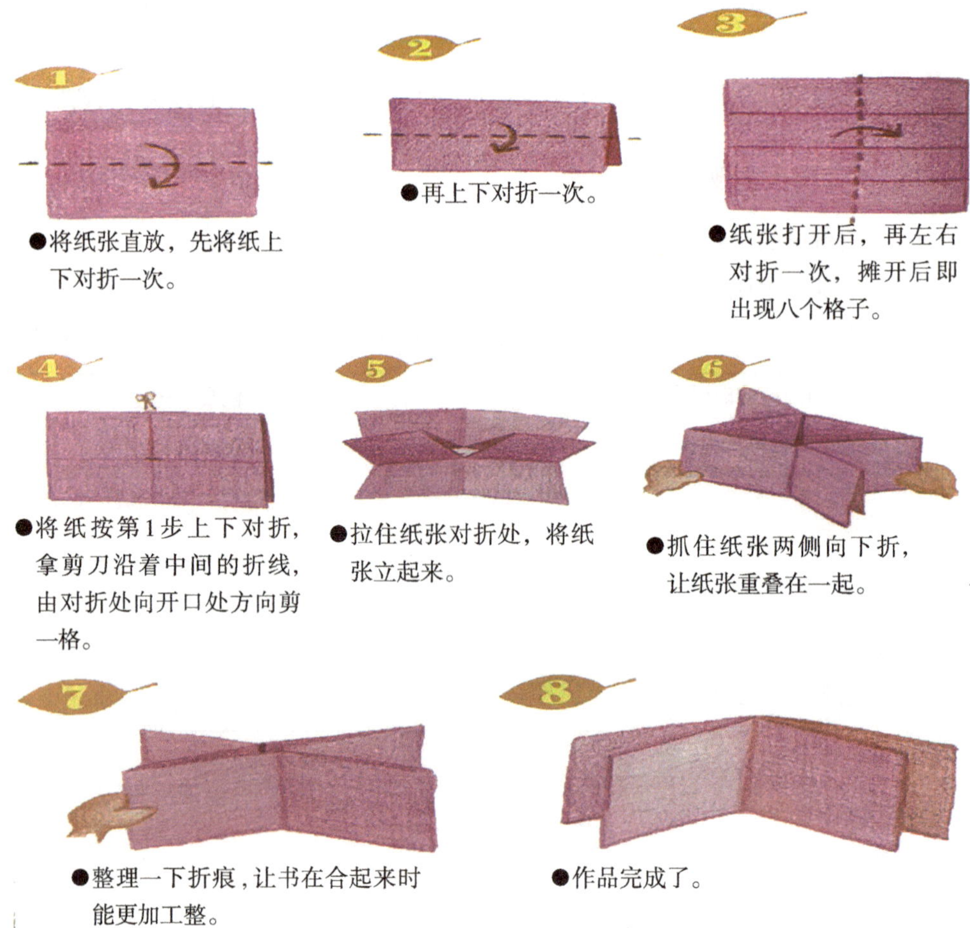

●将纸张直放，先将纸上下对折一次。

●再上下对折一次。

●纸张打开后，再左右对折一次，摊开后即出现八个格子。

●将纸按第1步上下对折，拿剪刀沿着中间的折线，由对折处向开口处方向剪一格。

●拉住纸张对折处，将纸张立起来。

●抓住纸张两侧向下折，让纸张重叠在一起。

●整理一下折痕，让书在合起来时能更加工整。

●作品完成了。

五、阅读加油站

（1）《凯文·亨克斯和他的小老鼠》全6册，[美]凯文·亨克斯/著，孙莉莉/译，新蕾出版社。

（2）《阿文的小毯子》，[美]亨克斯/绘著，方素珍/译，河北教育出版社。

六、阅读工具箱

处理消极情绪的办法

宣泄法：比如打沙发和打枕头（对于爱打人的小男孩慎用）、撕纸（其实宣泄法背后的道理就是，要以破坏性最小、不影响别人的方式发泄情绪）。

倾诉法：找人聊天、写日记、随意画画。

镇静法：数数、深呼吸。

转移法：看风景、听歌、运动、做自己爱做的事。

能引起积极情绪的方法，比如想好事、品味美好等。对于消极情绪，要多分析，多思考，想办法去化解。对于积极情绪，则多去感受，把它作为一个整体去感受，尽量少分析，有时分析太多，好的感觉反倒没有了。

深圳市福田区南华小学　禹玉珍

《爱心树》阅读设计

一、阅读解析

英文书名“The Giving Tree”直译过来就是“一棵不断给予的树”，中文译成“爱心树”。在中文繁体字版的封底有这样一段话：“这是一个温馨的故事，略带哀伤的感动，慰藉人们的心灵。谢尔·希尔弗斯坦为各个年龄的读者创造了一个令人动容的寓言：在施与受之间，也在爱人与被爱之间。”中文简体字版则更进了一步，将它解读为“一则有关‘索取’与‘付出’的寓言”。其实，即使是孩子，也读得出这是关于爱的故事。

《爱心树》是一部轰动世界文坛的经典作品。本书故事情节简洁，却给读者留出广阔的想象空间，拥有丰富的可挖掘的素材。有人说：“读这本书，有人三岁，有人八十岁。读完这本书，有人用了三分钟，有人用了一辈子。”

（一）内容解析

从前有一棵大树，它喜欢一个小男孩，他们每天在一起玩，小男孩也喜欢它，大树很快乐。时光流逝，小男孩长大了，逐渐疏远了大树，大树虽然难过，不过每当男孩回来向它一次次地索取时，它仍然无怨无悔地奉献出去，只是对于不能时时相见感到哀伤。直到有一天，男孩老了，一无所有地回到它的身旁，大树仍宽容地接纳了他，树好快乐。

（二）作品特色

1. 封面上的主色——红与绿

封面有两个主要颜色：红与绿。满目的翠绿、浅绿、深绿，绿树、绿叶以及小男孩穿在里面的绿衣裳。在这满目的素雅背景中，小小的红苹果，却是那么醒目、引人注意。看着红苹果，感受它向下坠落的动线，接着看到一个手心向上、准备接住苹果的男孩，他穿着鲜明的红色吊带裤。这时读者会产生一个疑问：到底是谁给了小男孩苹果呢？循着苹果往上看，绿色的枝叶像是大人的手臂，微弯的树干像是大人弯腰跟孩子说话的姿态。从这个画面点出了书名，这是一棵树的给予。

2. 简洁的叙述风格

这个故事的文字不多，图画也只是简单地勾勒。谢尔将大树的枝叶做简单的变化，让读者感受不同的气氛。我们可以从树叶线条的流动，感受大树和男孩之间的互动。简洁的线条，让画面中有朴实的氛围。大树的形体，因为和男孩不同的互动，也会有不同的姿态。读者可以凭借这些体态，来观察大树的心情和感受。故事结尾，有种寂寥的感觉，因为两者皆已一无所有。但是他们最后能互相陪伴，也算是个圆满的结局。

3. 留白是意义的延伸

说到谢尔·希尔弗斯坦的绘画风格，大面积的留白是其一大特点。譬如《爱心树》的第二个画面——左面一页是一棵树，而右面一整页几乎就是一张白纸，只是上面有一簇树叶、右下角有一只小孩的脚。不过，读者却丝毫不会产生空洞无物的感觉，因为谢尔·希尔弗斯坦已经把深刻而又隽永的故事注入那充满灵动的线条里。

4. 体会“爱”的主题

爱是永恒的主题，爱不仅是索取，是获得，还有付出和给予。在这个故事里，人们更多的是把树看成母爱的化身。是啊，如果不是因为爱，又怎能让树奉献了一切还无怨无悔呢？可以说整本书中最让人潸然泪下的，就是那句“大树很快乐”——树枝被砍光了、树干被砍断了，已经牺牲到了没有什么可牺牲的树，依然还是那一句“大树很快乐”。当看到结尾处那个被唤作孩子的老人，佝偻着身子坐在树桩上，“大树很快乐”那几个字又一次跳入眼帘时，又有几个人能不感动的呢？

（三）阅读提示

（1）你和树玩过游戏吗？树有哪些作用？

（2）观察绘本封面，你获得了哪些信息？

（3）男孩和大树最快乐的时光是哪一段？男孩长大后，大树为什么会觉得孤单？

（4）男孩童年时和长大后，对待大树的方式有什么不同？说一说你对男孩的看法。

（5）为什么本书从头至尾，直到男孩变成了一个青年人、中年人甚至风烛残年的老人，大树还是把他唤作“孩子”？

（6）书中反复出现的一句话是什么？你是怎样理解这句话的？

（7）书中哪一段话最让你感动？读给大家听听，并说一说你的理由。

（8）爱心树最像我们身边的哪些关心我们而不求回报的人？

（四）教学主题对接

建议与统编版语文一年级上册“识字 2”中的《日月明》相衔接。

二、阅读策略

（一）预测

策略的描述：是根据文本中得知的线索去预测下文或将会发生的事情。预测的答案没有对错，但可以依据上下文判断合理性。预测是否准确，可从阅读下文的发展得知。

策略的功能：预测故事的发展能帮助读者深入故事，了解主角的认知；预测能发挥读者的想象力；读者从阅读中知道自己的预测是否准确，获得实时的反馈，可以进一步理解故事的发展方向。

（二）找联结

策略的描述：从文本联想到已经知道的或曾经历过的事情和内容。

策略的功能：（1）文章内容一定要和读者所知的有关联，只有产生了共鸣，才能在他的生命中产生意义。（2）读者必须找到文章和文章之间的相同点，才能够利用已知的形式和内容来了解新的文本。（3）读者能把所学知识与生活经验做联结，学习才会更真实。

三、教学设计

（一）读书热身

1.“木”字找朋友

说一说：带有“木”字偏旁的字有哪些？教师将学生课前整理的字卡贴在黑板上，学生根据字组成词语。

2. 我是封面小侦探

观察封面、封底，将你捕捉到的信息分享给同学们。

通过刚刚的观察，我觉得这是一个__________的故事。

A. 惊险刺激　　B. 幽默有趣

C. 温暖感动　　D. 悲惨可怜

（二）阅读大 Party

1. 老师领读故事

从前有一棵大树，她喜欢上一个男孩。

2. 故事猜猜猜

（1）男孩和大树之间发生了什么呢？看图猜一猜。

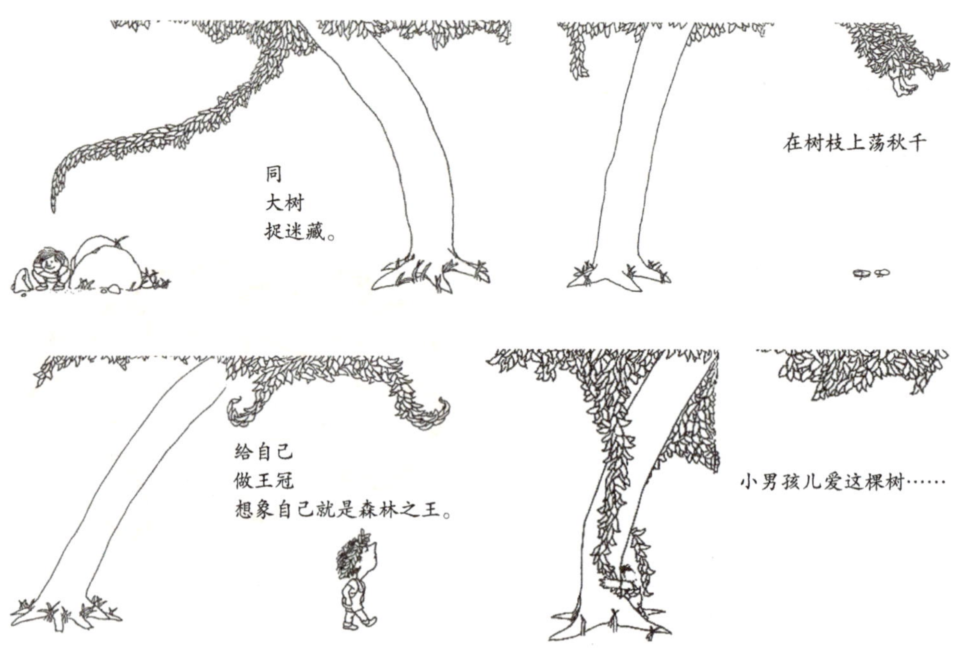

男孩儿每天会跑到树下，采集树叶，给自己做王冠，想象自己就是森林之王。他也常常爬上树干，在树枝上荡秋千，吃树上结的苹果，同大树捉迷藏，累了的时候就在树荫下睡觉。

（2）后来又发生了什么呢？

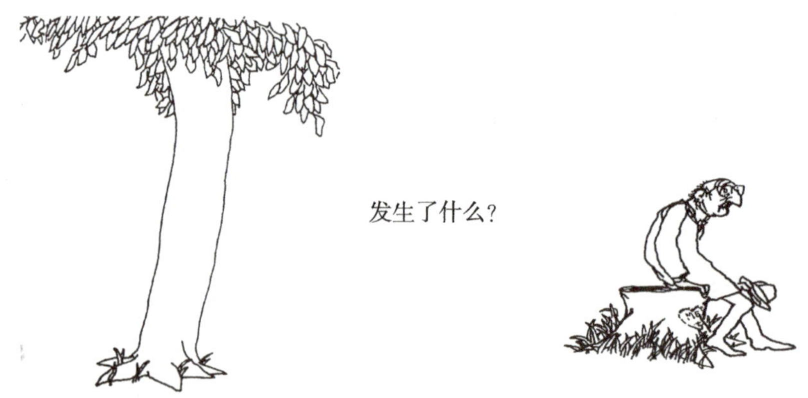

3. 学做最美倾听者

继续听故事，安静、有序。老师要随时关注学生的表现。

4. 自读绘本，连线“快乐卡”

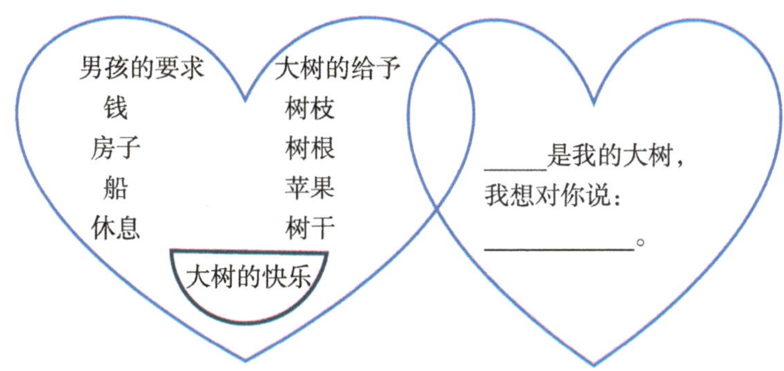

5. 完成阅读旅程

时间	年　月　日　星期
书名	《　　　》
读的页数	第　页—第　页
读书时间	分钟
读了这本书，我想到了什么？（可以写几句话，也可以画下来）	
我喜欢这本书有多少 ★ ★ ★	
读完书我的心情是	

（三）拥抱爱心树

1. 合作讲故事

根据故事内容，请你用“①、②、③、④、⑤、⑥”给图片排序，并回答下列问题。

（1）小男孩每天都跑去找树做什么？

（2）小男孩长大后，跟树要了哪些东西，并做了什么事？

（3）小男孩老了，最后他向树要了什么呢？

（4）借助图片及问题答案，小组合作、班级合作讲故事。

2. 模仿大赛：演一演

模仿大树的动作，体会大树的爱护之心。

3. 配乐朗读《爱心树》

（1）师生合作读。

（2）小组内合作读。

（3）男女生合作读。

4. 聊聊我们的感动

（1）书中反复出现的一句话是什么？请抄写在下面的横线上。

（2）最让你感动的是书中的哪一段？为什么？

（3）树和男孩的关系让你联想到谁和谁的关系？

5. 寻找我们身边的“大树”

填写“快乐卡”，先小组内交流，再全班交流，并贴在组内的爱心树上。

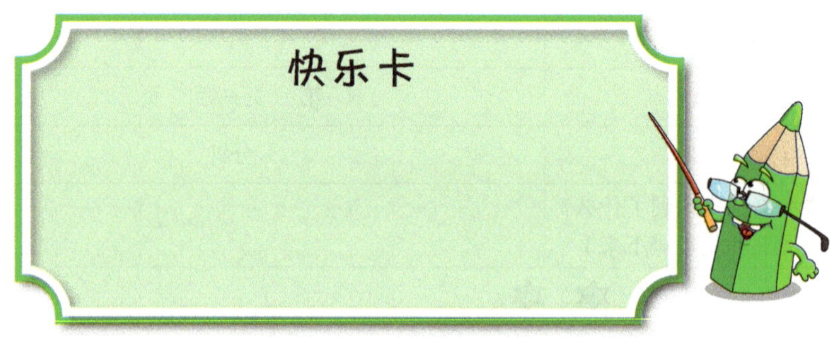

四、创意天地

你拥抱过一棵树吗？抚摸过一棵树吗？请找一棵你最喜欢的树，抱抱它，摸摸它。可以和它拍照贴在下面，也可以画出它的样子，并写下你的感受。

男孩有一棵爱心树，假如你有一棵愿望树，你会和愿望树拥有一个怎样的故事呢？尝试创编一个你和愿望树之间的故事。

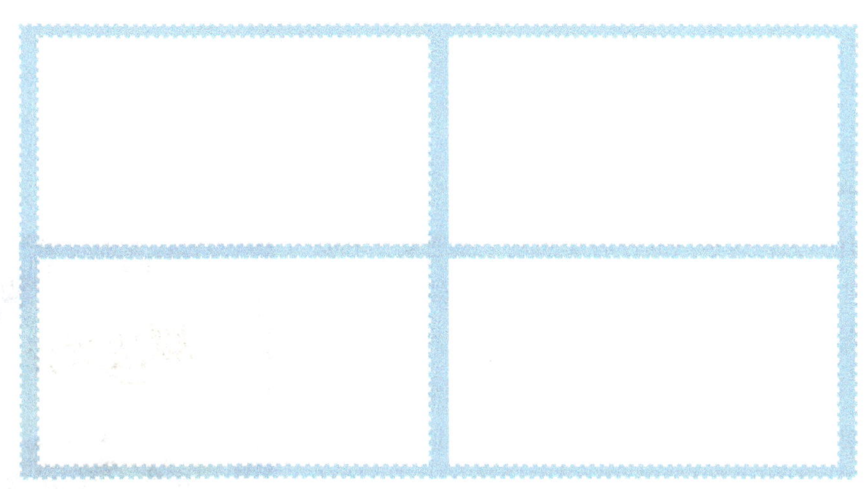

五、阅读加油站

（1）《妈妈心·妈妈树》，方素珍/著，仉桂芳/绘，河北教育出版社。

（2）《聪明豆绘本系列：愿望树》，[奥地利]诺伯特·兰达/著，[英]西蒙·门德斯/绘，金波/译，外语教学与研究出版社。

（3）《树真好》，[美]贾尼思·梅·伍德里/著，[法]马可·塞蒙/绘，舒杭丽/译，二十一世纪出版社。

六、阅读工具箱

留　白

留白是中国水墨画追求的一种悠远深长的意境。

绘本作品的留白通常指在绘本画面中不加以任何笔画勾勒形象，留下空白或者是单色，从而给人留有想象的空间。例如：本书中，男孩拿走了大树所有的枝条，画面左边是大树，但是只剩下树干，顶部光秃秃的，右边正中间一句话“大树很快乐”，然后就是大片的留白。这种设计意味深长，可以让读者产生很多联想：大树真的快乐吗？

深圳市福田区教科院附属小学　刘　佳

《魔法亲亲》阅读设计

一、阅读解析

有一天，这本书的作者奥黛莉·潘恩女士和女儿在住家附近的公园里坐小火车时，突然看见灌木丛中有一对浣熊母子。当时，浣熊妈妈正在舔小浣熊的手，接着拉起小浣熊的手摩挲自己的脸颊，好让它仔细闻闻妈妈的气味。后来，潘恩女士查阅资料才明白，原来浣熊妈妈在离家寻找食物或是必须和小浣熊分开时都会这么做，目的是希望小浣熊因为有妈妈的气味相伴不至于害怕，能够安心独自待在家里。

于是潘恩女士决定如法炮制，解决自己和女儿所面临的分离焦虑问题。每天送女儿上幼儿园前，先在她的手掌心亲一下，并且告诉她："不管什么时候，如果你需要妈妈的亲亲，只要把手贴在脸上就行了。"她发现女儿的情绪和情感因此获得极大的安定力量。这段特别的经历使她的创作灵感泉涌而出，于是写下了这个温暖动人的故事。

（一）内容解析

故事讲的是小浣熊奇奇不愿意去上学，因为他不愿意离开妈妈去一个陌生的环境。妈妈向他保证，他一定会喜欢新学校，并告诉他一个秘密——"the kissing hand"。妈妈在小浣熊的掌心印上一个吻，这样每当小浣熊在学校感到孤独的时候，把掌心轻按在脸颊上，妈妈的吻就会温暖他的心，就不会再孤独和害怕了。

那天小浣熊去上学，他在妈妈的掌心也印下了一个吻，好让妈妈在想他的时候，也可以感受到这魔法的亲吻。

（二）作品特色

故事中的小浣熊，非常真实地反映出每个身处分离情境的孩子的内心感受和情绪。那些因分离而涌现的焦虑、恐惧、不安和失措，对于才刚开始学习面对逐渐扩展的生活圈与人际关系的孩子来说，实在是难以招架的压力，仿佛觉得只要离开父母或自己所爱的人，就会失去爱的保障。偏偏孩子对爱的感觉具体而又直接，他们必须觉得自己被喜欢、被照顾、被呵护，觉得温暖、安全和体贴，才会有爱的感受。一旦父母不在身边，这些爱的感觉就会完全被抽离，顿时失去最重要的保障和依靠。

这是一个很温情的故事，很适合讲给那些第一次离开妈妈去上学的孩子听。魔法亲吻能够缓解孩子心中的恐惧，让他们感受到父母的爱永远陪伴着他们。

（三）阅读提示

（1）故事里有谁？发生了什么事？

（2）什么是魔法亲亲？

（3）你喜欢小浣熊奇奇吗？

（4）你与妈妈有没有类似爱的表达？

（四）教学主题对接

建议与统编版语文一年级上册第八单元相衔接。

二、阅读策略

（一）预测

策略的描述：是根据文本中得知的线索去预测下文或将会发生的事情。预测的答案没有对错，但可以依据上下文判断合理性。预测是否准确，可从阅读下文的发展得知。

策略的功能：预测故事的发展能帮助读者深入故事，了解主角的认知；预测能发挥读者的想象力；读者从阅读中知道自己的预测是否准确，获得实时的反馈，可以进一步理解故事的发展方向。

（二）图像化

策略的描述：将文字转化为脑海中的图像，将文字变得具体生动。

策略的功能：（1）图像化帮助读者投入文本，形成个人特有的诠释。（2）厘清文字叙述的过程、时空关系和因果关系。

三、教学设计

（一）故事预报员

1. 故事预报员是这样炼成的

教师介绍预测的基本方法：已知 + 线索 = 预测

2. 小试身手

以封面为例，试从封面、封底、扉页推想故事内容

我认为这个故事是关于（　　　　　　　　　　　　　　　　　　　　）

我预测的理由是（　　　　　　　　　　　　　　　　　　　　　　　）

请同学们在音乐声中走进这个故事，想一想：这本绘本讲了一个什么样的故事？你读懂了什么？你发现了什么？（音乐声中播放 PPT）

（二）奇奇成长记

本书的主人公是小浣熊，为什么作者选择了小浣熊做主人公，而不是其他动物呢？难道是为了告诉孩子们所有的小动物也像他们一样要上学，他们的世界和小动物的世界是一样的？

师生共同阅读封底部分。

那是因为有一天，作者潘恩和女儿在附近的公园里坐小火车时，突然看见灌木丛中有一对浣熊母子。当时，浣熊妈妈正在舔小浣熊的手，接着拉起小浣熊的手摩挲自己的脸颊，好让它仔细闻闻妈妈的气味。后来，潘恩女士查阅资料才明白，原来浣熊妈妈准备离家寻找食物，或者必须和小浣熊分开时，都会这么做，目的是希望小浣熊因为有妈妈的气味相伴不至于害怕，能够安心独自待在家里。

（1）了解小浣熊不同的心理变化。读一读有关奇奇的语句，想象一下奇奇那一刻的心情。

（文段）浣熊奇奇站在森林的边缘哭泣。“我不想上学，”他对妈妈说，“我想和你留在家里，跟我的朋友玩游戏，玩我的玩具，看我的书，荡我的秋千。可以让我留在家里吗？拜托嘛。”

（文段）奇奇擦干眼泪，好奇地看着妈妈。“秘密？什么秘密？”“魔法亲亲？”奇奇问，“什么是‘魔法亲亲’？”

（文段）奇奇觉得妈妈的亲亲，从他的手掌心很快地冲上手臂，钻进心里。就连他毛茸茸的黑脸颊，也感受到一种特别的温暖。

（文段）奇奇好喜欢他的“魔法亲亲”。现在，他知道不管自己去哪里，妈妈的爱都会和他在一起，就算去学校也是一样。

（文段）奇奇拉着妈妈的手，把那些又大又熟悉的手指全部摊开。接着，他微微向前倾，在妈妈的手掌心亲了一下。

“现在，你也有‘魔法亲亲’了。”他对妈妈说。然后，奇奇轻轻说了声“再见”和“我爱你”，便转过身，蹦蹦跳跳地离开了。

（2）小组谈论：奇奇为什么会有这种变化？“魔法亲亲”的魔力在哪里呢？

（3）写一封表扬信给浣熊奇奇。

（三）神奇的“魔法亲亲”

你能用自己的话说说这个故事吗？

小组讨论：妈妈是如何传递“魔法亲亲”的？

（1）看看小浣熊妈妈的反应，是先说还是先做呢？

（文段）浣熊妈妈抱着奇奇，用鼻尖碰碰他的耳朵。

“有时候，我们都必须做一些自己不想做的事，”她温柔地说，“就算那些事刚开始看起来很陌生，又令人害怕。可是只要你去上学，就会爱上学校。”

（2）浣熊妈妈是如何安慰小浣熊的呢？

（文段）“你会交到新朋友，玩新的玩具。”“看新的书，荡新的秋千。”她接着说，“还有，我知道一个很棒的秘密，让你晚上在学校，可以和白天在家里一样温暖又舒服。”

（3）是什么魔力让小浣熊擦干眼泪，调整情绪的？

（文段）“一个非常古老的秘密，”浣熊妈妈说，“是我外婆告诉我妈妈，我妈妈再告诉我的。它就是‘魔法亲亲’。”“魔法亲亲？”奇奇问，“什么是‘魔法亲亲’？”

（4）小浣熊妈妈的动作让你感受到了什么？

（文段）“注意看哦！”浣熊妈妈拉起奇奇的左手，把他小小的手指全部摊开，然后身体微微向前倾，在奇奇的手掌心亲了一下。

（文段）浣熊妈妈笑着对奇奇说：“从现在开始，你觉得孤单和需要家的关爱时，只要把手贴在脸颊上，心里想着：‘妈妈爱你，妈妈爱你。’这个亲亲就会跳到你的脸上，让你觉得温暖又舒服。”

（5）那么亲亲到底要如何去做才能叫“魔法亲亲”呢？

①原来是有条件的，第一是觉得孤单，第二是需要家的关爱的时候。

②做法：第一要把手贴在脸颊上，第二心里要想着“妈妈爱我”。

结果呢？亲亲就会跳到脸上。

（6）小浣熊带着“魔法亲亲”上学去了，不仅这样，它也给了妈妈一个“魔法亲亲”。

（文段）浣熊妈妈看着奇奇跳过树枝，进入学校。猫头鹰呜呜呜唱，宣布新学年开始的时候，浣熊妈妈把自己的左手贴在脸颊上，忍不住露出了微笑。

奇奇温暖的亲亲化作特别的话语，充满她的心房，仿佛在说：“奇奇爱你，奇奇爱你。”

从小浣熊和妈妈的身上，你们想到了什么？有什么想对他们说的吗？

四、创意天地

（一）惊喜连连来

小组里说一说。

（1）为什么这本书的色调那么昏暗呢？

（2）小浣熊学校的老师是谁？

（3）这个故事发生在哪个季节呢？

（4）书中一共出现了多少种动物？都是哪些动物呢？

（5）小浣熊的主要特征有哪些？

（二）故事中最让你感动的画面是哪个场景？把它画下来。

（三）你和妈妈之前也有这样爱的表达吗？请你写出来或者画出来。

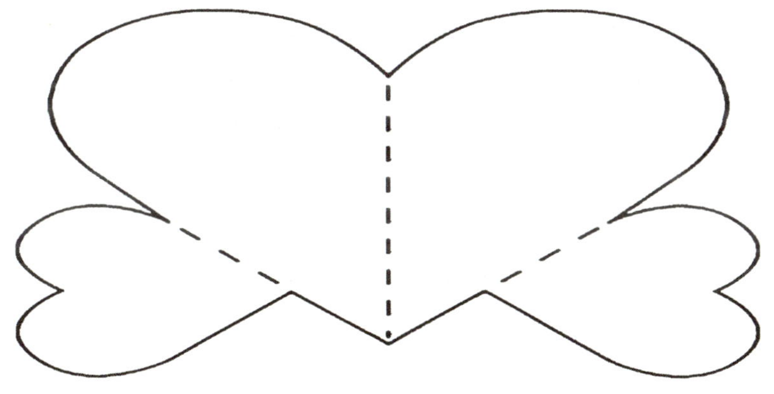

大胆表达爱

五、阅读加油站

（1）《给爸爸的吻》，[澳大利亚]弗朗西斯·沃茨/著，[英]戴维·利格/绘，熊怡然/译，上海文化出版社。

（2）《像妈妈一样》，[英]大卫·梅林/绘著，林昕/译，湖北美术出版社。

（3）《小兔子去上学》，[英]哈里·霍斯/绘著，赵玉皎/译，连环画出版社。

六、阅读工具箱

如何摘抄

1. 好词

好词，是指那些言简意赅、生动形象、幽默含蓄的词语。常见的有成语、四字词语、俗语、歇后语、重叠词、数量词等。在摘抄时，可以分类，如描写天气的词语，描写季节的成语，描写神态的词语，表示颜色的词，描写动物的词语。积累成语，可以按照数字成语、人体器官成语、动物成语、神话故事成语、带有反义词的成语等进行分类。在摘抄时，可以把搭配的词组抄下来。

2. 好句

好句，是指书中那些富有诗意、表达意思深刻、发人深省、富有哲理、生动优美、准确形象的句子。一是一些写人记事、绘景状物的文章中，用了生动形象的词语的句子。二是用了修辞手法的句子，如运用了比喻、拟人、夸张、排比、对偶、反问、反语等修辞手法。三是名人名言。四是格言警句。五是对联妙语。六是谚语。七是古诗名句。八是一些幽默含蓄的句子。九是一些含有特殊句式的句子，如把字句、被字句、复指句、感叹句、带有关联词语的句子。

读书时，不要只图快，要边读边思考：这样写，好在哪里？如果让我写，我会怎样写？把自己的写作现实与所读文章相对照，就很容易发现自己的不足，看到人家的长处。在摘抄好句时，最好在每个句子之前加上序号。也可以分类摘抄好句。可以摘抄好句之后，在后面写些赏析性文字，以便加深印象。

深圳市福田区南华小学　禹玉珍

《我要上学啦》阅读设计

一、阅读解析

简·古德文（Jane Godwin）是澳大利亚儿童文学作家，企鹅出版集团澳大利亚分公司儿童和青少年图书出版人。她创作了十多部作品，获得世界性的广泛赞誉。小说《家族树》获得澳大利亚昆士兰文学奖，《塞比、斯泰、嘉宝一家和我》入围澳大利亚青少年图书奖，《玛丽的真实故事》获得儿童图书委员会年度提名奖。

澳大利亚大师级童书作家简·古德文、插画家安娜·沃克为孩子打造入学宝典。上学那一天会发生什么？超完备的入学指南，帮助家长和孩子做好入学前的各项准备。这部洞悉儿童心理之作，让孩子的入学焦虑一扫而光。

（一）内容解析

要开学啦！快来认识这五个小朋友——提姆、汉娜、苏尼塔、乔和波莉，他们即将开始学校生活的第一天。提姆有点紧张，不想离开妈妈。汉娜非常兴奋，很快认识了新朋友。棕色皮肤的苏尼塔梳着两根小辫，活泼可爱，乐于尝试新鲜事物。乔是个调皮的高个子男孩，他喜欢恐龙，知道很多关于恐龙的知识。金色头发的波莉决心勇敢地迎接上学第一天。

性格各异的小朋友们，怀着不安、羞怯或兴奋，度过了开学的第一天。他们认识新朋友，发现校园里有趣的事物，克服恐惧心理，最终喜欢上学校生活。

（二）作品特色

对于刚刚接触校园生活的孩子来说，这本书很有益处，它教会孩子熟悉学校生活的方方面面，同时让孩子建立信心，相信他们的体验和感受与其他人是一样的，是可以被接纳的。

整本书的画面风格清新自然，简洁的线条和块面分割，柔和的低纯度色彩，让整体画面显得活泼却不失宁静、富有童真又不失优雅，像一首欢快的轻音乐，轻松怡人。

（三）阅读提示

（1）绘本中有哪些人？他们是谁？

（2）你喜欢哪个人？你认识的人中有谁像其中某个人吗？

（3）哪些事情让你觉得和自己的经历很像？

（四）教学主题对接

建议与统编版语文一年级上册第五单元“学校生活”相对接。

二、阅读策略

（一）运用已知

策略的描述：包含已有的知识定义或曾经历过的事情。

策略的功能：读者利用已有知识和经验去理解新的信息，将新知建立在已有知识的基础上。

（二）推论

策略的描述：推论是一个思考历程，读者利用已有的知识和文本线索来挖掘文本中没有明显表达出来的内容或做出一些假设。推论是读者依循文字表面意思进而领悟字里行间的提示或暗示。

策略的功能：能用推论补充内容，阅读的收获能超出文本提供的内容。

三、教学设计

（一）我要上学啦

1. 初识绘本

（1）播放《上学歌》。

（2）介绍封面、作者和扉页信息。

2. 上学准备

（1）故事中小朋友在入学前都做了什么准备？

（2）你们在入学前又做了哪些准备？

3. 主人公们

（1）读一读。绘本的小朋友你认识了几个？大声喊出他们的名字。

（2）看一看。第一天上学，故事中的小朋友有什么表现？

（3）说一说。你们第一天上学有什么表现呀？

（4）写一写。你喜欢故事中哪个小朋友？完成阅读旅程。

我最喜欢的书中人物是	
我喜欢他 / 她的理由是	
我喜欢这本书有多少 ✡ ✡ ✡	
读完后，我的心情是 😃 😭 😠	

（二）上学乐事多

（1）老师领着同学们一页一页地阅读故事。

（2）小组讨论汇报：故事中的小朋友上学后都做了些什么事？

认识新同学、交朋友、参观学校、点心时间、活动时间、学习课堂纪律、课堂学习、熟悉新事物、做作业、整理东西……

（3）说说你在学校里是如何做这些事情的。

（4）放学后，故事中的小朋友跟爸爸妈妈说了什么？

（5）故事里的小朋友在学校里最喜欢的是什么？你们在学校里最喜欢的是什么？

（6）回家后，与爸爸妈妈一起读读这个故事。跟爸爸妈妈讲讲你在学校里发生的事。

（三）找呀找朋友

（1）同桌互助共读绘本，分享学校里发生的有趣故事。

（2）了解同桌在学校里最喜欢什么活动。帮助同桌，看看他需要什么帮忙。

（3）分组讨论：

①怎样才算朋友？

②朋友犯了错，你应该帮助他吗？

③有什么事你愿意和朋友分享？

④朋友在任何时候都要无条件帮助你吗？

（4）友情明信片。

在明信片上写下你朋友的优点或者你想对他说的心里话，空白处可以贴你们的照片或者画一画你们自己。

（四）我能学本领

你已经是一年级小学生了。在学校里，我们可以学到很多东西，接下来就要考考你学到了什么。

在学习单中每个“我能做”的后面画笑脸或者星星，想想还有哪些事可以自己做，让你很有成就感。

整理书包	
认真写作业	
扫地	

四、创意天地

（一）我懂得合作

（1）说一说。班级里哪些事需要大家一起合作完成？

（2）画一画。小组共同创作一幅画，具体画什么，组员们一起商量。

（3）玩一玩。两人三足游戏。

（4）谈一谈。怎样与他人合作才能成功？

（二）我遵守规则

你知道学校里要遵守的规则吗？

你能写出几条你今天已经遵守的校园规则吗？

五、阅读加油站

（1）《7 只老鼠去上学》，[日] 山下明生 / 著，[日] 岩村和朗 / 绘，彭懿 / 译，接力出版社。

（2）《排队啦，排队啦》，[日] 竹下文子 / 著，[日] 铃木守 / 绘，浪花朵朵童书 / 编译，北京联合出版公司。

（3）《我喜欢上学》，[新西兰] 特蕾西・莫洛尼 / 绘著，萧萍 / 译，湖北美术出版社。

六、阅读工具箱

阅读即思考，其中包括：第一步联系，将读到的内容与自己的知识联系起来进行理解；第二步提问，一边读一边对读到的内容进行提问；第三步总结，总结出最重要以及最主要的内容；第四步视觉化，将文字在头脑中转化成图像；第五步推断，根据线索和自己的理解，对内容有自己的看法。

深圳市福田实验教育集团侨香学校　彭稚雅

《我的名字克丽桑丝美美菊花》阅读设计

一、阅读解析

凯文·汉克斯是美国著名童书作家及插画家，1960年出生于美国威斯康星州，自幼即展露绘画天分，19岁开始创作童书，第一本童书 *All Alone* 在1981年出版之后，就踏上了图文创作的生涯。他以最真实的生活素材，写出一本又一本引起读者共鸣的好书。其作品的最大特色，在于创作主题紧扣孩子的内心世界，反映出孩子的心声。他创作了一系列以老鼠为主角的作品，广受读者欢迎，成了家喻户晓的小老鼠明星，也为他赢得多项大奖。已出版的有 *Chrysanthemum*、*Lilly's Purple Plastic Purse*、*Owen* 等著作，2004年他以小说 *Olive's ocean* 得到美国图书馆协会颁发的纽伯瑞大奖的银牌奖，2005年他更以 *Kitten's first full moon* 一书赢得凯迪克大奖的桂冠。

（一）内容解析

爸爸妈妈为新生的小宝宝取了一个名字叫克丽桑丝美美菊花（Chrysanthemum）。在爸爸妈妈眼里，这是个完美的名字，就像他们完美的小宝贝。克丽桑丝美美一天天长大，她喜欢这个名字，也认为自己的名字是完美的，直到她开始上学……

克丽桑丝美美菊花这个名字太长，又是个花的名字，所以老是被嘲笑。她好难过、好难过，甚至觉得自己的名字糟透了。还好经过父母安慰与音乐老师的肯定，克丽桑丝美美菊花才又开心地接纳自己的与众不同。

（二）作品特色

本书以老鼠为角色形象，作者通过这些拟人化的老鼠，描绘孩子在家庭、学校里的生活，对孩子内在情绪的捕捉深刻而动人，对孩子成长过程中父母、老师所应扮演的角色，做出了深刻的思考与反省。

（三）阅读提示

（1）看到书名你猜到了什么？

（2）这名字听上去感觉怎样？记得住吗？

（3）绘本中有哪些人物？主角是谁？故事内容是什么？

（4）假如你身边有克丽桑丝美美菊花这样的同学，当她被其他同学嘲笑时，你该怎么做？

（5）如果你被坏情绪包围，你会用什么样的神奇方法来调整心情？

（四）教学主题对接

建议与统编版语文一年级上册第七单元“儿童生活”相衔接。

二、阅读策略

（一）运用已知

策略的描述：包含已有的知识定义或曾经历过的事情。

策略的功能：读者利用已有知识和经验去理解新的信息，将新知建立在已有知识的基础上。

（二）推论

策略的描述：推论是一个思考历程，读者利用已有的知识和文本线索来挖掘文本中没有明显表达出来的内容或做出一些假设。推论是读者依循文字表面意思进而领悟字里行间的提示或暗示。

策略的功能：能用推论补充内容，阅读的收获能超出文本提供的内容。

三、教学设计

（一）很长的名字

1. 了解书名

这本书的名字叫《我的名字克丽桑丝美美菊花》，你猜到了什么？这名字听上去感觉怎样？你记得住吗？

2. 感受美好

边听故事边理解和讨论。

（1）教师讲故事至第二页，有 9 个画面（克丽桑丝美美菊花在爸爸妈妈的抚养下慢慢长大）。你看见克丽桑丝美美菊花在干什么？

（2）教师讲故事至第四页（她还看着自己的名字慢慢长大）。你看见克丽桑丝美美菊花的名字写在哪儿了？

（3）教师讲故事至第六页（教师为每个同学做了“名字卡片”，也叫“名片”）。你知道克丽桑丝美美菊花的名片在哪里？你是怎么看出来的？

3. 游戏：“我们长长的名字”

伙伴们开始羡慕克丽桑丝美美菊花的名字。你的名字叫什么？你的名字长吗？你有办法让自己的名字听起来更“长”一些吗？

★“自己的大名＋自己的小名”

★“自己的大名＋家人的名字”

★“自己的大名＋花的名字”

小结：小名多的人，朋友也会多一些。

小结：有家人来帮忙，你长长的名字里都是爱，这是家人对你的爱！

小结：我们长长的名字中有小名，有家人的名字，又有花的名字，真是“完美无缺”。

今天我们中间最长的“完美无缺”的名字是 ×××。但是我相信，只要你回家多看看家人、走在路上多看看花园，那么，你一定能有比 ××× 更长的“完美无缺”的名字。

4. 继续看绘本听完故事

（二）猜猜我心思

1. 回顾故事内容

（1）讲述出生取名。

（2）上学前。

（3）第一天上学。

（4）回家。

（5）再上学。

2. 出示绘本中克丽桑丝美美菊花的一张图片，猜猜她当时的心情

3. 出示相应文字，学生读一读感受一下

4. 出示绘本中描写克丽桑丝美美菊花心理活动的片段，填写学习单

克丽桑丝美美菊花爱上了自己的名字	
她爱听这个名字的声音	
克丽桑丝美美菊花喜欢这个名字写下来的样子	心情愉快的句子
克丽桑丝美美菊花枯萎了	
她不再认为自己的名字是绝对完美的	心情难过的句子
她认为这个名字真是糟透了	
但愿我能改名	

5. 小组交流汇报

（三）尊重你我他

1. 回顾

绘本中有哪些人物？主角是谁？故事内容是什么？

2. 讨论

（1）你喜欢谁？为什么？

（2）假如你身边有克丽桑丝美美菊花这样的同学，当她被其他同学嘲笑时，你该怎么做？

3. 情境变变变

演一演下面的情境，并改编情境内容。

情境一：琪琪考试成绩不理想，放学路上告诉了乐乐，乐乐说："你太笨啦，要多努力才行呀！"琪琪听了很难过。

情境二：苗苗跟同学去买文具，遇到奇奇，奇奇大喊："苗苗，你今天的裙子真难看，颜色好奇怪，哈哈哈。"其他同学听了后也哈哈大笑，苗苗很伤心。

情境三：奇奇值日，因为黑板没擦干净，明天要多做一次值日，奇奇很生气地对同学说："都是你们害的！"同学听了很不高兴。

（四）情绪大抒发

表情就像个"神奇果"，它会告诉我们很多信息。读懂它，我们就能够更好地理解别人。

1. 猜心情，画表情

（1）小明每天上课认真听讲，老师都奖励他小红花。（　　）

（2）一天，豆豆起床后，不要洗脸刷牙，被妈妈批评了一顿。（　　）

（3）小红过马路时，不小心摔倒了。（　　）

（4）小杨妈妈没有给小杨买玩具，小杨大吵大闹。（　　）

2. 我有多变的情绪

画出自己一天中的表情，同时写出让自己表现出这些表情的事情。

我今天很高兴，是因为____________________。

我今天因为__________，很生气。

我今天因为__________，感觉特别__________。

3. 话语对对碰（各写5句话）

令你心情愉快的话语：

让你难受的话语：

如果被坏情绪包围，我会有什么神奇的方法来调整心情？

我的心情	我会做	我会画

四、创意天地

（一）名字小铺

每个同学将自己的名字、爱好、性格，喜欢的颜色、花朵、宠物以及出生月份等各种自己喜欢的元素随意组合，组合出多个不同风格的名字，开一家“名字小铺”，让其他同学来小铺中选购自己喜欢的名字。选购新名字的同学要把自己看到这个名字的表情画下来作为酬金送给“名字小铺”的老板。一起来看看你能收到多少表情吧！

（二）我的名字

向同学们介绍自己名字的由来，开一场“名字分享会”。

五、阅读加油站

（1）《小绿狼》，[法]勒内·葛舒/著，[法]爱瑞克·盖斯德/绘，李英华/译，上海文化出版社。

（2）《我喜欢自己》，[美]南希·卡尔森/绘著，余治莹/译，河北教育出版社。

（3）《糟糕，身上长条纹了》，[美]大卫·香农/绘著，黄筱茵/译，河北教育出版社。

六、阅读工具箱

动物拟人

动物拟人是儿童文学的一种常用手法。本书中的人物形象就是以拟人手法来表现的，作者把他们的形象描绘成了小老鼠。那么，作者为什么塑造了小老鼠而不是人类的形象呢？

首先，儿童的心理与成人不同，他们的经验水平和心理发展程度有限，对于人类社会的复杂性往往难以把握。孩子的心灵更接近自然的本真，来自大自然中的动物常常更容易为孩子所理解，更能激发孩子的兴趣，那些可爱而弱小的动物很容易引起儿童的喜爱和同情。

其次，孩子的世界充满奇思妙想，当作者把动物看作主人公，并赋予动物以人的思想性格，对他们的塑造比单纯描绘人类世界有更大的想象空间，更易引起儿童的情感共鸣。

老鼠是很多儿童文学、动漫、影视作品钟爱的形象之一，很多儿童作品都以老鼠作为主人公，像《猫和老鼠》《米老鼠和唐老鸭》《舒克和贝塔》《精灵鼠小弟》等。

深圳市福田区教科院附属小学　周华玲
深圳市福田区南华小学　杨　扬

《最想做的事》阅读设计

一、阅读解析

这是一个穷人孩子的心愿。这是一个孩子想认字、想学会阅读的故事。这样的心愿也许很多很多人都有，可是因为它现在是一个穷孩子的，所以就容易显得耀眼，分外打动人心。又因为它被放进了文学的故事，被绘画所表达了，所以就愈加有了诗意的触动，还萦绕着哲学的意味。

这个故事以美国著名教育家布克·华盛顿的真实经历为背景，讲述了他在孩童时期“渴望阅读”并为之努力不懈的感人故事。从渴望阅读到学习阅读，从热爱阅读到享受阅读，最终因阅读而成就人生，布克·华盛顿的传奇故事无疑是孩子们成长励志的典范。

（一）内容解析

布克·华盛顿九岁了。本该是上学的年纪，但他每天必须跟随父亲和哥哥到盐场劳动。干的是繁重的体力活，将原盐装进大木桶里运往远方。孩子这时缺少的应该是食物，他正是长身体的时候，肚子饿得咕噜叫，多么希望饱餐一顿啊，但这个孩子更希望学会阅读。他紧紧握住梦想，不但自己渴望读书，还想帮助别人学习。这种对阅读的追求使他又紧紧把握住机会向一位识字的先生请教，终于开启了灿烂人生的大门。

（二）作品特色

本书以第一人称讲述故事，让孩子深刻地感受到没有知识的昏暗及满怀希望的明亮。

这是一本从文字到绘画都非常美的绘本读物。书中描绘劳动、生存的画面墨色浓黑而凝重，反映当时人们面临的生存压力。而反映孩子的渴望、书本、文字时，画面则透露出一丝明亮的色彩，像熹微的晨光，使整个画面显现出温暖的气氛，也使得那一抹光亮成为永恒的希望和梦想。毕竟，对于“我”而言，一切都只是开始，以后还有长长的路要走。

（三）阅读提示

（1）读完故事，你知道这个孩子的心愿了吗？

（2）他最想做的事是什么？

（3）书中哪些地方体现了他想阅读这个心愿？

（4）最终这个心愿实现了吗？是怎样实现的？

（四）教学主题对接

建议与统编版语文一年级上册第一单元“入学教育”相衔接。

二、阅读策略

（一）预测

策略的描述：是根据文本中得知的线索去预测下文，或将会发生的事情。预测的答案没有对错，但可以依据上下文判断合理性。预测是否准确，可从阅读下文的发展得知。

策略的功能：预测故事的发展能帮助读者深入故事，了解主角的认知；预测能发挥读者的想象力；读者从阅读中知道自己的预测是否准确，获得实时的反馈，可以协助进一步地理解发展方向。

（二）抓重点

策略的描述：找出文章的主旨和中心思想，搜寻和判断文章中的重要资料。

策略的功能：（1）掌握到主旨，才能明白作者传递的信息、观点和用意。（2）读者需要练习依据阅读目标抓到自己想获得的信息。

三、教学设计

（一）未知的精彩

1. 说说自己最想做的事

2. 猜读封面，引导学生走进故事

（1）观察书的封面封底，说说你知道了什么，发现了什么。

（2）学会观察封面，知道封面的组成并猜测大意。从封面中，你获得了什么信息？

（3）从扉页中你看到了什么？教师引导学生观察，想象。

他的眼前是一座庞大的盐山，手里拿着铁锹，他的事情就是把木桶装满，天天重复着这件事情，可是他想着盐以外的事情。

究竟是什么事情呢？

3. 与学生共同探索故事情节

（1）教师与学生生配乐接读，跟着朗读，多媒体课件逐页显示全书。

（2）在读的过程中想一想，猜一猜，接下去会发生什么事呢？

（3）师生接着讲完整个故事。

①这个男孩子最想做的事是什么？

②后来这个愿望实现了吗？

③在谁的帮助下实现的？

④小结：妈妈先给了他一本书，然后在那个读报人的帮助下，他终于实现了

自己的愿望。

（二）学会阅读

（1）这本书中，有许许多多的话直接表达了小男孩想学会阅读的这种愿望。我们一起来快速地找一找，看谁的眼睛看得快！

小组讨论交流找到的句子，师汇总，生读：

我最想做的事情是学会阅读。可是现在，我必须做工，从日出到日落，我们在盐场，把盐巴装进一只只木桶里。

但是我在意的不是这种痛，我想到的是心里对阅读的渴望。

我想学会阅读——这个想法像鱼一样，在我脑子里自由自在地游来游去，我愿意想多久就想多久。

我要努力成为本地最会阅读的人。

“妈妈，我一定要学会阅读！”

如果我能学会阅读这件美妙的事，那该多好啊，人们会多么尊重我啊！

（2）当小男孩会认字的时候心情怎样呢？

对照图画，做一做那欢欣跳跃的样子，想一想他会说什么？

（3）你觉得布克是一个怎样的孩子？

（4）图画中布克有一位形影不离的好朋友，看看是谁？你还记得吗？

出示有灯的图片提示：扉页上有灯，故事中很多画面里都出现了这盏灯，封底也是这盏灯。这盏灯始终出现在谁的身边？你能给这盏灯取个名字吗？

（三）实现心愿

（1）谁来讲一讲这个故事？

（2）将他的英文名拼给大家听。

（3）布克——阅读，天哪，他的名字里也藏着小秘密呢。谁能发现它？

在灯的照耀下，男孩儿沉浸在这幅美景里。笑得多甜呢（出示绘本最后一幅图片），这是这本书的最后一页，可是很奇怪，他没有画成像前面一样的跨页，右半边的空白页给我们留下了许许多多的想象空间。如果你来设计这空白页，你会在上面画上点什么或者写上点什么？

同学们，你们想知道成年之后布克的生活吗？

这个黑人孩子最后成了美国著名的政治家、教育家和作家。他是美国历史上第一位被在位的总统邀至白宫做客的非洲裔美国黑人，是美国历史上第一位与总统在白宫共进晚餐的非洲裔美国黑人，是美国历史上第一个出现在邮票上的非洲裔美国黑人，是美国历史上第一个头像被铸成五角硬币的非洲裔美国黑人。他的名字叫布克·华盛顿。

师：同学们，他一共创造了多少个美国史上第一的奇迹啊？这个手里提着灯、心里亮着灯的男孩，终于用灯点亮了他的辉煌人生。

师：（配乐描述图片）你们看（出示布克的照片），这就是成年以后的布克·华盛顿，这就是这个曾经站在盐堆前的黑人孩子布克·华盛顿。谁能想到多年之后（出示一张合照），他就这样跟美国上流社会的白人们站在了一起。（出示学校图片）他还创办了自己的学校，用自己心里的那盏灯点亮了许许多多的人。（出示《品格》的封面图片）阅读铸就了他良好的品格，他写的这本《品格》还被美国前总统奥巴马当作枕边书呢！在《品格》这本书中，布克写下过这么一句话，我们一起来读一读。

（屏幕出示）任何一个学会阅读的人，都是快乐的人。——布克·华盛顿

四、创意天地

（1）布克心中一直有个梦想。那你呢？请你也写一写或者画一画心中的梦

想吧。

（2）请给大家推荐你喜欢的书，让大家一起感受阅读的快乐吧。

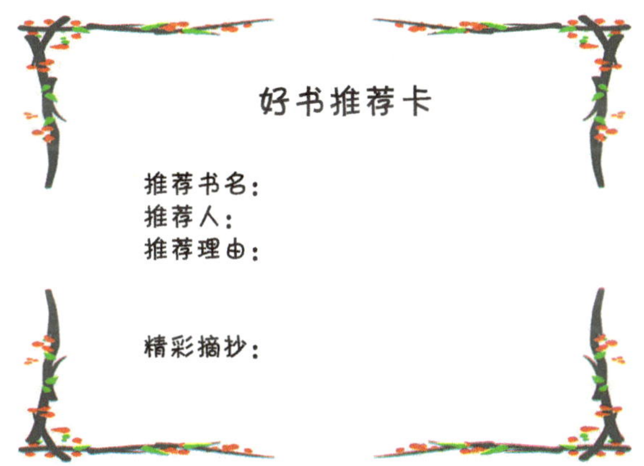

五、阅读加油站

（1）《卢利尤伯伯》，[日]伊势英子/绘著，赵玉皎/译，二十一世纪出版社。

（2）《神奇飞书》，[美]威廉·乔伊斯/著，[美]威廉·乔伊斯、乔·布鲁姆/绘，王林/译，晨光出版社。

（3）《这是一本书》，[美]莱恩·史密斯/著，陈科慧/译，二十一世纪出版社。

（4）《领读者》，司书人一/编著，新世界出版社。

（5）《书，是什么东西》，[法]克洛依·勒埃/著绘，梅思繁/译，新蕾出版社。

（6）《看，一本书》，莉比·格莱森/著，弗莱娅·布莱克伍德/图，斯予/译，东方娃娃杂志社。

（7）《我讨厌书》，[加拿大] 玛秋莎・帕基 / 著，[加拿大] 琳妮・弗兰森 / 绘，萧晶 / 译，上海人民美术出版社。

（8）《我还是讨厌读书》，[美] 莉塔・马歇尔 / 著，[美] 艾蒂安・德拉瑟 / 图，李媛媛 / 译，明天出版社。

六、阅读工具箱

分析主人公形象，提升阅读理解能力

1. 结合文中词、句，揣摩主人公形象特点

该环节是在初读感知的基础上，再次返回课文对具体语句进行仔细斟酌，进一步训练学生对语言文字的理解领悟能力，并在对语言的领悟中加深对课文思想感情、观点态度的体会。教师要引导学生仔细认真地圈注，由浅入深地精读，入情入理地思悟，要以学生的自思自悟为主。作者会借主人公的表现来表达自己的思想，我们可以通过对主人公的言行举止去领会作者的意图，从而真正理解课文内容。在分析主人公形象的过程中，学生们的阅读理解能力也会随之提高。

（1）找出含有主人公语言的句子。

（2）找出含有主人公情绪的句子。

（3）找出含有主人公举止的句子。

2. 利用配图，由表及内地观察、感受主人公形象

由于学生年龄小，形象思维能力较强，更容易接受直观形象的事物，所以，我们可以借助文中插图，帮助学生理解课文，它会起到事半功倍的作用。

（1）观察主人公的画面。

（2）观察与主人公相关的人的画面。

3. 表演文中形象，深切感知主人公内在形象

教师要善于调动学生的感觉和知觉，对那些表情达意比较深的词句，可让学生做一做、演一演，将学生带入角色的意境中，在体验中加深理解。在教学中可以分角色朗读、分角色表演，让他们与这些角色同喜同悲，这样，学生内在的情感与文中的角色形成共鸣，文中角色的思想在学生的再创造中得到延伸，学生学习语文的时空得到了拓展，充分发挥创新的潜质。

深圳市福田实验教育集团侨香学校　彭稚雅

一年级下册

无字书阅读

一年级下册

无字书

以纯粹的图画语言演绎一个完整的故事。我们在无字书里，常常会看到类似于电影分镜头或是漫画格的分割小图解说故事的过程和细节，让读者透过图画看懂故事。阅读时要关注画面，前后关联。“无字书”将带给你想象的快乐、阅读的幸福。

1. 通读全书

教师在带领学生阅读前，最好先通读全书，对于内容有一个完整的把握。在给学生讲述前，请学生也通读全书。由于没有文字的羁绊，学生大多能很快翻阅完成，在头脑中对全书的主要人物和事件有一个大致的了解。在此基础上，才有可能进行创造性的、合作性的讲述。

2. 给人物取名

由于没有文字，所以在讲述中容易出现错乱。可以根据书名或学生的经验给主角取名，给主要场所、物品找一个合适的词汇，对于次要人物等则可以用比较随意的名称进行标识。

3. 学生为主，有限示范

第一遍讲述请以学生为主，老师应关注学生对人物和情节的取舍。如果学生没有讲述的习惯或尚不能完整地讲述，也可以以老师为主讲述，但应注意尽可能只讲述与情节发展高度相关的内容，将更多细节留给学生自己发现。

4. 关键问答，补充情节

第二遍讲述鼓励学生加入更多人物对话的想象，例如：他说了什么呢？他现在是怎么想的呢？

5. 适当示范，丰富内容

第三遍讲述鼓励学生加入更多的内心独白，进行更丰富的描写。老师可进行一部分的示范，另一部分由学生完成。

6. 及时记录，增强意识

用录音或笔录的方式将学生讲述的内容记录下来，读给他们听，帮助学生形成文字意识，理解说出来的东西可以被记录，获得自己能讲述故事的成就感，并鼓励学生对自己所讲述的内容进行修改、补充。

7. 多人参与，多种方式

允许多种讲述方式，可由多位教师参与。请学生进行评判，帮助学生体会同一本无字书可以有不同的解释和想象。

《飞机》阅读设计

一、阅读解析

《莫妮克无字书》共8册，包括《字母》《小船》《颜色》《房子》《数字》《反正》《飞机》《大风》，是世界著名插画大师莫妮克·弗利克斯的代表作。因其在培养孩子想象力、观察力和思考能力的优秀表现而风靡全球，多次获得国际图书大奖。

莫妮克于1950年出生于瑞士，至今已经创作了40多本书。她的代表作包括“无字书”系列、“情人节兔”等。她以大胆、独特的风格征服了无数的读者，不仅包括儿童，更包括试图唤醒童心的成人。他们都能在莫妮克的书中找到自己的世界。

“无字书”系列故事情节构思精巧、形式独特、绘制精美，书中正文部分没有一个文字，完全以画面来表现。主角是一只小老鼠，小老鼠在雪白的纸面上一点儿一点地咬出若干个洞，使整个页面或形成字母的形状，或经过折叠成为小房子、飞机、小船等，抑或小老鼠拿起彩笔，涂抹出一个色彩缤纷的世界，让小朋友在快乐的心境中去获得颜色、形状、字母、相反的事物、自然界的现象等概念。著名教育家蒙台梭利认为儿童拥有伟大的想象力，而阅读这样的无字书刚好可以让孩子们尽情地发挥他们的想象力，体验无穷的乐趣。和学生一起阅读，还能唤醒教师对空白背后自由的幻想。

（一）内容解析

可爱的小老鼠总是动个不停，东啃啃，西嗑嗑，像一个充满好奇心的孩子一样，不断去探索、去发现。它没想到在嗑开雪白的纸后会有一个那么新奇的天地——它发现纸片后面有一个色彩缤纷的世界。

（二）作品特色

1. 留白

留白即在作品中留下一定的空白，为读者保留想象的空间。这种艺术手法在图画书中的运用，对于年龄较低的学生而言是非常合适和巧妙的。喜欢想象并且充满创造力的学生能够通过大量的留白和小小的提示创造属于自己的故事，在创造的过程中同时收获阅读的快乐和创作的成就感，开发语言和思维能力。有人说，对于大人而言空白是浪费，但对于孩子而言空白是自由。因此，图画书的留白也能唤醒教师的想象力和童心。

2. 图画细致且富于变化

在《飞机》中，小老鼠从咬破纸张到乘上飞机，出现了很多田野的画面。但每一片田野都有独特的视角，有晴有雨，充满生机，具有丰富的变化角度。图画的细节非常到位，对于小老鼠的刻画，不仅鼠毛清晰可见，尾巴、耳朵、手脚的皮肤都很有质感，而且表情生动、动作传神。图画的细节不仅体现在生动传神的小老鼠身上，更体现在人来人往的热闹画面中。无论是忙碌的家庭主妇、采摘果子的小姑娘、急忙赶路的路人，还是可爱的小鸟、好动的大公鸡、小猫、小狗、树下避雨的奶牛……所有的人和动物在雨前、雨中和雨后都有不同的行为和动作。每次阅读，孩子们都会有一些新的发现，而不只是鼠小弟咬破纸张，发现田野，乘自己折的飞机拿到麦穗吃那么简单。这样充满细节和多角度的图画更容易被孩子发现，锻炼孩子的观察力和学习能力，使孩子的想象力得到充分发挥。

（三）阅读提示

（1）从这本书的封面，你获得了哪些信息？

（2）猜一猜：这只小老鼠和飞机有什么关系呢？

（3）小老鼠遇到什么困难？到底想干什么呢？

（4）猜一猜：纸片后面是个什么样的世界？

（5）终于撕开一个角了，小老鼠看见了什么？

（6）此时，它想什么？心情怎么样？

（7）小老鼠用最快的速度把纸片啃成了一个正方形，它啃得累不累？它放弃了吗？你觉得它是一只怎样的老鼠？

（8）小老鼠把折纸折成了飞机，它想做什么呢？

（9）小老鼠乘着纸飞机朝着美丽的村庄飞了下去，它飞到哪里了？

（10）假如你就是小老鼠，除了飞机，你还能想出其他的办法进入麦田吗？

（11）假如你就是小老鼠，除了麦田，你还想飞到哪里去？

（四）教学主题对接

建议与统编版语文二年级上册第五单元相衔接。

二、阅读策略

（一）想象

策略的描述：想象是一种特殊的思维形式，是人在头脑里对已储存的表象进行加工改造形成新形象的心理过程。它能突破时间和空间的束缚。阅读是由感知、情感、想象等多种心理因素组成的智力活动。阅读的整个过程是把原文转化成为自己的思想认识的过程，这一过程需要想象和创造。图画书的阅读能够培养学生良好的图画概念，结合师生共读、亲子共读的形式能够提高学生思考的连贯性，鼓励学生在阅读的过程中结合自己的生活经验，对文本和图画内容进行同步理解。对于学生而言，最需要调动的是联想与想象。

策略的功能：《飞机》一书中大量的留白要求学生展开充分的想象，去猜测小老鼠的行动轨迹、心路历程，构建属于自己的故事。这一过程能够让学生收获阅读的乐趣，感受创作的快乐。

（二）预测

策略的描述：是根据文本中得知的线索去预测下文，或即将发生的事情。预测的答案没有对错，但可以依据上下文判断其合理性。预测是否准确，可从下文的发展中得知。

策略的功能：预测故事的发展能帮助读者进入故事，了解主角的认知；预测能发挥读者的想象力；读者从阅读中知道自己的预测是否准确，获得实时响应。

三、教学设计

（一）说一说：认识小老鼠

（1）指导学生观察书的封面，请学生说一说：在封面上看见了什么？

（2）猜一猜：这只小老鼠和飞机有什么关系呢？

（二）学一学：跟上小老鼠

（1）小老鼠在书中来回走，请同学们跟上小老鼠的脚步，用自己的话说一说，小老鼠的动作是怎样的？一边走一边在想什么？

（2）小老鼠终于咬开了书的一角，猜一猜它看到了什么，互相说一说。

（3）小老鼠用最快的速度把纸片啃成了一个正方形，它啃得累不累？它放弃了吗？你觉得它是一只怎样的老鼠？

（4）表演：请同学们学一学小老鼠，上台表演一只在书里走来走去最后终于啃开书页的小老鼠。注意语言、动作和表情，演出心目中小老鼠的特点。表演后请同学们评出自己最喜欢的一只“小老鼠”，并说一说为什么。

（三）看一看：小老鼠的新世界

（1）学生小组合作，共同认识小老鼠的新世界。小组内讲一讲，小老鼠出去后看到了一个怎样的世界？例如：雨后天空中出现了什么？红裙小女孩去干什么？那群牛看见了什么？雨后，麦田里出现了什么？

（2）小组内交流：假如你就是一只小老鼠，除了飞机，你还能想出其他的办法进入麦田吗？

（四）画一画：小老鼠的平行时空

（1）把自己想象成从画纸中走出来的小老鼠，在平行时空里，小老鼠还可能去到一些其他的地方，看见一些其他的东西。想一想：假如你就是小老鼠，除了麦田，你还想飞到哪里去？

（2）小组共用一张大的画纸，先画出小老鼠的行动轨迹，再画小老鼠在不同地方看见的不同事物。既可以画当前你看到的小老鼠看见的世界，也可以画你猜想的它还可能看到的事物。

（五）换一换：小老鼠的交换旅行

（1）小组互相交换画作，讲一讲对方画的小老鼠去了什么地方，见到了什么事物。猜一猜小老鼠到了一个新的地方会说些什么，为画面配上旁白。

（2）展示小组配好的旁白，由原画作的小组进行评议。讨论两组同学想法的相同和不同之处。

四、创意天地

（一）说说画画

请同学们拿起手中的画笔和纸，画一个或者两个小老鼠出门遇到的新朋友，并想一想他们是在什么地方相遇的，可能发生什么故事，说什么话并把这个新故事讲给爸爸妈妈听。

（二）故事大王

你坐过飞机吗？坐飞机去了哪里？坐在飞机上是一种什么感觉？在飞机上或者坐飞机的途中发生过哪些有意思的事情？讲给你身边的朋友听。如果你还没有坐过飞机，想一想你想要坐飞机去什么地方，你觉得在飞机上能看见什么，说给你的同学听。

五、阅读加油站

莫妮克无字书系列，[瑞士] 莫妮克 · 弗利克斯 / 著，明天出版社。

六、阅读工具箱

阅读无字书的趣味

作为故事书，没有了“文字”这条叙述线，图画的意义就变得非常重大。图画不能支离破碎，而是必须有巧妙的线索串联起一个完整的故事。《飞机》中的小老鼠就很好地完成了这个线索。小老鼠是故事的讲述者，是一个“导游”，领着读者共同完成一趟未知的奇妙旅行。这位“导游”不说话，将话语权完全交给了“游客”，换言之，学生必须能够透过图画看懂故事。幸运的是，这个故事没有标准答案，他们自己就是旅途的掌控者。

在这一趟“旅行”中，学生的审美能力、观察能力、想象力都会得到充分的提高。无字书中大片的留白是他们学习最好的场所。和学习游泳一样，最好的阅读方式就是进入到书中。在充满文字的书中，读者可以与作者对话，而在无字书中同样可以达到这个效果，甚至还可以培养他们的语言理解和表达能力。我国台湾儿童美术教育家、插画家郑明进老先生说过：“在儿童成长发展的历程中，‘看’的教育是十分重要的一环，通过图像教育孩子学会如何看、怎么看，能够帮助孩子拓展观察事物的角度和视野。通过对图像的阅读，不仅能提升孩子的观察力与美感，还能让他们有更多想象的空间，并从中发掘自己的潜力。”因此，无字书的趣味开发需要教师在教学中注重过程本身的“阅读享受”，让孩子用心去阅读图画，用心去感受无字绘本带来的乐趣、想象、美感和思考。

深圳市福田区教科院附属小学　周华玲

深圳市福田区南华小学　杨　扬

《十朵小云》阅读设计

一、阅读解析

提到《十朵小云》，不得不先介绍“大拇指无字创意图画书”系列。这是一套给还不识字的小朋友和已经识字的大朋友看的一套奇妙的无字故事书，主要以 2~12 岁孩子为核心阅读对象，成人也可以从中感受无字书的阅读乐趣。

这套书之所以大获成功，是因为它极具特色、构思奇巧、妙趣无穷。这是可以读一百遍甚至一千遍的书，每读一遍，都会有新的故事、新的领悟、新的惊喜、新的阅读感受。

《十朵小云》作为“大拇指无字创意图画”中的一本，书中没有一个文字，完全靠精美画面演绎完整的故事，将故事视觉化，让故事变成无声的电影。本书由慕佐（Muzo）著，他出生于法国，就读装饰艺术专业，是法国电视 2 台一档节目的主持人。从 1993 年开始从事儿童图画书的创作，至今创作了近 30 部作品。他同时是一位画家、雕刻家，为法国许多平面媒体提供插画。

（一）内容解析

十朵小云，有什么用？用来形成一片乌云吗？当然不是。在这本图画书里，每一朵小云的离开，都有它自己的理由。一朵小云变成了鸟窝，一朵小云变成了气球，最后一朵小云去哪儿了？故事看似简单，却很温馨，如一首荡漾在天地间的无字诗歌，动画电影般地展现一朵一朵拥有不同故事的小云，让我们的内心沉浸在一片安详之中。

（二）作品特色

1. 跨页大图的呈现方式

《十朵小云》采用跨页大图的方式直接呈现。十朵小云分别遇见了谁？发生了什么？一个跨页接着一个跨页，让读者一目了然，而每一个大跨页又值得回过头来慢慢地、细细地品读。

2. 特别的开本

开本是表示图书幅面大小的一个行业用语。图画书的开本有大有小，小的不过巴掌大小，大的有时甚至会超过半张报纸。由于长、宽的比例不同，还有横开本和竖开本的区别。设计者之所以会把图画书的开本设计得各式各样，主要还是基于读者对象与内容的考虑。《十朵小云》则选用了 24 开的横开本，24 开的横开本在无字书中并不常见，这样的开本设计想来和“十朵小云”一样，是与众不同的、吸引人的。

3. 藏在环衬里的小秘密

环衬是封面与书芯之间的一张衬纸，通常一半黏在封面的背后，一半是活动的，因其以两页相连环的形式被使用，所以叫“环衬”，也有人把它形象地称为“蝴蝶页”。书前的一张叫前环衬，书后的一张叫后环衬。简而言之就是“书前书后的一张纸”。

一般说来，环衬是整本图画书里最容易被人忽视的，常常被人一翻而过。然而实际上，图画书的环衬不但与正文的故事息息相关，有时还会提升主题，甚至说出故事之外的另外一个结尾。

瞧！《十朵小云》中的环衬，蓝色的纸上画了十朵小云，但是与封面不同，这里有一朵粉色的小云。这就是作者隐藏的小秘密了。它可能是后面故事的一个开头，可能是故事的一个线索，也可能说出了故事的一个秘密呢！

4. 看得见的一条线

你看！《十朵小云》从封面到封底，每一页都有着一条线。正是这样一条举足轻重的曲线，贯穿全书，将十朵小云的故事巧妙地串联起来。随着一页一页地翻阅，我们会发现这条曲线是不断变化的，跟随着逐步递减的小云，将读者的视线一直引导到最后一页，甚至更远的地方。

5. 读者才是讲故事的人

《十朵小云》中每一朵小云都有自己的故事，因为没有文字，每个小读者都会做出不同的解读。孩子们会谈道，有的小云很喜欢帮助别人，有的小云很团结，还有的小云像爸爸妈妈……这些都是孩子们心中的“小云”，而《十朵小云》的主题也不言而喻了，这也恰恰体现出无字书的魅力。

（三）阅读提示

（1）你知道无字书吗？

（2）你曾经读过哪些无字书？说来听听。

（3）你能指出图画书中的封面、封底、环衬、扉页吗？

（4）观察封面和环衬，你发现了什么？

（5）猜一猜：十朵小云要去哪里？它们要去做什么？

（6）小云朵帮助了谁？谁又帮助了他们呢？

（7）小云朵在帮助别人的时候表情怎么样？心里可能在想些什么？

（8）为小花浇水的那朵云为什么越来越小呢？

（9）想象一下，云朵妈妈、云朵爸爸和小云朵宝宝还会遇到什么有趣的事情呢？

（10）读完这个故事，你有什么想说的吗？

（四）教学主题对接

建议与统编版语文一年级下册“识字（一）”或第三单元相衔接。

二、阅读策略

（一）想象

策略的描述：想象是一种特殊的思维形式，是人在头脑里对已储存的表象进行加工改造形成新形象的心理过程。它能突破时间和空间的束缚。阅读是由连续的、富有形象性和逻辑性意义的组合，运用想象策略，与文字、画面交互作用可以促使大脑主动去进行富有想象力的创造性思维。

策略的功能：阅读是培养想象力的土壤。想象策略的运用能让内容丰富、形象丰满，表达更精彩。

（二）找联结

策略的描述：从文中联想起已经知道或曾经历的事情或内容。

策略的功能：（1）文章内容只有和读者所知的事物有关联，产生了共鸣，才能在他的生命中产生意义。（2）读者必须找到文章和文章之间的相同点，才能够利用已知的形式和内容来了解新的文本。（3）读者能把所学与生活经验做联结，学习会更真实。

三、教学设计

（一）开启阅读锦囊

贴心小叮咛：小朋友们要先开启阅读锦囊，掌握了本领，获得“云名片”，才能与十朵小云见面哦！

1. 老师讲述图画书（无字书）的结构

2. 小组合作贴一贴

封面　环衬　扉页　内页　勒口

完全贴对的小组获得“云名片”奖励。

3. 十朵小云的首席设计师

各小组设计云名片，为小云起名字，选出“十朵小云”将其贴在黑板上（按照无字书上的形状来贴）。云名片：

4. 遇见《十朵小云》

《十朵小云》是一本无字故事书。没有字怎么讲故事呢？那就和老师一起来编故事。

（二）与十朵小云去旅行

1. 教师大声朗读故事（对照朗读）

（1）十朵小云在空中飘荡，遇到了一只捕蝴蝶的小猫，其中一朵小云被小猫捉了去。

（2）这天天气晴朗，天空湛蓝湛蓝的，就像无边无际的大海。十朵小云结伴出去旅行。他们一路上有说有笑，开心极了。十朵小云飘呀飘，遇见了小猫妹妹，小猫举着网正在追一只漂亮的蝴蝶。小猫妹妹追呀追，累得气喘吁吁，满头大汗了还是没有抓住那只小蝴蝶。小猫妹妹伤心极了，看起来马上就要哭了。一朵小云看见了，悄悄钻进了小猫的网里。小猫妹妹看见网里的小云很开心，心想：今天没有捉住蝴蝶，带一朵小云回家也不错嘛！小猫妹妹对小云说："谢谢你，小云。"说完唱着歌儿回家去了。这时天空还有九朵小云，他们继续结伴去旅行……

2. 短话长说——师生共同编故事

看图把下列句子补充完整。

（1）九朵小云飞到沙漠，看到老鼠大汗淋漓，一朵小云________________。（离开队伍，为他带去阴凉，帮他找到绿洲。）

（2）七朵小云飞到山坡，看到小羊没有衣服，冻得浑身发抖，一朵小云________________。

（老师在引导学生编故事时，适时予以指导，提供符合故事情境的词语。鼓励孩子们在认真观察图画的过程中，大胆想象，为小动物起名字，加入对话，补充情节）

3. 安静地阅读——自主创编故事

可适当播放轻音乐，让孩子们在舒缓的音乐中认识十朵小云，了解十朵小云的故事，丰富十朵小云的旅程。

4. 故事接龙

口头创编提示：小云朵们遇见了谁？谁帮助了谁？发生了怎样的故事呢？

（1）先讲给自己听。

（2）讲给同桌听。

（3）全班合作完成故事接龙。

5. 玩转手指谣

请根据故事的内容，将下列童谣补充完整，并大声读一读，还可以加上自己喜欢的动作。

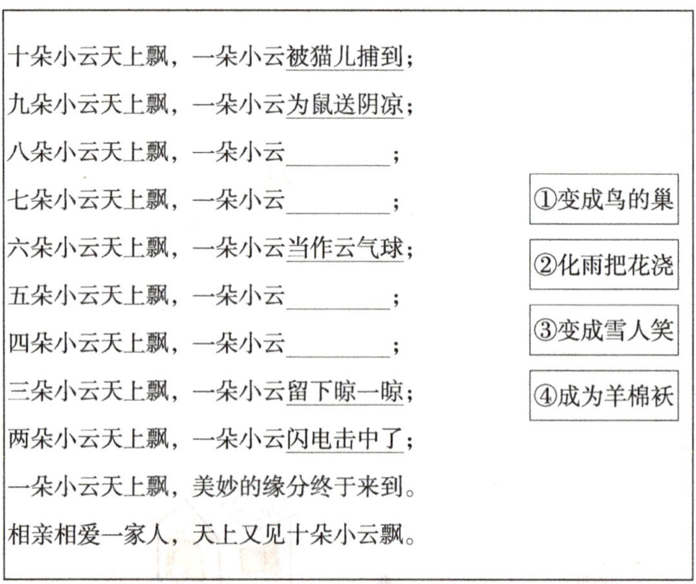

十朵小云天上飘，一朵小云被猫儿捕到；
九朵小云天上飘，一朵小云为鼠送阴凉；
八朵小云天上飘，一朵小云________；
七朵小云天上飘，一朵小云________；
六朵小云天上飘，一朵小云当作云气球；
五朵小云天上飘，一朵小云________；
四朵小云天上飘，一朵小云________；
三朵小云天上飘，一朵小云留下晾一晾；
两朵小云天上飘，一朵小云闪电击中了；
一朵小云天上飘，美妙的缘分终于来到。
相亲相爱一家人，天上又见十朵小云飘。

①变成鸟的巢
②化雨把花浇
③变成雪人笑
④成为羊棉袄

6. 比较阅读《一朵小云》

这次，我们只讲一朵小云的故事。你还记得《十朵小云》中的魔法师吗？这朵小云啊，可不是从天上来的，她从魔法师的大锅里来，现在，小云告别魔法师，自己去旅行了。小云啊小云，你要去哪里？小云一路飞着，有着不少奇遇。

7. 完成阅读旅程

时间	年　　月　　日　　星期
书名	《　　　　　》
故事的时间	
故事的地点	
故事里有谁	
口头说一说（不用写下来）：给故事加一个结尾，或者改编成你喜欢的结尾	
我喜欢这本书有多少 ★ ★ ★	
读完书后我的心情是 😀 😭 😠	

（三）共享云剧场

1. 小组任选一朵小云的故事进行排演

2. 制作头饰

老师课前准备小动物的头像，或是学生自己准备，充分利用“云名片”。

3. 表演开始

（1）介绍清楚表演小组每个组员扮演的角色。如：大家好，我是第九朵小云，我叫可爱云……下面，请欣赏我们的表演。

（2）表演过程中，台下的小观众要认真观看，及时给予掌声。

（3）表演结束后，小观众要与表演者交流观看想法。

四、创意天地

1. 创编《十朵小小云》

瞧！天空中又有十朵小云了，他们继续结伴去旅行。想象一下，这些小小云又会遇到什么人什么事？用你的画笔画下来吧！

2. 制作《十朵小小云》百叶书

（1）三张纸错落放好。　　（2）沿虚线对折。

（3）对折后如下图。　　（4）用绳打结。

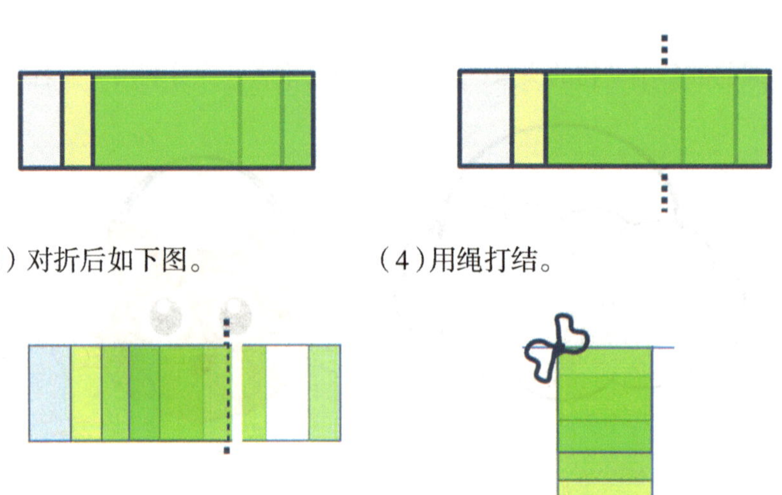

将每个同学的《十朵小小云》制作成百叶书，将小组的装订成合集，放在班级进行展览交流。为最受欢迎的《十朵小小云》无字书的作者或是小组颁发“云

顶大奖”。

五、阅读加油站

（1）《云朵面包》，[韩]白希那/著，[韩]金向涛/摄，明书/译，接力出版社。

（2）《云娃娃》，[日]伊东宽/著，蒲蒲兰/译，二十一世纪出版社。

（3）《彩云为裳》，[英]迈克尔·卡奇普/著，[英]艾莉森·简/绘，程雯/译，新蕾出版社。

（4）《看云识天气》，[美]安妮·罗克韦尔/著，[美]弗兰妮·拉萨奇/绘，陈振威/译，北京联合出版公司。

六、阅读工具箱

无字图画书的创始人

他就是“青蛙与男孩”系列无字书的作者梅瑟·迈尔。

从首部作品《一个男孩、一条狗和一只青蛙》开始，世界图画书大师梅瑟·迈尔用他幽默风趣的叙述方式，讲述了一个小男孩和他的动物朋友们的系列历险故事。该系列图画书的出版，让他得到了“无字书创始人”的美誉，图书出版40余年来，一直被读者追捧，并常年占据亚马逊网站五星级地位，销售已突破千万册。此外，他还创作了经典图画书《我的壁橱里有个大噩梦》，该书入选纽约公共图书馆“每个人都应该知道的100种图画书”和《日本儿童文学》杂志推荐书目。梅瑟·迈尔先后创作了300余本孩子们喜爱的图书。他创作的“小怪物”系列故事书，更是受到全世界小读者的欢迎。

更具挑战的“无字故事书”

无字图画书并不是因为作家懒惰才没有字的。因为没有文字说明，无字书中的图画承担了全部的“叙述”功能。演绎故事的画面既不能没有跳跃，也不能跳跃性太大。因为没有跳跃，就缺少变化和留白；跳跃太大，读者就不容易读懂故事。所以说，无字图画书的创作对作者有着更高的挑战性。

深圳市福田区教科院附属小学　刘　佳

《疯狂星期二》阅读设计

一、阅读解析

《疯狂星期二》是一本极富想象力的无字书，作者大卫·威斯纳（David Wiesner）花了9个月的时间才完成此作。本书除了说明时间的文字之外，完全依靠图画来叙事，把一个超现实的故事用映象一般写实的手法表现出来，犹如一部幻想短片，令读者震惊。作者构思精妙独到，巧妙地运用了超人般的叙事手法，让青蛙乘坐荷叶在空中飞翔。青蛙飞往小镇的画面惟妙惟肖，把读者带入一场奇妙的美梦中。

《疯狂星期二》在1992年获得“美国凯迪克金奖”。作者大卫·威斯纳出生于美国新泽西州，毕业于罗德岛设计学院，专攻插画。作为美国顶尖插画家，他是国际大奖的常胜将军。美国《学校图书馆》杂志对本书有着高度评价：“这是一个轻松愉快、想象缜密、没有说教色彩的有趣幻想，学生们肯定会喜欢。《疯狂星期二》必将起飞。”

（一）内容解析

星期二晚上8点左右，池塘里昏昏欲睡的乌龟被惊醒了。因为发生了奇特的事情。它目睹着无数只青蛙志得意满，整装待发，乘着荷叶飞起来了！它们飞往小镇，撞到钟楼，弄翻晾晒的床单，惊到小镇中没有入睡的人，聚精会神地看起了瞌睡中老奶奶家里的电视机，和院子里的黄狗打闹。太阳升起，青蛙们回到池塘，只留下一地荷叶，令人百思不得其解。又一个星期二，一群小猪在夜色中飞上了天空，它们又会有怎样的奇遇和冒险呢？

（二）作品特色

1. 大胆想象

无字图画书对于读者而言，最大的独到之处在于它能激活读者的想象力，也挑战读者的阐释力。而作者表示自己之所以喜欢无字书，正是因为只有无字书才能让他发挥想象力把画面画得更加神秘、把细节画得更详尽，从而吸引读者凑近来看。而且正因为没有文字，每一个人都会做出不同的解读。在作者看来，一个人读出一个故事来是对无字书最好的回应。因此，本书的特点在于同时唤醒作者和读者的想象，不求获得情节上的相同，只求获得想象过程中的情感共鸣。读者和作者一样经历创作中的“冒险”，跟随星期二晚上的青蛙们进行了独一无二的奇幻旅行。

2. 画面分割

在这本无字图画书中，作者成功地使用了分割画面的表现技巧，使读者有电影一般的阅读体验。远景画面类似电影中的全景，呈现整体风貌，而小画面就犹如急速推进的近景镜头，不但让读者可以看清青蛙侧身翻飞，吓得夜鸟惊慌失措的动作，甚至还让镜头加入到了青蛙的飞行队伍之中，让读者跟着青蛙一起在空中飞翔。

3. 场景写实

作者将一个充满奇幻色彩的故事画出了非常写实的场景、人物和动物，写实手法与想象情节的搭配令画面更加妙趣横生。图画书以蓝色调为主，描绘出光线的明暗变化。由于故事中的青蛙始终在飞翔，作者巧妙安排，时而让读者以青蛙的角度俯瞰地面，时而从地面往上仰望，角度的变化令读者有身临其境的感觉。此外，书中枯树、水草、月亮、青蛙，都尽可能地还原了真实的样子，并没有进行过多的演绎。这样的画面效果给了读者更加真实的感觉，让这场奇妙的旅行更加真实。

（三）阅读提示

（1）你读过无字书吗？你觉得读无字书有趣吗？为什么？

（2）你在封面中都看到了什么内容？猜一猜这是一个怎样的故事。

（3）找一找书中告诉你时间的文字或插图。

（4）木头上有一只巨大的乌龟，它伸长了脖子，惊讶地看着天空。它在看什么呢？它可能会想什么？

（5）如果你是一只突然会飞的青蛙，你最想飞去哪里？

（6）有一位穿着格子睡衣的先生起来吃夜宵，他突然惊讶得动弹不得。他从窗口看到什么了呢？他可能会想什么？

（7）青蛙们在老奶奶家做了什么？

（8）回到了池塘里的青蛙们高兴吗？为什么？

（9）警察先生来了，他们是否能找到破案的线索？谁有可能会告诉他们？

（10）读完全书，你觉得哪个画面最精彩、最疯狂？

（11）又一个星期二，小猪也飞上了天，请大胆想象接下来又会有什么疯狂的事出现。

（12）你还读过什么无字书？简单介绍一下书里的故事。

（四）教学主题对接

建议与统编版语文二年级上册第七单元相衔接。

二、阅读策略

（一）预测

策略的描述：预测就是预先猜测、推想，是读者阅读时根据读过的内容以及与内容相关的背景、知识推测文章内容的发展，包括作者或主角的情感、想法和行动。预测的一大特点是不必规定对错，不要求和书中的情节发展完全一致。预测的目的仅在于激发学生的想象力，增强参与感。在教学实践中，教师们可以引导学生从封面、目录、插图和关键情节等入手进行预测。

策略的功能：预测可以丰富学生的想象力，让学生对阅读充满积极的期待和兴趣。在阅读中用预测积极思考，验证自己的猜想，通过“预测—验证—预测”，让阅读变得更主动、更有趣。

（二）运用已知

策略的描述：运用已有的知识定义或曾经历过的事情对新的事物进行理解。

策略的功能：读者利用已有知识和经验去了解新的数据，将新知建立在已有知识的基础上。对于本书而言，青蛙、小镇、老奶奶和小狗等元素都是已知，而飞翔的青蛙、看电视的青蛙则是从未接触过的“新知”，学生通过运用已知，进行想象和创造，通过新的角度来理解童话世界。

三、教学设计

（一）封面猜猜乐

（1）封面上画的图最先吸引你的是什么？你在封面上都看见了什么？知道了什么？

（2）用一个词来形容封面给你的感觉。猜一猜：这是一个什么样的故事？

（3）故事发生需要时间、地点和人物，猜一猜：这个故事发生在什么时间？发生在哪里？主人公可能是谁？

（二）时空串串烧

请学生从书中的文字或插图找到关于时间和青蛙们所在地点的信息，完成内容。

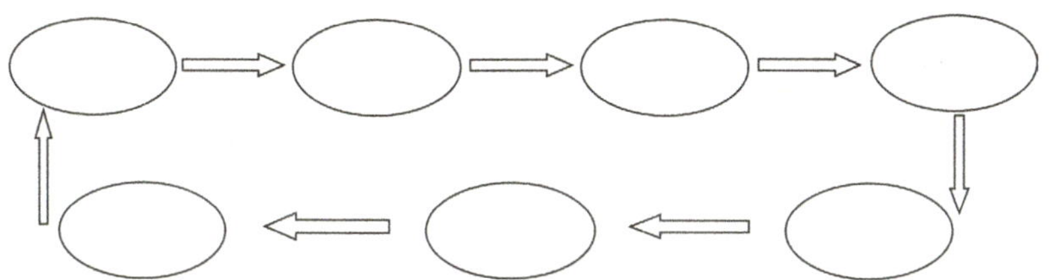

（三）青蛙呱呱叫

（1）配乐，播放 PPT，教师声情并茂地讲述。

星期二晚上

池塘里静悄悄的

玉盘一样的大月亮升起来了

一阵奇怪的声音从远处传来

大乌龟被惊醒了

啊！它看到了……

（2）请同学们仔细观察书中的图画，互相说一说：乌龟看到了什么？

（3）继续配乐播放 PPT，教师通过讲述推进情节发展：

星期二晚上 8 点左右，繁星点点，池塘里的青蛙们坐着荷叶悬在半空，志得意满，整装待发。大乌龟看呆了眼，小鱼们张大了嘴。池塘里风平浪静，美丽的白莲花，又大又绿的荷叶，只是平时总在池塘里喧闹乱叫的青蛙们，已经升上了夜空。

（4）请学生接着观察书中的图画，说一说：青蛙们飞到夜空中最先遇到了谁？它们可能会说些什么？

（5）请学生在书中找出青蛙们的飞行轨迹，说一说：青蛙们都去了哪里？可能会说些什么？

（6）假设自己是青蛙大军中的一员，你最想飞去什么地方？第一次看见这么多新鲜的事物，你最想说些什么？和身边的同学分享一下。

（四）心儿怦怦跳

小组合作：请学生“在午夜遇到男人”“在老奶奶家里看电视”“与黄狗追跑”等场景中任选一个，编一段对话进行表演。

（五）画面连连看

你觉得这个星期二疯狂吗？哪个画面最疯狂？完成阅读报告，并和同学们分享你的理由。

阅读报告

时间	年　　月　　日　　星期
书名	《　　　　　　》
读的页数	第　　页—第　　页
读书时间	分钟
画一画我喜欢的插图	
我喜欢这本书有多少 ★ ★ ★	
读完书后我的心情是	
教师评价	

（六）线索找找看

青蛙们回到家，可是城市里却是一团糟，满地都是湿乎乎的荷叶。警察先生来了，他们能否找到破案的线索？谁有可能会告诉他们？接下来还可能会发生什么呢？请同学们讨论一下。

四、创意天地

（1）下一个星期二，只看到农场的墙上有一个黑影。哦，原来是小猪飞上了天！接下来，又会有什么疯狂的事情出现呢？现在就请你大胆想象，构思几个场景，想一想：小猪可能会遇到什么有趣的故事？发生什么有趣的对话？和同学们分享一下。

（2）你的“疯狂星期二”可能会发生些什么呢？说一说，画一画。

五、阅读加油站

（1）《三只小猪》，[美]大卫·威斯纳/著，彭懿/译，江苏凤凰少年儿童出版社。

（2）《梦幻大飞行》，[美]大卫·威斯纳/著，江苏凤凰少年儿童出版社。

（3）《7号梦工厂》，[美]大卫·威斯纳/著，江苏凤凰少年儿童出版社。

（4）《夏天的天空》，[美]彼得·史彼尔/著，光明日报出版社。

六、阅读工具箱

如何读无字书

无字书没有字，教师却需要带领学生讲出一个完整、有趣的故事。这不仅考验学生的理解和表达能力，也考验教师的想象力。能否在阅读无字书的过程中再做一次儿童，抓住儿童的心理，让学生在读书的过程中充满乐趣和想象力是非常重要的。

1. 通读全书

在带领学生阅读前，最好先把图书翻看一遍，对于全书的故事情节和内容有一个完整的把握。在给学生讲述前，让学生也翻一遍图书，这样学生也会有属于自己的理解。

2. 给故事里出现的人物（动物）取名字

无字绘本由于没有文字，所以在讲述时容易出现错乱，教师可以跟学生一起取名字。

3. 学生为主，教师为辅

学生不是专家，却比教师更加富有想象力，对图书也有自己的理解，教师只需要观察学生在讲故事过程中应注意什么或错过了什么。如果教师发现学生们错过了一些细节，可以给予适当的指导。如果有的学生刚开始不知道怎么讲，教师也可以给学生做示范，帮助学生补充情节。

4. 关键问答，补充情节

当学生讲完了第一遍的时候，教师可以带着学生讲第二遍，还是以学生为主，这一遍教师可以在阅读中进行关键性的提问。这一行为可以帮助学生补充情节，加入更多人物对话的想象。

5. 适当示范，丰富内容

在讲第三遍的时候，教师可以作为主讲，试着加入更多描述性的语言和内心独白，引导学生学会表达自己的想法。

6. 及时记录，增强意识

在阅读的过程中一定要记录故事，用录音或笔录的方式将学生讲述的内容记录下来，读给他们听，帮助学生形成文字意识。同时，记录下来的故事也可以反复读、反复修改，让学生体验创造故事的乐趣。

深圳市福田区教科院附属小学　周华玲

深圳市福田区南华小学　杨　扬

《父与子》阅读设计

一、阅读解析

《父与子》是在纳粹残暴统治之下产生的漫画作品，于 1933 至 1937 年陆续连载于《柏林画报》上，战后才得以结集出版。全书内容取材于作者卜劳恩与父亲和儿子的生活点滴，凝聚了作者对父亲的深深思念和对儿子的浓浓爱意。作为一部温暖了当时整个德国的漫画，其读者群绝不单单是儿童，而是所有人。

书中有对于普通生活天马行空的想象力，有偶获巨额财富后依旧保持本心的生活观，有面对困境的乐观精神和非凡的创造力。而在所有爆笑捧腹的图画背后，则是饱满到溢出的亲情和爱。

（一）内容解析

胖乎乎的大胡子父亲有很多缺点，偶尔会要要家长威风，有时也误会儿子；瘦小古怪的淘气儿子也有许多不足，从来不会为自己的恶作剧感到不安，但他们都善良感性、充满正义、乐于助人……就是这样一对平凡又不平凡的父子，给大家演绎了一个个传奇、搞笑、好玩却又温暖人心的故事。

（二）作品特色

这些连载于《柏林画报》的黑白手绘作品，除标题外没有任何对话。让你放飞想象力，还给你自己理解的权利和乐趣，堪称小朋友的看图说话范本。

《父与子》在每幅画的细节上都很讲究，每次阅读，都会发现一些前一遍未曾注意的细节。

当然作为手绘的连载作品，不可避免会有一些作者自带的小漏洞，一起边阅读边“找碴儿”也不失为一种乐趣。

卜劳恩学识丰富、“脑洞”特大，书中有拿歌德开玩笑的小段子，还有对《鲁滨孙漂流记》的致敬。在读“孤岛求生”部分时，不妨先看看《鲁滨孙漂流记》，两相对比，更显奇趣。当然，不读《鲁滨孙漂流记》和歌德的作品也无甚妨碍，一样可以获得身心的愉悦。

（三）阅读提示

（1）你喜欢这对父子吗？你觉得漫画中父与子的关系怎么样？他们给你留下了怎样的印象？

（2）看了这本书，你会想到自己的父亲吗？你的父亲给你留下最深的印象是什么？

（3）你能用自己的语言描述出画面要表达的故事情节吗？在开怀大笑之余，你感受到了什么？

（4）漫画一般没有文字，仅用画面来讲述故事。你能仔细观察画面，关注细节，通过展开联想来了解画中人物的动作、心理、语言，体会故事中包含的意义吗？

（5）平时喜欢看漫画书吗？你觉得看漫画和看文字书籍有什么不一样的体验？

（四）教学主题对接

建议与统编版语文教材一年级下册第四单元“家人”相衔接。

二、阅读策略

（一）预测

策略的描述：“预测”是根据文本中得知的线索去预测下文，或将会发生的事情。预测没有对错，但可以依据上下文判断合理性。

策略的功能：选择不同的猜测点供学生自由想象。

（1）看到标题猜测正文。

（2）读了开头猜结尾。

（3）读了上段猜下段。

（二）运用已知

策略的描述：包含已有的知识定义或曾经历过的事情。

策略的功能：读者利用已有知识和经验去明白新的数据，将新知建立在已有知识的基础上。

三、教学设计

（一）走近父与子

（1）播放《爸爸去哪儿》片头曲，导入话题，激发学生兴趣。

这段视频叫什么名字？视频里有谁和谁？他们在一起发生了什么？你觉得你的爸爸爱不爱你？平常爸爸为你做过什么让你感受到爱的事情？

（2）出示前五幅漫画。

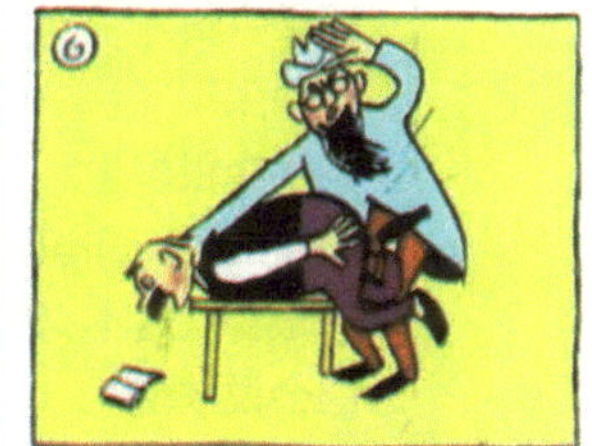

按顺序播放五张漫画，每张漫画请一位学生讲一讲画面的内容。播到第五张时，宣布故事结束。

引导学生质疑：故事要完整地叙述一件事，要有头有尾。请学生大胆猜一猜结局。

分组讨论：每组一名学生将自己小组讨论中最“惊奇、大胆、浪漫”的结局，讲给大家听。

出示第六幅漫画，感受漫画带来的惊喜与幽默。

（3）教师简介《父与子》，帮助学生了解书名、作者和内容概要。

出示《父与子》的漫画头像：父亲是（　　）头，他慈祥、（　　）、（　　）；儿子是（　　）头，他调皮、（　　）、（　　）。

这对父子是德国一个非常了不起的漫画大师卜劳恩画的一位爸爸和他的儿子，在这位爸爸和儿子之间发生了很多好玩、有趣的事情，卜劳恩都把他们画下来了，记录在一本名字叫作《父与子》的漫画书里。

（4）师生共同赏析系列漫画书中的《救火》，引导学生根据画面情境及线索清楚地讲述，并给故事起名字。

教师提问：在漫画图片中你看到了什么？图片中都有谁？发生了什么事情？你能给这篇漫画取个名字吗？

我问你答

这本书：
◎好看　◎不好看
这本书得几颗星？
☆☆☆☆☆

看得懂吗？请在□里打“√”。
□全部都懂
□有些不太懂
□全部看不懂

读完后的感觉有哪些呢？请在□里打“√”。
□真好笑
□很难过
□很害怕
□很生气
□学会很多生字
□增加了新知识
□很喜欢这本书
□会说故事

我最喜欢书中的一个人物：

（二）故事串串烧

1. 学习阅读漫画的方法。

（1）读题。

播放演示文稿（PPT）《寻找小出逃者》。

读《父与子》这本漫画我们一定要仔细阅读题目。因为这本书每则漫画的题目都阐明了故事的主要内容，为我们理解图画指明了方向。

（2）观察人物的动作和表情。

请学生仔细观察 PPT，并说一说画中人物的动作和表情。

（3）想象人物的语言和心理。

①出示 PPT，学生根据当时的情景想象：父亲在想些什么？说些什么？

②小组进行讨论和分享。

③小组代表发言。

（4）体会作者表达的情感。

说说自己读了《寻找小出逃者》后的感受。

（5）小结学习方法：

①读题目，了解图画主要方向。

②观察人物的动作和表情。

③想象人物的语言和心理。

④体会作者所要表达的情感。

2. 学生分组赏析不同内容的漫画，分组进行讨论和讲述

3. 完成阅读报告。

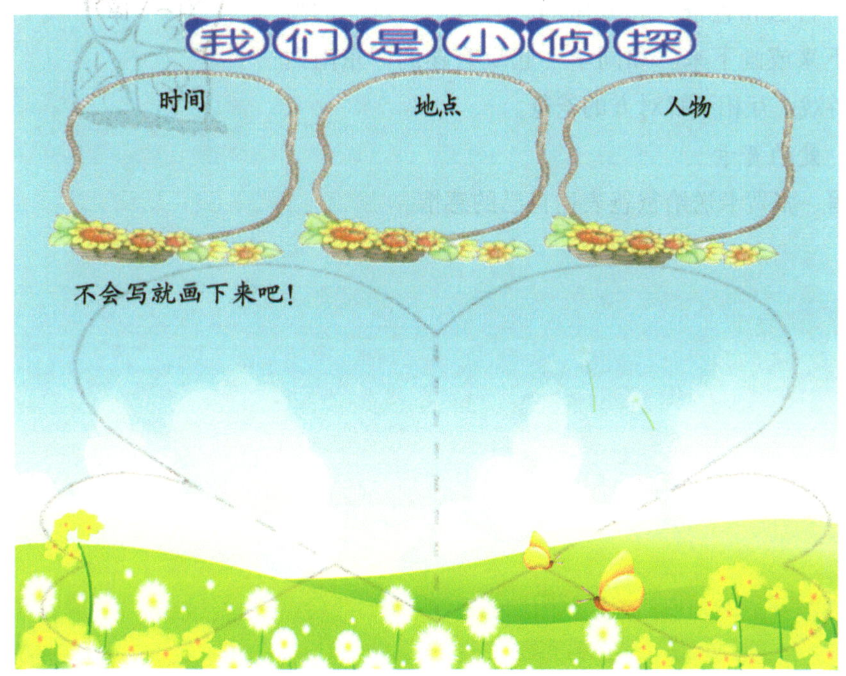

（三）故事大奖赛

评分标准：（PPT 出示）

故事大王：按顺序　说清楚　大声说

最美听众：认真听　用心评　有互动

师：满足这几个要求，就能成为“故事大王”和“最美听众”啦。

故事比赛正式开始（PPT 出示漫画内容）：

（1）孩子轮流上台展示，可以是个人讲故事，也可以是小组合作讲故事，还可以是小组合作表演故事。

（2）台下的孩子当小评委，评一评谁讲得好，并说说为什么。教师给票数高的孩子戴上“故事大王”的王冠，认真听，给用心评的孩子戴上“最美听众”的王冠。

四、创意天地

1. 我和爸爸的故事

发给孩子们一张纸做出“东南西北”，在内部八个面将自己和爸爸一起爱做的、有趣的、难忘的事情写下来或画下来，和同学一起玩有趣的“东南西北”游戏，互相了解对方的爸爸。

2. 爱的贺卡

写一张贺卡送给爸爸表达自己的感情。

3. 为“父与子”创作一组漫画，并配上文字

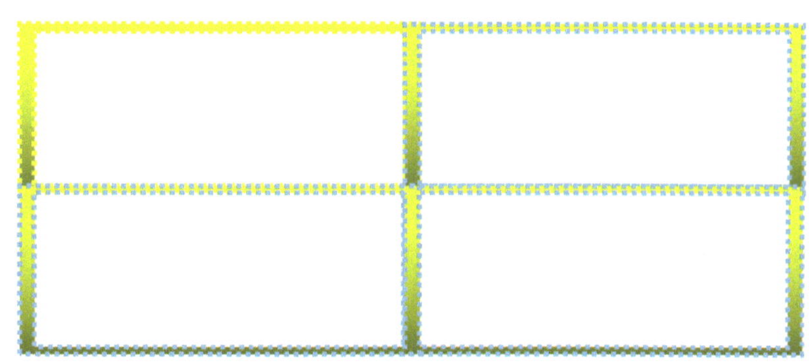

五、阅读加油站

（1）《我爸爸超厉害》，[日]宫西达也/著绘，陈珊珊/译，河北教育出版社。

（2）《爸爸，爸爸，爸爸》，[日]宫西达也/著，许婷婷/译，北京联合出版公司。

（3）《我爱爸爸》，[美]乔安娜·沃尔什/著，[意大利]朱迪·阿博特/绘，魏楚云/译，北京联合出版公司。

（4）《和爸爸一起真好》，[法]塞尔日·布洛克/著，戴磊/译，北京科学技术出版社。

（5）《我爸爸》，[英]安东尼·布朗/著绘，余治莹/译，河北教育出版社。

六、阅读工具箱

漫　画

“漫画”二字起源于中国北宋。最初用“漫画”二字的是北宋学者、画家晁以道，他在《景迂生集》中说：“黄河多淘河之属，有曰漫画者，常以嘴画水求鱼。”这里说的“漫画”是一种水鸟的名称，因为它捕鱼时潇洒自如，像在水上作画而得名。

漫画，是一种艺术形式，是用简单而夸张的手法来描绘生活或时事的图画。一般运用变形、比喻、象征、暗示、影射的方法构成幽默诙谐的画面或画面组，以取得讽刺或歌颂的效果。西方漫画源自英国，19世纪法国画家杜米埃在西方漫画史上取得了最优秀的成就。

作为绘画艺术的一个分支，漫画发展至今天，已演变成了三种形态，即讽刺幽默的传统漫画、叙事的多幅或连环卡通漫画、探索性的先锋漫画。

老师在指导学生阅读无字书时，还可以使用一些指导策略，例如：

1. 接续讲述

有时学生面对无字书，不知道从何处开始讲。老师可以示范从主要人物、在做什么、和谁发生关系、可能会说什么等开始，然后请学生接续讲下一部分，当学生讲述出现困难时，再由老师讲述。这样轮流讲述，实际上是为学生做出了一个良好的示范。

2. 分角色讲述

当学生对角色有高度认同时，会将自己投射到角色身上，此时，往往采用第一人称进行讲述。老师可以和学生分配角色，将对话的部分交给学生来想象和表现，老师担当叙事性讲述的部分。这样一方面可以为学生作出良好的叙事讲述示范，另一方面降低学生叙事的难度，着重强调丰富的对话想象。

3. 补充内容

老师在讲述中，可以故意遗漏一些明显的情节或内容，请学生补充，让学生逐步掌握讲述的主动权。也可以请学生讲述，老师给予适当的补充，但不宜补充过多，以免打击学生的积极性。

深圳市福田区景鹏小学　陈伟茵

《海浪》阅读设计

一、阅读解析

《海浪》是一本讲述孩子在海滩上漫步故事的完美的无字书。作为一本单纯的无字绘本，它没有深刻的寓意，只有三种颜色。作者灵活利用木炭、水彩画、彩笔等工具，将随性洒脱的线条、明快的色彩、各种的材质完美组合，只是寥寥数笔，却无比生动。简单的线条与色彩，都象征着对自然世界的探索和与自然世界的对话。

除了技巧上的无与伦比，这本书的情感价值也是无法量化的。作者苏西·李坦言，她创作的三部曲——《海浪》《影子》和《镜子》里，都有她童年的影子。她是独生女，小时候经常一个人玩耍，她特别能体会独生子女的孤独。《海浪》中小女孩与自我的交锋，以及最终冲破界限接纳自己，找到内心的平静，就是她真实的人生经历。创作这本绘本的时候她正怀有身孕，这也是她献给新生儿的礼物。

（一）内容解析

天气晴朗，蔚蓝的大海，耀眼的阳光，白色的沙滩，忙碌的海鸥，妈妈在背后撑着遮阳伞微笑。这一切让小女孩迫不及待地冲向大海，和海浪玩耍。从开始的试探，到惊慌的逃窜，再到大笑着与海浪嬉戏，小女孩逐渐克服了恐惧，收获了与大海之间的友谊。

（二）作品特色

1. 色彩简约而不简单

《海浪》整本书的色彩非常简约，只有三种：灰黑色、蓝色和白色。蓝色表现大海，白色代表海滩，其余则用灰黑色的木炭笔勾勒。虽然只用了这几种简单的色彩，但画面仍然营造出了晴朗天气中的海滩效果。而就是这样简单的色调，却完整地表达出孩子和自然逐渐融合的过程。

在这样简约的色彩运用背后，有着十分不简单的创作手法：为了尽可能地表现海边景色，苏西·李在创作时尝试了许多种材料。在创作环衬上的沙滩时，为了在纸面上达到类似于真沙子的效果，苏西·李选用了压膜处理的纸张，在薄纸上运用了稀释得很淡的丙烯颜料来绘画，最终呈现出了粗糙不平的海边沙滩风景。这些材料和技法的综合使用，使得画面中的海浪显得梦幻而富有灵气。

2. 故事简单而不单调

《海浪》的内容极其简单，一个晴朗的日子，一个充满好奇心的小女孩遇见了一片爱玩耍的海浪。这看似平常的故事饱含作者对生活的经历和热爱。书中小女孩对海浪的态度，从畏惧到好奇再到一起玩耍，是经验的记忆，是童真的记忆，更是对读者的启发。小女孩与海浪友谊发展的过程，启发孩子们要亲身经历，去探索，去独立，不依赖父母，通过自身去获得知识。作者的画功了得，特别是对小女孩动作、表情的刻画，寥寥数笔，把小女孩在海边玩耍的活泼天真表现得淋漓尽致。

3. 设计简要而不失精巧

《海浪》是一本长开本的绘本，作者利用了书的装订线，用它充当了海滩与海浪的分界线。以装订线为界，一面是黑白图画构成的现实世界，一面是蓝色调组成的梦想世界。分别身处在两个世界的海浪和小女孩在绘本的前半部分从未真正相遇。每当海浪涌起时，小女孩都被装订线阻碍了前进的步伐，海浪一次次靠近沙滩，却没有一滴水珠溅到左侧的书页上。可见小女孩所在的现实世界与海浪所在的想象世界的界限难以打破，小女孩如果想和另一页的海浪玩耍，想进入与现实世界对立的幻想世界，需要跨越装订线。一旦她跨越装订线，便意味着她从左边的现实世界进入了右边的幻想世界。装订线也是小女孩心中的一个分界线——我们在海浪前都会面对的界限——如果跨过这条线，就会浸湿衣服。而最终，小女孩做出了自己的选择，读者心中也会做出自己的选择。在选择《海浪》的时候，我们的一只脚就已经迈进了梦想世界的大门。

（三）阅读提示

（1）你知道无字书吗？

（2）你能指出图画书中的封面、封底、环衬、勒口、扉页吗？

（3）你从封面上获得了哪些信息？猜一猜：故事的主人公是谁？图画书会讲一个什么样的故事？

（4）观察前环衬和后环衬，说一说：你看到了什么？有什么不同？

（5）这本绘本有几种颜色？

（6）你能讲一讲这个绘本故事吗？

（7）小女孩对海浪的态度最开始是怎样的？后来又发生了什么变化？

（8）故事中的妈妈出现了几次？她为什么没有陪孩子玩耍呢？

（9）海浪把贝壳赠给女孩当礼物。假设你是小女孩，会对大海说什么？

（四）教学主题对接

建议与统编版语文一年级下册第六单元相衔接。

二、阅读策略

（一）赏图——感受形象之美

策略的描述：在无字书中，图画不再仅仅起辅助和诠释文字的作用，而是可以构建出一个丰富、生动、形象的故事。即使是一个不识字的孩子，单靠“读”图画，也可以读出个大概来，因此，在开展绘本阅读时，我们要特别注重引导儿童欣赏绘本上的图画，学会观察细节。

策略的功能：提高学生的观察能力和审美能力，在图画中寻找线索，构建属于自己的故事情节，在观察中开发对于阅读和图画的兴趣。

（二）猜测——拓宽想象之域

策略的描述：猜测，是指在读书的过程中，根据已知内容，推测未知内容。

比如：看到标题，可以猜想正文，然后把正文与所猜测的内容进行比较；读了开头，猜测结尾；读了上段，猜测下段。想象是图画书的一大特点，儿童的想象千奇百怪，无所不有。

策略的功能：学生插上想象的翅膀，就能够看到图画以外的世界，建构一个属于自己的空间。这一过程不仅培养学生的思维能力、想象能力，还培养了学生的表达能力。在无字书中，教师可寻找不同的猜测点，让 t 学生在自由猜测中为自己插上一对想象的翅膀。

（三）联结——搭建理解之桥

策略的描述：联结具有多元性。一是阅读内容与另一同类内容的信息联结；二是阅读内容与学生已知事物、相关资讯的联结；三是阅读内容与学生生活经验的联结。

策略的功能：联结对于促进学生理解故事内容具有非常重要的意义。尽管无字书内容由图画组成，细节丰富相对真实，但对于阅读经验较少的儿童而言仍然是抽象的、需要努力理解的事物。将图画内容与日常生活经验相联结是学生迅速提高理解能力的最好办法。事实上，想象也并非完全不着边际，而是建立在联结的基础上完成的。儿童超越成人的，令人意想不到的联结正是那无法比拟的想象力的开端。

三、教学设计

（一）封面有“宝”我来寻

（1）你从封面上获得了哪些信息？

（2）你觉得故事的主人公是谁？

（3）猜一猜：这本绘本会讲一个什么样的故事？

（二）环衬不同我来找

（1）观察前环衬和后环衬，说说你看到了什么、有什么不同。

（2）你更喜欢前环衬还是后环衬？为什么？

（三）故事情节我来讲

教师根据图画书内容提问，学生通过回答梳理故事情节。

（1）小女孩与海浪的关系怎么样？

（2）小女孩对海浪的态度最开始是怎样的？

（3）小女孩对海浪的态度后来又变成怎样了呢？

（4）为什么会发生这样的变化？

（5）小女孩对海浪态度的变化经历了一个什么样的过程？

（6）故事中的妈妈出现了几次？她和小女孩一起玩了吗？

（7）妈妈为什么没有陪孩子玩耍呢？

（四）精彩画面我来画

（1）教师引导：作者用炭笔描绘人物，寥寥数笔，把小女孩在海边玩耍的活泼天真表现得淋漓尽致。老师为大家截取了小女孩的一些特写，请大家选择自己喜欢的小女孩的表情，配上一句台词，并在全班分享。

① ② ③ ④

⑤ ⑥ ⑦ ⑧

⑨ ⑩ ⑪ ⑫

⑬ ⑭ ⑮

（2）假设你就是海边的小女孩，你会在海边做些什么？你会做出什么样的表情？画下来和同学们分享。

四、创意天地

创意结尾我来演：

（1）海浪把贝壳赠给女孩当礼物，女孩谢过大海并把手上的沙子洗掉，有了“礼节性的问候”。假设你是小女孩，会对大海说什么？请你演一演。

（2）学生上台表演小女孩感恩大海的场景。

五、阅读加油站

（1）《影子》，[韩]苏西·李/著，希望出版社。

（2）《儿童的季节》，[日]安野光雅/著绘，艾茗/译，九州出版社。

（3）《青蛙与男孩》（全6册），[美]梅瑟·迈尔[美]玛丽安娜·迈乐/著，贵州人民出版社。

六、阅读工具箱

藏在绘本“环衬”中的秘密

精装绘本有一个特殊的组成部分——环衬。在“本”的层面它是有意义的，用来连接封面硬纸板与正文，使得整本书浑然一体。这个角度说，环衬的首要作用是起到装帧上的装饰作用。后来，作家们也参与到这个原本属于印装的环节，把环衬作为图画书整体设计的一部分，精心设计创作，使之与故事主题紧密相连，甚至成为故事的重要内容。

因为连接硬壳封面的作用，所以环衬前后都有，称为前环衬和后环衬。较为常见的是前后的内容一致，而不一致的环衬也更好地表现了主题，延伸了内容。

前后一致的环衬经常是一些用来突出故事主题的艺术设计，有的环衬只是内文插图的主色调，有的是内文的某个细节的放大，有的是内容中某个场景的画面，不一而足。有为数不少的环衬是纯色的，用来渲染故事的氛围，强调人物的情绪。

《海浪》的环衬前后不同，各有意义。你能猜出《海浪》环衬的秘密吗？

深圳市福田区教科院附属小学　周华玲

深圳市福田区南华小学　杨　扬

《狮子和老鼠》阅读设计

一、阅读解析

还记得《伊索寓言》中的《狮子和老鼠》吗？两个主角间的强弱关系变化令人深思，小老鼠的勇敢和知恩图报更是备受推崇。而在卡特琳娜·埃谢威瑞的《狮子和老鼠》的故事里，狮子和老鼠的形象则更为现代，故事的中心也放在了如何对待友情上。

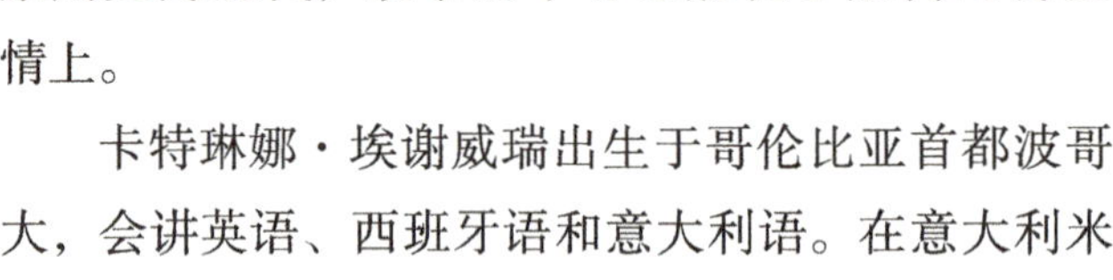

卡特琳娜·埃谢威瑞出生于哥伦比亚首都波哥大，会讲英语、西班牙语和意大利语。在意大利米兰学习平面设计，后在剑桥艺术学校攻读儿童图书插图硕士学位。她非常喜欢绘画，总是随身带着速写本。正是这样的卡特琳娜，让我们看到了具有现代感的《狮子和老鼠》。

（一）内容解析

一只大狮子和一只小老鼠做邻居。狮子认为自己是最棒的、最强壮的，在小老鼠面前总是很傲慢。终于，小老鼠因忍受不了而离开了这个骄傲的朋友。可是有一天，大狮子遇到了他害怕的东西，会有人来救他吗？

（二）作品特色

1.《伊索寓言》的故事新编

《伊索寓言》中《狮子和老鼠》的故事脍炙人口，寓意深刻。在如今物欲横流、攀比现象严重的大环境下，卡特琳娜·埃谢威瑞的《狮子和老鼠》绘本则展现了更现代的狮子和老鼠，他们不是敌人，不是主仆，而是平等的朋友。这对于帮助孩子怎样与朋友相处，如何交到真正的好朋友具有指导意义。

2. 巧用颜色和构图突出主人公形象

书中有很多细节值得我们回味。作者利用颜色、构图突出了狮子和老鼠的形象，蓝色代表狮子，黄色代表老鼠。蓝加黄变绿，所以绿色代表狮子和老鼠没有了隔阂，成为真正的好朋友。

3. 体会友谊的真谛

这是一个关于友谊、平等、强弱、快乐和互助的故事。自大的狮子总是一副高高在上的样子。一起出去玩，他让老鼠扛着大箱子；自己坐野餐毯，让老鼠坐地上；倒饮料时只给老鼠分一点点，还把老鼠的三明治吃掉了……

然而，故事中的老鼠却非常善良，他一直容忍着狮子的自大和自私，他喜欢和朋友分享快乐，所以叫上狮子一起去野餐；他喜欢帮助朋友，所以帮狮子拿箱子；他懂得尊重朋友，所以狮子炫耀的时候，他只是默默地回应着自己的渺小……虽然他因为忍受不了狮子而离开了，但是当狮子遇到危险时，他很快就放下了心中的芥蒂，尽最大努力营救狮子。

狮子终于因为这个挫折而懂得：真正的朋友，就是要互相帮助，彼此分享，一起创造快乐。真正的朋友，是平等的。

（三）阅读提示

（1）你读过《狮子和老鼠》的故事吗？说来听听。

（2）你能通过封面给出的信息猜猜故事的内容吗？

（3）书中出现了哪几种主要的颜色？分别代表着什么？

（4）狮子和老鼠去野餐，它们是怎样分工的？

（5）狮子和老鼠是朋友，但是它们很不一样。有哪些不一样呢？

（6）面对狮子的表现，老鼠为什么会选择离开呢？

（7）小老鼠会去帮助这个骄傲的朋友吗？

（8）你喜欢狮子还是老鼠，为什么？

（9）读完这个故事，你能说说什么是真正的朋友吗？

（四）教学主题对接

建议与统编版语文一年级下册第三单元相衔接。

二、阅读策略

（一）运用已知

策略的描述：已知包含已有的知识、定义，或曾经经历过的事情。这个策略在阅读数据性文章时尤为重要。

策略的功能：读者需要利用已有的知识和经验去理解新的信息，将新知建立在已有知识的基础上。阅读时能唤起认识和经验，理解会更有效。

（二）找联结

策略的描述：从文中联想起已经知道或曾经历的事情或内容。

策略的功能：1. 文章内容一定要和读者所知的有关联，只有产生了共鸣，才能在他的生命中产生意义。2. 读者必须找到文章和文章之间的相同点，才能够利用已知的形式和内容来了解新的文本。3. 读者能把所学与生活经验做联结，学习会更真实。

三、教学设计

（一）阅读情报局

1. 好友印象

请说说你对狮子和老鼠的了解，并将自己对它们的独特印象写在下面的方框中。

2. 我的期待

狮子这么大，老鼠这么小，猜猜它们之间会发生什么故事呢？

我期待这是一个______________________的故事。

温暖　感人　惊险　有趣

（二）故事大搜索

1. 准备故事搜索箱

①狮子和老鼠去野餐，是怎么分工的？

②在黑暗中，狮子有什么反应？

③面对狮子的表现，老鼠为什么选择离开呢？

④狮子真的什么都不怕吗？

⑤小老鼠会去帮助这个骄傲的朋友吗？

2. 听故事赢奖励

教师将阅读问题放到故事搜索箱中，每个同学先从故事搜索箱中抽一个星级问题，学生带着问题听故事。教师在声情并茂地讲述故事时，要随时关注学生的课堂表现。当教师的提问与学生所抽的是同一个问题时，该生可获得优先回答权。

听完老师讲的故事，相信精彩的故事情节一定给你留下了深刻的印象。请把下面的图片按照顺序填写到情节梯里，填好后翻开书验证一下吧。

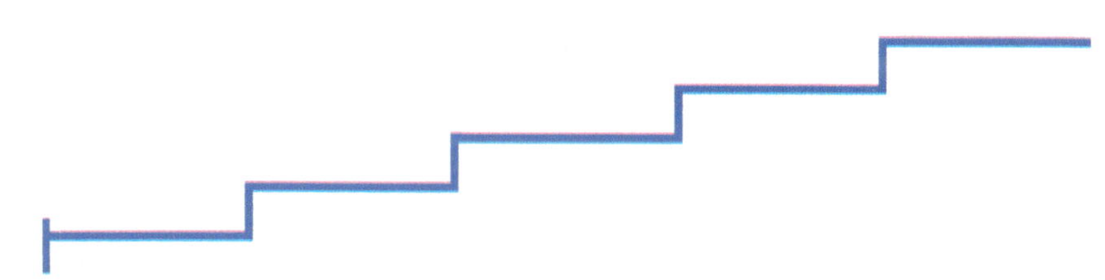

3. “我们”不一样

狮子和老鼠是朋友，但是它们很不一样。有哪些不一样呢？请你大声朗读故事，找出它们的不同点填到下面的“友谊之杯”中。

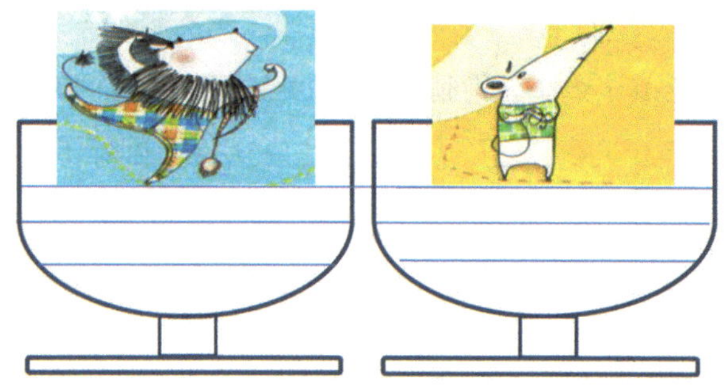

4. 探寻友谊真谛

什么是真正的好朋友呢？请你再次默读故事，去书中寻找友谊的真谛，并完成“友谊之签”。

5.《伊索寓言》中的“狮子和老鼠”

（1）老师讲述《伊索寓言》中的《狮子和老鼠》。《狮子和老鼠》也被称作《狮子和报恩的老鼠》，出自世界上最早的寓言故事集《伊索寓言》。这部作品原本的故事是这样的——狮子睡着了，有只老鼠跳到了他身上。狮子猛然站起来，把他抓住，准备吃掉。老鼠请求饶命，并说如果保住性命，必将报恩，狮子轻蔑地笑了笑，便把他放走了。不久，狮子真的被老鼠救了性命。原来狮子被一个猎人抓获，并用绳索把他捆在一棵树上。老鼠听到了他的哀嚎，走过去咬断绳索，放走了狮子，并说：“你当时嘲笑我，不相信能得到我的报答，现在可清楚了，老鼠也能报恩。”

（2）两个不同版本的《狮子和老鼠》，你更喜欢哪个故事？说说你的理由。

（三）快乐收藏吧

1. 趣味配音

（1）通过分男女生、分小组、指名等方式反复熟悉狮子和老鼠的对话，相机指导孩子们学会有感情地表达。

（2）只出示插图，分角色配音。先同桌互相练习，评选“最佳狮子配音员”和“最佳老鼠配音员”进行全班展示。

（3）鼓励学生不看文字，根据图画和已有的记忆进行配音。

2. 互赠“友谊之签”

将写好的“友谊之签”，双手赠送给自己的好朋友，手拉手大声喊出友谊的真谛（书签上的文字）。

四、创意天地

（1）狮子和老鼠成了真正的好朋友，它们又一次约好去野餐。这一次，它们会怎么表现呢？

（2）尝试画出以“（　　）和（　　）”为题的故事。可以画自己和朋友的故事，也可以画两个动物之间的故事（画出自己想要表达的内容即可，不用在意自己的绘画水平）。

五、阅读加油站

（1）《狮子和老鼠》，[希腊] 伊索 / 著，[德] 苏珊娜 · 格里希 / 绘，程翰 / 译，江西教育出版社。

（2）《狮子和老鼠的 225 次相遇》，[法] 克洛蒂尔德 · 贝汉 / 著，刘叶茹 / 译，北京联合出版公司。

（3）《我有友情要出租》，方素珍 / 著，郝洛玟 / 绘，新疆青少年出版社。

六、阅读工具箱

瞧！文字和图画这样讲故事

一本图画书至少会包括三个故事：一是文字讲述的故事；二是图画讲述的故事；三是文字与图画相结合而产生的故事。

图画书的图文关系，复杂而迷人，如果你能学会看懂图画和文字怎样讲故事，那么你就会走进故事里，走进作者的内心世界，知道作者是怎么讲故事的。

《伊索寓言》

《伊索寓言》是古希腊、古罗马时代流传下来的寓言故事，经后人汇集，统归在伊索名下。它是世界文学史上流传最广的寓言故事集之一。《伊索寓言》通过简短的寓言故事来体现日常生活中那些不易为我们察觉的真理，这些小故事言简意赅、平易近人。伊索寓言大多是动物故事，以动物为喻，教人处世做人的道理。伊索寓言形式短小精悍，比喻恰当，形象生动，对后世影响很大。

深圳市福田区教科院附属小学　刘　佳

《黄气球》阅读设计

一、阅读解析

《黄气球》拥有一个别致而又大气的创意，它以一个轻盈飘飞的黄气球作为主要的视觉导引线索，向我们呈现了一次气势宏大、风格奇异的环球旅行。繁复的画面，真实的生活场景，精美、细致，城市、街道、山川、河流，都在作者的笔下栩栩如生。这是一本适合各个年龄阶段读者，并值得一读再读的优秀绘本。

（一）内容解析

黄气球带我们进行了一次气势宏大、风格奇异的环球旅行。这场旅行不但涵盖了从陆地到海洋、从高山到平原、从森林到沙漠、从都市到乡村等的巨大空间位移，也包含了从白天到黑夜、从出生到死亡、从过去到现在、从当下到未来的时间变迁。通过这样的方式，它展示了我们身处其中的星球所具有的丰富的地貌与深厚的历史，更重要的是，展示了生活在这个星球上伟大而又渺小的人们所经历过和正在经历着的欢乐与悲伤、幸福与痛楚、失败与成功。

（二）作品特色

书名为《黄气球》，当然少不了寻找黄气球啦。不仅要从每一页中找到这只小小的黄气球，复杂的画面里还藏着许多小秘密呢！细心的你发现了吗？没错！除了显眼的黄气球，还有蓝色小汽车、穿白色长袍的阿拉伯人和他的飞毯与穿得像斑马一样的囚犯。他们在环游世界的同时还偶遇了经典童话故事。

（三）阅读提示

（1）看看封面封底，你发现了什么。

（2）你从每一幅图上找到什么重要信息了吗？

（3）你有什么相关知识可以补充一下？

（4）你去过哪里旅游，有什么可以介绍给大家的？

（四）教学主题对接

建议与统编版语文一年级下册第四单元对接。

二、阅读策略

（一）提问

策略的描述：阅读时提出问题来帮助思考。想要得到聪明的回答，就要提出聪明的问题。依据不同的阅读目标提出不同性质的问题。

策略的功能：1. 帮助理解，澄清思想。2. 让读者更深入地寻求意义。3. 刺激研究和发明。

（二）推论

策略的描述：推论是一个思考历程，读者利用已有的知识和文本线索来挖掘文本中没有明显表达出来的内容或作出一些假设。推论是读者依循文字表面意思进而领悟字里行间的提示或暗示。

策略的功能：能用推论补充内容，阅读的收获能超出文本提供的内容。

三、教学设计

（一）躲猫猫游戏

从封面、封底、环衬、扉页等方面初步了解《黄气球》。

（1）看看封面封底，你发现了什么，猜测一下这会是怎样的故事。

（2）藏在环衬里的秘密。

打开图书，你看到了什么？一条长长的马路向前延伸，路旁有一栋房子，有一辆蓝色的小汽车正在路上行走。这就是环衬，它可能是后面故事的一个开头，可能是故事的一个线索，也可能说出了故事的一个秘密……所以，我们读故事的时候，一定要善于发现，看谁能找到作者藏在书里的小秘密。

（3）老师开始讲故事。

大家好，我是那个穿着白袍、双手插着腰的阿拉伯人，我是这世界上最伟大的魔法师！你看到我在哪里了吗？刚才在封面上有看到我吗？（展示封面，学生指出）我身后两个小朋友的黄气球飞跑了，我得帮他们把黄气球追回来，你们能一块儿帮忙找到黄气球吗？

指导学生观察第一幅图：你该怎么从这么复杂的一幅图中找到阿拉伯术士和黄气球呢？

指导观察方法：按顺序把图分成若干块进行观察，用△圈出坐在红色飞毯上的阿拉伯术士，用□圈出黄气球。

请学生按刚才的方法观察所有的图片，并提出不懂或者还想知道的问题（可以从时间、地点、人物、情节和疑惑等方面提问），完成学习单。

<table>
<tr><td rowspan="2">我会提问题</td><td>1.</td></tr>
<tr><td>2.</td></tr>
<tr><td colspan="2">我喜欢这本书有多少 ★ ★ ★</td></tr>
<tr><td colspan="2">读完书我的心情是 😀 😭 😠</td></tr>
</table>

将学生所提问题贴在黑板上，随机解决问题。

（二）环游世界大旅行

（1）每个人观察的角度不一样，所看到的和想到的肯定也不尽相同。这没关系，只要大家仔细观察，总会有自己的收获的。

（2）讲一讲阿拉伯术士和黄气球的故事：谁？在哪里？发生了什么事情？最终结果怎样？

（3）了解风土人情，知道山川河流的不同之处。

（4）在每一页图画中，阿拉伯术士和黄气球都会出现。除此之外，你还发现什么也是每一页都会出现的呢？

用○圈出身着黑白条纹衣服囚服的男子。

用◇圈出深蓝色的小汽车。

（5）分组汇报，了解线索法的运用。

（三）偶遇经典童话

1. 说线索

大家想一想第一节课我们读封底的时候，看到了哪几样东西？（一辆深蓝色的小汽车、一个身着黑白条纹衣服囚服的男子、一个坐在红色飞毯上的阿拉伯术士、一个黄气球。）

我们把线索找齐了吗？

2. 找线索

汇报之前用不同的符号圈出每一页故事暗藏的四样东西。

用○圈出身着黑白条纹衣服囚服的男子

用□圈出坐在红色飞毯上的阿拉伯术士

用△圈出黄气球

用◇圈出深蓝色小汽车

3. 用线索

（1）自由选择线索。

各小组成员商量，给本小组选择一条线索。

（2）分组编说故事。

各小组成员合作，围绕线索，编说一个比较完整的故事。

4. 隐藏着的“彩蛋”

你是否找到了图片中包含的经典童话故事呢？

（四）看见大世界

（1）鼓励小组合作，采用多种途径了解世界各地的知识。汇报形式多样化。

（2）你希望黄气球飘到哪里去呢？画一幅手抄报。

（3）你希望接下来黄气球会遇到什么事情呢？编个故事。

（4）世界很大很大，你去过哪里旅游？结合旅游照片说说途中趣闻。

四、创意天地

（1）你希望接下来黄气球会遇到什么事情呢？画一画。

（2）制作卡片书。如同《黄气球》以黄气球为主题一样，选择一个主题，围绕这个主题搜集卡片、图片，发挥想象力创造一个小故事，加上封面，写上书名和编著者的名字，贴出属于自己的卡片书。

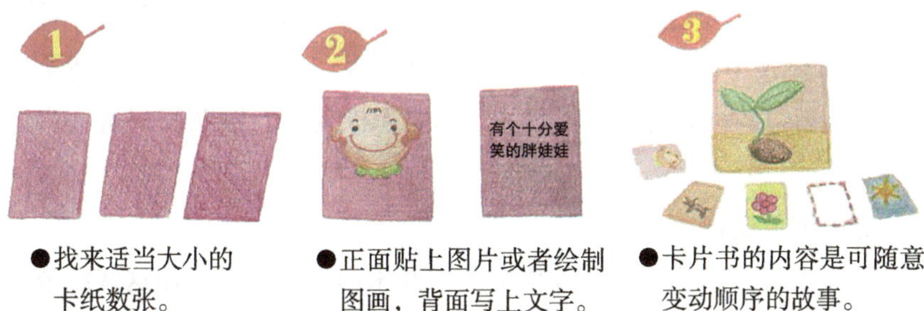

●找来适当大小的卡纸数张。

●正面贴上图片或者绘制图画，背面写上文字。

●卡片书的内容是可随意变动顺序的故事。

五、阅读加油站

（1）《你不能带黄气球进大都会博物馆》系列儿童艺术启蒙无字书（全3册），[美]杰奎琳·普莱斯·韦茨曼/著，[美]罗宾·普莱斯·格拉瑟/绘，接力出版社。

（2）《和糖果猫一起去旅行》（共8册），[俄]亚历山大·戈鲁别夫/著绘，李春辉/译，北京理工大学出版社。

（3）《世界的一天》，[日]安野光雅/编，汉声杂志/译，贵州人民出版社。

（4）《冬日国王与夏日女王》，[英]玛丽·李斯特/著，[英]黛安娜·玛约/绘，刘红/译，重庆出版社。

（5）《100层的房子》，[日]岩井俊雄/著，刘洋/译，北京科学技术出版社。

六、阅读工具箱

如何提问

阅读时提出问题来帮助思考。想要得到聪明的回答，就要提出聪明的问题。针对不同的阅读目标，提出不同性质的问题。

1. 抓住画面，以“图”提问

（1）定格典型图片。

绘本通常都有一些具有代表性的典型页面，有的是封面，有的是环衬，有的是扉页，还有一些大页、封底……许多的典型页都藏着丰富的“问”点，找准这些问点提出富有趣味的、启发性的问题，能帮助学生积极思考，增添阅读的兴趣。

（2）观看“无声电影”。

把绘本拍成照片制作成“电影”（PPT）让学生观看，通过重点问题的提出，让学生猜想其中的故事情节以及人物的对话、心理变化等，并请学生进行“电影”的配音。学生在观察的基础上，都能积极猜想，踊跃而兴奋地讲述故事情节。

（3）捕捉细节变化。

绘本画面中常常隐藏着许多故事情节中并未出现的细节，而这些细节却丰满着故事。捕捉这些画面中的细节，并进行适当的质疑，引导学生从细微处探究，会帮助学生对绘本有进一步的理解。

2. 走进故事，以“情节”提问

（1）故事讲述中突然停顿进行提问。

我们可以在学生心中制造一点点迷惑。对于学生来说，他们很想知道自己的预测和故事中实际发生的事件是否一致，这种带有不确定性的轻度紧张感，可以促使他们更加投入地学习阅读。

（2）故事讲述后进行提问。

在阅读时我们可以抓住故事可持续发展的教学“延伸点”，适当质疑，引导学生根据自己的知识或生活体验大胆而合理地展开想象，创造性地开发和拓展文本资源，使文学的艺术美得到升华，还能促进思维能力和语言表达能力的发展。

3. 联系生活，以“情”提问

学生的绘本阅读不仅是为了了解绘本的故事情节，发展语言表达能力，更重要的是感受绘本中的“情”。通过绘本进行有效的提问能让学生体验不同的情绪感受，表述自己的情感体验，促进学生积极情绪和情感的培养。

深圳市福田区景鹏小学　陈伟茵

《黄雨伞》阅读设计

一、阅读解析

《黄雨伞》荣获2002年《纽约时报》年度最佳图画书、《纽约时报》好书奖、《父母杂志》年度好书、美国国家公共广播周末版回顾好书、美国国家公共广播世界推荐好书、国际儿童读物联盟（IBBY）残疾儿童图书奖。

（一）内容解析

这是一本美丽无比的图画书。雨中，一把黄色的雨伞飘动在小路上。一会儿，蓝雨伞、红雨伞、绿雨伞、粉红雨伞也飘来了，它们飘过路口，飘过游乐场……看上去像是万紫千红的花朵。雨中的雨伞，是那样神奇，那样美丽，让人惊叹！每把小伞下面都有一个秘密，伞和伞之间都有故事。

（二）作品特色

音画结合的无字图画书典范。雨中的雨伞，是那样神奇，那样美丽，让人惊叹，让读者体会自然之美。图中没有一个文字，为读者提供了想象空间，让读者感受幻想之美。

每个画面中，都有不同颜色、不同数目的雨伞，让读者在美丽的画面中认识数字、颜色，体味认知之美。

这本图画书的另一个特点是画家以“俯瞰”这一独特的角度来描绘它的，因为冷暖色的对比，带给人视觉上的强烈冲击。

（三）阅读提示

1. 对封面的解读

（1）从封面上发现了什么？这是什么颜色的雨伞？

（2）为什么要撑伞？你从哪里看出来的？你觉得这是什么样的雨？

（3）猜猜，黄雨伞是准备出门还是刚回来？

（4）猜一猜：黄雨伞要去哪里？去干什么？

2. 对绘本画面的解读

（1）黄雨伞碰到了谁？猜猜他们会说些什么？

（2）这时候的雨下得怎样？你是怎么看出来的？

（3）这是什么地方？周围都有什么？你玩过吗？

（4）为什么停下来了？这是哪呢？他们都在干吗？

（5）他们到了哪里？这么多的雨伞融在一起，路两旁的大树会为此感到惊奇吗？

（6）他们朝一栋楼房走去，那里会是什么呢？前面都没有看到伞下面的人，想象会是在哪看的。

（7）各种颜色的小伞放在了哪里？撑伞的人呢？为什么要把伞放在一起？

3. 对绘本整体的解读与延伸

（1）你们喜欢这本书吗？为什么？

（2）你喜欢下雨天吗？这是一个怎样的下雨天呢？

（3）你觉得黄雨伞还会经过什么地方？

（四）教学主题对接

建议与统编版语文一年级下册第一单元“春天”或第三单元“伙伴”主题对接。

二、阅读策略

同第 117 页《如何提问》。

三、教学设计

（一）我来问你来答

（1）聆听音乐《黄雨伞和雨滴》，你听到了什么？想到了什么？

（2）出示绘本，仔细观察封面。

①你在封面上发现了什么？这是什么颜色的雨伞？

②为什么要撑伞？你从哪里看出来的？你觉得这是什么样的雨？

③你猜猜黄雨伞要去哪里？去干什么？

（3）共同阅读绘本画面。

再次聆听音乐《黄雨伞和雨滴》，翻开第一页，你又发现了什么？

翻开第二页，播放音乐《朋友》，黄雨伞碰到了谁？他们会说些什么？借助小道具来表演一下见面的情景。

学生自主阅读绘本。教师适当提示，请学生分享看到的内容。

给书本取名字。诵读书名《黄雨伞》和了解书的作者。

完成阅读报告：

画一画 我喜欢的画面	
我喜欢这本书有多少 ★ ★ ★	
读完书我的心情是	

（二）快乐的黄雨伞

（1）请同学们一起看看图，试着用五指复述法讲述一个精彩故事。

①小组内互讲故事。

②请同学接龙看图讲故事。

（2）结合绘本和配套音乐，分享交流黄雨伞的快乐。

①说一说：黄雨伞经过了哪些地方，你有什么想法？（重点交流个别画面）

（这里是哪里？如果是你，会停留下来吗？）

（他们现在走在哪里？是往上走还是往下走，你怎么看出来的？）

（他们在干什么？过马路时要注意什么？）

（这么多的雨伞，她们可能来到了哪里？）

②画一画黄雨伞的路线图。

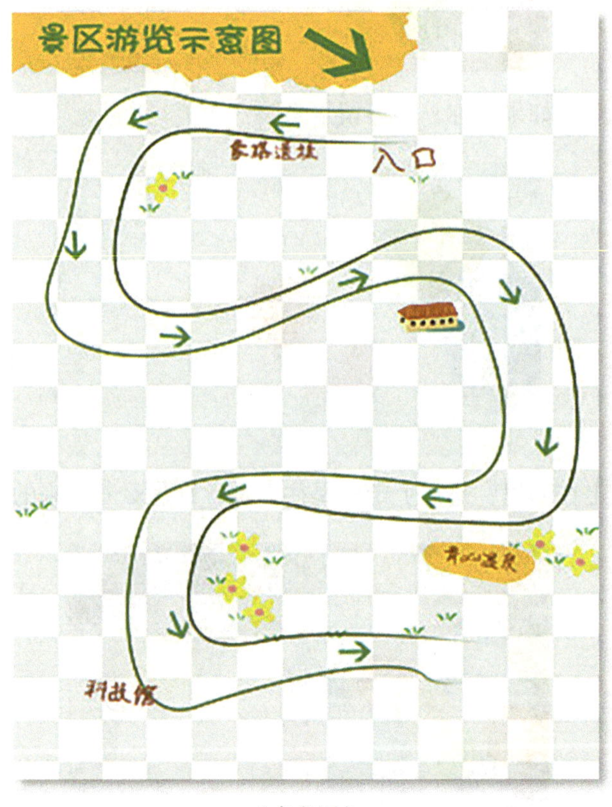

（参考图）

（三）精彩齐分享

1. 小小表演家

演一演绘本里面你喜欢的场景，想一想：他们会说什么？做什么？

2. 小小故事家

寻找自己最喜欢的 1~2 个画面，大胆想象，初步尝试创编伞下的小故事，并以简单的绘画、文字方式记录下来。

3. 小小解说家

观察各种各样的伞，了解伞的外形、构造、特点及在人们生活中的用途。

4. 小小设计师

从外形构造、功能用途等多方面去设计一把属于你的雨伞。

四、创意天地

1. 独一无二的故事

黄雨伞的故事以上学时发生的故事为主，那么放学后，小朋友又会有怎么样的故事发生呢？我们给他续编一个不一样的放学回家故事吧。

2. 我经过的地方（线路图）

画出自己上学时的线路图，并尝试用简单的标记符号记录路上经过的一些地方。

五、阅读加油站

（1）《小红鱼》，[法] 布诺 · 吉百尔 / 著，接力出版社。

（2）《蒙蒙》，[法] 朱丽叶特 · 比内 / 著，接力出版社。

（3）《小鸡和狐狸》，[法] 比亚蒂斯・洛迪格 / 著，接力出版社。

（4）《狐狸爸爸鸭儿子——聪明豆绘本系列》，孙晴峰 / 著，庞雅文 / 绘，外语教学与研究出版社。

（5）《七号梦工厂》，[美] 大卫・威斯纳 / 著，江苏凤凰少年儿童出版社。

（6）《咣当先生》，[法] 菲利普・罗欧 / 著，接力出版社。

（7）《长长的路》，[巴西] 费尔南多・维雷拉 / 著，接力出版社。

（8）莫妮克・弗利克斯的无字书系列。

六、阅读工具箱

五指复述法

史蒂芬・柯维在《高效能人士的七个习惯》中曾说过，读书时，要把自己当成老师，不仅要吸收，还要做到能复述。

在复述时，会把接收到的信息进行梳理、归纳、总结，并将其串联起来，最终再传达出去。整个过程就是一个锻炼表达和思路的很好机会。而“复述故事”，就是一种锻炼很好地培养孩子语言和思维的方法。

在“五指复述法”中，为了让孩子理解得更形象，将故事的五大要素：主角、地点、问题、事件、解决办法和五个手指联系了起来。

每一个手指，都代表一个重要的故事要素。

大拇指：人物（Characters）

食指：地点（Setting）

中指：出现的问题（Problem）

无名指：发生的事件（Events）

小拇指：结果或解决办法（Solution）

还可以将无名指代表的“事件”，进一步分成三块：开始、中间和结尾，能帮孩子把故事分解得更加细致。

深圳市福田区景鹏小学　陈伟茵

二年级上册

童话故事

二年级上册

童话故事

童话是儿童文学的一种。童话故事常常运用拟人化的手法进行叙述，蕴含丰富的想象和夸张，一字一句皆富有童趣。童话故事书是一把真正让儿童走进阅读之门的钥匙，儿童能够在童话里遇见至真至善至美的世界，润泽纯真的心灵，获得意想不到的“惊喜”。

在童话书里，儿童会发现阅读的“趣”，选一个舒适的姿势，或坐或倚或靠，静静地、津津有味地徜徉在童话的世界里。无论是嘴角上扬、开怀大笑，还是眉头紧锁、长吁的一口气，都是最真实的阅读感受。无论是持续地默读，大声地朗读，爸爸妈妈陪伴着一起读，还是边读边圈画、停下来思考后再读，甚至是把故事讲给小伙伴听……这些“读”的方式无不丰富了儿童的阅读体验。

童话阅读教学一直是语文教师重要的教学课题。从小或多或少受到童话熏陶的语文老师更应该静下心来读童话、品童话，在研读童话中去深入地了解儿童，读懂儿童。我们需要和儿童一起，探索童话的世界。

1. 保持距离，保留幻想

童话的最基本特征是幻想，是幻想就必然会超越世界客观规律，脱离成人的固定思维。因此学会保持距离，才能更好地欣赏故事。从文学欣赏的角度看，故事越是形象逼真，故事才会越完美。我们不必过分强调童话的虚构成分，因为在童话中，孩子们终会安全着陆。

在充分考虑孩子智力与情感的接受能力的前提下，教学过程中不必刻意将道理变成故事，也不必用故事来讲道理。故事就是故事，真正优秀的故事，本身具有强大的道德力量。让孩子们在童话中始终保有幻想的力量是十分重要的。

2. 保持原味，保留图画

童话故事大多是按事情发展的顺序叙述，故事情节完整清晰，能够构建一个超脱自然的自由世界。这样的世界能够真正激发儿童的阅读欲望，激起他们探索文本的好奇心。优秀的童话作家往往在语言上都有很深的功力，也非常懂得儿童的心理，所以在和孩子一起读童话的时候，尽可能选择原著（包括原著的好译本），少用各种去皮卸骨的改写本、缩写本。不要完全专注于文字的阅读，情节的归纳，观察图片同样能够直观地培养孩子形象思维能力，更能够让孩子愉悦地、不知不觉地获得文学的、艺术的熏陶。因此，给孩子读童话，尽可能选择插图好的读本。文字的叙述和图画的叙述各有优势，不可替代，相映成趣。

3. 保持童真，保留感情

童话稚气童真的语言，精彩纷呈的内容，扣人心弦的情节，无一不深深地吸引着孩子们的目光，触及孩子们的心灵。孩子们乐于读童话故事，无论在课堂上还是在家庭中，都应该设置大量的时间和机会，让孩子们静心阅读。只有“读进去了”，才有设身处地的感受和身临其境的体验感。因此在课堂阅读时，我们也应该寻找那些充满童稚意趣又符合学生语感期待的，适合学生朗读的语言，给学生有共鸣的朗读的机会。

此外，角色扮演也是学习童话的好方法。也许在课堂上完成一场完整的演出往往被认为是费时费力的，但学生在表演童话的过程中能够真正保留，甚至调动自己所有的感情，更能够读懂童话、读透童话，真正成为童话中的一分子。

4. 保持探索，保留激情

在小学低段的童话教学中，教师应该以“趣”为主，保持学生主动探索故事情节的积极态度，鼓励学生自主理清故事的起因、经过、结果，给学生一个完整故事的认知过程，让学生学会概括性复述。在积极鼓励的同时，唤醒学生的激情，投入到更高水平的复述当中，补充故事的细节，实现概括能力的培养。

《小巴掌童话》阅读设计

一、阅读解析

它被评为“最能打动孩子心灵的中国经典童话”，它能把每一个年龄段的读者，拉回到曾经那个五彩斑斓的童年时光。的确，《小巴掌童话》里藏着一个大大的世界，书中有各种各样的小动物，有它们遇到的一桩桩烦恼事，也有一件件快乐事，它们齐心协力，形影不离，一切事就这样变得美好起来。

《小巴掌童话》以清新明快的童话叙述风格，为儿童讲着温暖、友善、幽默和奇趣。读者不但能从书中追寻成长的足迹，也能寻找到小故事里的大智慧。正如儿童文学家、诗人金波所言：“《小巴掌童话》不但是童话、诗歌和散文的融合，还是抒情、幽默和哲理在风格上的彰显。因此，值得一读再读，常谈常新。”

（一）内容解析

本书由张秋生著，丁晓蓉、赵珍绘图，中国少年儿童出版社出版。精选了张秋生小巴掌童话 50 多篇，语言简练，意境优美，充满童真童趣，为孩子们展开一幅幅美丽的画面，温暖心灵。这些小如巴掌的童话，精短而灵巧，充满诗意，又含有哲理，藏着孩子们的爱、快乐和智慧，值得孩子们一生珍藏。

（二）作品特色

1. 故事短小如巴掌

张秋生的“小巴掌童话”，是当代儿童文学中的一个颇具艺术个性和个人原创风格的童话“品牌”。这些童话篇幅简短，短小的不过“巴掌那么大”，正因如此，大家给它取了个可爱的名字——“小巴掌童话”。

2. 如诗般的叙述风格

这些小童话，如诗，如画，如歌，正像是作者灵巧的手指在琴键上跳舞时所奏出的美妙乐音。在《你是月亮吗》和《小熊，你又不是小鸟》中，不但散发着童话的魅力，更有诗歌的模样。每一字，每一句，甚至每一个问号，每一个叹号都充满灵性，如诗般的语言展现的是纯美的童心世界。

3. 独特的童话之美

本书收录的50多个故事，文字浅显，意趣纯真明媚，它们以美的形象、美的意境、美的语言，吸引、感染小读者，给予小读者们快乐、温情、智慧和信心，也使他们获得美的享受、爱的浸润。

4. 小故事大智慧

张秋生以一颗喜悦和纯洁的童心写童话，儿童生活中那些“平常”事、“小”事，一经他发自童心的联想和想象，都包含着爱与美的情感关注、智与趣的理性渗透，在童稚之中写满温情，于清浅之中透着耐人寻味的哲理。如《夕阳与大海》中小鳕鱼妈妈话：“没有大海的映衬，夕阳能有这么美吗?”

5. “爱与和平”的主题

每一篇童话里都包裹着一颗不同的精神种子，而“爱与和平”是张秋生“小巴掌童话”的主旋律。他的童话或体现家庭亲情之爱，或展现朋友之间的关爱，或彰显与人为善的博爱，构成了爱的合奏曲。

（三）阅读提示

（1）你曾读过哪些童话?

（2）想一想：童话和你曾经读过的故事有什么不同吗?

（3）你认为什么是小巴掌童话呢?

（4）本书中你最喜欢哪些故事？为什么喜欢它们？说说你的理由。

（5）《小巴掌童话》里有哪些小动物？它们有什么特点呢?

（6）在《小巴掌童话》故事里，你懂得了什么道理呢?

（7）你了解《小巴掌童话》的作者张秋生吗?

（8）你能把自己最喜欢的小巴掌童话讲给爸爸妈妈听吗?

（9）请你也试着编一个“小巴掌”童话吧。

（四）教学主题对接

建议与统编版教材语文二年级上册第一单元课文相衔接。

二、阅读策略

（一）运用已知

策略的描述：已知包含已有的知识、定义，或曾经经历过的事情。这个策略在阅读数据性文章时尤为重要。

策略的功能：读者需要利用已有的知识和经验去明白新的数据，将新知建立在已有知识的基础上。阅读时能唤起的认识和经验，理解会更有效。

（二）找联结

策略的描述：从文中联想起已经知道或曾经历的事情或内容。联结可分为三种：（1）文字与自身：在阅读中联想到自己过去的经验。（2）文字与文字：在阅读中联想到过去曾阅读过的文章或故事。（3）文字与世界：在阅读中联想到社会上或生活上的一些相关议题。

策略的功能：（1）文章内容一定要和读者所知的有关联，只有产生了共鸣，才能在他的生命中产生意义。（2）读者必须找到文章和文章之间的相同点，才能够利用已知的形式和内容来了解新的文本。（3）读者能把所学与生活经验做连接，学习会更真实。

三、教学设计

（一）阅读的“金钥匙”

1. 我的童年说给你听

教师引导：“老师拥有三本《小巴掌童话》。第一本，方方的，里面有很多彩图，赏心悦目，是老师像你们这么大的时候读的书。第二

本可是个大部头，是‘百年百部中国儿童文学经典书系’中的一本。现在，你们刚拿到的这本是这个书系的珍藏版，色彩素雅，看了就让人喜欢。”

2. 送你阅读“金钥匙”

浏览查询法

拿到书本后首先浏览全书的封面、篇章目录、内容提要、出版说明，在序言和卷首语中查看编写意图、作者情况等，以求对该书有一个大体上的了解。

摘抄画句法

有目的地一边阅读、一边画、一边摘抄，或优美的词句，或重要的知识、哲理，分门别类摘录在自己的本子上。

查阅询问法

利用工具书查明阅读中碰到的不认识或不懂的字句，并结合上下文做到基本掌握。对于阅读中发现的疑问，作出标记或摘录下来，通过询问别人解决问题。

3. 完成“阅读旅程”

阅 读 旅 程

书名：________________　　作者：__________

一、我给这本书的分数是（　　）颗星，在星星中涂上自己喜欢的颜色。

☆ ☆ ☆ ☆

因为我觉得这本书____

二、我喜欢这本书的封面，我从封面里知道了这些信息：

____

____

（二）走进小巴掌的童话世界

1. 我们的阅读小计划

（1）童话小主持。

每天由 2 名同学作为故事群主持人，分享自己的朗读录音和收获，其他同学听故事，并与之交流。

（2）班级午读时光。

以 4 人为一小组，“摇尾巴”读故事，并推荐一名同学为小组代表，在全班朗读。

犀牛和朋友

一头犀牛很孤独。

他不爱交朋友，就爱一个人独来独往，谁惹恼了他，他就用那只尖尖的角顶谁，吓得谁也不敢和他玩。

犀牛背上是一条条的褶子，褶子里长了不少虫子。犀牛痒得无法忍受，他的尖角对付不了自己背上的小虫，难受得在地上打滚。犀牛的脾气更暴躁了。

一只小鸟试着接近犀牛，她大胆地落在犀牛的背上，啄起犀牛背上褶子里的小虫子。

犀牛起先对小鸟竟敢落在自己背上感到愤怒，但不一会儿就平息了自己的愤怒，变得很温柔很高兴了。因为小鸟捉掉了虫子，让犀牛感到很舒服。从此，犀牛和小鸟成了好朋友。

犀牛终于懂得，每个人都需要朋友，朋友就是热情的帮助。

犀牛再也不孤独了。

2. 书中之“最”大搜查

读完这本书，我要把书中印象深刻的故事、难以忘怀的主人公写下来。

最喜欢的故事	
最感动的故事	
最有哲理的故事	
最善良的角色	我认为《　　　　　　》中的________最善良。
最聪明的角色	我认为《　　　　　　》中的________最聪明。

3. 特别的《小巴掌童话》

小巴掌童话跟我们以前听的故事相比，有什么异同呢？

有作家这样说："张秋生小巴掌童话里，有一个最最特别而又最最重要的东西，那就是'善'。你在他的作品里，读不到什么凶狠的角色或凶恶的情节，却时时都会读到善意。"你在哪些故事中，读到了善意呢？选择喜欢的三个故事，写在下面的泡泡圈里。

在《小巴掌童话》中，除了"善意"你还读出了什么道理呢？请举例说明。

4. 制作一份《小巴掌童话》手抄报

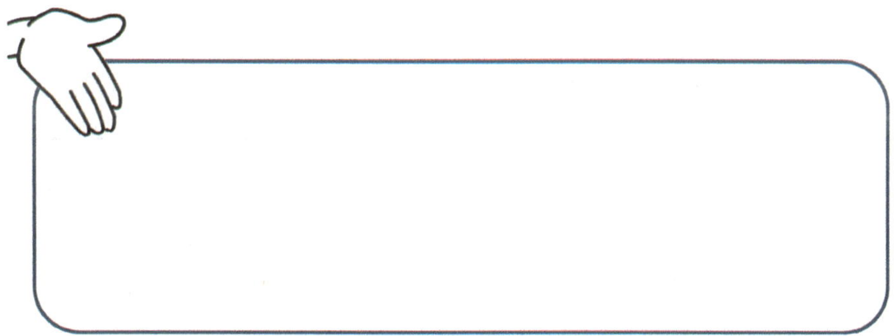

（三）我是童话之星

1. 阅读PK赛（全班分成2个小组，进行竞赛抢答）

（1）《小巴掌童话》这本书的作者是（ C ）。

A. 巴金　　B. 冰心　　C. 张秋生　　D. 金波

（2）在《爱写诗的小螃蟹》这个故事里，是谁认真读了小螃蟹的诗？（ C ）。

A. 海龟　　B. 海浪　　C. 白头翁　　D. 风

（3）在《向左转，向右转》故事中，小熊想到了一个什么办法记住左右？（ B ）。

A. 看别人　　B. 左手掌伸直，右手握成拳头　　C. 随便转

（4）在《早上好，朋友》故事中，豪猪医生为蛤蟆先生开了什么药方？（C）。

A. 感冒药　　B. 退烧药　　C. 每天说五遍：早上好

（5）哪一个故事告诉我们：幸福藏在帮助别人和接受别人帮助的喜悦里？（C）。

A.《陶醉》　　B.《当苹果和月亮低语》　　C.《小精灵念错了咒语》

（6）在《换一个爸爸》故事中，小熊为什么喜欢自己严厉的妈妈？（A）。

A. 妈妈让它不变成熊爷爷　　B. 妈妈很高　　C. 妈妈很美丽

（7）在《狮子和他的公鸡王子》故事中，狮子王子是（C）。

A. 锦鸡　　B. 乌鸦　　C. 公鸡　　D. 狮子

（8）《奇怪的伞》这个故事告诉我们（B）。

A. 雨伞很奇怪　B. 妈妈很爱孩子　C. 雨伞很神奇

（9）桑巴兔教螃蟹跳桑巴舞是为了（C）。

A. 好玩　　B. 参加舞会　　C. 救小松鼠

（10）哪一个故事告诉我们，家不需要很大，很气派，只要温暖，适合自己就好？（A）。

A.《巢》　　B.《夕阳和大海》　C.《狮子和他的大树林》　D.《小哨子》

2.《小巴掌童话》手抄报汇展

课前，学生将手抄报放到教室的展台，老师给每个同学发 3 个大拇指贴纸，学生自主欣赏，为自己喜欢的手抄报“点赞”。

四、创意天地

1. 请按提示，尝试创作自己的童话故事

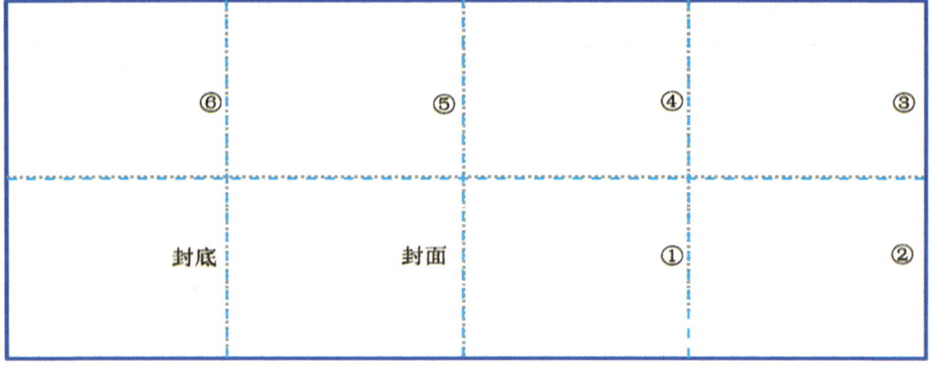

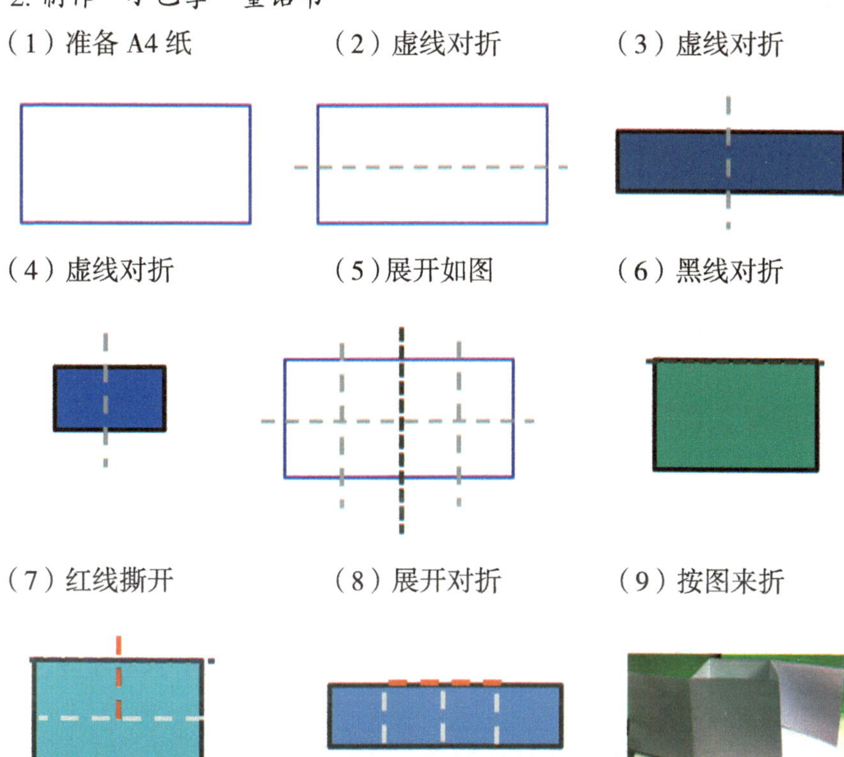

3. 分享“我的小巴掌童话”书

五、阅读加油站

（1）《风铃草姑娘》，[美]保罗·欧·泽林斯基/著，王又翎、王林/译，新星出版社。

（2）《国际插画大师典藏·格林童话》，[丹麦]格林兄弟/著，[丹麦]斯汶·奥托/绘，杨武能/译，安徽少儿出版社。

（3）《永远的珍藏：苏格兰童话》，[英]戴丽莎·布莱斯林/著，[英]凯特·雷培尔/绘，顾抒/译，四川少年儿童出版社。

六、阅读工具箱

童　话

所谓童话，是将现实生活逻辑中绝对不可能发生的事情，按照内心愿望或幻想逻辑，用散文形式写成的故事。童话是一种以神化、变形、夸张、拟人为表现特征的儿童文学样式。

童话故事的主旨是教人勇敢、热情、善良、乐观、慈爱，反对卑鄙、怯懦、邪恶、虚伪。

张秋生和他的“小巴掌童话”

张秋生的“小巴掌童话”，是当代儿童文学中一个颇具艺术个性和个人原创风格的童话“品牌”。他的每一篇童话里都包裹着一颗不同的精神种子，而“爱与和平”是张秋生“小巴掌童话”的主旋律。他的童话或体现家庭亲情之爱，或展现朋友之间的关爱，或彰显与人为善的博爱，构成了爱的合奏曲。

深圳市福田区教科院附属小学　刘　佳

《格林童话》阅读设计

一、阅读解析

《格林童话》是德国语言学家、童话作家雅各布·格林和威廉·格林兄弟搜集、编辑的作品，原名《儿童与家庭童话集》，在我国通称为《格林童话》。

《格林童话》自1812年问世以来，在近200年的时间里，已被译成世界上140余种文字，是儿童文学的宝贵财富。它与《安徒生童话》《一千零一夜》并称为“世界三大儿童文学经典”。

2005年，联合国教科文组织把格林童话原版列为世界文化遗产，称赞它是“欧洲和东方童话传统”划时代的汇编作品。

（一）内容解析

《格林童话》选取了一些受孩子们喜爱的故事，如《白雪公主》《小红帽》《不莱梅镇上的音乐家》《青蛙王子》《灰姑娘》等经典童话。这些故事情节曲折生动，文字优美流畅，语言生动幽默，传神地展现了德国民间童话的独特魅力和想象力，并选配了大量精美的插图。

（二）作品特色

全书故事以极其丰富的想象、美丽的憧憬、善良的心灵和高尚的情操启迪着孩子们的心扉，让孩子们始终能够与善良、美好、正直、勇敢相伴，相信爱与奇迹，懂得感恩，学会包容，乐于分享，真诚地面对这个世界。

（三）阅读提示

（1）你喜欢童话吗？

（2）你读过哪些童话？

（3）你想跟同学分享哪个童话故事？为什么？

（4）你能用自己的话讲一讲童话故事吗？

（5）你在童话中收获了什么？

（四）教学主题对接

建议与统编版教材语文二年级上册第七单元“想象”主题对接。

二、阅读策略

（一）运用已知

策略的描述：用已有的知识定义或曾经历过的事情去理解新知。

策略的功能：读者利用已有知识和经验去明白新的数据，将新知建立在已有知识的基础上。

（二）推论

策略的描述：推论是一个思考历程，读者利用已有的知识和文本线索来挖掘文本中没有明显表达出来的内容或作出一些假设。推论是读者依循文字表面意思进而领悟字里行间的提示或暗示。

策略的功能：能用推论补充内容，阅读的收获能超出文本提供的内容。

三、教学设计

（一）我是预言家

看封面读书名，获取封面上的信息，填写相关信息。

（1）我给这本书的分数是（　　）颗星，因为我觉得这本书__________。

✧ ✧ ✧ ✧ 在星星中涂上自己喜欢的颜色。

（2）我喜欢封面，因为____________________。

我从封面里知道了这些信息：____________________。

（3）翻到目录页，念一念章节名，看看有哪些章节是自己之前读过的，在章节名前做个标记。

（4）猜猜看没读过的故事会讲述什么，翻开内容读一读是否和猜想的一样。

（5）自主阅读。

（二）闪亮登场

（1）小组交流：我最喜欢的一个角色

（2）运用“动作 + 台词”表演书中某个故事角色，让组员们猜一猜。

（3）大声朗读相关角色的精彩片段。

（4）相互提问，说说故事角色给你怎样的印象或感受。

（5）给自己喜欢的角色画一幅漫画或者制作一个头饰。

（6）完成下表。

我最喜欢书中的人物是	
我喜欢他 / 她的理由是	
我喜欢这本书有多少 ✡ ✡ ✡	
读完书我的心情是	

（三）阅读大爆发

（1）读一读印象最深或最喜欢的一个故事片段。

（2）演一演印象最深或最喜欢的一个故事片段。

（3）做一张海报或者书签来宣传《格林童话》。

（4）看一看同名动画片回味本书的精彩。

（5）画一画某个故事的插图。

四、创意天地

1. 改编小剧场

书中的每个故事都有不一样的结尾，你有没有更奇妙或者更喜欢的结尾方式呢？任选一则故事进行尝试吧。

改编的故事：《　　　　　》，结局还可以是这样的：

2. 人物大改造

书中的故事主角都很有特色，请帮忙为你喜欢的故事人物设计一个新造型吧。

五、阅读加油站

（1）《杨红樱童话注音本系列》，杨红樱 / 著，安徽少年儿童出版社。

（2）《彭懿奇思妙想童话》，彭懿 / 著，李海燕 / 绘，新世纪出版社。

（3）《汉声中国童话》，汉声杂志社 / 著，天地出版社。

六、阅读工具箱

以“语言文字”为载体，品悟童话之美

新课标指出，阅读应“有所感悟和思考”。但对于小学低年级学生来说，他们还缺乏深厚的文化底蕴、丰富的人生阅历，怎能对经典的童话有深刻的感悟

呢？“阅读是学生的个性化行为，不应以教师的分析来代替学生的阅读实践。”童话的语言是浅近、生动、简练、质朴的，教师只有以“语言文字”为基础，引导他们去品读文本、理解文本、体会文本、感悟文本，才能较好地引领学生进入童话世界。

1. 品品读读，感悟童话语言之美

童话中简洁、流畅、生活化的语言，对于发展儿童的语言有积极的作用。童话中对话比较多，能塑造出性格迥异、栩栩如生的童话形象，有利于训练孩子的表达能力。例如统编版语文一年级下册“语文园地六”中的《夏夜多美》一文。这是一篇文质兼美的课文，故事情节生动、语言优美，学生非常爱读。故事里小蚂蚁和睡莲姑姑的对话，睡莲姑姑和蜻蜓、萤火虫的对话，都非常符合儿童的生活用语，学生很容易就能掌握。因此，对于这样的文章，教师只需通过各种形式的朗读，引导学生读读品品，感悟到童话语言之美就可以了。

2. 合作表演，体验童话形象之美

一篇童话，就是一个童话剧。表演童话，符合小学生好动的特点。表演，需要研究课文，分角色，准备“台词”，互相配合。为了演好童话剧，学生就会认真地去读课文、积极地研究课文，并且同学之间相互合作。表演使学生在不知不觉中走进童话世界，融入童话，成了童话中的一员，体验到童话形象之美，这种体验是一般的阅读学习活动所不能达到的。

3. 借助插图，再现童话意境之美

低年级学生由于受阅读能力的限制，在读课文之前，最感兴趣的是文中色彩鲜艳的插图。他们会凭借插图感知人物形象，再现童话的场景，了解故事的梗概。教师应充分利用教材中的插图这一教学资源，引导学生观察、想象，再现童话中的意境。

深圳市福田区景鹏小学　陈伟茵

《笨狼的故事》阅读设计

一、阅读解析

《笨狼的故事》是儿童文学作家汤素兰以笨狼为主角创作的一系列童话故事。这只可爱的小狼看起来傻乎乎的，却屡屡弄拙成巧、歪打正着，当然，也少不了它和它森林镇的朋友们笑料百出的故事。汤素兰老师笔耕不辍，“笨狼的故事”系列写到现在，堪称中国儿童文学有生命力的童话。

汤素兰将笔下的这只笨狼形象塑造得这样憨拙可爱，完全能和英国童话作家米尔恩笔下的小熊温尼・菩媲美，是一个能让孩子和大人真正感受到童心美好的童话形象。

（一）内容解析

笨狼是一只憨直可爱的小小狼，它在爸爸妈妈的呵护下茁壮成长，在好朋友聪明兔的帮助下和杂货店老板斗智斗勇，在鹅太太、眼镜蛇小姐、牛博士的教育下快乐学习。它憨直、可爱、简单，对世界永远充满了好奇心；它善良、纯真、有行动力，帮失眠症原野上的朋友们治好了失眠症。

（二）作品特色

作者汤素兰说：“童话里的狼，又凶狠又狡猾，我却要给孩子们写一只呆萌、可爱、善良的笨狼。为什么呢？因为每个孩子都曾是这样的‘小笨狼’，有着快乐纯真的美好童年。我希望我能永远像你们一样生活在这样的童年里。”这本书让孩子通过阅读童话体会爱与关怀，让这些幼小的生命在感动中成长。

（三）阅读提示

（1）你会看书的封面吗？你能从封面得到什么知识？
（2）书中的主人公是谁？有什么特点？
（3）“笨狼”真的笨吗？为什么？
（4）你喜欢笨狼吗？为什么？
（5）你从笨狼身上学到了什么？
（6）你有不喜欢的角色吗？为什么？

（四）教学主题对接

建议与统编版语文二年级上册第一单元“童话”主题相衔接。

二、阅读策略

（一）预测

策略的描述：预测是根据文本中得知的线索去预测下文，或将会发生的事情。预测的答案没有对错，但可以依据上下文判断其合理性。

策略的方法：选择不同的猜测点供学生自由想象。

（1）看到标题猜测正文。
（2）读了开头猜结尾。
（3）读了上段猜下段。

（二）推论

策略的描述：推论是一个思考历程，读者利用已有的知识和文本线索来挖掘文本中没有明显表达出来的内容或作出一些假设。推论是读者依循文字表面意思进而领悟字里行间的提示或暗示。

策略的功能：能用推论补充内容，阅读的收获能超出文本提供的内容。

三、教学设计

（一）认识笨狼

（1）出示灰太狼、小红帽里的大灰狼照片，聊聊对狼的印象。

（2）森林里住着一个叫笨狼的家伙，我们一起听听他的故事。

（3）师读《笨狼是谁》《把家弄丢了》两个故事。

（4）介绍童话书封面和作者。

汤素兰，因为写了这本书被称为“笨狼妈妈”。中国一级作家，湖南省作家协会副主席，湖南师范大学文学院教授，湖南省儿童文学学会会长，全国政协委员，民进湖南省副主委。迄今创作作品60余部，主要代表作有“笨狼的故事”系列、“小巫婆真美丽”系列、“幻想精灵”系列等。作品曾获全国优秀儿童文学奖、冰心儿童文学新作奖、张天翼儿童文学奖、宋庆龄儿童文学奖、海峡两岸童话征文佳作奖等奖项。爱生活，爱旅行；爱阅读，爱思考；喜欢和孩子们在一起，并且像孩子一样相信童话。

小结：小朋友，仅仅是封面上的这些文字就能让我们知道了——书名、作者、丛书、出版社，看来读封面还真是一门学问呢。

（5）走进故事，猜测情节。

师：读了书名，你有哪些大胆的猜测？我们一起接力读一读目录，大胆地猜测你最想听的那个故事里笨狼会发生什么有趣的事情。

（6）渗透阅读方法。

阅读书籍的方法——读书本封面、作者简介、目录、故事内容。

（二）角色面面观

（1）聚焦主角：书中的主人公是谁？有什么特点？

生交流讨论，总结主人公是笨狼。

特点：善良、乐于助人、关心朋友。

（2）竞赛：猜猜它是谁！

出示不同人物的特点：充满智慧、擅长游泳、精明能干、跳高能手、爱打扮、胆小、有时也奸诈 、很严肃 、善良。

出示人物：蟋蟀、聪明兔、花背鸭、棕熊先生、青蛙小妞、警犬阿黄、鹅太太、眼镜蛇小姐、笨狼。

生：充满智慧是聪明兔，擅长游泳是花背鸭，精明能干是棕熊先生，跳高能手是蟋蟀，爱打扮是眼镜蛇小姐，胆小是青蛙小妞，有时也奸诈是警犬阿黄，很严肃是鹅太太，善良是笨狼。

（3）你最喜欢哪个故事角色？读读相关的故事片段。

（4）完成阅读报告。

我最喜欢书中的人物	
我喜欢他 / 她的理由	
我有多喜欢这本书 ✡ ✡ ✡	
读完书我的心情是	

（三）和笨狼做朋友

（1）了解笨狼："笨狼"真的笨吗？为什么？

（2）你喜欢笨狼吗？为什么？

分享笨狼对伙伴友善的故事片段。

分享笨狼乐观的故事片段。

小结：笨狼傻得可爱，笨得可爱，大家都喜欢它。

（3）我们与笨狼交朋友。

笨狼是我们的朋友，有的时候我们也像笨狼一样做着笨笨的事情。你身边有没有跟笨狼一样笨笨的小朋友呢？

小组交流自己或者其他小伙伴的好玩的、有趣的、让人觉得搞笑的笨故事。

（4）完成阅读报告。

这本书中，我最喜欢的人物或故事是：

我最喜欢书中的这一段话：

四、创意天地

1. 成语比拼

收集故事中的成语，一起来比一比谁懂得多。

2. 精彩再现

小组合作表演书中喜欢的故事。

分组表演，集体点评。

五、阅读加油站

（1）《汤素兰动物历险童话》，汤素兰 / 著，浙江少年儿童出版社。

（2）《汤素兰暖爱童话》，汤素兰 / 著，长江少年儿童出版社。

六、阅读工具箱

阅读时必须充分运用想象力

当作者选用了正确的词语来表达他的思想时，他就好像画出了一幅幅用那些词语构成的图画，而你就能用自己心灵的眼睛去感知和欣赏那些画。

当作者将一件事物与另一件事物作比较时，他就能将那幅由词语构成的图画描绘得更加清晰，同时也画得更快。

当作者使用的词语在你的脑海中形成了一幅幅鲜明的图画时，阅读将变得更轻松容易，也更令人愉快。

当作者使用的词语形成了你心灵的眼睛能够感知和欣赏的一幅幅图画时，你就必定能更好地理解并记住阅读的内容。

深圳市福田区景鹏小学　陈伟茵

二年级下册

神话与民间故事

二年级下册

神话与民间故事

神　　话

神话是人类最早的故事。神话起源于人类的童年时期。在原始社会时期，我们的祖先对许多自然和社会现象无法理解，认为是某种无形的力量所致。对这种神秘力量，他们只能感觉到，却看不见。于是，他们就根据自身的生活经验来构想它的形象及活动，于是就产生了神和神话。

民间故事

民间故事是一个民族的集体记忆，它是民族文化的重要组成部分。这些口耳相传的经典，往往是老百姓智慧的结晶，贴近生活，又充满奇思妙想，散发着华夏儿女的精气神。正如彭懿在《图画书应该这样读》中写道："……一个民间故事所以能活上几百年，不变不朽，引人入胜，正是因为它身上集中了人类所有最原始的叙事技巧。语文课本里的课文，又有几篇能具有像民间故事那样的旺盛的生命力呢。民间故事好听，充满了幻想，既短小又单纯，没有一句废话，念上去朗朗上口，有一种音乐感，每一个人小时候都喜欢听。所以，还是请抽出时间多给孩子们读一些民间故事吧。"

神话和民间故事具备相似的特点：建立在虚拟世界或传说的基础上，但往往寄托着人们对美好生活的憧憬。它们具备蓬勃的生命力，呼唤着孩子们走进这个神奇的世界。

1. 品读人物，感悟神奇

神话和民间故事最大的特点在于神奇，且有据可查。不同于童话的天马行空，神话和民间故事带领着孩子们走进成人的童话世界。他们会发现这些故事一样神奇，但是大人也是会相信的，也听过这些传说，这在无形当中增加了神话和民间故事的魅力，让神话和民间故事更有吸引力，放大了神奇的力量。神话和民间故事中的人物往往具备美好的品质或伟大的能力，在阅读过程中要让学生感悟到神话创作的原始性和幻想性。尽管人物虚构，但是他们代表的美好品质却是真实存在的，学生需要在感悟神奇的同时体会人物的精神。

2. 共论情节，高潮迭起

不同于童话的稚气活泼，神话和民间故事具备更强的逻辑性和更加严密的故事情节，情感也更加复杂，梳理人物关系、整理故事情节相对来说较为困难。因此，在课堂教学中面对神话和民间故事需要我们设计好一个相对成熟的支架，协助学生复述故事，在复述中感受作品生动的形象和优美的语言，关心作品中人物的命运和喜怒哀乐。教师需要引导学生抓住情节转换的部分，继而掌握故事的主要内容。引导过程可以采用以下两种方式。

小组合作讲故事：低学段的学生需要在课堂上进行成就感的树立。合作完成一个故事的讲述，既降低了完成的难度，让学生在过程中真正进行讨论，又能收获满满的成就感。教师进行适当的提醒，让学生能够主动思考，协作完成讲故事的任务。

串联要素讲故事：尽管直接概括一个故事的大意比较困难，但故事六要素的寻找是可以在课堂上完成的。引导学生抓住故事的时间、地点、人物、起因、经过、结果，再加上一些合适的过渡词、关联词，学生就可以自主探讨故事情节。

二年级的学生自学能力不强，需要给予充分的提示，从寻找主要人物开始熟悉故事脉络，把握故事情节，体会人物感情，最终上升到了解神话和民间故事所表达的美好愿望。

3. 体悟道理，感悟文化

神话和民间故事幻想奇特、表现夸张，通常具有宏伟的气魄和浓郁的浪漫主义精神。神话情节离奇、美丽非凡，反映了古代人民对自然与世界天真淳朴的想象和对美好生活的向往。读神话故事，我们不仅能感受到巨大的审美满足，还能加深对古典文化的理解。而民间故事基本上都是集体创作，反映的是基层人民的生活、愿望、理想，表达的是集体的智慧和经验。两者都蕴含着丰富的人生哲理和文化内涵。课堂教学过程中，教师不仅要把握人物性格和故事情节，也需要引导学生讨论故事背后所要表达的愿望或要阐述的道理。这不仅是提升学生对文化的敏感度，培养美好的品质，对学生情感态度价值观的建设也有重要意义和价值。

《中国古代神话故事》阅读设计

一、阅读解析

神话故事源远流长，每个民族都有自己的神和神话故事。

中国古代神话是世界文化之苑一朵夺目的奇葩。它们幻想奇特、表现夸张，具有宏伟的气魄和浓郁的浪漫主义精神。它们情节离奇、美丽非凡，反映了古代人民对自然与世界天真淳朴的想象和对美好生活的向往，是了解人类童年生活、探究远古先祖的钥匙。仔细聆听先人留下的神话故事，我们不仅能感受到巨大的审美满足，还能加深对古典文化的理解。

（一）内容解析

《中国古代神话故事》根据教育部最新《全日制义务教育语文课程标准》编写，由河北少年儿童出版社出版。本书选取了盘古开天辟地、女娲造人、夸父追日、羿射九日、嫦娥奔月、八仙过海、牛郎织女、孟姜女哭长城等经典的神话故事，在尊重史料的基础上语言生动有趣，同时书中插入多幅精美彩图，并配以专家对文本的详细解读，是一本适合少年儿童阅读的精品神话故事书。

（二）作品特色

1. 中国古代神话的类型

中国古代神话故事是远古人类对周围世界的自然现象和社会生活的原始解释，它用虚幻的想象和夸张手法，采取不自觉的艺术方式，来反映人战胜自然的愿望。神话描述的形象广泛，涉及动植物、日月、山川等，神话中的人物往往具有一种穿越时空、超脱生死的神力。中国神话故事虽然没有形成西方“奥林匹斯山众神”那样完整和系统的神话体系，但中国神话故事的内容同样丰富而复杂，神话故事的几大类型都具备了。

（1）创世神话。

中国古代的创世神话中以《盘古开天辟地》的故事最为著名。

（2）始祖神话。

关于人类的起源，神话给予大胆的解答。在中国古代神话故事中，人类的繁衍有两个版本:《女娲造人》和《伏羲与女娲婚配》。

（3）洪水神话。

以洪水为主题或背景的神话，在世界各地普遍存在。中国的洪水神话，则主要把洪水看作一种自然灾害，所揭示的是与洪水抗争、拯救生民的积极意义，看重人的智慧及斗争精神。在这些洪水神话中，最杰出的人物是鲧禹父子。

（4）战争神话。

《炎黄之战》《黄帝战蚩尤》等故事最能体现古代部落间的争斗与融合。

（5）发明创造神话（英雄神话）。

黄帝之后，神话进入了一个英雄的时代，自然之神被人类历史发展中诞生的神所代替。这些神话故事的主人公通常是人类的形象，有着神奇的经历或本领，他们的英雄事迹在于创造和征服，如教人钻木取火的燧人氏、遍尝百草的神农氏、创造文字的仓颉等。

2. 中国古代神话的叙事结构

神话是一种口头文学，是在口口相传中永生的。既然是口头文学，故事就要好听、好记；不好听、不好记，就没有办法流传；没法儿流传，就不会存在。好听、好记，就意味着故事的情节是类型化、有规律、有叙事结构的。例如很多英雄神话都是这样的结构：人类遇到困难——神帮助人类解决困难——神牺牲了。而很多创世神话都是这样的结构：世界混沌一片——神开天辟地——神的身体化成了万事万物。

3. 多角度感受神话的神奇

神话富于神奇的幻想和奇异的色彩；神话中的人和神都会有超人的神力，富有浪漫主义色彩；情节比较曲折，语言生动，形象鲜明。

（1）复述故事感知神奇。

故事性强是神话文本的一个特点。把握故事性，让学生通过讲故事和复述文本的方法，初步体会作品中生动的形象和优美的语言，理解与感受神话的魅力。

（2）品读人物感受神奇。

在中国古代神话故事中，那些深入人心的人物形象，往往具有战胜一切困难、危险的神力，他们勇于抗争，坚持不懈，绝不放弃。引导学生品读人物，关心作品中人物的命运和喜怒哀乐，从而感知中国古代神话的内核，初步理解战天斗地不断抗争的精神。

（3）品味语言感悟神奇。

神话故事中藏着精妙的语言。许多神话故事类文本大量采用了想象、夸张、拟人化的表现手法，在阅读中引导学生感受神话语言的魅力。

（三）阅读提示

（1）你读过或听过哪些版本的中国古代神话故事？

（2）中国古代神话故事中有哪些“神人”？他们各自“神”在哪里？

（3）在本书中，你最喜欢哪些人物？为什么喜欢他们？

（4）你知道哪些中国古代神话的典故？

（5）你看过哪些与中国古代神话故事有关的文学作品、影视作品或美术作品？

（6）除了中国古代神话故事，你还读过哪些国家的神话？你发现它们之间的异同点了吗？

（四）教学主题对接

建议与统编版语文二年级下册第八单元“世界之初”主题相衔接。

二、阅读策略

（一）运用已知

策略的描述：已知包含已有的知识、定义，或曾经经历过的事情。这个策略在阅读数据性文章时尤为重要。

策略的功能：读者需要利用已有的知识和经验去明白新的数据，将新知建立在已有知识的基础上。阅读时能唤起已有的认识和经验，对于理解文章会更有效。

（二）找联结

策略的描述：从文中联想起已经知道或曾经历的事情或内容。联结可分为三种：（1）文字与自身，在阅读中联想到自己过去的经验。（2）文字与文字，在阅读中联想到过去曾阅读过的文章或故事。（3）文字与世界，在阅读中联想到社会上或生活上的一些相关议题。

策略的功能：（1）文章内容一定要和读者所知的有关联，只有产生了共鸣，才能在读者的生命中产生意义。（2）读者必须找到文章和文章之间的相同点，才能够利用已知的形式和内容来了解新的文本。（3）读者能把所学与生活经验做联结，学习会更真实。

三、教学设计

（一）好书推荐，开启中国神话之旅

（1）趣味读图，猜猜神话故事。

（2）观察书籍封面，说说你发现了什么。

（3）对照目录，数数本书中共有多少篇神话故事？为你已经知道的神话故事打“√”。

（二）自主畅读，感受神话魅力

（1）以自主阅读、亲子共读的方式，将阅读的神话故事发送至班级诵读群，与同学进行分享。

（2）在阅读过程中，为你喜欢的神话故事备注魅力指数：强烈推荐☆☆☆☆☆；好看☆☆☆；一般☆。并说说你的理由。

（3）边读边思考，将你的疑问写在疑问卡上，并试着猜想。

________疑问卡

我的疑问________________________________

____

我的猜想________________________________

____

（4）完成“阅读报告”。

阅读报告

一、读完这本书，我最想说的一句话就是：________________

二、我最喜欢书中的词语有：

《________》中的________________________

《________》中的________________________

《________》中的________________________

三、我最喜欢书中的这几句话，我会工整地抄写下来。

1.________________________________

2.________________________________

3.________________________________

（三）全班共读，感受神话的魅力

（1）心心相印，我来表演你来猜。

以小组合作的形式，将神话故事中的经典场景、动作、语言，通过表演、朗读等形式展示给其他小观众。小观众可积极猜猜其动作、场景、语言展现的是哪个神话故事或神话人物？每个小组可选择1~2项内容进行表演。

（2）请任选一组关键词语，来讲一讲神话故事，也可以讲讲给你留下深刻印象的神话。

A. 天地混沌　　开天辟地　　顶天立地　　化身万物

B. 遇到难题　　解决难题　　现在的变化

C. 精卫填海　　怎么填海　　结果如何

D. 八仙　　过海　　斗龙

（3）“神奇”大搜索。

神话，人类童年时代沸腾的幻想。在中国古代神话故事中，有很多神奇之处，快翻开书，将你认为最神奇的地方找出来吧。

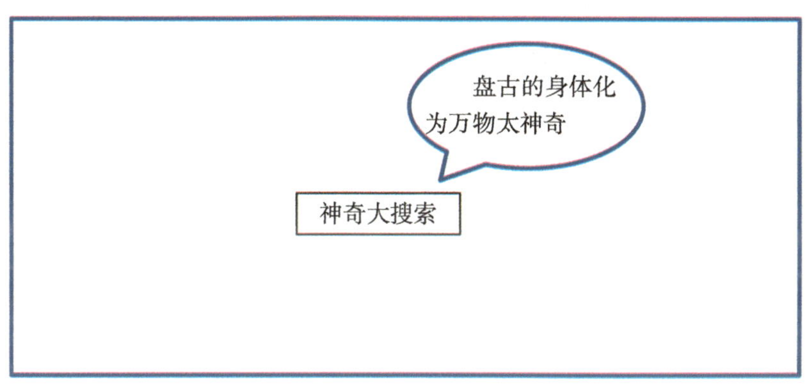

（4）在中国古代神话故事中塑造了许多英雄形象，请找出给你留下深刻印象的英雄并完成以下表格。

神话故事	英雄	英雄的事迹	我对英雄的评价
《盘古开天辟地》	盘古	盘古为创造天地，牺牲自己，身体化成了世间万物。	盘古无私的奉献精神令我感动。

（5）制作“我的英雄榜”。通过阅读中国古代神话故事，我们已经认识了许多英雄。请你为自己心中的英雄制作令牌，并与同学交流。令牌信息包括姓名、性别、出身、事迹、特点、英雄指数等。

（6）小组合作，交流每个阅读伙伴的“疑问卡”，选出小组内无法解答的疑问，全班交流。

（7）我要穿越。

读完这本书，我最想变成《__________》故事中的（　　　　　）。

因为____。

（8）关于人类的诞生，中国古代神话有女娲造人，希腊神话有普罗米修斯造人。回想这两个故事，思考：它们之间有何异同？这些异同意味着什么？

（9）在你读过的文学作品和看过的影视作品中，有哪些作品引用或化用了中国古代神话故事？利用网络查找相关资料，并摘录重要观点。

四、创意天地

（1）深圳被大家称为“鹏城”，不仅是因为在地图上形状像大鹏，更主要的是深圳继承了大鹏鸟的可贵精神，看到它，我们自然就联想到了深圳。

主角不只是神人，也可以是“神鹏”了！想一想，假如让你来编，你会赋予这大鹏怎样的超能力？

很久很久以前，__________________________

____

____

____

____

____

（2）请你选择一个自己喜欢的中国古代神话故事配上一幅插图。

（3）《中国古代神话故事》这本书不仅让我们感受到神话的神奇，也让我们积累了许许多多精彩的词语句段，请尝试将神话故事和你积累的词语运用到自己的写话中。

五、阅读加油站

（1）《中国神话与传说》，刘香英 / 改编，北方妇女儿童出版社。

（2）《希腊神话故事》，王智英 / 改编，二十一世纪出版社。

六、阅读工具箱

神　话

神话是人类最早的故事。神话起源于人类的童年时期。在原始社会，人们对许多自然和社会现象无法理解，认为是某种无形的神秘力量所致。对这种神秘力量，人们只能感觉到，但看不见。于是，他们就根据自身的生活经验来构想它的形象及活动，于是就产生了神和神话。

如何讲述中国古代神话故事

“神话是爷爷讲给爸爸听，爸爸讲给我们听的口口相传的故事。”对于学生如何用自己的话讲述中国古代神话故事，提出以下几点建议：

（1）把握故事的叙事结构，安排好故事情节的讲述顺序。

（2）注重讲述过程的自然过渡，巧妙转换情节。

（3）善于运用简洁生动的口头语言，避免过分书面化。

（4）适当配以表情、手势等肢体语言，使故事讲述变得鲜活而更具现场感。

（5）勤加练习，反复讲述，提高讲述故事的水平。

深圳市福田区教科院附属小学　刘　佳

《中国民间故事》阅读设计

一、阅读解析

民间故事是民间文学中的重要门类之一。从广义上讲，民间故事是劳动人民创作并传播的，是所有民间散文作品的统称，有的地方叫“瞎话”“古话”“古经”等。

民间故事具有口头性，几乎都是靠口口相传的。在传承的过程中，不断地被人进行再创造和加工，所以，它基本上都是集体创作，反映的是基层人民的生活、愿望、理想，表达的是集体的智慧和经验。然而也有很多人搜集和整理民间故事，让它们发扬光大。比较典型的是格林童话故事（民间故事），卡尔维诺整理的意大利民间故事。世界上还有很多大作家都做过此项工作，如叶芝。正如儿童文学名家安武林所言：“我相信，很多作家的创作都受过民间故事的影响。阅读它们，就是感受温暖和光芒。”

（一）内容解析

《中国民间故事》是名家推荐世界名著系列之一，由刘香英改编，儿童文学名家曹文轩、安武林大力推荐，北方妇女儿童出版社出版。本书选取了《牛郎织女》《孟姜女》《白蛇传》《梁山伯与祝英台》《孔雀东南飞》等诸多经典的民间故事。翻开本书，你一定会爱不释手，会被书中故事的魅力所吸引。

（二）作品特色

1. 民间故事的主要特征

（1）时代久远，往往伴随着人类的成长历程而经久不衰。

（2）口头传播，民间故事大都以口头形式传播。

（3）情节夸张、充满幻想，大都表现了人们的良好愿望。

（4）多采用象征形式，内容往往包含着超自然、异想天开的成分。民间故事就像所有优秀的作品一样从生活本身出发，但又不局限于实际情况以及人们认为真实的合理范围之内。

2. 民间故事的主要类别

民间故事主要类别有：神话传说、传奇故事、生活故事、才子佳人故事、公案故事。

（1）神话传说：是人类最早的幻想性口头散文作品，是人类童年时期的产物，文学的先河。神话产生的基础是远古时代生产力低下和人们为争取生存、提高生产能力而产生的认识自然、支配自然的积极要求。故事的主人公包括神、仙、鬼、怪以及历史上出名的人物。

（2）传奇故事：来历大体上是“口口相传”的结果，故事的主人公大部分是侠客、清官、贪官等为老百姓所关注的人物。这类故事有一个共同特点：老百姓在现实中做不到的事情，在故事中都能完成。

（3）生活故事：都是一些小人物的故事。这些故事在老百姓中广为流传，其中有爱情故事、机智人物故事、哲理故事等。

（4）才子佳人故事：在古代，绝大部分老百姓都是不识字的，他们对才子佳人有着一种崇拜的心理。在一些下层的文人中流传着许许多多的这类故事。

（5）公案故事：清官巧破疑案、惩办坏人的故事。公案故事的广泛流传，与封建社会的黑暗有着莫大的关联。老百姓无不盼望着有为民说话的清官出世，所以那些清官的故事成为人们生活的一种寄托。到了现代，则成为人们茶余饭后的谈资，在民间也是流传极广。

3. 民间故事的表现形式

（1）幻想故事。主人公多为普通劳动者，其中出现的情节、事物和一部分人物，大都带有超自然的性质。它常把某些现实生活中不可能的事情，当作可能实现的事情表现出来。它借助法术和宝物的帮助，实现贫困、诚实主人公的愿望和憧憬，并对恶人、贪心者予以惩罚。

（2）动物故事。以动物为主人公，故事里的动物常被拟人化。这类故事，有的借动物之间的纠葛表现某种社会现象、人与人的关系，有的看重解释动物的习性，也有的寄寓着比较明显的教训意义。

（3）世俗故事。生活故事取材于现实生活并加以虚构，亦称“世俗故事”或“写实故事”。它的现实性较强，故事往往赞美正直、勤劳、善良、智慧的人，批评懒惰、自私、愚蠢的人，也讽刺剥削者和压迫者。

（4）民间寓言。广大人民创作的包含有明显教育意义的口头散文故事，最早大概是由动物故事发展而来。它是人民的智慧、经验的结晶。

（5）民间笑话。幽默、滑稽性的短小故事，大多含有讽刺的意味。

（三）阅读提示

（1）仔细阅读《中国民间故事》的目录，说说你发现了什么。

（2）在《中国民间故事》里，哪些故事的题目最吸引你？读题目，猜情节，再对照故事，看看自己的构思和原文是否一致。

（3）认真阅读《中国民间故事》，你最喜欢哪些故事？为什么喜欢它们？说说你的理由。

（4）你看过哪些与中国民间故事有关的文学作品、影视作品、美术作品？

（5）除了中国民间故事，你还看过哪些国家的民间故事？它们有什么不一样吗？

（6）关于本书你还想知道什么？请向同小组的阅读伙伴提问。

（四）教学主题对接

建议与统编版语文二年级下册第八单元“世界之初”主题对接。

二、阅读策略

（一）运用已知

策略的描述：已知包含已有的知识、定义，或曾经经历过的事情。这个策略在阅读数据性文章时尤为重要。

策略的功能：读者需要利用已有的知识和经验去明白新的数据，将新知建立在已有知识的基础上。阅读时能唤起已有的认识和经验，对于理解文章会更有效。

（二）图像化

策略的描述：图像化是将文字化为脑海中的图像，将文字变得具体和生动。图像化包括将文字和想法在表格和图形中做整理。

策略的功能：图像化帮助读者投入文本，形成个人特有的诠释，厘清文字所叙述的过程、时空关系和因果关系。

（三）预测

策略的描述：预测是根据文本中得知的线索去预测下文，或将会发生的事。预测的答案没有对与错，但是可以依据上下文判断其合理性。

策略的功能：预测故事的发展能帮助读者深入故事，了解主角；预测能发挥读者的想象力；读者从阅读中知道自己的预测是否正确，获得实时的反馈，可以协助进一步理解发展的方向。

三、教学设计

（一）故事启程

1. 火眼金睛

（1）观察封面，聊聊书名，猜猜这本书主要讲的是什么。

（2）你能说说下列图片是哪个故事的插图吗？

2. 目录大预言

我是预言家	
你读过哪些故事？	请在目录上画“√”
哪个故事的名字吸引你？	请在目录上画“○”
你最想先看哪一篇？	请在目录上画“☆”
哪个故事的名字很特别，完全猜不透它可能会讲什么？	请在目录上画“？”
你觉得哪个故事的内容最容易根据标题猜出来？	请在目录上画“！”

3. 我的阅读计划

完成下列阅读计划，并将其粘贴在你的《中国民间故事》的“前勒口”处。

阅读计划

姓名：________

1. 这本书总共有（　　）页。
2. 这本书总共有（　　）个故事。
3. 我计划每天__________读书。
4. 我计划每天读（　　）个故事。
5. 我希望通过（　　）方式来读这本书。

A. 自己默读

B. 和爸爸妈妈一起读

C. 和同学一起读

D . 微信打卡读

（二）故事哈哈镜

1. 故事之夜

以班级共读、亲子共读的方式将你最喜欢的中国民间故事进行朗读、录音，并发到班级诵读群中与同学分享。

2. 记忆大师

一句话猜一猜：

（1）她又跑到东海，从东海捉来一只万年巨龟，并将它的四足斩下来。

（《女娲补天》）

（2）她不停地衔啊，扔啊，日复一日，年复一年，从未停息过。

（《精卫填海》）

（3）这里并没有什么亲人，也没有什么欢笑，只有一只聪明机灵、惹人怜爱的玉兔跟她相依为命。

（《嫦娥奔月》）

（4）天上剩下的这个太阳简直是害怕极了。

（《后羿射日》）

（5）我死后你们便退去洪水，不许再为难陈塘关百姓和我爹爹！

（《哪吒闹海》）

3. 故事大转盘

班级进行民间故事讲述比赛，课前准备好民间故事大转盘。四人一组，每位组员轮番转动故事大转盘，指针指到哪个故事，便复述该故事。要求每人不超过3分钟，组内推荐一名同学代表本组转动班级的故事大转盘，形式和小组活动一样，其他组员做评委，为最后获胜者颁发“故事大王”奖章。

4. 我是小小梳理家

将下列故事正确归类：《牛郎织女》《孟姜女》《女娲补天》《年兽》《仓颉造字》《白蛇传》《聚宝盆》《老鼠嫁女儿》《鲁班造石桥》《孔雀东南飞》《阿诗玛》。

类别	内容	故事
神话传说	神、仙、鬼、怪，以及历史上出名的人物故事。	
传奇故事	侠客、清官、贪官等为老百姓所关注的人物故事。共同特点：老百姓做不到的事情，在故事中都能完成。	
生活故事	一些小人物的故事，包含爱情故事、机智人物故事、哲理故事等。	
才子佳人故事	爱情故事。	
公案故事	清官巧破疑案、惩办坏人的故事在百姓中广为流传，成为人们生活的一种寄托。	

（三）故事嘉年华

1. 民间故事相册

课前，老师把照片卡发给学生，每位同学从《中国民间故事》中选择三个自己最喜欢的人物，将其画像贴在照片卡上。

课上，每个同学分享自己喜欢的理由。

课后，将小组同学的照片卡，做成一本《民间故事相册》在班级中展览。

2. 民间故事演播厅

（1）朗读自己最喜欢的一个故事、一段对话等。

（2）和小组同学演一演最喜欢的故事。

（3）讲一讲自己读了这本书的感受。

（4）用自己喜欢的方式把这本书推荐给朋友。

四、创意天地

1. 人物速写

在《中国民间故事》中，选择最喜欢的一个人物，为他 / 她画像。

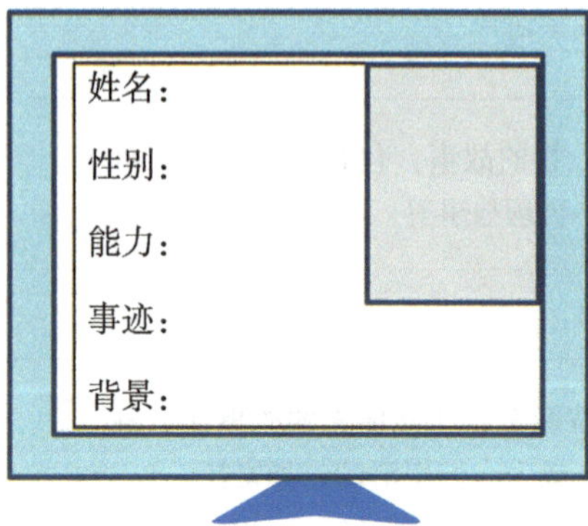

2. 创意封面秀

原封面	我的创意封面
 封面上要有：________________ ________________________	

五、阅读加油站

（1）《人文第一课　最美的民间故事》（4 册），[英] 肖莎娜 · 博伊德 · 盖尔芬德，[南非] 希娜 · 马洛芙等 / 著，湖南少年儿童出版社。

（2）《世界各地最美的民间故事绘本（第一辑）》（20 册），[法] 罗伯特 · 吉罗等 / 著，未来出版社。

六、阅读工具箱

民间故事

民间故事是民间文学中的重要门类。从广义上讲，民间故事是劳动人民创作并传播的，是所有民间散文作品的统称，有的地方叫“瞎话”“古话”“古经”等。

民间故事具有口头性，几乎都是靠口口相传的。在传承的过程中，人们不断地对其进行再创造和加工。所以，民间故事基本上都是集体创作，反映的是基层人民的生活、愿望、理想，表达的是集体的智慧和经验。有很多人搜集和整理民间故事，让它们发扬光大。

深圳市福田区教科院附属小学　刘　佳

《希腊神话故事》阅读设计

一、阅读解析

古斯塔夫·施瓦布（1792—1850），生于德国符腾堡一个宫廷官员家庭，大学时就读于著名的图宾根大学，担任过编辑、牧师、教师等职务。他曾是席勒的老师，并与德国伟大作家歌德相识。他主要贡献在于发掘和整理古代文化遗产，最著名、影响最深远的就是这部《希腊神话故事》。

《希腊神话故事》为我们敞开了一扇观察和认识古希腊乃至欧洲文化的窗口。它经历了丰富的时代变迁和历史风云，几乎成为希腊乃至欧洲一切文学和艺术活动的基本素材。它从传说进入歌咏，从歌咏进入故事，从故事进入戏剧，最后进入通行全希腊的史诗，而且还在罗马文化中生根落户。

整体来看，这本书不仅生动再现了古希腊的历史进程，而且也是当时社会生活的真实写照。它涉及战争与和平、英勇与懦弱、爱情与诡计、美德与奸诈、忠诚与背弃等一些人类文明进程中的永恒主题。这使得《希腊神话故事》成为一部跨越时空、地域、文化的经典之作。

（一）内容解析

《希腊神话故事》大体由神的故事和英雄传说两部分组成。神的故事涉及宇宙、人类起源、神的诞生等内容；英雄传说则主要讴歌英雄的事迹，同时也批判人性的种种丑恶。

希腊神话是西方文化的源头之一。郑振铎说：“不懂得希腊神话，简直没法了解和欣赏西方的文艺。”奥林匹克运动、维纳斯女神、太阳神阿波罗、潘多拉之盒、俄狄浦斯情结、达摩克利斯之剑、被缚的普罗米修斯……这些耳熟能详的词语都出自希腊神话。

（二）作品特色

马克思说："希腊神话是人类美丽伟大的诗，具有不朽的魅力。"对于读者而言，《希腊神话故事》是了解西方文化的经典著作。本书通过生动的细节和完整的情节，讲述了精彩有趣又荒诞离奇的希腊神话故事；以绮丽神幻的色彩、奔放不羁的想象、富有智慧的语言，打开了一扇了解西方文化根源、探寻人类文化瑰宝的窗口，使我们能够从中汲取营养，获得感悟，引发思考。

（三）阅读提示

（1）你喜欢神话吗？

（2）你读过哪些神话？关于希腊神话你有了解过吗？

（3）你想跟同学分享哪个神话故事？为什么？

（4）你在神话故事中收获了什么？

（四）教学主题对接

建议与统编版语文二年级下册第二单元"奉献与关爱"主题对接。

二、阅读策略

（一）运用已知

策略的描述：已知包含已有的知识、定义，或曾经历过的事情。

策略的功能：读者利用已有知识和经验去明白新的数据，将新知建立在已有知识的基础上。

（二）推论

策略的描述：推论是一个思考历程，读者利用已有的知识和文本线索来挖掘文本中没有明显表达出来的内容或作出一些假设。推论是读者依循文字表面意思进而领悟字里行间的提示或暗示。

策略的功能：能用推论补充内容，阅读的收获能超出文本提供的内容。

三、教学设计

（一）初识希腊神话

1. 接龙说中国神话故事，了解希腊神话

希腊神话是希腊文化的一大成就。希腊神话故事谱系清晰，故事复杂，情节曲折，人物形象丰满鲜明。19 世纪德国浪漫派诗人施瓦布，以严谨和系统的精神，编撰了这本情节完整、谱系清晰的《希腊神话故事》。

2. 了解目录，分享故事

看书籍目录，翻阅自己喜爱的神话故事。

与小伙伴分享自己读到的故事、人物或者其他。

3. 播放动画片《盗火的普罗米修斯》片段

思考：普罗米修斯是个什么样的人？他为什么要盗火种？

打开《希腊神话故事》，带着问题再去阅读《普罗米修斯》，边读边画出你喜欢的词语、句子、段落，也可以在旁边写一些你的感受。

4. 交流阅读体会

（1）说说普罗米修斯是怎样的人，并说说为什么。

（2）在这个故事中，你最喜欢哪一个情节？

（3）你愿不愿意成为“普罗米修斯”？

5. 小结方法，鼓励读书

读书方法：一是快速浏览，想一想知道了什么；二是品读课文，画出自己喜欢的句子；三是谈谈读故事的收获或受到的启发。

6. 完成阅读报告

1. 故事的时间
2. 故事的地点
3. 故事里有谁
4. 用三句话说说这个故事
5. 我喜欢这本书有多少 ★ ★ ★
6. 读完书我的心情是

（二）认识众神

（1）小组交流：我最喜欢的一个希腊神话人物。

（2）运用“动作 + 台词”表演书中某个故事角色，让组员们猜一猜。

（3）大声朗读相关角色的精彩片段。

（4）相互提问，说说故事角色给你怎样的印象或感受。

（5）给自己喜欢的角色画一幅漫画或者制作一个头饰。

（6）完成阅读报告。

一、读完这本书后，我想给这里的人物都评一评分，用涂色表示。

第一个人物	第二个人物	第三个人物
名字：________	名字：________	名字：________
☆☆☆☆☆	☆☆☆☆☆	☆☆☆☆☆

二、读完这本书，我最想说的一句话就是：____________________

____

三、我最喜欢书中的这几句话，我会工整地抄写下来。

1.____

2.____

3.____

（三）谁是读书大王

书里有许多奇妙的神话故事，你最喜欢哪个神话故事？你认为哪个故事最感人？哪个故事最神奇？能讲给大伙儿听听吗？

（1）学生简单讲讲自己最喜欢的神话故事。

（2）师：小朋友们，你们发现这些神话故事中的人物有什么特点吗？（本领大，呼风唤雨，神仙神人，神化的古代英雄，乐于助人，与自然作斗争，不怕困难、坚持不懈、人定胜天……）

（3）小结：神话故事最大的特点就是具有神奇的想象力，心有多高，天地就有多大。神话是童真的，用童真的眼睛看世界，也用童真的心认识世界，所以小朋友喜欢读神话故事。

（4）在读这些神话故事的过程中，你遇到过什么困难吗？怎么解决的？试着边读边交流。

（5）读书小技巧。

不动笔墨不读书。遇到不认识的字学会询问，或者标注后绕过去读，等读完后查字典认读、理解，这样还可以认识很多字。

书读百遍，其义自见。不懂的地方可以多读几遍；好的词句画一画，记一记，学会用一用。

四、创意天地

神话世界不久就要举行“最受欢迎的三大人物”竞选活动了。今天来的这些著名的神话人物，都是很有实力的竞选选手哦。

1. 最受欢迎的十大神话人物“闯关”竞选程序

第一关——“自我推荐关”：以第一人称向观众介绍自己的特长、爱好、特殊优势等，时间一分钟。

第二关——“精彩演绎关”：讲述竞选人物的小故事或精彩片段，可以用第一人称，也可以用第三人称。

师：孩子们，现在你们可以找志同道合的伙伴，组成竞选小组，帮助你们最喜欢的一个角色进行“闯关”的竞选准备。当然，除了大屏幕出示的这些人物，如果你有更好的特别喜欢的人选，也可以参加本次竞选。

2. 评选推荐，颁发奖状

根据“闯关”中的表现，确定最有实力的三位推荐对象。

集体交流，写张奖状发给他，记得写清楚获奖原因。

五、阅读加油站

（1）《中国神话传说套装》（全 4 册），袁珂 / 著，北京联合出版公司。

（2）《北欧神话》，何鹏 / 著，陕西人民出版社。

（3）《中外神话传说》，宫利勤，闻钟 / 编，人民邮电出版社。

六、阅读工具箱

提高阅读速度的4种小秘诀

1. 适当进行批注

在阅读时可以针对文章内容的理解、疑问和感受进行批注。这是一种一边思考一边阅读的阅读方式。适当地作批注可以让自己的注意力集中，同时记录当时的感受，也可以不断提升自己评价事物的能力。批注的位置最好是在书中的空白处，尽量不要写在句与句之间。批注的内容可以包括注释、批语和注意事项。

2. 画“感觉”记号

在阅读时可以通过画记号对内容进行标记。进行记号标记可以在需要时快速找到文章的具体位置，一目了然。不同的标记可以表达不同的“感觉”。觉得很重要的句子可以画线，段落则可以画竖线，关键词则可以画圈；表达疑问的可以画“?”；有感悟之处可以用“！”标出来。

3. 及时回忆

有时我们阅读文章后经常会有这样的感觉：阅读完仍感觉空无一物。因而，及时进行文章内容的回忆，有利于更好地记住文章内容以及进行知识的积累。可以采取以下的方法来记忆：阅读结束后，可以立即大体回忆文章内容；如需准确记忆，可以采取分段回忆；为了更有效地记住，在阅读后的几天内，可以对要点再次进行记忆。

4. 反复琢磨

阅读文章时可以对文本的内容进行反复的琢磨、咀嚼，直到烂熟于心。这样有利于消化和吸收文章内容，缩短知识向能力转化的过程。

深圳市福田区景鹏小学　陈伟茵

《中国神话与传说》阅读设计

一、阅读解析

神话，是古代人民在长期的劳动生活中创造出来的一种文学样式。它是早期人类对自然万物、部族战争、劳动生活等内容的理解。这些神话故事充满了神奇的想象，让人民的理想蒙上了一层奇异的色彩。神话故事，代表着一种文化。仔细聆听先人留下的神话故事，不仅能够丰富我们的想象力，更有助于我们对古典文化的理解。

（一）内容解析

《中国神话与传说》一共精选了 70 多个著名的神话传说故事，比如:《伏羲的传说》《精卫填海》《观音送画》《后羿射日》《天书》《鲤鱼跳龙门》等。

（二）作品特色

神话故事内容丰富多彩，无不展现着古代劳动人民对自然的认识，体现着人们对美好生活的向往。在欣赏美丽神话的同时，一定会让我们对古代人类的生活多一些认识和理解。

（三）阅读提示

（1）你喜欢神话吗?

（2）你读过哪些神话？关于中国神话与传说你了解多少?

（3）你想跟同学分享哪个神话故事？为什么?

（4）你在神话故事中收获了什么?

（四）教学主题对接

建议与统编版语文二年级下册第八单元“世界之初”主题对接。

二、阅读策略

（一）抓重点

策略的描述：抓重点是找出文章的主旨和中心思想，搜寻和判断文章中的重要资料。

策略的功能：1. 掌握到主旨，才能明白作者传递的信息、观点和用意；2. 读者需要练习依据阅读目标抓到自己想获得的信息。

（二）推论

策略的描述：推论是一个思考历程，读者利用已有的知识和文本线索来挖掘文本中没有明显表达出来的内容或作出一些假设。推论是读者依循文字表面意思进而领悟字里行间的提示或暗示。

策略的功能：用推论补充内容，阅读的收获能超出文本提供的内容。

三、教学设计

（一）走进中国神话与传说

1. 播放《少年英雄小哪吒》歌曲

这首歌曲好听吗？歌中唱的是谁？其实这部动画片是根据《哪吒闹海》这个故事改编而来的，这个故事则是出自中国神话。今天我们一起来看看中国神话与传说故事。

我们一起打开这本书的目录，小声读一读目录，你觉得哪个故事有意思？希望老师和你们一起读哪个故事？大声读出来。

2. 以《精卫填海》为例

（1）请大家打开《精卫填海》这个故事，自由地读一读，要读得流利，遇到不理解的词语应该查字典。

（2）故事中的精卫给你留下了怎样的印象？你最喜欢哪一个词语、句子、故事情节，请同学们抓住重点段落多读几遍，然后说说自己的体会。

（3）精卫的性格特点有哪些？

A. 不怕困难（无论遇到再大的困难也不能动摇填海的决心）

B. 坚持不懈

C. 不畏强暴（面对浩瀚大海越斗越勇）

3. 读书方法小结

读神话故事，不能仅仅知道故事的情节，还要抓住人物的语言、动作、神态去读，感受人物内心世界。要想领略神话故事的丰富内涵，不仅要细细品读词句，有时还要结合文字，展开大胆的想象。

4. 完成学习单

1. 故事的时间
2. 故事的地点
3. 故事里有谁
4. 用三句话说说这个故事
5. 我喜欢这本书有多少 ✡ ✡ ✡
6. 读完书我的心情是 😄 😭 😟

5. 按读书方法自读其他故事

请按《精卫填海》的读书方法，读读本书的其他故事吧。

（二）角色大比拼

（1）回顾故事中的多彩人物，简单介绍你喜欢的人物。

（2）小组合作选择一个人物，找出发生在他身上的故事情节，对部分情节进行想象补充。

（3）尽量制作一些简单头饰、道具来进行表演。

（4）评选最佳台词奖、最佳合作奖、最佳表演奖。

（5）总结：你们发现这些神话人物都有哪些特点呢？

A. 神话人物本领大，能呼风唤雨。

B. 他们都是神仙，女的美丽善良，男的英勇威武。

C. 神话人物都乐于助人，与自然作斗争。

D. 他们身上都有一种无私无畏、不怕困难、坚持不懈的精神。

（三）找寻书中之“最”

（1）交流主题：书中之“最”。

例如：最佩服的人、最厌恶的人、最喜欢的故事、最感动的一幕、最快乐的一幕、最难懂的地方、最想问的问题。

（2）小组交流，再推选代表集体交流。

（3）评奖：最佳动作奖、口齿清晰奖、表情十足奖。

（四）趣味大闯关

第一关　小试牛刀：猜一猜神话故事中的成语

汉语中的很多成语就来自这些奇妙的神话故事，老师说几个，同学们来闯关。

（1）他开辟了天地，并用身躯化作世间万物。（开天辟地）

（2）伏羲的妹妹女娲炼五色石补天。形容改造天地的雄伟气魄和大无畏的斗争精神。（女娲补天）

（3）带领子子孙孙搬走挡在家门口的两座大山。（愚公移山）

（4）被炼丹炉的仙火练就的眼睛能一下子看出谁是妖魔鬼怪。（火眼金睛）

（5）跟着太阳奔跑想留住太阳。（夸父逐日）

（6）牵牛星与织女星每年七月七日在鹊桥相会。（牛郎织女）

（7）名叫精卫的鸟，把石子投入大海。（精卫填海）

（8）古代神话传说昆仑山有八柱擎天，后用以比喻能担负重任的人。（擎天之柱）

（9）仙女麻姑曾经三次看到汪洋的东海变成了桑田。（沧海桑田）

（10）天女奉如来佛的旨意携花篮把花瓣纷散在众人身上。（天女散花）

第二关　初露锋芒：说一说我们熟悉的神话人物

（1）他开辟了天地，用身躯化作世间万物——盘古

（2）他带领百姓战洪水三过家门而不入——大禹

（3）他习练武功，翻山越岭，劈开华山救母——沉香

（4）她用五彩石补天空中的漏洞——女娲

（5）她在月宫遥望亲人——嫦娥

（6）她化作小鸟，把石子投入大海——精卫

第三关　乘胜追击：比一比谁知道的神话知识多

1. 选择题

（1）神话故事《精卫填海》中，精卫填海的原因是什么？（B）

A. 喜欢大海　　B. 报复大海　　C. 帮助别人

（2）《后羿射日》中后羿射了几个太阳？（B）

A.8 个　　B.9 个　　C.10 个

（3）中国古代神话中，天被人破坏了，后来是谁用五彩石把天补好了？（A）

A. 女娲　　B. 共工　　C. 神农氏

（4）《愚公移山》中，愚公为什么要移山？（C）

A. 无事可做　　B. 大山是他的敌人　　C. 为了交通便利

2. 填空题

（1）很久很久，以前的宇宙像________，巨人________一动不动地酣睡在里面。（一个大大的鸡蛋，盘古）

（2）随着轰隆隆一声巨响，天地分开了，其中________徐徐地上升，变成蓝蓝的天空；________则沉沉下降，变成了大地。（轻而清的阳气，重而浊的阴气）

（3）巨人________为了开天辟地耗尽了自己的全部体力和精力，他的头变成了________，肚子变成了________，左臂变成了________，右臂变成了脚变成了________，让大地呈现出一片壮丽的景象。（盘古，东岳泰山，中岳嵩山，南岳衡山，北岳恒山，西岳华山）

（4）女娲是用________和________把天补好的。（五色石，巨龟的身体）

（5）坍塌了半边的天是用______当作四根柱子撑起来的。（东海神龟的四只脚）

（6）神农是个慈爱的天神，他长着________样的头，________样的身体，而且整个身体________。（牛，人，玲珑透明）

（7）神农为了减轻百姓的疾苦，决定要________。（亲自尝遍百草）

（8）能够让神农起死回生的草叫________，让神农断送生命的含有剧毒的草叫________。（灵芝草，断肠草）

四、创意天地

1. 神话绘本

选择自己喜欢的神话故事，将故事画出来。

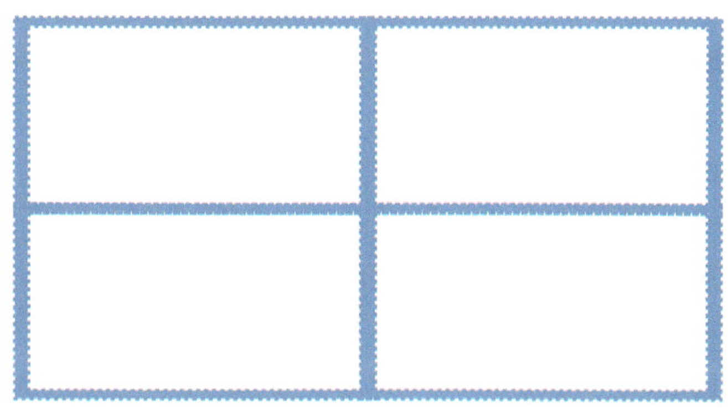

2. 成语爆米花

搜集书籍中的成语，用自己喜欢的方式介绍这些成语，可以是解释、造句或者情景绘图，制作翻翻书。

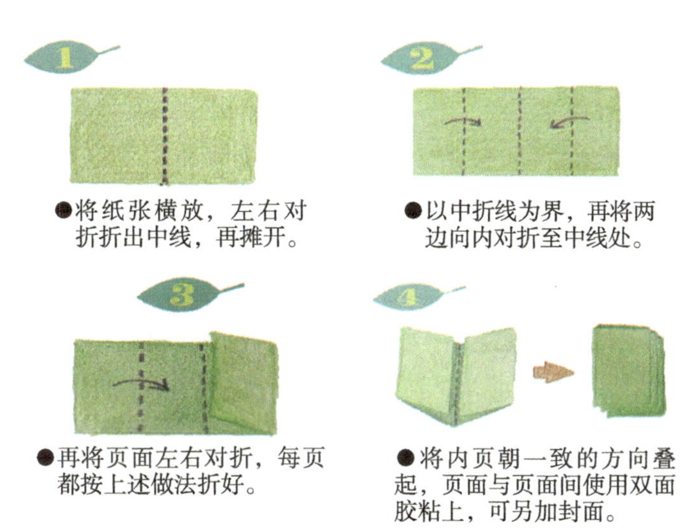

五、阅读加油站

（1）《绘本中华故事·民间传说》（全10册），郑勤砚/主编，北京联合出版社。

（2）《绘本中华故事 · 神话传说》（全 10 册），郑勤砚 / 主编，北京联合出版公司。

（3）《中国故事绘 · 神仙传说》，中国传统文化课题组 / 主编，二十一世纪出版社。

六、阅读工具箱

（1）书中好的语句可以勾画下来。

（2）精彩的故事情节可以反复读。

（3）边读边在头脑中进行想象。

（4）喜欢还可以背一背，记下后讲给小伙伴听。

（5）对人物进行评价。

（6）做阅读记录。

深圳市福田区南华小学　禹玉珍

三年级上册

顽童小说

三年级上册

顽童小说

儿童小说是在“发现儿童”之后，儿童被看成一个有着自己独特精神与心理世界的独立生命体后逐渐成长起来的一种新的小说形态。20世纪90年代以来，儿童小说中出现了一种不同于承载概念、符号的“小大人”样貌的儿童。这种小说中书写的孩子大都是一些普通的孩子，他们成绩平平、相貌平平，不是老师眼中的红人，但是他们却淘气、快乐、纯真、生气勃勃，张扬了本真的“孩子气”“儿童性”“生命活力”的一面，和以往的小说中塑造的“高大上”的孩子相比，这些孩子可以称得上是“顽童”。创作者对于顽童的淘气、顽皮、捣蛋所秉持的态度并不是视其为缺点进行教化，而是肯定淘气、顽皮、捣蛋中蕴含的儿童的生命力与创造性，这样的儿童小说可以称其为“顽童叙事”的儿童小说。

这类小说通过对儿童爱好自由、渴望认同的情感的认可，使儿童在文学作品中获得审美快感，得到心灵补偿，所以我们要关注顽童作品中儿童“顽”的天性。学生在阅读此类书的时候，应当关注文字、插图，发挥自己的想象力去感悟小说的魅力，感受童趣。

在阅读教学中，教师可以有意识地带领学生在阅读中寻找自己、确认自己、反思自己。在教学中我们应该设计与学生生活能产生联结的话题，通过提问式教学法帮助学生走进故事之后再走出故事，思考、提炼出适合自己的人生智慧。

《窗边的小豆豆》阅读设计

一、阅读解析

在文学作品中，作者常常通过描述和刻画典型环境中的典型人物来表达整部作品的内容和中心主题，儿童文学作品也不例外。黑柳彻子在其自传体儿童文学作品《窗边的小豆豆》中，以自己的童年往事为素材，细腻生动地塑造了小豆豆、小林校长和其他与小豆豆或巴学园相关的人物角色，并通过在文学作品中对于这些人物形象的刻画来充实作品内容，直接或间接、正面或侧面地表现作品的主要内容和中心思想。

著名儿童文学作家梅子涵曾说："小林先生在他的教学园地实现了对童年秘密的尊重，非常了不起。"教育专家孙云晓高度评价此书："《窗边的小豆豆》令人惊讶地证明了童年是永恒的，是超越时空的，是有独特价值的。黑柳彻子对童年的发现与证明，不亚于爱因斯坦发现相对论。"

读《窗边的小豆豆》，我们将感受到一份童真和不带世俗的纯净，不仅会记住一个由六辆电车改成教室的名为"巴学园"的学校，更能读到一个儿童成长的旅程。这个旅程是创造力的形成和社会适应的过程，是人与人之间相互理解和尊重的过程。

（一）内容解析

《窗边的小豆豆》是日本黑柳彻子所著，赵玉皎译，由南海出版公司出版。这本书讲述了黑柳彻子上小学时真实的故事：小豆豆（作者）因淘气被原学校退学后，来到巴学园。小豆豆第一眼就喜欢上了这所叫"巴学园"的新学校，这里的一切都那么与众不同，电车教室、自习式学习、韵律操、野炊、露营……深深吸引着小豆豆，她的天性在这里得到最愉悦的舒展，校长常常对她说“你真是一个好孩子。”在小林校长的爱护和引导下，一般人眼里“怪怪”的小豆豆逐渐变成了一个大家都能接受的孩子。巴学园里亲切、随和的教学方式使这里的孩子们度过了一段美好的时光。

（二）作品特色

1. 在具体情境中刻画人物形象

《窗边的小豆豆》的作者以自己的童年往事为素材，以细腻生动的笔触在作品中塑造了小豆豆、小林校长和其他与小豆豆或巴学园相关的人物角色，并通过具体情境对这些人物形象进行细节刻画来充实作品内容，直接或间接、正面或侧面地表现作品的主要内容和中心思想。其中，对于小豆豆和小林校长的人物角色的刻画生动形象。作者从人物的语言、行为等各个方面进行细致的描绘，使人物形象具有真实性和典型性的特点。例如，为了表现小豆豆与众不同的“顽劣”表现，作者在作品的开篇并没有直接交代小豆豆的种种异样的行为，而是通过妈妈对小豆豆的担心以及妈妈对之前与小豆豆班主任交谈情节的回忆，来引出小豆豆在原来就读的学校中的种种“恶行”。比如，班主任明确地对她说：“有府上的小姐在，整个班里都不得安宁。”随后班主任一一列举了小豆豆接二连三的异常举动，并以此来宣泄对小豆豆的不满。又如，当妈妈带着小豆豆来到新学校的时候，小豆豆欢喜地表示：“我可喜欢这个学校啦！”而妈妈担心的却是校长是否喜欢小豆豆。足以见得小豆豆的行为有悖于社会上约定俗成的“好孩子”的标准。然而，也正是因为作者对小豆豆与众不同的思维方式、行为举止等方面的生动活泼的描绘，小林校长这一人物角色才可以更加形象地表现出来。例如，初次见面，小豆豆好奇地问：“您是校长先生，还是电车站的人呀？”在妈妈还没来得及为小豆豆解释的时候，校长就已经抢先笑着答道：“我是校长啊。”从校长一开始的态度，如“立即从椅子上站了起来”“把椅子拖到小豆豆跟前，和小豆豆面对面坐下来”，一直到耐心地听小豆豆絮絮叨叨地讲了四个小时，这期间，校长一会儿笑，一会儿点头，一会儿又说“还有呢？”，直到后来爱讲话的小豆豆都没话好讲了。小豆豆不由得感到自己有生以来第一次碰上了真正可亲的人，因为小豆豆长这么大还从来没有人用这么长的时间来听自己讲话。而且在这么长时间里连一个呵欠也没打，丝毫也没有厌倦的表情，就像同小豆豆谈天一样探着身子非常认真地等她把话讲完。初次的见面，让小豆豆感受到了校长对她的尊重，更让她开始喜欢校长、喜欢学校、喜欢上学。在《窗边的小豆豆》中，作者正是通过这些正面或是侧面描写来刻画各个人物形象，以表现作品内容和中心主旨。

2. 彰显尊重、平等与友爱的人文主题

书中的大人和小孩之间、小孩与小孩之间的相处都体现着尊重、平等与友爱。以小林宗作先生为例，小林先生总是十分尊重身边的每一个人，在他看来，每个人都是可爱的，每个人的人格都是值得尊重，也必须尊重的，哪怕他是个什么也不懂的孩子。他会耐心地倾听每一个孩子所说的话，尊重每一个孩子的爱好和天赋。他总是在不断地鼓励孩子，总是想尽一切办法抹去孩子们的自卑，激发孩子们的自信。他会为身体残疾的高桥君专门设计运动会的比赛规则，让他在所有的比赛中拿到第一，让他对自己充满信心。他会不断地对小豆豆说“你真是个好孩子”，让小豆豆时时感受到自信的愉悦。小林先生总是坚持着对大自然的热爱。这个大自然，不仅包括自然界的一切，还包括人体本身，以及人体最自然的韵律和感情。他会让所有的孩子裸体进游泳池，让孩子们相信人的身体本身就是美的。他会经常带领孩子们去亲近自然，培养孩子们对自然的热爱。他会让孩子们做“韵律操”，随着身体最自然的节奏而舞动。这所有的一切都体现着小林宗的教育目标，即“无论哪个孩子，当他出世的时候，都具有优良的品质。在他成长的过程中，会受到很多影响，有来自周围的环境的，也有来自成年人的影响，这些优良的品质可能会受到损害。所以，我们要早早地发现这些‘优良品质’，并让它们得以发扬光大，把孩子们培养成有个性的人”。还有小豆豆的妈妈、小豆豆的爸爸、小豆豆的同学们、洛基，书中每个人物与他人相处中都体现着尊重、平等与友爱，值得我们细细品味。

（三）阅读提示

（1）你从这本书的封面、封底、扉页和勒口中获取了哪些信息呢？

（2）猜猜看这本书的书名为什么叫《窗边的小豆豆》。

（3）你了解作者黑柳彻子和插画家岩崎千弘的哪些信息？

（4）翻开目录，你知道了什么？你最好奇哪个故事呢？

（5）你还记得自己上一、二年级时的哪些趣事呢？和同学们分享一下吧！

（6）你喜欢你的学校吗？说说你喜欢或者不喜欢的地方吧。

（7）在成长过程中，你最喜欢哪位老师呢？为什么？

（四）教学主题对接

建议与统编版语文三年级上册第一单元“校园生活”主题对接。

二、阅读策略

（一）联结

策略描述：联结是从文中联想起已经知道或曾经历的事情或内容。联结可分为三种：（1）文字与自身，在阅读中联想到自己过去的经验；（2）文字与文字，在阅读中联想到过去曾阅读过的文章或故事；（3）文字与世界，在阅读中联想到社会上或生活上的一些相关议题。

策略的功能：（1）文章内容一定要和读者所知的有关联，只有产生了共鸣，才能够在他的生命中产生意义。（2）读者必须找到文章和文章之间的相同点，才能够利用已知的形式和内容来了解新的文本。（3）读者能把所学与生活经验做联结，学习会更真实。

（二）图像化

策略描述：图像化指的是教者依据记忆、阅读、思维的规律，借助图片、图表、图示等媒介，将感性的文字和直观的图像、图形等建立逻辑意义的链接，协助学习者实现文本内容、思维过程可视化的策略。完成文本的整体构建，生成个人的解读和意义，进而享受阅读的愉悦。图像化也称可视化，即在阅读文本的时候，与文本产生共鸣，在头脑中建立故事场景、人物形象，通过心理上的图像构建来协助理解文本、促进表达。

策略的功能：让学生在脑海中描摹画面，加深对文本深层意义的解读，完成文本的整体构建，生成个人的解读和意义，激发学生的想象力，促进学生表达能力的提升，进而享受阅读的愉悦。

三、教学设计

（一）精彩故事我推荐

《窗边的小豆豆》这本书是由一个个小故事串联起来的，每一个小故事的题目都点明了主题，概括了这个故事的主要内容，这样的题目我们通常称作“题眼”。选取印象最深刻的三个故事，完成表格。

故事名称	人物	故事概要	推荐理由

看图讲故事：下面的插图分别讲述了小豆豆的什么故事呢？请你用简洁的语言说说看吧。

（二）与众不同我描绘

（1）一所小学有许多与众不同的地方，每个孩子在这里都能自由快乐地成长。回想自己的学校，让我们看看巴学园有哪些与众不同的魅力吧！

与众不同之处	具体表现
不一样的校门	由两株矮树组成的，树上还长着绿油油的叶子
不一样的标记	巴学园的“巴”字标记（中国的太极图 ☯ ）
不一样的教室	一个个废弃不用的电车车厢
不一样的座位	
不一样的课堂	
不一样的午餐	
不一样的散步	
不一样的校歌	
不一样的图书馆	
不一样的运动会	
不一样的音乐课	
不一样的游泳课	
……	

（2）根据书中的信息，画一张巴学园蓝图，并写一份校园导游词。内容包括：校门、校名、电车教室、礼堂、图书馆、校长、学生等。

（3）出示《破学校》的节选片段，师生合作朗诵，感受小豆豆和同学们对巴学园的爱。从中你感受到了什么？巴学园的学校生活是如此与众不同，你觉得小林宗作为校长做这些的目的是什么呢？请结合具体做法加以分析。你觉得巴学园还有哪些神奇之处呢？你希望你上学的学校有哪些与众不同的做法呢？

____

____

____

（三）人物形象我感受

（1）圈画小豆豆的动作、神态、语言等细节描写，试试看用一两个词语概括小豆豆的性格特点并说明你的理由。

（2）在这本书的扉页中，作者这样写道：“谨将此书献给已逝的小林宗作先生。”可见，小林校长对小豆豆的影响是多么深刻。那么小林校长到底是个怎样的校长呢？

故事	小林校长的性格特点
《校长先生》	喜欢孩子、尊重孩子、耐心
《韵律操》《粉笔》	
《运动会》《尾巴》	
《放回原处》《健康树皮》	
《你真是个好孩子》《“然后呢——！”》	
《蝴蝶结》	

（3）书本中有许多小林校长的话，哪句最能激励你？哪句让你印象深刻？请你摘抄下来，做成书签，可以送给自己，也可以送给他人。

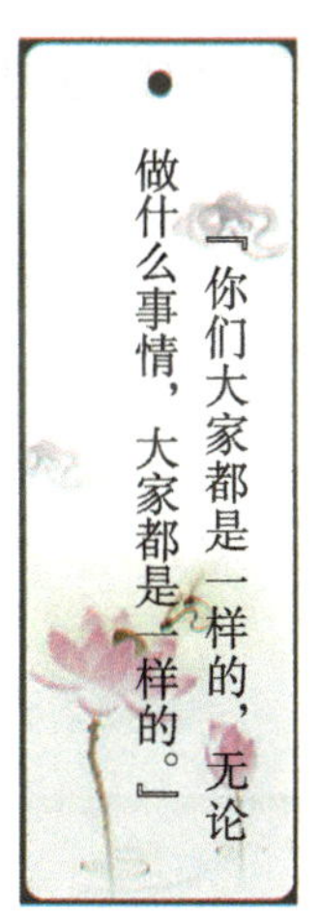

（4）《三字经》中“昔孟母，择邻处”，孟母为了儿子有一个良好的生活、学习环境，曾三次搬家，最终与一家私塾比邻而居。而小豆豆同样拥有一位值得骄傲的好妈妈，请结合具体故事谈谈你的看法。

故事	你感受到一位怎样的妈妈
《窗边的小豆豆》	宽容的妈妈，会维护小豆豆的自尊与自信
《野炊》	
《最差的衣服》	
《从今天开始上学》	
《正男》	
《只是闹着玩》	

四、创意天地

（1）在这本书中始终洋溢着浓浓的爱，你感受到了吗？请结合你的感受试着创作自己的诗歌吧！

爱是妈妈为小豆豆准备的“山的味道”“海的味道”

爱是小林校长不厌其烦热情真诚地倾听

____

____

____

（2）你喜欢这本书吗？你愿意把这本书推荐给其他人阅读吗？请为《窗边的小豆豆》写一张推荐卡吧。

（3）小豆豆的童年有阳光快乐，也有悲伤和冒险，这就是真实的生活。你的童年时代跟小豆豆的童年时代有什么不一样？你经历了哪些让你印象深刻的事情呢？请你学学小豆豆，把这些故事写下来吧！

（4）我们知道了书中一些人物长大后的生活，试着给其中一个人物写封信，和他 / 她分享你阅读后这本书后的感受吧！

五、阅读加油站

（1）小豆豆系列：《小时候就在想的事》《丢三落四的小豆豆》。

（2）《佐贺的超级阿嬷》，[日] 岛田洋七 / 著，陈宝莲 / 译，南海出版公司。

六、阅读工具箱

自传体小说

自传体小说是传记体小说的一种，是从主人公自述生平经历和事迹角度写成的一种传记体小说。这种小说是在作者亲身经历的真人真事的基础上，运用小说的艺术写法和表达技巧，经过虚构、想象、加工而成。自传体小说写作的原则有以下几点：

（1）自传体小说要写出一个真实的、活生生的“我”来。

（2）要向别人明确传递出自己的外貌特征，使人读后留有印象，甚至一见到你本人就能根据你自传中的描写认出你。这也需要运用外貌描写的技巧，把自己写好、写活。

（3）自传中要有事实。自传不是简单地记人，它要反映出人物的成长变化经历，要有一定的时间感。虽然我们现在年龄还小，但成长的经历已经有了，这在自传中都要较好地反映出来。

（4）自传中有时也要有感情的流露和对事情的看法，也要写生活中的经验教训，但这些不同于其他文艺作品中的直接抒情、议论，而是寓情、理于叙事之中，让读者感觉出来，即间接表露出来。

深圳市福田侨香外国语学校　张　莹

深圳市福田区南华小学　周靖雯

《时代广场的蟋蟀》阅读设计

一、阅读解析

20 世纪儿童文学传世经典，1961 年纽伯瑞儿童文学奖银奖作品，入选“1900–1999 全球 50 本优秀童书”。风行世界近 60 年，美国儿童课堂必读书目，全球累计销量 1500 多万册。

“不老泉”文库第 3 册，以“不凋的文字”、精妙的插画、优雅的编排，美丽每一双阅读的眼睛，滋养每一颗童真的心灵。

一只来自乡野的小小蟋蟀，以一趟勇闯“世界伟大”城市纽约的奇妙征程，告诉我们：无论生活在何时何地，请珍视亲情与友情，它会让心灵与生活远离孤独和无助；请热爱音乐，它会给灵魂以寄托之处；请时时回望来路，这才能找到生命真正的归属。

（一）内容解析

《时代广场的蟋蟀》是美国儿童文学作家乔治·塞尔登的代表作，美国盖斯·威廉姆斯配图，傅湘雯翻译，2003 年由新蕾出版社出版。

塞尔登在纽约工作和生活时，每天乘坐地铁上下班。一天晚上，他回家路过时代广场地铁站的时候，意外地听到了一只蟋蟀的鸣叫，一股暖流不期然地涌入心底，让他想起了遥远的康涅狄格州，他的故乡。于是写下这本书，寻找回家的感觉。

塞尔登笔下的蟋蟀柴斯特从没想过离开康涅狄格州乡下的草场，可它却因贪吃跳进了一个野餐篮，被带到纽约最繁华的地方——时代广场的地铁站。在人情冷漠的纽约，幸运的柴斯特遇到了聪明又略带市侩的塔克老鼠和忠诚、憨厚的亨利猫，还遇到了爱它的主人——男孩玛利欧。在偶然的机会中，柴斯特被发现拥有无与伦比的音乐天赋，并且被送上了广场的舞台，受到人们的追捧。于是蟋蟀柴斯特用它绝妙的音乐天赋回报了朋友们的真诚友情，帮助玛利欧一家摆脱了困境，自己还成为震惊整个纽约的演奏家！

（二）作品特色

1. 何为顽童

宋·王明清《挥麈后录》卷三："蔡攸者，垂髫一顽童耳，京（蔡京）遣攸日与陛下游从嬉戏，必无文武尧舜之道，启沃陛下。"元·曾瑞《哨遍·村居》套曲："成家庆，顽童前引，稚子随行。"王西彦《古城的忧郁·蹂躏》："一条本来很冷落的胡同，这时变成一个刚被顽童所捣毁的蜂巢。"《现代汉语词典》"顽童"的解释为：顽皮的儿童。

2. 顽童作品中的角色

儿童作品通过对儿童爱好自由、渴望认同的情感的认可，使儿童在文学作品中获得审美快感，得到心灵补偿，所以我们要关注顽童作品中，儿童的"顽"的天性。《时代广场的蟋蟀》中塑造的角色，比如聪明伶俐、讲义气、爱攒钱、有点小虚荣小自私的塔克就是顽童的形象。他第一次遇到柴斯特，便大方地将腊肠拿出来与新朋友分享。柴斯特梦中误吃了钞票后，塔克拿出了一生的积蓄帮它赔偿；它还发掘了柴斯特得天独厚的音乐才能，自告奋勇做柴斯特的"业务经理"，并指导柴斯特跟着收音机更好地学习人类的音乐，演奏世界名曲，让柴斯特成为"名人"。

（三）阅读提示

（1）从封面、封底、勒口中，你知道了关于这本书的什么信息？

（2）你见过蟋蟀吗？你知道地球上第一只蟋蟀的来历吗？

（3）你了解蟋蟀的哪些特性？

（4）翻看目录和人物介绍，大胆猜猜看这本书讲的是怎样的故事。

（5）书中都有哪些人给蟋蟀提供过爱与帮助呢？

（6）你有哪些好朋友？他们是怎么成为你的好朋友的呢？

（7）你在城市生活中有哪些感受？你在乡下生活过吗？乡下风景有哪些特色？

（四）教学主题对接

建议与统编本语文三年级上册第三单元“童话世界”主题对接。

二、阅读策略

（一）图像化

文字阅读的认知活动中，与文本产生共鸣，在头脑中建立故事场景、人物形象，通过心理上的图像构建来协助理解文本、促进表达。本书阅读活动中“梳理情节思维导图”就是利用图像化策略，边阅读边想象，借助思维导图，提取信息，推想有关内容，厘清故事情节，感受童话故事的奇思妙想。

（二）联结

通过阅读激发孩子与文本、与世界建立有意义的联结，并通过“创意写作”等形式，拓展更广泛的阅读及生活联结。

（三）转化

转化是一种阅读综合分析能力，因为阅读改变了读者的很多看法。在《时代广场的蟋蟀》一书的阅读中，孩子们体会到生命之间的爱与关怀的温度。同时通过了解整本书中的音乐，孩子们产生对音乐的热爱。通过柴斯特在纠结中的决定，懂得故乡是我们最向往的归宿。

三、教学设计

（一）利用插画讲故事

《时代广场的蟋蟀》这本书的配图是插画大师盖斯·威廉姆斯所作，他曾为《精灵鼠小弟》《夏洛的网》等经典童书配图。他以简单的黑白线条勾画出了丰富传神的形象，请把下面插画所讲述的故事讲给大家听吧！

（二）思维导图助阅读

（1）请按照事情发展的顺序，梳理故事情节思维导图。形式多样，线索突出。范例如下：

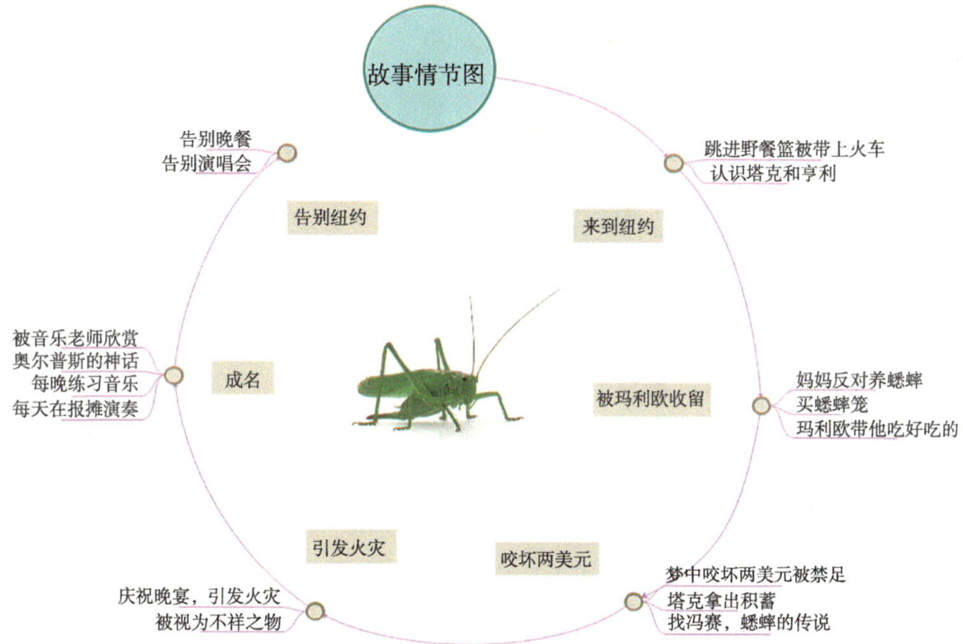

（2）选择书中你最喜欢的一个动物或人物，找出其特点，将动物或人物形象立体化。要求：找出重点语句，概括出特点，将特点归类，可做成人物名片；也可设计成思维导图，立体地表达人物。

人物名片范例：

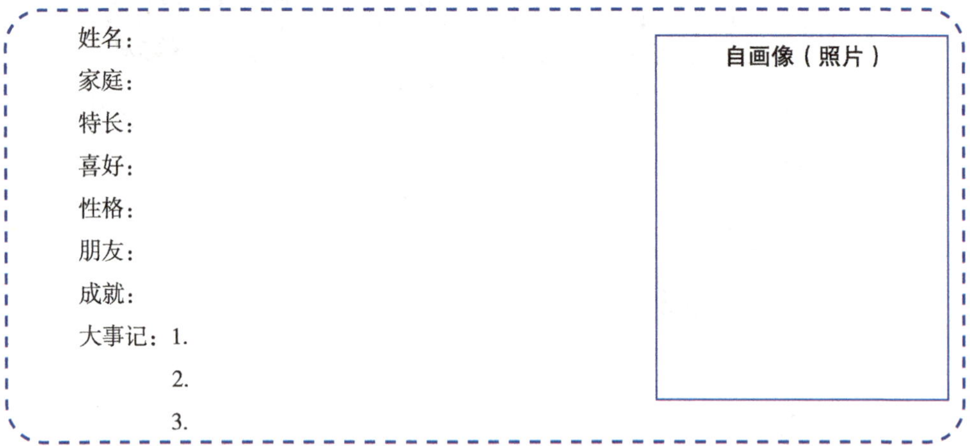
姓名：
家庭：
特长：
喜好：
性格：
朋友：
成就：
大事记：1.
2.
3.
自画像（照片）

思维导图范例：

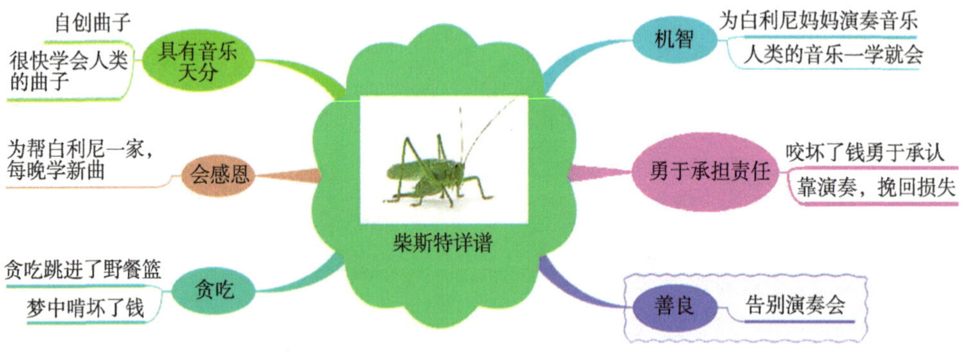

（三）品读“顽童”塔克

第八章《塔克一生的积蓄》，哪些细节体现塔克视财如命？假如你是塔克，你会把毕生的积蓄拿出来帮柴斯特渡过难关吗？请圈出塔克的动作、神态、语言等细节描写然后写下你的体会。

____

____

（四）音乐知识知多少

品读第十一章《不祥之物》，播放意大利民歌《重归苏莲托》，介绍歌曲，展示歌词，感知玛利欧妈妈前后情绪的变化，思考玛利欧妈妈被打动的目的是什么？

看，那海浪轻轻荡漾，心中激起无限欢笑，旖旎风光令人奢望，花坡春水路满香。

看，这果园一片金黄，蜜橘长满在山坡上，传来一阵阵的芳香，心中充满阳光。

但是，你向我说再见，从此远离我的身旁，离开你可爱的家乡，永远留在远方。

请别抛弃我，不要再使我悲伤。重归苏莲托，回到我身旁。

——《重归苏莲托》

（五）柴斯特的音乐天赋

通读全书，你从哪些描写中感受到蟋蟀柴斯特的音乐天赋和高超的演奏水平？按如下摘录填写：

章节	页码	具体描写	我的赏析
第二章《玛利欧》	P15	就像是小提琴的琴弦被弓弦急促划过所迸发出来的声音，又像是竖琴突然受到挑动响起的琴音。仿佛在远离纽约的某个地方，一处翠绿的森林里，有一片树叶在午夜里穿过沉沉的黑夜，翩然落下，掉进灌木丛里。	运用比喻手法将蟋蟀的鸣叫形容为多变的琴音，神秘的声音营造出树叶穿过黑夜翩然落下的场景，说明柴斯特的演奏可以给人丰富的想象和画面感。

（六）对比体会，回到家乡

柴斯特经常想念它的家乡康涅狄格州，繁华大都会纽约和乡下康涅狄格州有哪些不一样的地方呢？你从书中摘录具体描写并推断柴斯特渴望回到家乡的原因。

纽约	康涅狄格州
（P38）一幢幢高楼大厦好像一座座发光的高山，直耸入夜空中空气里充满了人来车往的嘈杂声。	（P27）我就住在一根老树桩里面，在一棵柳树的旁边，我常常爬到自家屋顶上四下眺望……有一条小溪从柳树那边流过去。
渴望回到家乡的原因：	

（七）辩论赛：留下还是回去

品读第十四章《奥尔甫斯》，摘录柴斯特以及柴斯特的朋友们对其选择回到家乡的看法，并以“纽约还是康涅狄格州，留下还是回去”为辩题，在班级为柴斯特的去和留展开一场辩论吧！

四、创意天地

（1）当蟋蟀柴斯特选择回到康涅狄格州乡下时，他会如何对玛利欧一家解释？请你以柴斯特的角度，向玛利欧的一家写一封告别信吧！

（2）书中塔克、亨利和柴斯特的友谊令人感动和羡慕，生活中你有这样同甘共苦的好朋友吗？写写你们之间的故事吧！

五、阅读加油站

（1）《爱在时代广场》，[美]乔治·塞尔登/著，[美]盖斯·威廉姆斯/绘，傅湘雯/译，新蕾出版社。

（2）《塔克在郊外》，[美]乔治·塞尔登/著，[美]盖斯·威廉姆斯/绘，袁颖/译，新蕾出版社。

六、阅读工具箱

如何写动物故事

动物是人类最亲密的朋友，它们为我们的生活增添了许多色彩。怎样写好它们呢？可以从以下几个方面入手：

（1）写作之前，要认真细致观察动物的外形特征。首先看它的整体形态，得出一个总体印象。然后再按从上到下或从前到后、从整体到局部等顺序进行观察和描写。写局部的时候，要突出每一部分的特点。

（2）不同的动物有不同的生活习性，可结合资料查阅加深对该动物生活习性的了解。

（3）有选择地将关于动物有趣的、可爱的事写进文章里，再把自己对动物的喜爱之情融入叙述和描写中，这样更能增加文章的情趣。

深圳市福田区侨香外国语学校　张　莹
深圳市福田区明德实验学校　童再燕
深圳市福田区南华小学　樊萍丽

《查理和巧克力工厂》阅读设计

一、阅读解析

童话，儿童文学的一种体裁，通过丰富的想象、幻想和夸张来编写适合于儿童欣赏的故事。童话具有语言通俗生动，故事情节离奇曲折、引人入胜的特点。

童话区别于一般的小说和故事之处，就在于它能借助幻想的力量，使我们平常见的各种平凡人物和现象，展现出不平凡的奇异光彩，为小读者展开一个“幻想世界”。童话中的幻想，能超越时间和空间的限制，在亦虚亦实、如幻似真的奇境自由自在地活动。

阅读《查理和巧克力工厂》，会带领我们进入一个神秘、冒险而刺激的幻想世界。

（一）内容解析

全世界最大、最神秘的巧克力工厂将邀请获得金奖券的五名幸运儿参观工厂。一次偶然的机会，极其贫困的查理成为其中一名幸运儿。参观工厂之旅中，五名幸运儿被眼前的景象所震撼，更遭遇了匪夷所思的经历。临近旅行的末尾，威利旺卡厂长决定将工厂送给其中一名幸运儿……

（二）作品特色

1. 具有魔幻色彩

作者用荒诞、幽默的叙事方式，营造了一个充满魔幻色彩的童话故事。当你走进这个故事，你会被紧凑的节奏、悬念迭起的情节所吸引，欲罢不能。故事刚开始是查理一家关于威利旺卡和他的巧克力工厂的讨论，让读者对这家神秘的工厂及最伟大最聪明的厂长充满好奇。紧接着，五名幸运儿一一揭晓，尤其是查理获得金奖券的过程一波三折，吊足了读者的胃口。最后，五组家庭参观巧克力工厂的经历，和五名幸运儿最终的遭遇，悬念迭出、高潮迭起的情节，牢牢抓住读者的好奇心，让人忍不住跟随作者的脚步，直至故事结束仍意犹未尽。无论是开头关于巧克力的讨论，还是工厂里面神奇的发明，都让我们感受到作者天马行空的想象。而故事中关于亲情的描述，以及最终查理继承巧克力工厂的结局，都让这个荒诞的故事萦绕着温馨的情怀。

2. 具有教化功能

在这本书中，随处可见教育的痕迹。五名幸运儿的性格特点、行为举止、家庭教育以及他们在巧克力工厂的遭遇，都让读者了解到好行为习惯有多重要。尤其在对查理一家的描述上，作者花了大量的笔墨描写他们家虽贫困但有爱，查理谦逊且懂事。最终查理获赠巧克力工厂，让读者明白心中有爱、文明有礼的重要性。在每名幸运儿遭受惩罚时，奥帕—伦帕人的歌发人深省，告诉小读者他 / 她被惩罚的原因。此外，书中还有不少关于五组家庭教育方式的描写，让小读者了解到怎样的教育方式才是有益的，若读者是大人，同样能从中获益良多。

3. 别具一格的叙事特点

罗尔德·达尔一生都在追求故事情节的新异感，他曾自述故事“应该是引人入胜的，激动人心的，有趣、通畅和优美的，只要孩子一读到它，就爱不释手”。《查理和巧克力工厂》作为他的代表作之一，完全具备了他所讲的特点。他的作品既继承了挪威童话的诡异之气，又秉承了英国童话的喜剧色彩，既吓人又有趣，构思奇特，故事性强，题材新颖，情节紧凑，幻想与现实并存，给人一种或幽默、或荒诞、或机智的美感。英国“白面包”奖评价他的作品“滑稽，机智，幽默，又有趣又吓人”。

（三）阅读提示

（1）看书名猜：查理是谁？巧克力工厂是普通的巧克力工厂吗？查理和巧克力工厂有什么关系？

（2）如果你是巧克力工厂的厂长，你希望生产出怎样的巧克力？

（3）如果你是文中的人物，你会用怎样的方式获得金奖券？

（4）作者为什么花了大量的笔墨写查理的家庭和查理获得金奖券的过程？

（5）威利旺卡先生为什么要把巧克力工厂送给查理？

（6）读一读文中奥帕—伦帕人的歌，你发现了什么？

（7）你留意到文中的插图了吗？你喜欢这些插图吗？说说理由。

（四）教学主题对接

建议与统编版语文三年级上册第三单元“童话世界”主题对接。

二、阅读策略

（一）预测

策略描述：通过已读内容中的线索和个体体验推断、猜测文章将发生的事情和事情发展的结局，并通过后面的内容加以印证。

策略功能：（1）激发阅读兴趣。（2）充分发挥想象，调动已有的生活经验。（3）提高阅读速度，快速捕捉信息。

（二）想象

策略描述：人在大脑记忆表象基础上创造新形象的一种心理活动，它是创造力的翅膀，同时也是沟通学生与文本作者心灵的桥梁。

策略功能：激发学生创造力，让学生插上想象的翅膀在自己的蓝天中自由飞翔，从而使学生走进作者，走进文本，面对面地与作者、与文本对话，达到心灵上的沟通和获得感悟的目的。

三、教学设计

（一）走近人物

PPT 出示书中关于人物的句子，学生上台根据内容表演。如：

片段一：

“我的金奖券在哪里？我要我的金奖券！”她尖叫着，会在地板上躺上几个小时，用最吓人的样子又踢又叫，吵个没完。

片段二：

我就是热爱口香糖。我不能没有它。我整天嚼口香糖，除了吃饭的几分钟，我会把它从嘴里拿出来，为了安全地放好，我把它贴在我的耳朵后面。老实告诉你们吧，如果一天里有一分钟不嚼口香糖，我简直就浑身不舒服，实在不舒服。

片段三：

“你们这些傻瓜没有看到，我正在看电视吗？”有人想向他提问他就大叫，“我不是告诉你们不要打扰我吗？这个节目真是呱呱叫！太棒了，我每天都看。我每天所有的节目都看。我最喜欢强盗。那些强盗真了不起！唉，如果我也能这样干就好了！告诉你们，这才是生活！真棒！”

片段四：

“这东西好吃极了！”奥古斯塔斯说，一点儿也不理会他的妈妈或者旺卡先生，“噢，我需要一只水桶，好喝个痛快！”

（二）梳理脉络

1. 一波三折的获奖之路

查理找到金奖券的过程一波三折，悬念迭出。下图是以查理的心情以及发生的事件为线索绘制的曲线图。从查理生日时第一次尝试抽奖起，期间一共经历了哪些事，查理的心情有怎样的变化？你能完成下面的过程图吗？

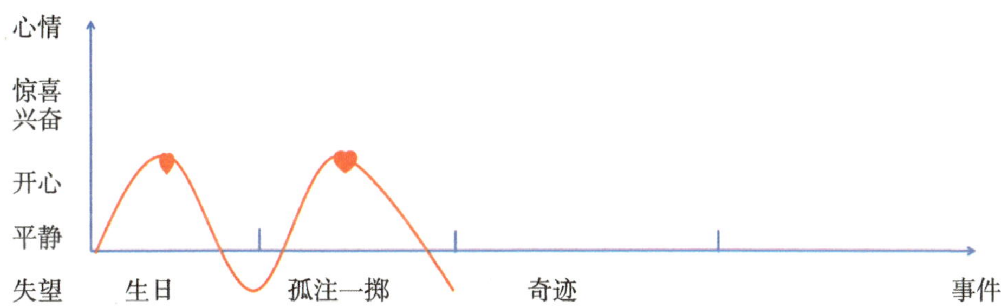

2. 五名幸运儿的遭遇

在罗尔德·达尔的笔下，五名幸运儿具有非常鲜明的性格特点，他们在参观巧克力工厂期间也遭遇了匪夷所思的意外。然而，这些遭遇既是意料之外，也是情理之中。请你完成下列表格。

姓名	获得奖券途径	参观陪同	在参观什么地方时发生何事	离开时的样子

3. 幸运儿背后的家庭特点

根据上表的对比，你一定发现了，不同的性格爱好导致了这些孩子有不同的遭遇和结局，而这些孩子的性格特点、爱好习惯很大程度上受家庭影响。请你先从文中找出描写这五组家庭的句子然后读一读，并概括他们的家庭特点，根据提示，填在“家”中。

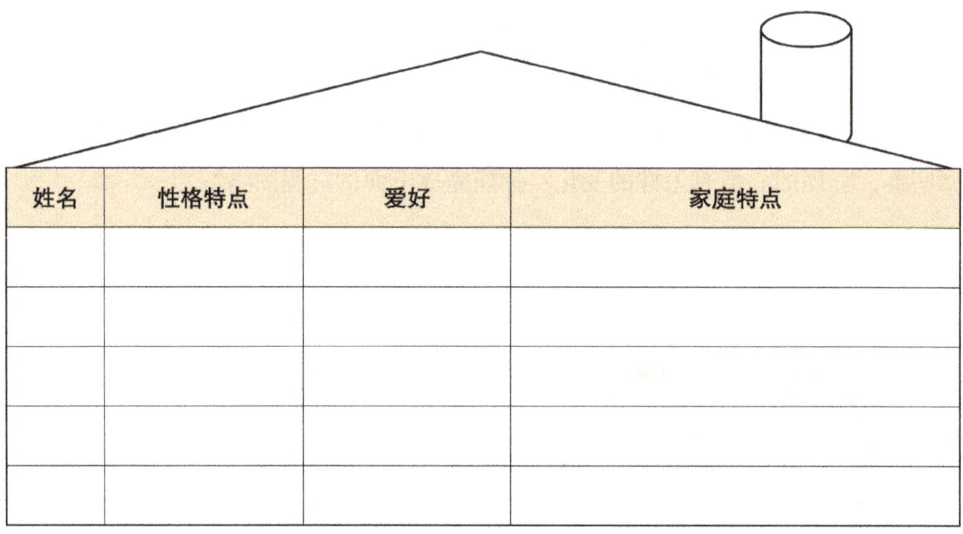

姓名	性格特点	爱好	家庭特点

在作者笔下，五组家庭参观工厂有着明确的线路，每到一处都有标志性的名称及详细的描述。你能根据书中的描写，画出五名幸运儿参观工厂的地图吗？别忘了在地图上做简略的描述哦！

（三）品味奇幻

（1）文中有许多关于巧克力工厂的奇思妙想，你能找出来吗？可摘抄书中的精彩句子，也可根据文意概括。

类别	奇思妙想（摘抄 / 概括）
工厂原料	（P16）里面有一百个房间，不是用黑巧克力就是用白巧克力做成！砖头是巧克力的，把砖头粘起来的水泥也是巧克力的，窗子是巧克力的，所有的窗和天花板也是巧克力的，还有地毯、图画、家具和床也是巧克力的……
秘密工人	
巧克力车间	
发明室	
玻璃大电梯	
果仁车间	
电视巧克力糖车间	
（　　）	

（2）威利旺卡先生发明了许多糖果，比如：

太妃糖苹果树——适合种在你家花园中，大小俱全。

爆炸糖果——请你的“敌人”吃。

发光硬糖——供夜间在床上吃。

薄荷枣味胶糖——给邻居小孩吃，可使他的牙齿变绿一个月。

补牙软糖——从此不再需要牙科医生。

黏嘴糖——给话说得太多的父母吃。

蠕动糖——吃后在腹中蠕动，令人快慰。

糖衣铅笔——供吮吸。

隐形巧克力糖——供上课时吃。

魔术手握牛奶软糖——握在手中，甜在嘴里。

彩虹糖豆——吮一口，吐出六种颜色的口水。

如果你是威利旺卡先生，你还想发明什么样的糖果？给你的糖果起一个名字，画出来并做简短的说明。

产品设计图

产品名：
说明：
____
____
____
____

（四）暗藏心机的细节

1. 奥帕—伦帕人的歌

奥帕—伦帕人是威利旺卡先生请回来的工人，在五名幸运儿遭受惩罚时，便会响起奥帕—伦帕人的歌曲。请你读一读这些歌，并说一说，这些歌有什么特别的含义。

2. 有意思的插图

书中的画用潇洒的笔触，寥寥几笔便让书中的人物跃然纸上。此外，许多描述性的语言也十分形象，非常具有画面感。请你选择自己喜欢的片段，画一幅插画。

（五）辩证思考

你觉得威利旺卡先生是一个怎样的人？如果你是旺卡先生，你会将巧克力工厂送给查理吗？为什么？

（六）好书推荐

有人说，这本书既是写给孩子的，也是写给家长的。如果你要给自己的父母推荐这本书，你会从哪些方面推荐？会怎么表达？

四、创意天地

1. 片段仿写

本书作者罗尔德·达尔十分幽默，他用夸张、荒诞的手法，将书中的人物描写得栩栩如生，让人印象深刻。先赏析部分片段：

片段一：这四位老人家都已年过九十。他们皱缩得像李子干，皮包骨头像骷髅。

片段二：照片上是个九岁男孩，胖得像用强力打气筒打足了气一样。他浑身都是鼓出来的松软肥肉，脸像一个大面团，上面有两只小葡萄干似的贪婪眼睛窥视着外面的世界。

片段三：柜台后面的人看来吃得很好，胖胖的。他厚嘴唇，胖脸，脖子也非常胖，脖子周围的肥肉在领子上面鼓起来，像一个橡皮轮胎。

模仿作者夸张、幽默的写法，根据照片或者生活中的人物形象，写一写。

2. 续编故事

查理继承了巧克力工厂，十五年后，当年参观巧克力的五个孩子都已经长大。有一天，查理又邀请当年的其他四名幸运儿参观工厂。他们会再次发生怎样的故事？请你大胆想象，将这个故事续编下去。

五、阅读加油站

《查理和大玻璃升降机》，（英）罗尔德·达尔/著，（英）昆廷·布莱克/绘，任溶溶译，明天出版社。

六、阅读工具箱

插图的作用

插图常出现在儿童文学作品中，尤其在故事的精彩之处，起到锦上添花的作用。儿童文学作品中的插图具有独特的艺术价值，其功能主要表现为可以激发儿童读者的阅读兴趣；可以加深儿童对文本内容的理解；可以提高儿童的思维能力，并通过对插图的阅读与理解，促进儿童语言与思维的发展。

深圳市福田区百花小学　吴晓颖

深圳市福田区南华小学　周靖雯

《父与子》阅读设计

一、阅读解析

漫画是绘画艺术的一个品种，是一种具有强烈的讽刺性或幽默性的绘画，画家从政治事件或生活现象中取材，通过虚构、夸饰、写实、比喻、象征、假借等不同手法，描绘图画来叙事的一种视觉艺术形式。“漫”字，与漫笔、漫谈的“漫”字用意相似。漫笔、漫谈在文学中是随笔、小品，而漫画则是绘画中的随笔、小品。漫画一般运用变形、比拟、象征、暗示、影射夸张等方法，构成幽默诙谐的画面或画面组，以讽刺、批评或歌颂某些人和事，具有较强的社会性。按照篇幅、国家、题材、历程、读者层次等分为不同种类的漫画，它同其他绘画的主要区别在于独特的构思方法和表现手法。它具有讽刺与幽默的艺术特点以及认识、教育和审美等社会功能。

1934—1937 年间，卜劳恩在《柏林画报》上连载漫画《父与子》，后结集出版风靡全球，在德国家喻户晓，并且赢得了各国读者们的喜爱，被誉为德国幽默的象征，享有极高的艺术评价。

（一）内容解析

《父与子》是一本在世界上流传很广的漫画集，它出自德国漫画家埃·奥·卜劳恩之手，主角是一对“顽皮”的父子，父亲是个秃头的大胡子爸爸，他慈祥、和蔼、幽默，留着刺猬头的淘气儿子则调皮、聪明、可爱，他们是世界著名的欢喜冤家。漫画中的父与子过着无忧无虑而又快乐温馨的生活，他们从一对普通的父子成了宫殿的继承人，又漂流到荒无人烟的小岛，虽然生活背景发生了改变，但父亲和儿子善良、乐观的性格却一直没有改变，遭遇困难不绝望，获得意外财富不忘本，父子俩一直过着许多人向往的生活：平常而快乐，温馨又奇妙，父子情一直伴随着他们到了漫画结尾。

漫画中的父与子实际上是作者卜劳恩与儿子克里斯蒂安的真实写照。作品中一个个生动幽默的小故事都是来自漫画家在生活中的真实感受，溢满了卜劳恩对三岁儿子克里斯蒂安的爱子之情。整本漫画没有一句对话，却通俗易懂，引人发笑。卜劳恩用漫画把普通民众的生活通过父子间幽默诙谐的故事刻画出来，书中纯真的父子之情与融融的天伦之乐，洋溢着暖暖的人情味。

（二）作品特色

《父与子》创作于纳粹统治的恐怖时代，但人们在漫画中却看到了一个澄静无比的世界。没有战争、没有歧视、没有政治，有的只是一个慈父、一个稚子，他们之间不断地发生着各种使人忍俊不禁的小故事，善良和温情像一束阳光，照耀在人们心灵的最深处。

1. 通过细节刻画形象

连环漫画是形象艺术，虽然会有对话文字，但是形象刻画是其主要的表达方式。漫画中父子的形象是通过细节来刻画的，如《会走的箱子》中箱子为什么会走？原来箱子底下有双脚，儿子藏在箱子里。《依次行事》中父亲为什么要把针线拿得那么远，在给儿子补裤子的时候为什么要把裤子拎得高一些，父亲为什么先补好裤子再打儿子，通过这些细节，让人体悟到事有轻重缓急，需要依次行事，父亲既慈爱又严厉，既极具温情又讲原则的形象跃然纸上。像这样的细节在漫画中很多，需要仔细观察感悟。

2. “无文”的漫画

《父与子》德文原版序言中有这样一段文字：不靠文字来体现思想的漫画，是一个幽默的画家展示给读者最难、最精细的作品。这时文字或许有些多余，因为当漫画像符号一样清晰、明确而饱含寓意时，它本身就足够说明一切。

没有一句对话竟能表达多种事件和心态，这不能不归功于作者的形象表达能力。例如：父子俩下棋，六幅画中父子俩表情随着棋况变化而变化，没有一句对话却十分丰富，非常耐看。“无文”“少文”是本画的特点，也是优点，因为它没有文字所以不需要翻译，读者就越过了语言关，世界上的人们就可以轻松地共享这共同的精神食粮。

3. 欣赏漫画的方法

（1）体悟漫画中的人情味——漫画中的父与子并不像日常生活中的父与子，而是一对乐观淘气的伙伴，没有生活中常见的“父之严”，更多的是“父之爱”。《盼儿归》中，两次用足球打破玻璃来表现父亲对儿子的挚爱，宁可失去玻璃也不能再失去儿子。《骑大马》中，父亲俯下身子给儿子当大马，就是让朋友看见也无所谓，还和小狗争道，这类感人之处书中多处可见，可以说“以情感人”是本书特色。也正因为父子俩平等融洽，所以，他们能成为一对喜剧搭档，相互衬托呼应，上演了一出出动人的小喜剧。

（2）感受漫画中的幽默感——《父与子》更多地表现的是生活中的幽默情趣，由于父子俩的失误、犯错而产生出的令人捧腹的笑料。父子俩会一同违反交通规则挨批，爸爸替儿子写作业挨打，儿子把父亲的头当作了足球……通俗易懂，产生了许多意想不到的笑料。

（3）关注漫画中的形象刻画——整本漫画没有一句对话，通过细节刻画人物形象，需要仔细观察感悟。

虽然父与子生活在漫画中，却活在大家心中——平凡简单、无忧、快乐。我们在简单的线条里看到的是一个理想的爸爸，在无奈与爆笑之余看到的是一个可爱的小天使，一幅幅小而精湛的画面里跳跃着的是智慧的光芒，简单线条里流淌的是纯真的父子之情与融融的天伦之乐。

（三）阅读提示

（1）你喜欢这对父子吗？你觉得漫画中父与子的关系怎么样？他们给你留下了怎样的印象？

（2）看了这本书，你会想到自己的父亲吗？你的父亲给你留下最深的印象是什么？

（3）你能用自己的语言描述出画面要表达的故事情节吗？在开怀大笑之余，你感受到了什么？

（4）漫画一般没有文字，仅用画面来讲述故事。你能仔细观察画面，关注细节，通过展开联想来了解画中人物的动作、心理、语言，体会故事中包含的意义吗？

（5）你平时喜欢看漫画书吗？你觉得看漫画和看文字书籍有什么不一样的体验？

（四）教学主题对接

建议与统编版语文三年级上册第四单元“猜测与推想”主题对接。

二、阅读策略

（一）联结

策略描述：从文中联想起已经知道或曾经历的事情或内容。联结可分为三种：

（1）文字与自身，在阅读中联想到自己过去的经验。（2）文字与文字，在阅读中联想到过去曾阅读过的文章。（3）文字与世界，在阅读中联想到社会或生活中的一些相关经验。

策略的功能：文章一定要与读者产生关联，只有产生共鸣，才能在他的生命中产生意义。因此，读者要学会把自己的生活经历与书中所描绘的画面相联系，从而更深刻地感受其中蕴含的父子之情。

（二）复述

策略描述：复述是一种很有效的阅读策略。复述需要建立在对故事内容的充分理解和把握上。复述是对材料进行吸收、存储、内化、表达和整理的过程，是一个内化材料语言和学习表达的过程。

策略的功能：培养学生的思维拓展能力、语言表达能力、书面写作能力等，提升理解能力，实现个体阅读体验与材料的有效融合。

三、教学设计

（一）你讲我演，共感漫画幽默

（1）讲一讲。选择一个你觉得最好笑的漫话故事，把它讲给同学听，看看能不能把同学逗笑。

（2）演一演。请你选择故事，为人物设计台词和动作，和同学一起合作表演《父与子》的故事。时间控制在 3 分钟内。

评分标准	故事创新（20 分）	有趣幽默（20 分）	语言表达（20 分）	动作表达（20 分）	面部表情（20 分）	总分（100 分）
得分						

（二）你写我画，共描父子形象

（1）写一写。读了这本漫画书，你觉得这对父子给你留下了怎样的印象，请你总结人物的形象特点：

父亲	儿子

（2）画一画。书中画了许多父子生活中的趣事，想一想父与子之间还可能发生哪些有趣的故事呢？请你学着画一画漫画，看看能不能画得生动有趣。

（三）你填表格我配文，共享父子温情

（1）在这本书中，你一定感受到了父亲和孩子之间的情感，请你选择自己最喜欢的几个故事，仔细观察人物的动作、神态，想象人物的语言，完成下面的表格。

漫画名称	父亲形象	儿子形象	你的感受
	动作：	动作：	
	神态：	神态：	
	语言：	语言：	
	动作：	动作：	
	神态：	神态：	
	语言：	语言：	
	动作：	动作：	
	神态：	神态：	
	语言：	语言：	

（2）《父与子》的漫画原版，请你从中选择一个故事，观察画面，给漫画配上文字。

四、创意天地

（1）为《父与子》设计一张好书推荐卡。

（2）在你的生活中，你和父亲的关系如何？你们发生过哪些趣事呢？结合你的生活，为“父与子”创作一组漫画，并配上文字，制作属于自己的《父与子》漫画。

（3）收集你和父亲（或其他亲人）的照片，和家长制作电子版亲情相册，为每张照片起一个名字，并用文字记录每张照片背后的故事。

五、阅读加油站

（1）《三毛流浪记》，张乐平 / 著，少年儿童出版社。

（2）《丰子恺儿童漫画集》，丰子恺 / 著，未来出版社。

（3）《爷孙俩》，周密 / 著，人民文学出版社。

（4）《团子和丸子》，蛙哥 / 著，北京联合出版公司。

（5）《就喜欢你看不惯我又干不掉我的样子》，白茶 / 绘著，长江文艺出版社。

六、阅读工具箱

关于漫画

漫画是绘画艺术的一个品种，它直接或含蓄地表达作者对纷纭世事的理解及态度。漫画分为三种形态，即讽刺幽默的传统漫画、叙事的多幅或连环卡通漫画、探索性的先锋漫画。

漫画的创作非常自由。可以运用各种绘画的形式、技法，使用毛笔、钢笔，借用木刻、油画、剪纸、拼贴、中国画等手段来绘制都可以，在造型手段上也没有什么限制。漫画中的人物造型大都夸张变形，夸张是漫画最常用的手法，放大、缩小、加以变形都是夸张，夸张的目的是突出作者的主要意图和事物的基本特征，使画面更加鲜明强烈。如果一幅画面表达不了，还可以画成多幅的，要是情节较多，还可以画成连续的。

漫画的选材非常重要，要联系生活实际，表现自己所熟悉的生活，从周围的人和事中寻找素材，然后确定漫画的主题是讽刺还是赞扬，是引人思索还是带给人乐趣。漫画中的文字可以注写在人与物的身上，也可以由人嘴里冒出语言，还可以外加注释、对话等。漫画的标题是作品的重要组成部分，对作品有画龙点睛的作用。

漫画的创作流程：

（1）用铅笔在普通纸张上设计线稿。

（2）当线稿绘制完成，需要把线稿透写到原稿纸上，以便进一步加工描边上色。

（3）用漫画专用笔的各种笔尖对不同的线条和画面进行加工上色。

（4）最后用修白墨水加以修饰和绘制高光等画面效果。

绘制完毕后可将原稿纸用于印刷、出版、扫描等技术处理，最后的画面效果会变得非常专业和具有欣赏价值。

深圳市福田区下沙小学　姚　莉

深圳市福田区南华小学　周靖雯

三年级下册

寓言 · 科普

三年级下册

寓言·科普

寓　言

寓言是一种独特的文学形式，它最显著的特点是借助故事说道理，也就是通过一个具体形象的小故事，运用比喻、比拟、象征等艺术方法，来阐发一种深刻的哲理，这种哲理就是寓言的寓意——从生活中总结出来的有益的经验或教训。寓言具有行文简短、情节简单、语言精练、富有哲理的文体特征。它是中国传统文化和民族智慧的一个重要组成部分，不仅具有文学的价值，而且具有丰厚的思想内涵。

教师在指导学生阅读寓言故事时，要先让学生把握寓言中的故事，通过分析故事，由浅入深、由表及里地把握寓言含义，并引导学生与自己的生活实际产生联结，获得启发。在整个学习过程中，学生感受到寓言故事的乐趣，阅读寓言故事的兴趣也得到提升，最后可以鼓励学生大胆地尝试创编寓言故事。

科　普

科普就是科学普及的简称，科普读物就是与科学普及有关的书籍。少儿科普读物则是关注孩子感兴趣的关于人类社会、自然科学等各个方面的知识内容，它有利于培养孩子们的形象思维能力、逻辑思维能力以及想象力、创造力，使孩子们在探求、思考中获益、成长。

科普类读物的阅读应当以学生自主阅读为主，让学生在阅读中增长见闻，丰富知识，从中学会观察、思考和研究世界的方法。教师可以引导学生运用梳理脉络、提取关键信息等方法获取知识，增强阅读科普读物的能力。鼓励学生搜集资料并分享，进一步激发求知欲，培养科普阅读兴趣。

《森林报》阅读设计

一、阅读解析

当今，我们对大自然越来越陌生，缺乏最基本的认识，这部《森林报》会让居住在钢筋水泥森林中的我们重新认识、反省自己。仔细品读，能够让你感受到森林中的动植物在一年四季中五彩缤纷的生活，深入地探寻大自然的无穷奥秘，体验春的快乐、夏的蓬勃、秋的多彩、冬的忧伤……

（一）内容解析

《森林报》作者是（苏联）维·比安基，王汶译，二十一世纪出版社出版。《森林报》不是一份普通的报纸，它是一套有关大自然的书，按四季12个月的顺序，有层次地展现飞禽走兽和昆虫林木的生活。这是一本比故事书更有趣的科普读物，是一本关于四季变化的百科全书，还是一本文笔优美的文学读物……

（二）作品特色

1. 以报纸形式编排的书籍

《森林报》系列图书最大的特点，便是以报纸的形式编排，以新闻播报的形式呈现。因此，每个月的栏目设置基本一致，每个月设报头、广告、故事连载、“打靶场”问答栏目……作者以一种新闻播报的形式，向读者报道森林中的奇闻轶事，激发读者阅读兴趣的同时，了解报刊的特点。

2. 比故事书更有趣的科普读物

林木种族大战、琴鸡交尾场打斗、鸟说人话、兔子的诡计……这些我们生活中稀松平常的动植物，在作者细腻的笔触下，变得有声有色。作者通过细致入微的观察、构思巧妙的描写，赋予自然界万物以人的思想意志，带领读者走进一幕幕或轻松愉悦或惊心动魄的场景，让读者享受阅读快感的同时，轻松地掌握许多自然科普知识。

3. 可获得观察、思考和研究大自然的方法

本书的作者维·比安基，是苏联著名儿童科普作家和儿童文学家，他一生大部分时间都是在森林中度过的。也正是因为对大自然有着深沉的爱，才如此细致入微地观察并谱写出一篇篇脍炙人口的文章。现在城市里的孩子离自然越来越远，阅读本书，一阵阵自然气息扑面而来，小读者们一定会被其中细致的观察、动人的想象所折服，并开始留心身边的自然界。此外，这套书是一本博物志，小朋友们通过阅读不仅可以从森林里的八卦中得到欢笑，更能增长见闻，丰富知识，从中学会观察、思考和研究大自然的方法。

（三）阅读提示

（1）你读过报纸吗？《森林报》和普通的报纸有什么异同？

（2）你发现四本书的栏目设置有什么特点吗？

（3）每个栏目分别讲哪些内容？你最喜欢哪个栏目？和同学分享你的观点吧。

（4）观察每期报头上的文字，你有什么发现吗？

（5）森林就像我们人类生活的社会，有英雄也有强盗，你怎么看待这些现象？

（6）《林中大战》以连载的方式呈现，这场“战争”有什么特别之处？

（7）这本书的作者一生大部分时间都在森林中度过，你了解作者的生平吗？这些经历与本书的内容有什么关系？

（四）教学主题对接

建议与统编版语文三年级下册第一单元“可爱的生灵”主题对接。

二、阅读策略

（一）运用已知

策略描述：已知包含已有的知识、定义，或曾经经历过的事情。

策略的功能：读者需要利用自己已有的自然科学的知识和经验去阅读《森林报》，从而获取更多的自然知识。

（二）图像化

策略描述：在文字阅读的认知活动中，与文本产生共鸣，在头脑中建立故事场景、人物形象，通过心理上的图像构建来协助理解文本、促进表达。

策略的功能：本书阅读活动中，按 12 个月的顺序，接连报道森林中的精彩事件就是利用图像构建一整套图书的整体框架，从而理解整套书的内容。

（三）联结

策略描述：从文中联想起已经知道或曾经历的事情或内容。联结可分为三种：（1）文字与自身：在阅读中联想到自己过去的经验。（2）文字与文字：在阅读中联想到过去曾阅读过的文章。（3）文字与世界：在阅读中联想到社会或生活中的一些相关经验。

策略的功能：（1）文章一定要与读者产生关联，只有产生共鸣，才能在他的生命中产生意义。（2）读者要学会把所学知识与自身生活相联系，用所学知识改变自己的生活。

三、教学设计

（一）梳理脉络

本书以 12 个月的顺序接连报道森林中的精彩事件，你能否根据书中内容绘制独特的森林历？（下面的模式仅供参考，欢迎更有创意更有想法的创作。）

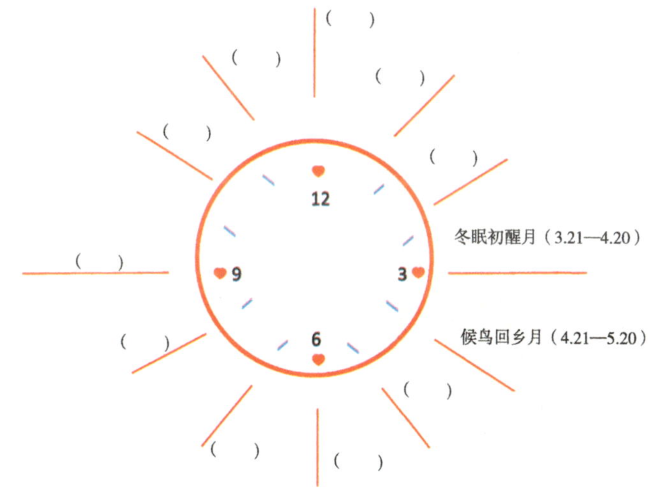

（二）发现共同点

《森林报》是以报纸的形式编排的书，每一期都有报头。我们一起来欣赏《森林报》中《春》的三期报头。你们看，这三期报头有哪些共同的特点？你还能从中获得哪些信息？

类别	信息
共同点	
春季是哪几个月	
多长时间出版一期	

（三）搜集资料并分享

在第一、第二和第四期中，都提到了鸟巢。鸟巢是鸟类栖身之所，也是它们安心繁衍后代的保障。你了解哪些鸟巢？课后搜集有关鸟巢的知识，并在全班分享。

了解了鸟巢后，何不动手设计并制作一个鸟巢？以小组为单位绘图设计、动手制作，并选一个合适的日期悬挂于合适的场所，追踪观察鸟巢能否招引小鸟安家。可将这个过程写成观察日记。

（四）连载栏目的精彩

《林中大战》是连载的栏目，连起来读一读，发现了什么？此次“大战”中的三大主角云杉、白桦、白杨经历了几个回合，战斗精彩胜似“三国演义”。你能否根据文章绘制它们的“战争”走势图？请完成下图。（你还可以通过连环画等形式表现这场“战争”）

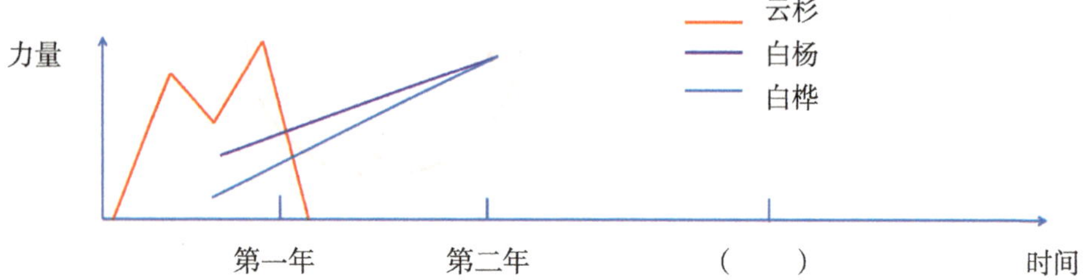

（五）知识问答栏目

书中的《打靶场》是一个有趣的知识问答栏目，且答案都来自书中文章。你可以自己出题，内容可来源于本书，也可来源于书外的知识。题目出好后，别忘了在班上或者在小组内开展一次有趣的打靶场游戏，看谁的答案能对准题目！

（六）我们的编辑部和宣传部

（1）以小组为单位，动手制作一份自己的《森林报》。组内分主编、责编和通讯员等，栏目设置可参考本书，也可以有自己的创意。

（2）响应书中小鸟的号召，一起来组建一个鸟窠保护队。队长带领队员一起制作宣传标语，组织保护活动，深入校园或者走进社区，行动起来。

小朋友们，我们大家来组成一个鸟窠保护队，不许任何人或动物捣毁鸟窠。我们不能让猫儿跑到灌木丛和树林里去，应随时把它们撵出来，因为猫儿不仅捉鸟吃，而且还破坏鸟窠。我们应向所有人宣传：为什么要保护鸟儿？一是鸟儿出色地保护我们的森林、田地和果木园；二是它们挽救了我们的收成，不让庄稼受到害虫的侵害，那些害虫不计其数，小得捉也捉不到，鸟儿却是捉那些害虫的专家呢！

四、创意天地

《森林报》是一种以报纸的形式编排、以新闻播报的形式而呈现的图书，报道的范围主要是圣彼得堡或圣彼得堡市内，但为了让读者了解苏联国内其他地方的森林趣事，《森林报》增设了《呼叫东南西北》的栏目。作为《森林报》的小读者，你一定很想告诉大家你所在城市的自然风光。现在，请你当《森林报》的一名通讯员，选择一个春分、夏至、秋分或冬至的日子，观察身边的自然风光。

喂！喂！

这里是＿＿＿＿＿＿＿＿＿＿＿＿＿＿＿＿＿＿＿＿＿＿＿＿＿＿＿＿＿＿

在我们这里，＿＿＿＿＿＿＿＿＿＿＿＿＿＿＿＿＿＿＿＿＿＿＿＿＿＿＿

＿＿＿＿＿＿＿＿＿＿＿＿＿＿＿＿＿＿＿＿＿＿＿＿＿＿＿＿＿＿＿＿＿＿

＿＿＿＿＿＿＿＿＿＿＿＿＿＿＿＿＿＿＿＿＿＿＿＿＿＿＿＿＿＿＿＿＿＿

五、阅读加油站

（1）《少年哥伦布》，[苏联]维·比安基/著，王汶/译，湖北少儿出版社。

（2）《虫子旁》，朱赢椿/著，湖南人民出版社。

（3）《昆虫记》，[法]让－亨利·卡西米尔·法布尔/著，陈筱卿/译，人民文学出版社。

六、阅读工具箱

森　林　历

森林历是专属于森林的历书，是根据太阳的变化而制定的。因为森林里的所有生物，都是依靠太阳过日子。比如，地球绕太阳一圈，就是一年；太阳走过一个星座，走过黄道带的一宫，就是一个月。而黄道带就是这 12 个星座的总称。森林里的一年和普通历书一样，分作 12 个月，但著者根据森林里的情况，给每个月份另外起了名字。以春为例：白羊宫是黄道十二宫的第一宫，黄经从 0° 到 30°，原居白羊座，故名。但由于岁差，现已移至双鱼座。每年 3 月 21 日前后太阳到这一宫，那时的节气是春分，所以春分点又叫“白羊宫第一点”，指的是出生日期为 3 月 21 日—4 月 20 日。

利用图表理解与梳理知识

当需要更好地展示知识点之间的内在关系时，图表是很好的表达方式。图表是一种对知识挖掘和信息直观生动感受起关键作用的图形结构，尤其对时间、空间等概念，及一些抽象思维的表达具有文字和言辞无法取代的传达效果。图表表达主要有准确性、可读性和艺术性等特点。常见的图表类型有：条形图、饼图、折线图和柱状图。

深圳市福田区百花小学　吴晓颖

深圳市福田区南华小学　樊萍丽

《中国寓言故事》阅读设计

一、阅读解析

寓言，最早见于《庄子》，在春秋战国时代兴起，后来成为文学作品的一种体裁。

中国寓言故事源远流长，从先秦到清末，留下的寓言难以计数。其内容十分丰富，包括国家的治理、世态百象、为人处世、修身养性、思维方式、学习方式等许多方面。它是中国传统文化和民族智慧的一个重要组成部分，不仅具有文学的价值，而且具有丰厚的思想内涵。

我国著名儿童文学家严文井说："寓言是一个魔袋，袋子很小，却能从里面取出很多东西来，甚至能取出比袋子大得多的东西。寓言是一个怪物，当它朝你走过来的时候，分明是一个故事，生动活泼；而当它转身要走开的时候，却突然变成了一个哲理，严肃认真。寓言是一座奇特的桥梁，通过它，可以从复杂走向简单，又可以从单纯走向丰富。在这座桥梁上来回走几遍，我们既看到五光十色的生活现象，又发现了生活的内在意义。寓言是一把钥匙，这把钥匙可以打开心灵之门，启发智慧，让思想活跃。"

（一）内容解析

本书中小学生语文新课标必读书系，由赵霞主编，甘肃少年儿童出版社出版。其编选了众多妇孺皆知、耳熟能详的经典寓言故事，读起来令人捧腹之余，常常引人深思，给人以深刻的启迪。本书文字活泼清新，内容简练精要，风格轻松幽默。本套书中专门设置了名家导读、词语注释、小小智慧窗、快乐学习屋、名家赏析等多种阅读活动，为儿童有效的阅读提供帮助，既可以作为儿童课余轻松读物，又可以作为家长们教育子女的首选资料。

（二）作品特色

1. 阅读寓言故事，感受寓言的文体特色

寓言是一种独特的文体形式，是形象性的故事与哲理性寓意双重结合体的一种文学样式。寓言具有行文简短、情节简单、语言精练、富有哲理的文体特征。本书精选43篇寓言故事，其中《郑人买履》《亡羊补牢》《三人成虎》等寓言，学生耳熟能详，在已有经验基础之上阅读整本书，能够进一步体会寓言的独特之处。

2. 统整信息，归纳寓意有方法

寓言是故事与寓意的有机统一体。讲故事不是寓言的目的，通过讲故事让读者明白深刻的道理才是其根本目的。因此读懂寓言的寓意，是学习寓言的根本。大部分寓言，寓意都在故事结尾处明明白白写出来，或假借故事中人物的嘴巴说出来，如《塞翁失马》《老者捉蝉》等。而有些寓言，在结尾丝毫找不到评论，寓意是“隐身”的，这就需要读者运用关注独特言行的方法，去统整、分析出寓意。阅读《买椟还珠》，就要注意抓住人物的言行去体会“没有眼力，取舍不当”的道理。

3. 联系生活，理解寓意的现实意义

寓言所揭示的寓意是明确的、单一的，如果这些道理和做人的准则，没有消化透，将之简单、机械地移植到复杂的生活中，就会有问题。所以，寓意揭示后，要和生活联结起来进行讨论，加深对寓言在生活中适用场合、适用场景的理解，才能真正读懂寓言、用好寓言。如看了《亡羊补牢》这则寓言，就可以让学生联系生活实际，看看在现实生活中，有没有像牧民这样的人、这样的事？带来了怎样的后果？通过讨论，学生把故事与自己的生活联系起来，这样的道理、这样的阅读对他们的成长才是有意义的。

（三）阅读提示

（1）研究《中国寓言故事》的目录，说说你发现了什么。

（2）在《中国寓言故事》里，哪些故事的题目最吸引你？读题目猜情节，再对照故事，看自己的构思和原文是否一致。

（3）认真阅读《中国寓言故事》，你最喜欢哪些故事？为什么喜欢它们？

（4）请你找出每个故事的主人公，思考他们成功或者失败的原因，从中你学到了什么?

(5)在《中国寓言故事》这本书中，你能找到哪些小动物?它们有什么样的特点?你喜欢这些特点吗?

(6)关于本书你还想知道什么?请向同小组的阅读伙伴提问。

(四)教学主题对接

建议与统编版语文教材三年级(下册)第二单元“寓言故事”主题对接。

二、阅读策略

(一)联结

策略描述：从文中联想起已经知道或曾经历的事情或内容。联结可分为三种:(1)文字与自身：在阅读中联想到自己过去的经验。(2)文字与文字：在阅读中联想到过去曾阅读过的文章。(3)文字与世界：在阅读中联想到社会或生活中的一些相关经验。

策略的功能:(1)文章一定要与读者产生关联，只有产生共鸣，才能在他的生命中产生意义。(2)读者要学会把所学知识与生活经验相联结，用所学知识改变自己的生活。

(二)分析与综合

策略描述：阅读者在阅读过程中分析信息，并结合文本，通过自己的思考得出结论。

策略的功能：有些寓言故事的寓意在文本并没有揭示，需要阅读者经过阅读信息，去统整、分析出寓意。

(三)提问

策略描述：阅读者在阅读的过程中都会提出问题：一种是浅层问题，是在阅读之初提出的问题，在继续阅读的过程中能够在书中找到问题的答案；一种是深层问题，指的是在阅读中提出的问题，当阅读完成后，仍然不能找到问题的答案，需要继续思考。

策略的功能：有很多寓言，寓意都在故事结尾处明明白白写出来。对于寓意是“隐身”的故事，这就需要阅读者提出问题，在阅读的过程中找到答案，或者经过阅读者的思考找到答案，得出寓意。

三、教学设计

（一）开启寓言之旅

（1）趣味读图，猜猜寓言故事。

（2）对照目录页，数数本书中共有多少篇神话故事？为你已经知道的寓言故事打“√”。

（3）一篇寓言故事由几部分构成？

（二）自主畅读，感受寓言的魅力

1. 相约寓言之夜——微信打卡

以班级共读、亲子共读的方式将你最喜欢的寓言故事进行朗读录音，并发到班级诵读群中与同学分享。

2. 讲述寓言故事 ——寓言 PK 赛

班级进行寓言故事讲述比赛，课前准备好寓言故事签。四人一组，每名组员抽签复述故事，要求每人不超过 3 分钟，没有讲出来的第一次单脚站立，第二次蹲下。各组选出获胜者进行班级比赛，形式和小组活动一样，其他组员做评委，为最后获胜者颁发“寓言之王”奖章。

（三）互动交流，赏析寓言的精彩

（1）在熟读《中国寓言故事》的基础上，探究问题：你发现寓言有什么特色？请用词语表达出寓言的特点，写在下面的寓言专列内。

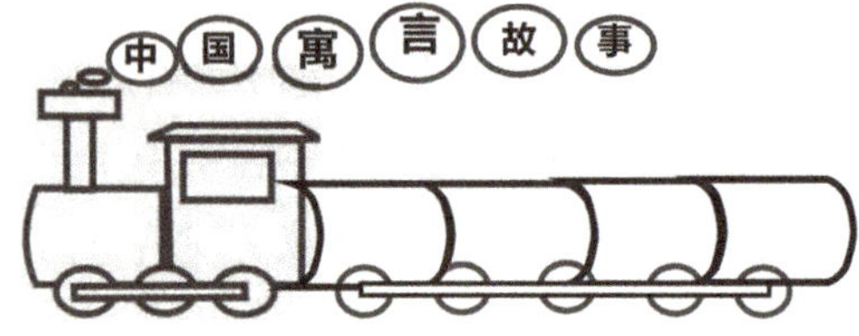

（2）《中国寓言故事》这本书是由 43 个经典寓言故事组成的，其中有很多寓言的题目，直接点明了寓言的主要内容；还有许多寓言可以运用抓住“六要素”的方法来概括其主要内容。请运用以上概括方法，从书中选取印象最深刻的两个寓言故事，完成表格。

页码	篇目	故事概要	概括方法

（3）寓言，小故事里蕴含着大道理。这个道理，有时会在结尾直白地写出来，有时则是“隐身”的，这就需要运用关注言行的方法去分析寓意。请默读寓言故事《买椟还珠》《万字难写》完成下面表格。

题目	独特的言行	寓意
《买椟还珠》		
《万字难写》		

（4）联系生活实际，训练思维能力。

说说你在生活中，做过哪些事或犯过什么错，让你联想到曾经读过哪些寓言故事，给你的教训是什么。

四、创意天地

（1）请选择你最喜欢的图片或道理，自编一篇寓言故事。（可自选）

道理1：有大智慧的人，并不急于表现自己，他们往往先蓄足力量，成竹在胸，一旦时机成熟，便会一鸣惊人。

道理2：不要做自以为高人一等的“聪明人”，在嘲笑别人的时候，应该多想想自己的不足之处。

（2）续写寓言故事。

补写对话，使寓言故事完整	用语言对话的形式，补写结尾
示例： 以羊替牛	买鸭猎兔
古时候，人们每到一定的日子，都要在祠庙里举行一种祭祀仪式，以表示对神灵的虔诚、求得神灵的庇佑，这种祭祀仪式叫“祭钟”。每逢祭钟时，不是要杀一头牛，就是要杀一只羊，然后将牛或者羊的头用大木盘子盛放在祭神的供桌上，人们就站在供桌前祈祷。 有一天，齐国都城里来了一个人，他牵着一头牛从皇宫大殿前走过。这时，恰值齐宣王在大殿门口看见了，命人叫住那牵牛的人，便问道：“你打算把这头牛牵到哪里去呢？”那人回答说：“我要牵去宰了用来祭钟。” 齐宣王听了后，看了看那头牛，然后说：“这头牛本来没有罪过呀，却要白白地去死，看着它那吓得哆哆嗦嗦的样子，我真不忍心看了。把它放了吧！” 那个牵牛的人说：“大王您真慈悲，那就请您把祭钟这一仪式也废除了吧？” “这怎么可以废除呢？”齐宣王严肃起来，接着说：“这样子吧，就用一只羊代替这头牛吧！”	从前，有个人想去打猎，但他不认识打猎用的鹰——鹘鸟，就买了一只野鸭，带着野鸭去林子里打猎。 走着走着，田野里突然蹿出一只野兔来。猎人就把买来的野鸭抛向野兔，让它去追捕野兔。但野鸭根本飞不起来，落到地上了。这个人又抓起野鸭扔向兔子，野鸭又掉落到地上。这样一连抛了三四回。野鸭摇摇晃晃地站起来，对这个人说：“我是鸭子啊。杀掉后吃我的肉，才是我的本分。为什么要将我扔来抛去呢？” 这个人说：“我以为你是一只鹘鸟，可以捕猎兔子呢。难道你是只野鸭？” 野鸭举起它的脚掌，让这个人看， 并笑着对他说：______________ ______________ ______________ ______________ ______________ ______________
寓意：杀牛和杀羊都是屠杀生命。对牛的怜悯与对羊的残忍在本质上是一样的，都不能算是仁慈。齐宣王的以羊替牛只不过是骗人的把戏，可见他虚伪的本质。	寓意：讽刺那些做事只凭自己的主观意志，而不顾客观情况，不动脑筋，想当然而鲁莽的人。

（3）将《惊弓之鸟》改写成剧本。（请依据第一幕的提示，将下面画横线的部分改写成剧本，并与同学表演剧本）

中国寓言故事——《惊弓之鸟》剧本

选自《战国策·楚策四》

原文：更羸与魏王处京台之下，仰见飞鸟。更羸谓魏王曰："臣为王引弓虚发而下鸟。"魏王曰："然则射可至此乎？"更羸曰："可。"有间，雁从东方来，更羸以虚发而下之。魏王曰："然则射可至此乎？"更羸曰："此孽也。"王曰："先生何以知之？"对曰："其飞徐而鸣悲。飞徐者，故疮痛也；鸣悲者，久失群也。故疮未息，而惊心未至也。闻弦音，引而高飞，故疮陨也。"

剧本：

第一幕

旁白：更羸，是战国时期著名的魏国大臣，著名的射箭能手。今天我们所展示的课本剧就是发生在更羸身上一件真实的事情，现在就让我们一起回到两千多年前……

时间：深秋时节

地点：郊外

人物：更羸、魏王、（大雁）

情节：一天，更羸陪着魏王在郊外游玩。他们站在一个高台下面，一仰头就看到不远处飞来几只鸟儿。

更羸：大王，我不用箭，只拉一下弓弦，就能让飞鸟跌落下来。

魏王：（惊奇）难道射箭的技艺能达到这种境界？

更羸：（自信）当然可以。

第二幕

旁白：____

____

魏王：（目瞪口呆、惊叹）

更羸：____

____

魏王：（　　　）先生怎么会知道它受伤了呢？

更羸：____

____

旁白：惊弓之鸟这个成语就诞生了，比喻：________________

五、阅读加油站

（1）《中国寓言故事》，新课标研究组 / 编著，北京联合出版公司。

（2）《伊索寓言全集》，（古希腊）伊索 / 著，李汝仪 / 译，译林出版社。

（3）《拉·封丹寓言》，（法）拉·封丹 / 著，苏迪 / 译，上海文艺出版社。

（4）《克雷洛夫寓言精选》，（俄）克雷洛夫 / 著，何茂正 / 译，浙江文艺出版社。

六、阅读工具箱

什么是寓言

寓言：“寓”，寄托；“言”，讲道理。寓言是通过生动有趣的小故事，告诉人们深刻道理的文学体裁。它是人民的智慧、经验和知识的结晶。它来源于古代人民的口头创作，是借助某种自然物（动物、植物、非生物）或人的活动现象，表达对某种人或社会现象的赞扬、批判或讽刺的作品。

寓言是最古老的文体之一。文学史家习惯把中国、古希腊、印度并称为世界寓言的三大发源地。中国寓言是中国文化的重要组成部分，是扎根于中国文化沃土的一棵常青树。

如何写寓言

我们怎样才能写好一则寓言故事呢？可以从以下几个方面入手：

要有一个通俗简单的故事。有趣的故事，更容易让人明白道理。可发挥丰富的想象，运用比喻、拟人、夸张等手法，使自然界的一切事物都活动起来，让它们来到你的故事中，创作或生成出富含某种哲理的故事。但是所有的事物都要符合大自然的规律，不能有悖常理。故事既要短小又要趣味盎然、新鲜活泼，才能吸引人，让读者在笑声中有所获益。

一个简单明白的道理是寓言必不可少的组成部分。蕴含一个怎样的道理，既要联系到作者的主旨，也要依据故事情节的发展来决定。而我们写寓言可结合自己生活实际，讲一些浅显的生活道理。例如：教育大家要尊老爱幼、热爱劳动、不说假话的道理，也可通过寓言给大家讲一些生活常识，教会大家遵守交通法则、懂得环保等。

深圳市福田区教科院附小学　刘　佳

深圳市福田区南华小学　禹玉珍　叶晓芬

《中国历史地图绘本》阅读设计

一、阅读解析

历史，是前人各种知识智慧和经验的总结，是国人的共同记忆，是祖国产生血脉相连的情感。《中国历史地图绘本》是专为少年儿童编制的历史地图集。全书以王朝更替为主线，上起原始社会，下至“中华民国”时期，按照不同的朝代和重大主题划分篇章，内容涉及政治、经济、文化等众多方面，清晰地反映出中国历史演进的脉络。绘本和地图相结合，巧妙融为一体。在阅读本书的过程中，小读者们可以看绘本、读地图、学历史。

（一）内容解析

《中国历史地图绘本》是中国大百科全书出版社历经两年精心打造的儿童地图产品。本书用绘本方式解说历史，用地图展现浩浩荡荡的历史长河。简练的文字可以让读者了解各个历史时期的基本状况；历史地图可以直观展示中国历史上的疆域、地名和自然地理要素；每一页的历史条目通过插画和文字介绍，全面表述某一时期内政治、经济、科技、文化以及中外交流等方面的发展状况；地图说明可以帮助读者了解地图表达的完整内容；大事年表列出了这一历史时期内发生的重大事件；除此之外，在专门的页面对历史上有过重大影响的事件或某些重要主题加以详细介绍。

这是一本能引起孩子阅读兴趣的历史绘本。绘本以历史年代为顺序，将中国的五千年主要以图片的形式在地图上呈现出来。在哪些地方都发生了什么历史事件一目了然，再配以简短的文字，历史的面貌跃然纸上。每一页大多以中国地图为背景，最下面的时间轴是这一时期的具体年代所发生的重大历史事件，介绍得十分详细。绘图精美细致，文字简洁明了，十分契合孩子的阅读需求。

这是一本可以作为工具书的历史绘本。整本书虽然不是很厚，但是每页书中所包含的内容却是十分丰富的，若要将这些画图和文字细细地研究一番，是需要很多时间来消化理解的，所以这本书不是一次读完就可以放在一边的，而是可以作为工具书来反复使用的。全书分为目录、内文、附录、索引四部分。在附录部分列出了本书地图中出现的古代少数民族及政权，并逐一介绍；在索引部分按汉语拼音音序汇集了本书所有的历史条目，可以帮助孩子快捷地查询，使用起来十分方便。

（二）作品特色

1. 中国历史的演进脉络

中国是世界上文明发达最早的国家之一，有近四千年的有文字可考的历史。中国又是一个有着辉煌文明的古老国度，从步入文明的门槛之日起，中国先后经历了夏朝、商朝、西周、东周（春秋、战国）、秦朝、西汉、东汉、三国、西晋、东晋十六国、南北朝、隋朝、唐朝、五代十国、宋朝、夏金、元朝、明朝和清朝等历史时期。其中在夏、商、西周和春秋时代，经历了奴隶社会发展的全部过程。从战国开始，封建社会孕育形成，秦朝则建立了中国历史上第一个中央集权的大一统封建帝国。此后，两汉王朝是封建社会迅速成长的阶段，唐、宋时期经历了封建社会最辉煌的时代，至明、清两代，封建社会盛极而衰，并最终走向消亡。

《中国历史地图绘本》让孩子通过看绘本读地图来学历史。内容涉及政治、经济、文化等诸多方面，清晰地反映出中国历史演进的脉络。用地图绘本方式解说历史，萃取其精华，通过生动的画面和简洁的文字轻松地讲解历史知识。

2. 中国历代的地理版图

历史与地理代表着时间和空间的维度，历史由人和事构成，人与事离不开地理环境和时代背景。我们的祖国，有着上下五千年的悠久历史，也有 960 多万平方公里的璀璨山河。她的每一段记忆每一寸土壤，都与我们血脉相通、紧紧相连。本书用历史地图直观地展示中国历史上的疆域、地名和自然地理要素，将中国历史与地图巧妙地结合在一起，按照历史长河的发展顺序，将中国的版图一页页地展示给孩子看。我们可以在这本书里看到中国历朝历代的地理版图，可以了解到在不同朝代不同时期，中国的版图也在发生着变化。阅读这本书，可以回望历史，解开我们心中的疑团，而且还勾起我们的回忆，看看那些我们所到过的地方，在以前的朝代，它们分别在哪个“国界”。

3. 中国灿烂的传统文化

在数千年的古代历史上，中华民族以不屈不挠的顽强意志和勇于探索的聪明才智，谱写了波澜壮阔的历史画卷，创造了同期世界历史上极其灿烂的物质文明与精神文明。中国的科学技术从春秋战国时起的两千多年时间里一直领先世界：战国时的《黄帝内经》是医学发展史上的里程碑；汉朝的造纸术、唐朝的火药、宋朝的指南针和活字印刷术，这四大发明为人类文明作出了巨大的贡献；中国的瓷器、丝绸、茶在世界上享有极高的声誉；从1405年起，郑和带着当时世界上最大的远航船队七下西洋，在世界航海史上留下了划时代的印记。万里长城、大运河、明清故宫以及多姿多彩的出土文物，无不反映出大胆、高超的生产技术；同时在思想文化、科学技术领域产生了无数杰出的人物，创造出无比博大、深厚的业绩，更使全人类受益匪浅。阅读本书，让孩子了解中华民族的优秀文化，增强民族自信和文化自信。

（三）阅读提示

（1）这是一本历史地图绘本书，与你之前看过的历史读物有什么不同？你喜欢这样的历史书吗？请仔细阅读本书的索引，这将会教你如何使用这本书。

（2）打开目录，你发现这本书的目录有什么特点？你能通过目录了解中国历代的朝代变迁吗？

（3）这本书每一页都绘有地图，你觉得这些地图对你了解中国历史有帮助吗？

（4）本书的每一页的底部都有一条时间轴，你能看懂时间轴吗？

（5）你了解书中出现的历史事件和历史人物吗？你能讲出这些故事吗？

（6）请你比较一下，这本历史地图绘本和一般的绘本有什么不同之处。

（四）教学主题对接

建议与统编版语文三年级下册第三单元“传统文化”主题对接。

二、阅读策略

知识类读物的阅读策略

本书属于知识类读物。知识读物与文学作品不同，我们生活中的大部分阅读都属于知识读物，如：传记、杂志、说明手册、地图、报纸等。知识类读物文本通常以网络图、图谱、题目、文字说明、标题、事实框、维恩图、工具栏、线形图、标签、示意图、流程图、比较、照片、目录、索引、词汇表等形式呈现，能够帮助阅读者更轻松地确定信息、组织信息，以使信息更容易阅读或获取，要求阅读者根据文本特点和具体目的寻找信息。

本书运用的阅读策略：

（一）联结

策略描述：阅读者在阅读过程中调取已有的背景知识和个人经验，从文中联想起已经知道或曾经历的事情或内容，从而更好地理解文本的意义。联结可分为三种：（1）文字与自身：在阅读中联想到自己过去的经验。（2）文字与文字：在阅读中联想到过去曾阅读过的文章。（3）文字与世界：在阅读中联想到社会或生活中的一些相关经验。

策略的功能：通过阅读激发孩子与文本、与世界建立有意义的联结，并通过“创意天地”的形式，拓展更广泛的阅读及生活联结。

（二）图像化

策略描述：在文字阅读的认知活动中，与文本产生共鸣，在头脑中建立故事场景、人物形象，通过心理上的图像构建来协助理解文本、促进表达。

策略的功能：本书阅读活动中，每个朝代的大事年表就是需要读者利用图像化策略，依托整体框架，边读边想象，从而理解和记忆这个朝代的历史。

三、教学设计

（一）发现精彩，打开中华历史之门

（1）你觉得这本书与其他的历史书有什么不同？

中国历史地图绘本	其他的历史书
用绘本的方式讲述历史	用文字讲述历史

（2）这本书的“封二”和“封三”中印有许多历史人物的画像，你能说出他们的名字吗？和其他的小朋友一起比一比，看谁认得多、认得快。

（二）自主畅读，穿梭历史时空

（1）秦始皇统一六国，建立了中国历史上第一个统一的、多民族的封建国家，统一了货币、度量衡、文字，修建了万里长城，对中国历史产生了深远的影响，但他又是残暴的封建统治者，焚书坑儒，筑长城，修建阿房宫和陵墓，劳民伤财。你怎样评价秦始皇这个历史人物？请用思维导图的形式为秦始皇写一份人物小传。

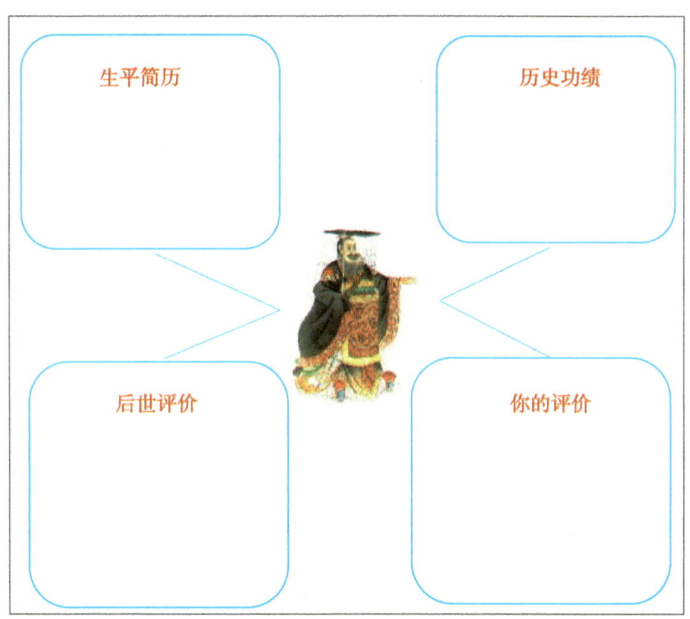

（2）三国鼎立结束了东汉末年军阀混战的历史，是历史的一大进步。请你结合三国鼎立的知识来填写下列表格。

国家名称	建立时间	创建者	都城（今名）
魏			
蜀			
吴			

（3）三国时期，豪杰辈出，如曹操、刘备、孙权、诸葛亮、周瑜等都是当时的大英雄。请你选出最喜欢的三位英雄。

人物排名	人物名字	排名理由
第一位		
第二位		
第三位		

（4）唐朝是中国历史上非常重要的一个朝代。经济繁荣，政治稳定，对外交流频繁，出现了大唐盛世。请你从下表中选择一个研究方向，和研究同方向的同学组成小组进行合作学习，用你们认为最吸引人的方式在全班进行展示汇报。

研究方向	展示方式	展示效果
敦煌壁画		
书法作品		
茶艺文化		
诗歌文学		
唐朝名人		
对外交流		

（5）唐朝文化兴盛，名人辈出，最令人瞩目的文学成就是唐诗。请你完成下列唐朝文化名人榜。

文化名人	主要成就	代表作品
李白		
杜甫		
白居易		
王维		
韩愈		
柳宗元		
颜真卿		

你最喜欢的唐朝名人是谁呢？请写出喜欢的理由：______________________

____

____

（6）明朝著名航海家郑和七下西洋，开辟了海上丝绸之路，不仅达到了世界古代航海事业的巅峰，同时也密切了中外联系，推动了中外交流的发展。请你根据郑和下西洋的历史事件完成下面的思维导图。

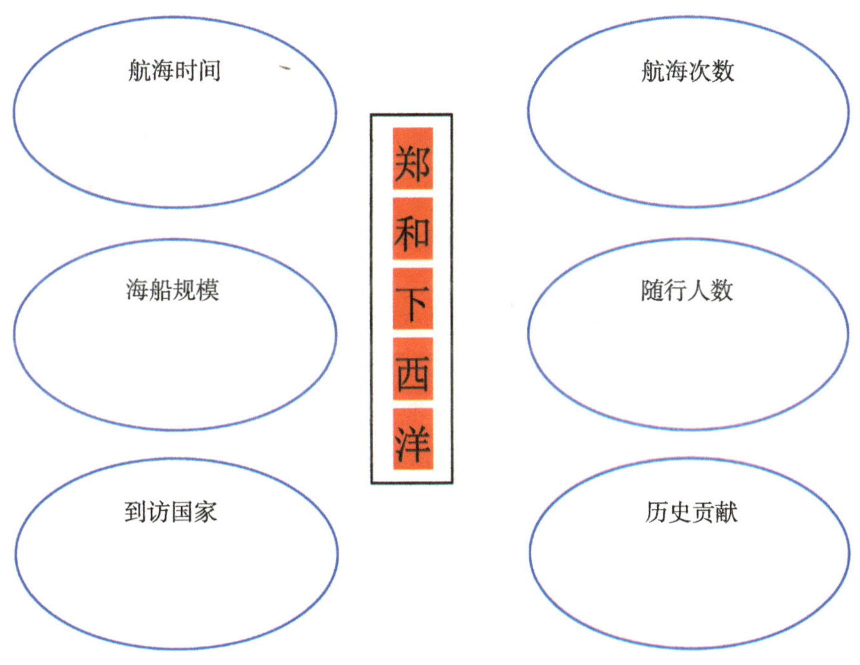

（三）合作探究，展现历史之美

（1）中国古代的四大发明造纸术、印刷业、火药、指南针深刻影响了世界的发展，其中宋代毕昇发明活字印刷的发明，是人类印刷史上的里程碑，请你用思维导图画出印刷术的发展过程。

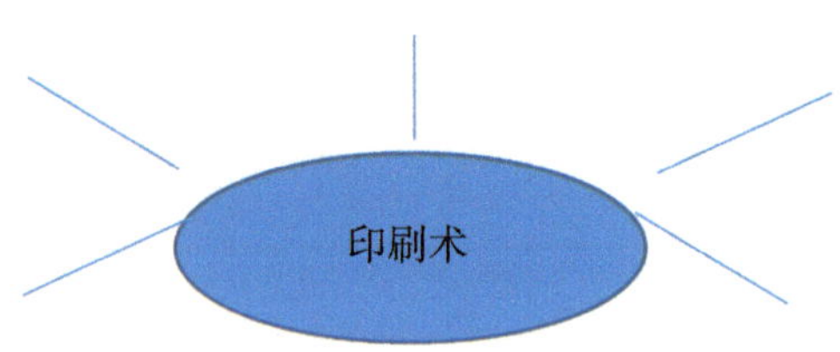

（2）中国从夏朝建立第一个世袭王朝开始，历经几千年的王朝统治，到 1911 年辛亥革命推翻帝制，建立“中华民国”。1949 年中华人民共和国成立，开辟了中国历史的新纪元。请你阅读本书，把中国历史王朝的更替用思维导图或其他你喜欢的方式呈现出来。

（3）阅读这本书后，选择一个自己喜欢的、有兴趣去探索的主题（可以是商、周、秦、汉、唐、宋等任意一个朝代，可以是你感兴趣的一个历史人物或历史事件，可以是丝绸之路或四大发明）进行研究，把你的研究成果用喜欢的方式呈现出来，如小论文、手抄报、绘画、思维导图、手工或模型等，在全班进行一次展示。

四、创意天地

（1）选择一位你喜欢的历史人物，了解他的生平事迹和成就，制作一张历史人物介绍小卡片。

（2）跨越时空的对话。如果有时光穿梭机，让你与一位古代的名人进行对话，也许是苏轼、李白、杜甫，也许是曹操、岳飞、诸葛亮，你有什么要问的问题吗？你们会交谈什么呢？请把你们的对话写下来。

（3）中国历史上有几次以少胜多的著名战役，如巨鹿之战、官渡之战、赤壁之战、淝水之战等。请你通过查找资料，描述其中的一次战役。

五、阅读加油站

（1）《写给儿童的中国历史》，陈卫平 / 著，新世界出版社。

（2）《吴姐姐讲历史故事》，吴涵碧 / 著，新世界出版社。

（3）《上下五千年》，林汉达等 / 编著，少年儿童出版社。

（4）《如果历史是一群喵》，肥志 / 编绘，黑龙江美术出版社。

六、阅读工具箱

学会看地图

看地图首先是要明确方向。正常情况下一张地图都是上北下南、左西右东。如果不是按上北下南绘制的地图，则一定要在适当位置标出正北方向，方便读者读图。

注意比例尺，能够知道实际距离大概是多少。读地图时，除了注意方向之外，还要注意该图的比例尺大小。了解了比例尺之后，就可以知道图上的 1 厘米代表实际距离是多少米（或多少公里）。例如一张比例尺为 1:10000（万分之一）的地图，图上 1 厘米就表示实际距离为 100 米。一张 1:1000000（百万分之一）的地图，图上 1 厘米就表示实际距离为 10000 米（10 公里）。若是 1:10000000（千万分之一），则图上 1 厘米就表示实际距离为 100000 米（100 公里）……以此类推。比例尺越大，精度越高；比例尺越小，精度就越低。

看好图例。图例对应实际事物，注意面、线、点结合。线能指示道路、山脉、河流的走向；点是村庄、厂区、工矿区等。

深圳市福田区下沙小学　姚　莉
深圳市福田区南华小学　叶晓芬

《夏洛的网》阅读设计

一、阅读解析

《夏洛的网》，一部傲居“美国最伟大的十部儿童文学名著”首位的童话！风行世界几十年，发行千万册。

复旦大学中文系教授严峰认为：这实在是一本宝书。我觉得在一个理想的世界里，应该只有两种人存在，一种是读过《夏洛的网》的人，另一种是将要读《夏洛的网》的人。

魔法童书会创办人、儿童文学作家张弘认为：这是一本让我们思考生命价值和意义的书，是不是一本真正的书呢？

在约翰·厄普代克看来：怀特的三部童话里，《夏洛的网》给了小朋友一个有说服力的关于成长的寓言。能有这本书，实在是我们的幸运。

在这本书里：

关于生死——用了“一支比春天的阳光还要明媚的笔”（彭懿语），写出了生命的温暖、生命的珍贵。这是与充斥于动漫、游戏中的暴力、血腥完全不同的生死。

关于成长——主人公小猪威尔伯，特别单纯、特别胆小，就像被我们宠爱着的孩子，可他经历好朋友夏洛的死后，成了真正的“王牌猪”。他成长了，就像我们一直期待我们的孩子一样。

关于母爱——蜘蛛夏洛和小猪威尔伯的友情，像弱小却坚毅的母亲与成长中的孩子的亲情。

关于价值——生命到底是什么啊？我们出生，我们活上一阵子，我们死去。夏洛作为一只蜘蛛，一生只忙着捕捉和吃苍蝇是毫无意义的，通过帮助威尔伯，她提升了生命的价值。

（一）内容解析

《夏洛的网》，作者是美国著名作家 E.B. 怀特，翻译者是任溶溶，上海译文出版社出版。这本书用了 10 万多字，22 个章节，向我们呈现了一个令无数看过的人都无法忘怀的蜘蛛和小猪的故事。大作家的笔下，快乐地生活着一群动物，其中小猪威尔伯和蜘蛛夏洛建立了真挚的友谊。然而，威尔伯未来的命运却是成为熏肉火腿。作为一头猪，悲痛绝望的威尔伯似乎只能接受任人宰割的命运了，看似渺小的夏洛却说："我救你。"夏洛真的能救威尔伯吗？

（二）作品特色

1. 童话的特点

童话，儿童文学的一种体裁，通过丰富的想象、幻想和夸张来编写适合儿童欣赏的故事。童话具有语言通俗生动、故事离奇曲折、情节引人入胜的特点。童话常采用拟人的手法，赋予鸟兽虫鱼花草树木等生命，使其拥有人的思想感情。

2. 童话的类型

（1）拟人体童话。这一类童话形象多是人类以外的各种人格化的有生命的事物，鱼、虫、鸟、树、石和风等。运用拟人手法，将人类以外各种有生命或无生命的事物人格化后就形成了拟人体童话形象。这类形象在童话中最为常见。《夏洛的网》就是这一类童话。

（2）超人体童话。这一类童话形象在民间童话中最为常见，是指那些以超人的神奇能力，能造就超自然奇迹的形象。如《渔夫与金鱼的故事》《宝葫芦的秘密》等。

（3）常人体童话。这一类童话形象是指以寻常人的面貌出现在童话中的人物。如《小红帽》《皇帝的新装》等。

（三）阅读提示

（1）关于这本书你已经知道了什么？你想要知道什么？你将会学习到什么？

（2）书中这些动物朋友，你最喜欢谁？为什么喜欢他？

（3）书中最打动你的章节是哪些？请说说打动你的原因。

（4）书中精彩的插图很多，你最喜欢哪一幅？它让你想到了什么？

（5）关于本书你还想知道什么？请向同小组的阅读伙伴提问。

（6）读完这个故事，你有了什么新想法？请与阅读伙伴分享。

（四）教学主题对接

建议与统编版语文教材三年级（下册）第八单元“有趣的故事”主题对接。

二、阅读策略

阅读《夏洛的网》这本童话书，应着力于培养学生预测、图像化、提问、联结、转化等五种阅读策略。

（一）预测

预测就是预先猜测、推想，是读者阅读时根据读过的内容以及与内容相关的背景知识推测文章内容的发展，包括作者或主角的情感、想法和行动。在阅读实践中，老师可以引导学生从封面、目录、插图和关键情节入手进行预测。

（二）图像化

图像化就是在文字阅读的认知活动中，与文本产生共鸣，在头脑中建立故事场景、人物形象，通过心理上的图像构建来协助理解文本、促进表达。本书阅读活动中“绘制章节活动地图”就是利用图像化策略，学生边阅读边想象，借助思维导图，提取信息，推想有关内容，理清故事情节，感受童话故事的奇思妙想。

（三）提问

提问策略是指读者在阅读中提出问题，并借助问题帮助自己理解、思考，不断探索的阅读策略。本书阅读活动“你来问，我来答”，学生以天生的好奇心质疑，形成阅读期待，不断思考，提高阅读能力。

（四）联结

通过阅读激发孩子与文本、与世界建立有意义的联结，并通过“创意写作”等形式，拓展更广泛的阅读及生活联结。

（五）转化

转化是一种阅读综合分析能力。因为阅读而改变了读者对人生的看法。在《夏洛的网》一书的阅读中，孩子们以前四种阅读力为基础并将它们结合起来，累积造就了这一新的思考形式，形成了自己对友谊、对生命全新的认识。

三、教学设计

（一）故事之夜微信打卡

活动说明：以班级共读、亲子共读的方式让孩子进行三大主题有声阅读——1~8章“弗恩与威尔伯”，9~16章“四网情深”，17~22章“感恩回报”，选择朗读故事精彩片段。

建议用时：每天晚上30分钟开展班级微信群读书接龙。

精彩片段举例：坏消息

一天下午，当弗恩正坐在她的凳子上时，最老的那只老羊走进谷仓，停下来看威尔伯。

“你好！”它说，“我觉得你发福了。”

“是的，我想是的。”威尔伯回答说，“在我这个年纪，胖起来是好事儿。”

“不过我不羡慕你，”老羊说，“你知道他们为什么要把你养胖吗？”

“不知道。”威尔伯说。

“呃，我不想当小广播，”老羊说，“不过他们喂胖你，是为了要杀你，就这么回事。”

“他们要做什么？”威尔伯尖叫。坐在凳子上的弗恩也呆住了。

“杀你，把你做成熏肉火腿。”老羊继续说，“几乎所有的猪年纪轻轻地就都被农民杀了。在这里，圣诞节杀你们是一种固定的阴谋活动。人人参与——勒维，朱克曼，甚至约翰·阿拉布尔。”

“别说了！”威尔伯尖叫，“我不要死！救救我，你们哪一位！救救我！”

“安静点，威尔伯！”一直在听这番可怕谈话的夏洛说。

“我没法安静，”威尔伯跑过来跑过去，尖叫着说，“我不要给一枪射死。我不要死。”

威尔伯哇哇大哭。“我不要死，”它呻吟说，“我要活，我要活在这舒服的肥料堆上，和我所有的朋友在一起。我要呼吸美丽的空气，躺在美丽的太阳底下。”

“我不要死！”威尔伯扑倒在地上尖叫。

“你不会死。”夏洛轻快地说。

“什么？真的吗？”威尔伯叫道，“谁来救我？”

“我救你。”夏洛说。

（二）故事大王 PK 赛

活动说明：经过微信打卡读故事一周后，可在班级组织读书分享活动，以复述故事、玩游戏方式进行。建议用时：1 课时。

（1）课前准备好各章节故事签。

（2）四人一组，每组发放一大张报纸，组员站在纸上。

（3）每位组员抽签复述故事，没有讲出来的第一次单脚站立，第二次离开报纸。

（4）各组选出的获胜者进行班级比赛，形式和小组活动一样，其他组员做评委。

（5）为最后获胜者颁发“故事大王”奖章。

（三）在书中相遇

活动说明：本书故事情节环环相扣、跌宕起伏，通过找寻书中之“最”，分享阅读感受，加深对人物和故事的理解。本活动旨在建立读者与文本，读者与读者之间深入互动的阅读联结。

（1）学生提前准备交流主题：书中之“最”。例如：最佩服的人、最厌恶的人、最感动的一幕、最难懂的部分、最深的疑惑等。

（2）本书中精彩的对话描写最能表现人物鲜明的个性，引导学生选择其中几个主要人物的对话，为自己的书中之“最”提供佐证。完成下列填空。

对话一：“你为什么为我做这一切呢？”威尔伯问道，“我不配。我没有为你做过任何事情。”

“你一直是我的朋友，”夏洛回答说，“这件事本身就是一件了不起的事。我为你结网，因为我喜欢你。再说，生命到底是什么啊？我们出生，我们活上一阵子，我们死去。一只蜘蛛，一生只忙着捕捉和吃苍蝇是毫无意义的，通过帮助你，也许可以提升一点我生命的价值。谁都知道人活着该做一点有意义的事情。”

“我不会说话。我也不能像你一样，说得那么好。不过你救了我，夏洛，我很高兴，愿意为你献出生命——我真心愿意。”

结论：这是夏洛临死前和威尔伯的对话，这是最让我感动的一幕，夏洛的忠实和大爱无私我最佩服。

对话二：________________________________

结论：________________________________

对话三：________________________________

结论：________________________________

（3）小组交流，再推选代表集体交流。

（四）绘制章节故事地图（思维导图）

活动说明：我们开始学习用思维导图来做阅读报告吧！思维导图又叫心智导图，是表达发散性思维的有效图形思维工具，它简单却又很有效，是一种实用性的思维工具。思维导图运用图文并重的技巧，把各级主题的关系用相互隶属与相关的层级图表现出来，把主题关键词与图像、颜色等建立记忆链接。比如说，我们可以将一本书的主要内容进行梳理，创作一幅情节图；也可以将人物进行梳理，创作一幅人物关系图；还可以……我们来试试吧！

思维导图范例：

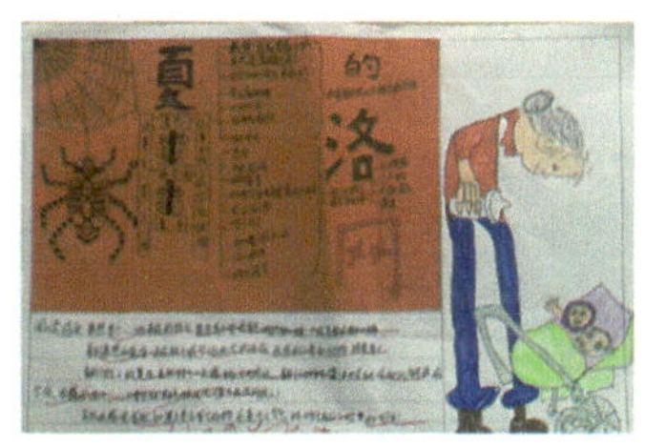

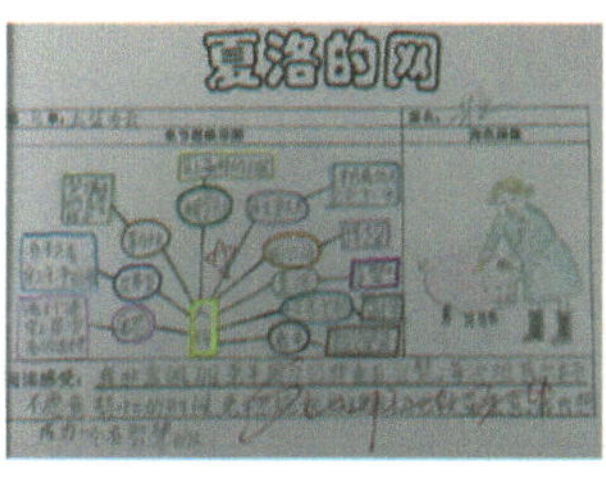

《夏洛的网》第（　　）章故事地图	设计者签名：
章节思维导图	角色画像
阅读感受：	

（五）我的问题你来答

活动说明：运用提问的策略，学习如何提一个好问题，引导学生从不同角度去提问。建议用时：1课时。

（1）将自己读完这本书后最想提的一到两个问题写在学习单上。

（2）将所有学习单放在纸箱内，每位学生随机抽取一张现场作答。

（3）在小组内交流自己所抽取的问题和自己的答案。

（4）小组推选出本组最有价值的问题和最佳答案在全班分享。

（5）总结什么是最有价值的问题，在阅读中应该如何提问？

问题举例：

（1）书中那么多角色，你最喜欢谁？为什么？

（2）夏洛在什么情况下织了什么文字？如果没有夏洛的帮助，等待威尔伯的将会是怎样的命运？得到夏洛的帮助后，威尔伯的命运发生了怎样的变化？

（3）小老鼠坎普尔顿每次出现都很关键，你如何理解他对威尔伯的“爱”？

问答学习单：

我来问　你来答	
问题一	
答：	
问题二	
答：	
提问者：	答题者：

（六）做书签，把书读薄

同学们除了制作思维导图和问答学习单，还可以制作精美的书签。

（1）用关键词概括这本书的故事情节，把书读薄。

（2）简单介绍本书的时间、地点、人物、事件。

小结：同学们可以利用思维导图对这本书进行梳理，还能够利用关键词把书读薄，掌握了理清整本书的写作思路的好方法。

书签范例：

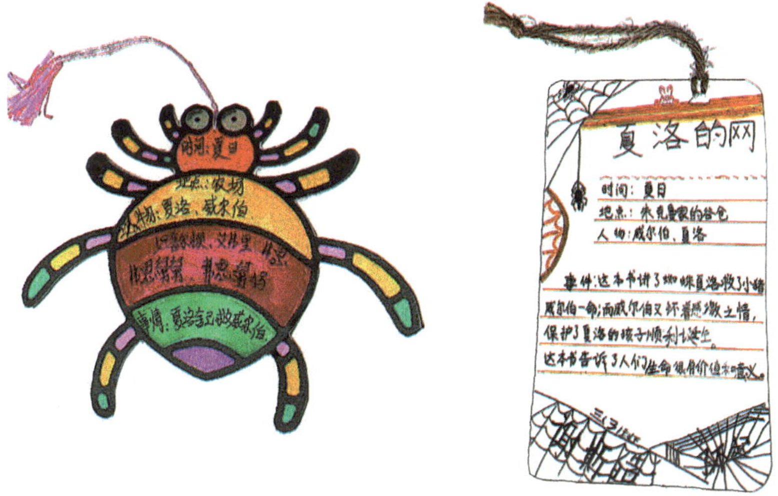

四、创意天地

（1）同学们，如果你是作者，想要将一个情节简单的介绍给读者，你会怎样介绍呢？怎样介绍才会吸引读者呢？

看视频，完成“好书推荐卡”。

（2）小组展示。同学们，相信通过你们的介绍，这本书一定会更畅销。

五、阅读加油站

（1）《精灵鼠小弟》，[美] E.B. 怀特 / 著，任溶溶 / 译，上海译文出版社。

（2）《安迪和狮子》，[美] 詹姆斯·多尔蒂 / 著绘，王林 / 译，新星出版社。

（3）《狼图腾小狼小狼》，姜戎 / 著，浙江少年儿童出版社。

六、阅读工具箱

童　话

《现代汉语词典》中对“童话”解释是：儿童文学的一种体裁，通过丰富的想象、幻想和夸张来编写适合于儿童欣赏的故事。童话是一种小说题材的通俗文学作品，通常是写给孩子看的，带有“夸张”“神话”“幻想”，是一种超现实的文学表达方式，根据儿童心理发展的特点来进行讲述，目的是反映生活，增进儿童性格的成长。童话语言通俗生动，故事情节往往离奇曲折，引人入胜。童话又往往采用拟人的方法，举凡花鸟虫鱼，花草树木，以及家具、玩具都可注入思想情感，使它们人格化。

深圳市福田区南华小学　禹玉珍
深圳市福田区南华小学　樊萍丽

四年级上册

成长·探险

四年级上册

成长·探险

成长小说

成长小说是儿童小说中常见的一种主题小说。关注“心灵”，让人微笑、叹息、沉思，让文学充满生命萌动的力量，这是成长小说的魅力所在。就成长小说而言，“过程”这个字眼很关键。身心的变化，对未知的探索和期待，面临选择的彷徨或者果敢……这段成长过程中经历的一切，对一个人尤其重要。这些经历，慢慢汇聚成成长的力量，让一个人更丰满和立体。成长小说，因为成长而丰富，因为探索而充满魅力。

1. 导读——读、猜、议，激发阅读期待

老师可以带着学生先看书名和封面设计，展开内容讨论：从书名和封面设计可以联想到什么？这本书主要讲述什么内容？我想要从书上获得什么？如果我是作者，会怎么写这本书？阅读封底，从封底了解书的内容概要与风格，从而建立读这本书的概念和情感基调。初步了解作者、创作背景，有些小说有时代背景，老师可以提前介绍，为更好地阅读书本打下基础。

2. 浏览——读目录了解书本体例

浏览目录了解结构方式，辨别是因果式大纲（从原因推导结果的内文安排），还是并列式大纲（每个章节独立共存，没有前因后果的关联），从而对图书内容心中有数。

3. 阅读——与文本、作者直接对话

师生开展同步自主阅读，在阅读中与文本和作者直接对话。成长小说，容易让学生产生共鸣，在阅读中，可以让学生适当做些批注：对于书中描写精彩的词句、片段部分圈点勾画；在有疑问或者有想法的地方写下旁批；读完整本书后写简单的读后理解和感悟。这些阅读批注为下一步交流做好准备。

4. 交流——提炼、深化阅读感悟

初读后，组织班级共读与交流。主要就以下几个方面展开：

（1）把握本书主要内容，并能提取一些重要信息。

（2）重点部分（人物）的赏析。这一部分主要是培养学生的感受与赏析能力，可以从喜欢的人物、印象深刻的情节等角度来交流。

（3）理清疑惑或表达观点。这是培养学生的独立思考和判断能力，让学生深度理解文本内容，并形成自己的理解。

（4）联系生活与应用。成长小说中特别需要学生在阅读之后能够联系生活实际，将书上所获得的经验、思考、感悟内化为自己成长过程中的收获与力量。在日常生活中，有哪些相关的经验与应用的空间？

（5）延伸思考与升华主题。从阅读之后的启发和感想、故事人物中获得的精神力量等角度，帮助学生在阅读中获得力量，逐步树立完善的正确的个人价值观、人生观和世界观。

《爱的教育》阅读设计

一、阅读解析

爱是什么？爱是每次我们面对国旗时的骄傲与自豪；爱是父母曾经写给我们的温暖寄语，殷殷嘱托；爱是每本作业上老师细心的点评；爱是同学间一起玩耍一起学习的陪伴……我们身边处处是爱，但我们经常忽略它们。

《爱的教育》中的主人公是一名普通的小学生，每天的生活也会被许多平凡的小事包围。但他用自己善于发现的眼睛在平凡之中发现了无处不在的爱。这本书没有乏味的说教，没有严厉的指责，更没有演讲式的慷慨激昂，它只是在平淡的生活中诉说着这宽容、勇敢、谦让、无私、亲情与友情……当读到这些故事的时候，你也许会觉得似曾相识，你也许会潸然泪下。我想这就是真正的爱的教育吧，它用人世间最纯真的爱，带给读者最深的感动。

（一）内容解析

《爱的教育》是意大利作家德·亚米契斯的经典之作，出版至今经久不衰，广受欢迎。我国著名文学家、翻译家夏丏尊先生非常喜欢这本书，边读边流泪，流着泪把书翻译完，引进我国。

《爱的教育》原名考莱（Cuore），在意大利语中是“心”的意思，根据亚米契斯儿子的日记改编而成。这是一本日记体的小说，从小学生安利柯的角度，讲述了从10月开学的第一天到第二年7月学年结束，他在校内外的所见、所闻和所感。全书共100篇文章，包括发生在安利柯身边各式各样感人的小故事，还包括亲人为他写的许多劝诫性的、具有启发意义的文章，以及老师在课堂上宣读的

9 则感人肺腑的每月故事。小说以一个小学生的眼光审视着身边的美与丑、善与恶，完全在用爱去感受生活中的点点滴滴。

（二）作品特色

1. 以日记形式行文，穿插每月故事

本书是日记体小说，以日记形式作为小说的基本结构。每一篇日记相对独立，内容却又有交集。书中还穿插了九个“每月故事”，每个故事都在教育孩子如何去爱周围的人、爱祖国，很适合深情朗读。

2. 故事短小精悍，人物个性鲜明

本书以一个个短小精悍的故事记录主人公身边一些普通人的日常生活，塑造出一个个纯美的人物形象：卖炭人、小石匠、铁匠的儿子、少年鼓手、带病讲课的教师……他们身份不同，形象各异，值得细细品味。

3. 语言纯真朴实，温情滋养人心

作者以淳朴的语言讲故事，描述一种暖暖的、纯真的人间温情，把读者带入一个爱的世界。书中叙述的亲子之爱、师生之情、朋友之谊、乡土之感、社会之同情，令译者感动流泪，也能引起读者共鸣，更能陶冶性情、滋养心灵。

4. 以儿童视角叙事，增加读者代入感

本书以第一人称叙述故事，用儿童的视角为大家展示主人公的日常生活。这样用儿童口吻、儿童的笔触写属于儿童自己生活与思想的方式，加深了文章的真实感，激发儿童读者的代入感，让他们在阅读的过程中不自觉地将自己作为文章主人公，体会人物的欢喜与悲伤，从而加深他们对文本的理解与体会。

（三）阅读提示

（1）在这么多篇日记记述的故事中，你对哪一个故事最感兴趣？说一说原因。

（2）你最喜欢哪一个每月故事？为什么？请把故事分享给周边的人。

（3）书中描写了许多个性鲜明的人物，你在谁的身上找到自己或身边人的影子？结合书中事例跟同伴说一说他（她）的性格特点。

（4）书中充盈着亲子之爱、师生之情、朋友之谊、乡国之感、社会之同情，最打动你的是哪一种爱？说说你的体会。

（5）“爱”无处不在，你曾经把爱传递给别人吗？讲给大家听听。

（6）你还看过哪些日记体的小说？让你印象最深刻的一部作品是什么？

（四）教学主题对接

建议与统编版语文四年级上册第六单元“童年生活”主题对接。

二、阅读策略

（一）联结

策略描述：联结的阅读策略是读者将正在阅读的文本中的内容与自己实际生活或者之前阅读的文本内容相联结的过程。联结的过程也是读者重新构建、理解的过程。加入自己生活实际的联结，是理解个体化的、深入化的过程。

策略的功能：通过与已知的文本联结，读者会在已有的理解图式上，对新的文本内容进行同化，从而更好地理解新知；通过与自己生活进行联结，读者会在阅读的过程中产生共鸣，更深入地了解文本体现的思想感情，从而将读书的体验融入自身知识体系中。

（二）批注

策略描述：批注策略是精读文章最主要的阅读策略之一。它是读者在阅读文本的过程中，把自己对文章的思考与理解通过勾画等方式，批写在书中空白的地方。批注的过程是读者深入思考并与文本深入对话的过程。根据批注位置的不同，可以将批注分为“眉批”“旁批”“尾批”。

策略的功能：读者在阅读的过程中可以对文本的疑问处进行批注，可以对文本印象深刻的地方进行批注，还可以对文章内容进行批注……边阅读边作批注可以提高专注力，提升凝练句意的能力，同时加深读者对文章的深入理解。

三、教学设计

（一）好书见面会，开启爱的旅程

（1）聚焦作者生平，激发学生读书兴趣。

本文作者埃迪蒙托·德·亚米契斯是意大利 19 世纪作家。他参加过统一意大利的复兴运动的战役，退伍后，他致力于文学创作。在创作的过程中他发现虽然国家统一了，但是人民的幸福感不高，因此他想通过文字让人们感受到爱的重要，这也是他创作《爱的教育》这本书的初衷。

（2）观察本书的目录，你发现了什么秘密？这本书跟你们以前看过的书有什么不同？

（3）通过题目选取一篇你最感兴趣的日记阅读，读完后在小组内分享自己的感受。

（二）聚焦文章内容，感受爱的力量

1. 聚焦每月故事

每月故事是小作者的老师每月给他们讲的关于孩子的美好真实的故事，并且让他们记录下来。请认真阅读每月故事《帕多瓦的爱国少年》《伦巴第的小哨兵》《佛罗伦萨的小抄写员》《撒丁岛的少年鼓手》，完成下面的活动。

（1）故事梗概。

（2）故事发展。

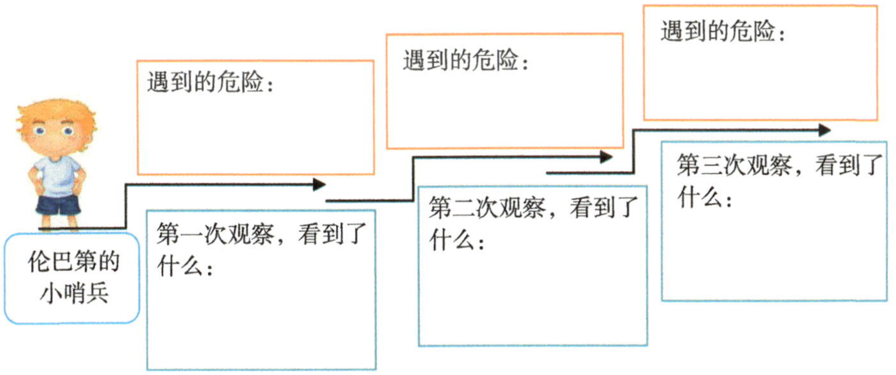

（3）思维导图。

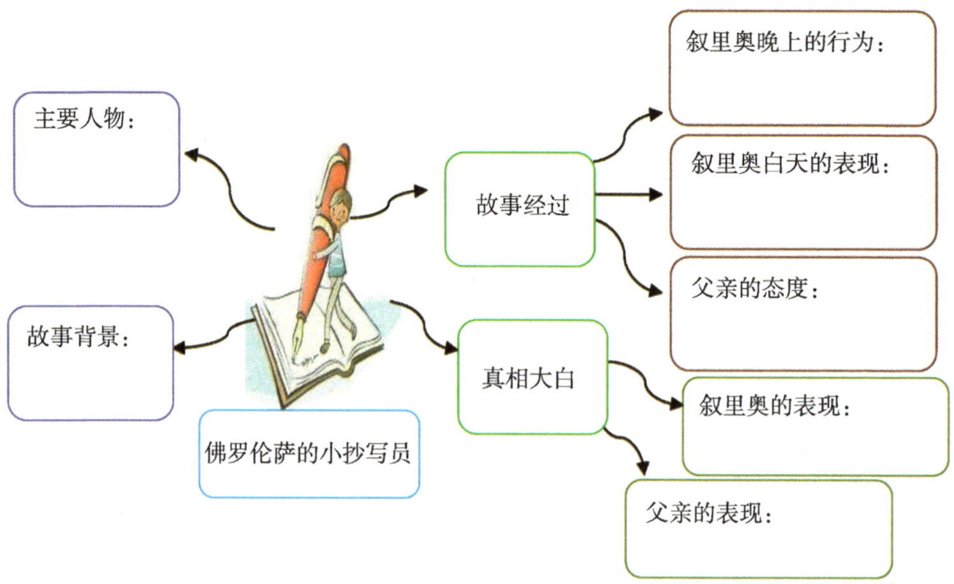

请从上面三种方式中选择一种你最喜欢的方式来梳理其他“每月故事”的情节。

2. 聚焦人物图谱

（1）聚焦喜欢的角色——书中描写了许多个性鲜明的人物，你喜欢谁？你在谁的身上找到了自己或身边人的影子？结合书中典型的事例写下他的品质特征。

你喜欢谁	他的品质	体现这一品质的具体事例	他像身边的什么人

（2）聚焦核心人物——卡罗纳。

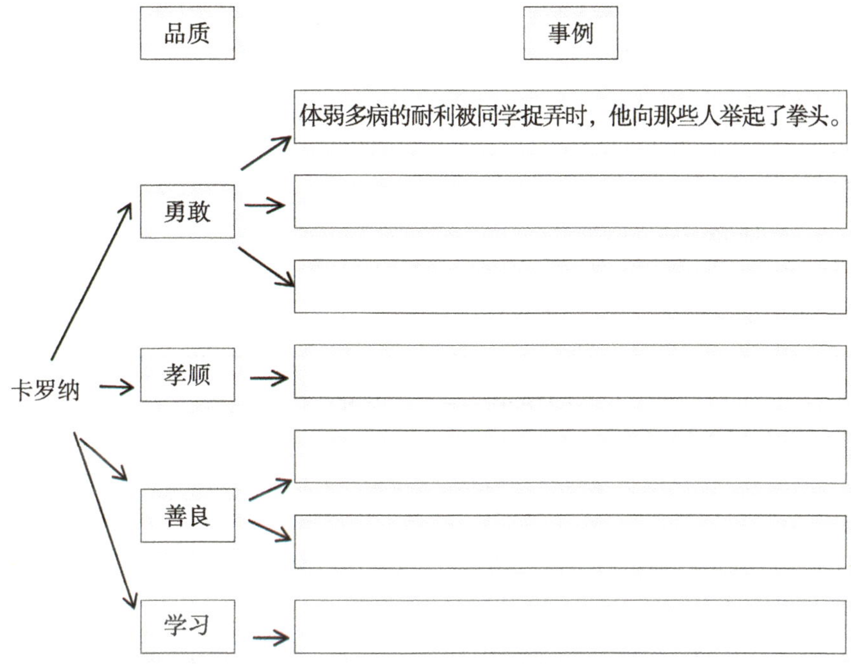

（3）仿照上图，选择书中另一位你喜欢的人物，画出思维导图。

3. 聚焦爱的密语

（1）阅读 P182 页《卡罗纳的不幸》，摘录文中关于卡罗纳的语言、行动、眼神的句子，体会爱的密语。

爱的密语之一——言中有爱

	语言的句子		体会
言中有爱	老师	1. 孩子们，你们要庄重严肃，热情地对待他。任何人都不许跟他开玩笑，不许在他面前放声大笑	体察到失去母亲的卡罗纳的悲痛并提醒班级学生，老师之爱溢于言表
		2.	
	同学	1.	
		2.	

爱的密语之二——行中有爱

<table>
<tr><th></th><th colspan="2">行动的句子</th><th>体会</th></tr>
<tr><td rowspan="5">行中有爱</td><td rowspan="2">老师</td><td>1.</td><td></td></tr>
<tr><td>2.</td><td></td></tr>
<tr><td rowspan="2">同学</td><td>1.</td><td></td></tr>
<tr><td>2.</td><td></td></tr>
<tr><td>家长</td><td>1.</td><td></td></tr>
</table>

爱的密语之三——眼中有爱

<table>
<tr><th></th><th colspan="2">眼神的句子</th><th>体会</th></tr>
<tr><td rowspan="4">眼中有爱</td><td rowspan="2">老师</td><td>1.</td><td></td></tr>
<tr><td>2.</td><td></td></tr>
<tr><td rowspan="2">同学</td><td>1.</td><td></td></tr>
<tr><td>2.</td><td></td></tr>
</table>

（2）书中有很多精彩的语言描写、外貌描写、动作描写，请你摘抄一段，并仿照着来写一写，体会爱的密语。

摘抄内容	仿写内容

（三）交流感悟，体会爱的细节

1. 聚焦感人描写，学习批注

本书描写细腻，语言生动感人，令你感触最深的是哪些句子呢？请你在书中画出来，并在旁边批注自己对句子的理解及读后感受。批注：

（1）画出来的句子应完整且有针对性，不能只画半句，或者通篇都画。

（2）在画线句子旁边应做好旁批，写上自己对这个句子的理解，或是读了这个句子后想到了什么，也可以写写读了这个句子后的感受。

（3）如果对某个章节有很深的体会，或者觉得某个章节非常感人，可以在章节后面做好总批，批注上自己对这个章节内容的概括，并写上自己的感受。

（4）对于故事中的人物或作者的情节安排，如果有与作者观点不同的地方，也可以写下自己对人物独到的评价和理解。

举例：比如书中人物卡隆，哪些地方的描写让你很喜欢这个人物？他的哪些做法你觉得是不够好的？

2. 聚焦人物成长

作者通过一篇又一篇故事，给读者讲述了书中人物在成长中遇到的许多问题。那么，当书中的一个个主人公在遇到这些问题时，他们是什么反应呢？周围的同学和老师们又做了什么？如果是你，你会有不同的反应和行为吗？为什么？

小组合作选取一到两个人物，找出人物身边发生的故事，互相交流，交流后请同学们上台分享。

交流提示：

（1）泼莱西成长中遇到什么困难？他是怎么做的？如果是你，你会怎么做？如果你是他的朋友，你又会怎么做呢？

（2）卡隆是个怎样的孩子？如果你是他的老师，能否从优点和缺点两方面评价一下他？

（3）洛佩蒂在成长中遇到了什么事？结果怎样？同学们是如何对待他的遭遇的？

（4）克莱蒂有什么值得我们学习的地方吗？他又有哪些行为我们是无法学习或者不该学习的？

（5）恩里克是个怎样的孩子？他最像我们班哪位同学？

3. 聚焦书中美德

在这本书中，作者赞扬了许多不同人物所拥有的不同美德，纯真善良的安利柯，是非分明的卡隆，品学兼优的代洛西，吃苦耐劳的克莱蒂……你能否从书中的众多人物中，总结出在作者眼里，男生应该具有什么品德？女生呢？按照这个标准，你有哪些做得很好的地方？又有哪些缺点需要改正？

四、创意天地

（1）有人说，爱是一束温暖的阳光；有人说，爱是一阵及时的雨露；有人说，爱是一把打开心扉的钥匙。读完《爱的教育》一书后，你认为爱是什么？

爱是一颗善心，是卡罗纳主动替受欺负的克洛西背负老师的责罚；

______________________________；

______________________________。

（2）书中最让你感动的是哪一个故事？写下你的读后感。

（3）请你给《爱的教育》的主角安利柯写一封信，向他介绍一下你的学校、同学、老师，说说你和他生活的不一样。

五、阅读加油站

（1）《捣蛋鬼日记》，[意] 万巴 / 著，龚勋 / 编译，北京日报出版社。

（2）《大森林里的小木屋》，[美] 罗兰・英格斯・怀德 / 著，温淑真 / 译，天地出版社。

（3）《爱的教育》中故事《从亚平宁山脉到安第斯山脉》，曾经被改编成动画片《寻母三千里》。这是一段小男孩寻母的历程，也是一段自我成长的磨炼。请你对比动画片和文字故事，看看有什么不同的体验。

六、阅读工具箱

关于细节描写

小说离不开刻画人物形象。想要把人物刻画得形象生动，离不开细节描写。细节描写包括外貌、神态、动作、语言、心理等描写。只有把细节写清楚了，刻画的人物才会栩栩如生，人物形象才会丰满鲜明。

（1）外貌描写：人物外貌包括五官、身材、体形、衣着、风度等较明显的外部特征，应抓住人物最有特色的地方来写，从而巧妙地反映人物的形象特征。切勿面面俱到，也忌千人一面，描写脸谱化。

（2）神态描写：细致的神态描写，对刻画人物形象、表现人物思想感情起到关键作用。

（3）动作描写：在进行动作描写时，我们可以像播放电影慢镜头一样，把人物每一个细小的动作都分解开来，再形成一系列连贯的动作过程，从而表现人物的性格特点。

（4）语言描写：正所谓“言为心声”，人物的语言能充分体现其内心，因此，人物刻画离不开语言描写。恰当的语言描写，能达到如临其境的效果。

（5）心理描写：人物的思想、情绪、感受等不容忽视，往往是引起读者共鸣的催化剂。因此应加强人物心理活动描写，使人物潜藏的心理活动形象地展现出来，在表现人物心理变化的同时，引起读者共情。

综上，恰如其分的细节描写能真切反映人物的思想感情、性格特征和精神品质。没有具体生动的细节描写，人物就失去生命，故事就会乏味。

在进行细节描写时应注意遵循以下两个原则：一是富于典型性，不可每一方面都写到，应根据剧情发展和人物塑造需要选择最有价值的进行细写；二是具有新颖性，不可人云亦云，应根据人物性格特征写出其与众不同的地方。

深圳市福田区荔园小学（荔园教育集团） 袁凤娟

深圳明德实验学校碧海校区 吴 蓓

深圳市福田区南华小学 谭晨冬 周爱红

《昆虫记》阅读设计

一、阅读解析

《昆虫记》是法国杰出昆虫学家法布尔穷其毕生之力著作而成的昆虫学巨著。作者用简洁优美的语言，兼具科学性和趣味性的故事情节，概括了昆虫的种类、特征、习性和婚习。《昆虫记》共十册，两百多万字，每册包含若干章，每章详细、深刻地描绘一种或几种昆虫的生活，是一部富含知识、趣味、美感和哲理的文学宝藏。

拥有“哲学家一般的思维，美术家一般的眼光，文学家一般的感受与书写”的法布尔是第一位在自然环境中研究昆虫的科学家。他将自己一生的时光都用在了对昆虫的观察和研究中，用 28 年时间撰写《昆虫记》，真实地记录了昆虫的生活，在充满童心又富有诗意和幽默感的语言描述中抒发自己的人生感悟，为世人留下了这部充满知性与人性关怀的不朽著作。

（一）内容解析

《昆虫记》是法国昆虫学家、文学家法布尔耗尽毕生心血写成的一部昆虫学的传世之作。本文选择的是山东美术出版社出版的美绘版《昆虫记》，由邓敏华根据教育部《全日制义务教育语文课程标准》编著。本书在尊重原文的基础上，从昆虫家族、昆虫特征、昆虫习性三大板块来编选内容。书中插入多幅精美的插图，配以名师导读，采用名词美句加阅读理解的形式，不仅提升青少年儿童的学习兴趣，还能扫除阅读的障碍，非常适合少年儿童阅读。

（二）作品特色

1.《昆虫记》的题材

《昆虫记》主体内容集中在昆虫学研究，同时收入一些讲述经历、回忆往事的传记性文章，若干解决理论问题的议论性文章，以及带有科普知识性的文章。这本主要研究昆虫习性的昆虫学作品有别于其他科学作品严肃的风格，虽然是一本昆虫学的研究类著作，但它具有强烈的文学色彩和故事性，以昆虫的世界反观人类现实生活，并进行哲学思考。本书的写作语言轻松活泼，作者运用拟人的创作手法，描绘出一个绘声绘色的昆虫世界。因其别树一帜的写作风格，《昆虫记》被提名为 1911 年的诺贝尔文学奖。《昆虫记》共十卷，于 1879 年出版第一卷，1910 年第十卷出版。该著作是法布尔根据他在天然的环境下亲自观察实验，获得的大量的观察及经验资料写作而成，也是他研究昆虫的本能、习性、劳动、死亡等的研究性笔记。《昆虫记》每卷包含若干章，章节中详细、深刻地描绘一种或几种昆虫的生活习性，如：蜘蛛、蜜蜂、螳螂、蝎子、蝉、甲虫、蟋蟀等。书中也会有一些其他生物的科普性文章。书中既有作者对生命和自然的热爱和尊重，也有生动、有趣的科学知识，体现了作者观察细致入微、孜孜不倦的科学探索精神，也体现了人与自然平等视角的博物学精神。《昆虫记》中博物学的研究方式、独特的研究视角，以人性世界折射昆虫世界，又用昆虫的习性反观人类社会，充满了知识、趣味、美感和哲学反思。正因如此，该著作被翻译为多种语言在多个国家出版。

2. 多角度感受《昆虫记》

（1）了解昆虫的本能，探究昆虫的习性。

《昆虫记》，顾名思义，就是给昆虫写的传记，生动地介绍了形形色色的昆虫。法布尔运用简洁又富有诗意的语言来概括出昆虫们的特征，如：神奇麻醉师——飞蝗泥蜂，霸王镰刀手——螳螂，摇篮入侵者——寄生蜂……这让读者对昆虫的特点有直观的初步感知，又能引起读者的兴趣，继续阅读探究并获得有关昆虫本能和习性的知识。文中对昆虫习性的介绍是通过一幅幅生活场景来展现的，昆虫们都拥有人的喜怒哀乐、善恶美丑，在波澜起伏的故事情节里完成自己作为昆虫的一生，每读完一种昆虫的故事都让人回味无穷。

（2）学习细致全面的自然实验观察方法。

法布尔是第一位在自然环境中研究昆虫的科学家，他根据不同昆虫的特性运用了不同的观察与实验的方法，实地记录昆虫的生活现象、本能和习性中不可思议的神妙。这种严谨的科学态度、细致全面的观察方法引领着我们学会用不屈不挠的精神实事求是地探求自然事物的真相，让我们可以充满诗意地去亲近自然、探索科学。

（3）体会作者对生命的热爱、对自然万物的赞美。

作者将昆虫的多彩生活与自己的人生感悟融为一体，字里行间洋溢着对生命的尊重与热爱。在对昆虫的特征、日常生活习性的描写中寄予自己对世事的看法，将昆虫世界化作供人类获得知识、趣味、美感和思想的美文。总之，人类杰出的代表法布尔和自然界平凡的子民——昆虫，共同谱写了一部生命的乐章、一部永远解读不尽的书。

（三）阅读提示

（1）你认识法布尔吗？对他有什么了解？你对他在昆虫研究上的付出有什么想法？

（2）阅读《昆虫记》后，你最大的感受是什么？作者详细观察记录了这么多的昆虫，你印象最深的是哪些？能用简单的语句概括出它们的特征和生活习性吗？

（3）法布尔观察昆虫的方法有哪些？结合自己的观察经验进行对比，说说你受到的启发。

（4）法布尔把昆虫当人来写，运用了许多拟人的修辞手法，请你找到文中这样的句子，慢慢品味。

（四）教学主题对接

建议与统编版语文四年级上册第三单元“连续观察”主题对接。

二、阅读策略

（一）运用已知

策略的描述：已知包含已有的知识、定义，或曾经经历过的事情。这个策略在阅读数据性文章时尤为重要。

策略的功能：读者需要利用已有的知识和经验去了解新的数据，将新知建立在已有知识的基础上。阅读时唤起已有的认识和经验，理解会更透彻。

（二）找联结

策略的描述：从文中想起已经知道或曾经经历的事情或内容。联结可分为三种：（1）文字与自身——在阅读中想到自己过去的经验；（2）文字与文字——在阅读中联想到过去阅读过的文章或故事；（3）文字与世界——在阅读中联想到社会上或生活上的一些相关议题。

策略的功能：（1）文章内容一定要和读者现有知识有关联，只有产生了共鸣，才能在他的生命中产生意义；（2）读者必须找到文章和文章之间的相同点，才能够利用已知的形式和内容来了解新的文本；（3）读者能把所学与生活经验做联结，学习会更真实。

三、教学设计

（一）了解作者，开启昆虫之旅

（1）趣味读图，说说你对昆虫的了解。

昆虫图片	名字	你的了解

（2）出示《昆虫记》中的《蝉虫变形》《螳螂造巢》《圣甲虫的造型术》的片段描写，激发学生阅读兴趣。

（3）故事引入，初识法布尔。

材料一：有一次，这个人走在路上，看见一群蚂蚁在搬一只死苍蝇，就掏出放大镜趴在地上观察。农夫们上工时看见他趴在野地里，等收工回来，仍看见他趴在原地一动不动，大家都认为他是“中了邪”。

材料二：一个人耗费一生的光阴来观察、研究虫子，已经算是奇迹了；一个人一生专为虫子写出 10 卷大部头的书，更是一个奇迹；而这些写虫子的书居然一版再版，先后被翻译成 50 多种文字，直到百年之后还在读书界一次又一次引起轰动，更是奇迹中的奇迹。这些奇迹的创造者就是__________。

（4）完成关于作者的信息搜集。

走近法布尔

出生地:__________ 出生日期:__________

自称:__________

可能影响法布尔成为昆虫学家的儿时兴趣和经历:

____

他的背景、兴趣、爱好:

____

有关法布尔的惊人事实:

____

如果见到法布尔，我想要问他的问题:

1.__________

2.__________

3.__________

法布尔的作品名称（请写出出版日期）:__________

关于法布尔的写作方式、风格，你有什么体会?

____

通过阅读本作品，你学到了什么新知识?

____

（二）自由畅读，走近昆虫的世界

（1）自主阅读，班级共读。

（2）阅读过程中，搜集你喜欢的或者感兴趣的昆虫。

（3）完成下面的昆虫思维导图。

读完《昆虫记》后，你对昆虫们有了不少的了解，请用思维导图的形式介绍自己最感兴趣的一种昆虫。

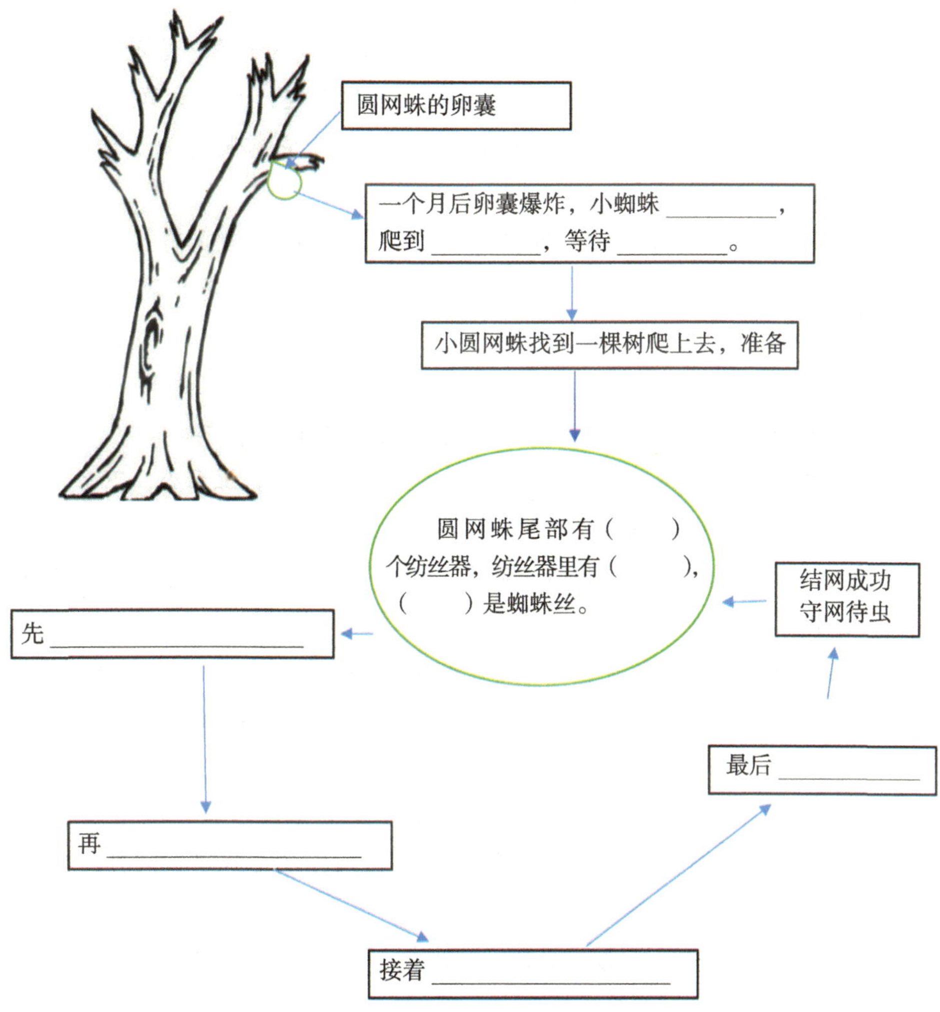

（三）一起共读，走进昆虫的世界

1. 趣说法布尔

以故事导入的形式再次激发学生对作者的好奇，进而交流展示导读课后搜集的关于作者的信息。

2. 认识昆虫大作战

（1）☆挑战：出示昆虫的图片，学生抢答说出昆虫的名字。

（2）☆☆挑战：出示一段描写昆虫的文字，学生说出昆虫的名字。

它有纤细而优雅的姿态，淡绿的肤色，轻薄如纱的长翼。它的颈部柔软，头可以任意转动，看起来温柔可人。现在它半身直起，立在青草上，表情很庄严，宽阔的轻纱一样的薄翼，像面纱一样罩着。它前腿弯曲，伸在半空，好像修女在祈祷。

（3）☆☆☆挑战：出示关于蜂的描写，学生分辨不同种类的蜂。

· 它的身体很有意思，中间部分非常瘦小，但后部却是非常肥大的，而这两个部分之间是由一根长线连接起来的。（舍腰蜂）

· 这是一种细长型的蜜蜂，腹底有一条明显的沟，沟里藏有一根刺，这根刺可以沿着沟来回地移动，它的身上有红色的斑纹。（矿蜂）

· 它身材小巧，身段玲珑，细细的腰，腹部分成两节，上面小，下面大，黑色的肚皮上围着一条漂亮的红色腰带。（赤条蜂）

· 它身上长着红、白、黑相间的条纹，它没有翅膀，形状就像一只难看而又多毛的大蚂蚁。（无翅黄蜂）

· 它是白色的，身上带着条纹，通常寄居在蚯蚓的地道里。（樵叶蜂）

· 它全身闪耀着金色、绿色、蓝色和紫色的光芒。（金蜂）

（4）☆☆☆☆☆挑战：我能找到昆虫的独特性。

《昆虫记》中详细介绍了33种昆虫，请小组根据书中昆虫的某一共性开展探究活动，找出共性下昆虫们不同的习性，以表格的形式进行区分、整理并记录。

A. 请你查找出以下不同种类粪金龟的特点，记录它们独有的特性。

大自然的清道夫——粪金龟					
粪金龟，又名推粪虫、推屎爬、屎壳郎、粪球虫、铁甲将军、牛屎虫、推车虫，鞘翅目金龟子科昆虫蜣螂，以动物粪便为食，有“自然界清道夫”的称号。它常将粪便制成球状，滚动到可靠的地方藏起来，然后再慢慢吃掉。一只蜣螂可以滚动一个比它身体大得多的粪球。处于繁殖期的雌蜣螂则会将粪球做成梨状，并在其中产卵。孵出的幼虫以现成的粪球为食，直到发育为成年蜣螂才破土而出。					
圣甲虫	西绪福斯蜣螂	野牛角蜣螂	裸胸粪金龟	条纹粪金龟	西班牙蜣螂

B. 蜂类家族种类繁多，请你查找并记录它们的独特性。

名字	特点	习性	其他
节腹泥蜂	身体强壮、力大无比，两翼一展疾如风、快似闪，被称为“闪电猎手”。	雌蜂在峭壁的斜坡上挖洞建造房子；捕捉象鼻虫，对其进行麻醉，给幼虫做食物。	成年的节腹泥蜂以花蜜为食。
毛刺砂泥蜂	有非常可怕的武器——尾部的毒针，它号称是“手术专家”。		

3. 巧手绘制昆虫明信片

为你最感兴趣的昆虫制作一张明信片，实地观察并记录。小组合作展示。每个小组可以选择 2~3 张来展示，优秀的明信片将在班级展示栏集中展示。

昆虫名片	
名称：______ 住所：______ 特长：______ 外形：______ 食物：______ 寿命：______ 产卵方式：______ 其他：______	昆虫图片
阅读与实践 你对它感兴趣的原因：______ 尝试观察这种昆虫并记录：______ ______ ______ 阅读书本并亲身实践后，你的收获：______ ______ ______	

4. 研究法布尔观察昆虫的方法，提出自己的思考

事实 （法布尔的观察方法）	我的思考 （反应、感觉、疑惑）
用实验测试狼蛛毒液到底有多可怕： 1. 先咬蝗虫和蝈蝈，被咬后很快就死亡。 2. 再让狼蛛咬麻雀的腿，两天后麻雀死亡。 3. 接着让狼蛛咬鼹鼠的鼻尖，一天半后鼹鼠死亡。 结论：毒蜘蛛的毒不仅对昆虫有杀伤作用，对小动物也有杀伤作用。	

5. 细品《昆虫记》里优美的语言

思考：这样的表达给你怎样的启发？

摘抄语句或文段	推测	给我的启发
它有纤细而优雅的姿态，淡绿的肤色，轻薄如纱的长翼。它的颈部柔软，头可以任意转动，看起来温柔可人。现在它半身直起，立在青草上，表情很庄严，宽阔的轻纱一样的薄翼，像面纱一样罩着。它前腿弯曲，伸在半空，好像修女在祈祷。	螳螂	
这个小小的昆虫，正是利用这样一件兵器，在蜗牛的外膜上，不停地、反复地刺击。但是，它所表现出来的态度很平和，神情也很温和，乍一看起来，好像并不是猎人在捕猎食物，在咬它的俘虏，倒好像是两个动物的亲昵接吻一般。	（　　）	
它可谦虚友好了，不信你看这场面：一只蜂刚要出来，而另一只蜂正要进去，于是那只要进去的蜂会很客气地让路，表现得可有风度和礼貌呢，简直就是一个绅士，它们不但谦逊，而且还很聪明，看看它们的小家，每一个都修得很光滑别致。	（　　）蜂	

我的新思维是什么？

文本欣赏 + 我的思考 = 我过去从未考虑过的，现在正在思考的内容读完《昆虫记》，你对昆虫的认识、对昆虫的情感有没有发生变化？发生了怎样的变化？

____

____

____

6. 对比阅读

你还读过哪些昆虫类的读物？与《昆虫记》相比，你更喜欢哪一本？

<table>
<tr><th colspan="2">书名</th><th>《昆虫记》</th><th>《　　》</th><th>《　　》</th></tr>
<tr><td colspan="2">共同点</td><td colspan="3"></td></tr>
<tr><td rowspan="4">不同处</td><td>内容</td><td></td><td></td><td></td></tr>
<tr><td>语言</td><td></td><td></td><td></td></tr>
<tr><td>观察方法</td><td></td><td></td><td></td></tr>
<tr><td>其他</td><td></td><td></td><td></td></tr>
<tr><td colspan="2">我更喜欢</td><td colspan="3"></td></tr>
<tr><td colspan="2">喜欢的理由</td><td colspan="3"></td></tr>
</table>

四、创意天地

（1）假如你要向朋友推荐《昆虫记》，你会怎样推荐，请说说推荐的理由。

____

____

____

（2）给你喜欢的或者不喜欢的昆虫写一封信。

亲爱的______：

____

____

____

一个人类小朋友：______

______

（3）下面这段话是菜粉蝶“雪白”的妈妈在产卵时对“雪白”说的话，而“雪白”经历了从出生到孵化变为幼虫，再经过四次蜕皮后结蛹，最后羽化为菜粉蝶的过程后，她会对她的妈妈说些什么呢？

妈妈的话：	“雪白”的话：
小心长大吧！	______
要远远躲开赤眼卵寄生蜂	______
茁壮长大吧！	______
一定不能让小茧蜂靠近！	______
快点长大吧！	______
千万不要理会黄金小蜂！	______
健康长大吧！	______
你们都要长成美丽的菜粉蝶！	______

五、阅读加油站

（1）《西顿动物记》，[加]欧内斯特·汤普森·西顿/著，[韩]咸泳莲/编，北京科学技术出版社。

（2）《我们去找小昆虫》，[日]冈岛秀治/著，浪花朵朵童书/编译，北京联合出版公司。

（3）《我的昆虫小伙伴（全 2 册）》，[日] 得田之久 / 著，丁虹 / 译，新星出版社。

（4）《虫之语》，顾媛 / 著，大连出版社。

（5）电影《微观世界》，[法] 克劳德 · 纽利迪萨尼、玛丽 · 佩莱诺 / 导演。

六、阅读工具箱

观察日记

第一，确定内容，注意观察。

自然观察日记内容广泛，动物、植物、环境气象、天文地理，一切自然界存在的现象都是自然观察日记的内容。

观察中，一定要注意季节变化，时间推移，生长习性。动手实验从正面、侧面进行比较，反复观察，弄清事物的现象和本质。

第二，注意格式，真实具体。

（1）题目。在第一行写。若连续观察可在每段日期前再加一个小标题。

（2）日记的时间。在第二行写。即：× 年 × 月 × 日，星期 ×，天气情况。

（3）正文。观察本身就是进行科学探究实践活动，所记内容不能虚构，应依据观察的现象如实记录，查找资料要有具体出处，其结论具有科学性。写法上可以仿照《昆虫记》，用记叙、描写、议论、说明、抒情等形式表达，也可以用散文的形式记录，生动地描写或使用拟人修辞手法，给自然物赋予人性的思考。

第三，养成习惯，持之以恒。

写自然观察日记不能写写停停，只有坚持不懈地观察与记录，才能培养自己的科学探究精神和意志力。

深圳市福田区园岭实验小学　王晓敏

深圳市福田区南华小学　吴利利

《生于天空》阅读设计

一、阅读解析

《生于天空》是描写两只雕的生存与成长故事。两只雏雕从小失去双亲，它们生活在尘世的角落里。在野生动物所具有的不论任何情形都要活下去的强大生命力召唤下，它们努力地生存着，并以倔强的姿态演绎着自己的生命华章。从捕获山蚯蚓、黄颌蛇、山雀、鸟儿、野兔开始，两只雕运用智慧，协同作战，终于捕捉到了猎物。他们还将面对大雨倾盆的残酷，温馨家园的被占，在经历了同类世界的羞辱，人类世界的温情后，终于成为大自然的强者，成为英姿飒爽的年轻武士。故事的结尾是开放式的，留给读者一个悬念，一种顽强的野性之姿的思考。

《生于天空》1961 年获得未明文学奖。本书是日本著名的儿童文学作家，少年动物小说的开山鼻祖椋鸠十的代表作，以朴素而温柔的笔触描摹雕在成长中遇到的磨难，与人类之间发生的感人至深的故事，娓娓动听地讲述了雕的习性，充满科学情怀，字里行间闪耀着温暖真挚的情感和明媚动人的生命力，富有美学和生命教育的意义。

我国著名儿童文学作家高洪波认为："动物小说之于椋鸠十，相当于童话之于安徒生，诗歌之于普希金，是两相寻找的一种文学结果。"由此可见，椋鸠十在动物小说的地位。

（一）内容解析

每个人心中都有对野性的回归、每个人心中都期待成长的蜕变、每个人都有着对成功的向往，在《生于天空》中，我们看到了答案。本书描写的是两只雕从孤雏到天空强者的成长过程。跟其他的动物小说相比，作者棕鸠十笔下的动物更接近真实的动物世界。两只雕成长的故事有血有肉，充满悬念的妙趣故事给学生带来不一样震撼的同时，更能启发他们在成长话题上的思考与感悟。

（二）作品特色

1.《生于天空》题材

《生于天空》是以少年为阅读对象的动物小说。作者笔下的两只雕勇敢无畏、聪明机智，动物形象鲜明。机智和勇敢是椋鸠十动物小说中动物们最显著的特征。动物们在面临危险时表现的冷静与沉着，令人赞叹。作者站在动物的叙述角度，对雕的生活习性做了详细的描述。小说还采用了拟人化的手法，深入雕的内心世界，在展示雕的共性的同时，也没有忽视它们的个性。作者以超常的艺术感受力，紧紧贴近动物的生活，真实地再现了动物世界的多样性。在本书中，我们既能看到雕与其他动物之间为了生存进行残酷的厮杀，也能看到雕在共同对付强大的敌人时的亲密合作，在体会到紧张刺激的动感时，也能感受到动物们亲近、可敬的温驯。（选自涂素珍《解读椋鸠十的动物世界》，部分有改动。）

2. 多角度感受椋鸠十动物小说

（1）感受“年轻翅膀”的成长。

原本生于天空的大雕，从出生到长大经历了许多次战斗，其中有四次战斗最惊险。这四次战斗都是它们的命运转折点，从“雕蛇之战”体会坚韧，从“人雕之战”体会倔强，从“雕雕之战”体会勇敢，从“雕人之战”体会智慧，在战斗中充分展示了一种顽强的野性之姿。

（2）品读作品诗意的语言表达。

书中语言优美生动，有许多关于自然环境的描写，渲染了故事气氛。如雌雕在与雄雕失散时的环境描写：“这一刻的天空，像节日一样，绚烂而华丽。但是，没有亲人和朋友、独自一人的节日，总让人感到凄凉无比。”阅读时，可以让学生轻声读一读，品味优美的语言，生动的自然环境描写对营造故事的氛围、塑造雕的形象起到很好的烘托作用，并能推动故事情节的发展。

（3）体会情感主题。

雕的野性之姿中渗透着一份坚韧、一份倔强、一份勇敢、一份智慧，这种种个性凝结成一种姿态，就是顽强的野性之姿。可雕并不是只有动物的野性，它并不是无情的，恰恰相反，它的情很深：对同伴出生入死、患难与共、相依为命的深情；对猫、狗朝夕共食、嬉戏打闹、和睦相处的友情；还有源次和雄雕之间、人与动物之间复杂又带着自然伦理思考的情感。

（三）阅读提示

（1）关于雕，你有哪些认识？

（2）通过阅读《生于天空》这本书的封面、封底、勒口、附录等，对作者椋鸠十有哪些了解？

（3）书中语言优美，自然环境描写较多，这对塑造角色具有怎样的作用？对表达作家的情感又具有怎样的意义？

（4）在两只雕的成长经历中，哪一次的战斗最打动你？这些战斗场面的描写表达了作家怎样的语言特色？

（5）故事的结尾是开放性的，请你设想两只雕最后的命运会如何呢？

（四）教学主题对接

建议与统编版语文四年级下册第六单元“成长故事”主题对接。

二、阅读策略

（一）找联结

策略的描述：从文中想起已经知道或曾经经历的事情或内容。联结可分为三种：（1）文字与自身——在阅读中联想到自己过去的经验；（2）文字与文字——在阅读中联想到过去曾阅读过的文章或故事；（3）文字与世界——在阅读中联想到社会上或生活上的一些相关议题。

策略的功能：（1）文章内容一定要和读者所知的有关联，只有产生了共鸣，才能在他的生命中产生意义；（2）读者必须找到文章和文章之间的相同点，才能够利用已有认知来了解新的文本；（3）读者能把所学与生活经验做联结，学习会更真实。

（二）实现转化

策略描述：转化是阅读文本后读者一种想法上产生的变化。转化是描述阅读怎样改变读者思考的方式，以及帮助读者产生新的观点和思想。

策略的功能：读者在阅读文本后把之前存在的观点进行重新审视、评估、安排，从不同的角度或不同的视角进行观察，从而产生一种新视角或观察事物的新方式，并不需要是其他人过去从未想到的观点。

三、教学设计

（一）激发兴趣，开启天空之旅

（1）趣味认图，猜猜哪个是雕。

（2）出示雕的介绍。

像鹰一样，比鹰大，羽毛是黄色的，背面有金属光泽，是大型猛禽，性凶猛，喜食野兔、雉、鹑以至大型哺乳动物幼麝等。巢营于高山悬岩上或峭壁的树上常在近山区的高空盘旋翱翔。

从这里你知道了雕有什么原本习性？

体大凶猛、属肉食禽类，栖息在悬崖峭壁上。它是属于天空的野性之鸟，所以书的名字就叫“生于天空”。

（3）出示本书封面，说说你的发现。

（4）在阅读本书的具体内容之前，我们可以从书的哪些地方了解作者椋鸠十呢？

<table>
<tr><th>书本部分</th><th>提取信息</th><th>初步感知</th></tr>
<tr><td rowspan="2">封面</td><td>日本　椋鸠十动物小说　爱藏本</td><td>他是日本写“爱”为主题思想的动物小说作家</td></tr>
<tr><td>部分篇目入选小学语文教材推荐书目</td><td>他写的书极有教育意义，文字表达规范，被语文教材选中为推荐书目</td></tr>
<tr><td>前勒口</td><td></td><td></td></tr>
<tr><td>后勒口</td><td></td><td></td></tr>
<tr><td>封底</td><td></td><td></td></tr>
<tr><td>附录</td><td></td><td></td></tr>
<tr><td>目录</td><td></td><td></td></tr>
<tr><td>目录前</td><td></td><td></td></tr>
</table>

（二）自由畅读，感受雕之成长

（1）以自主阅读、班级共读的方式，将阅读的任务发到“班级优化大师”APP，学生按要求完成阅读任务。

（2）根据两只雕的成长经历和情节发展，完成它们的“归巢之路”。

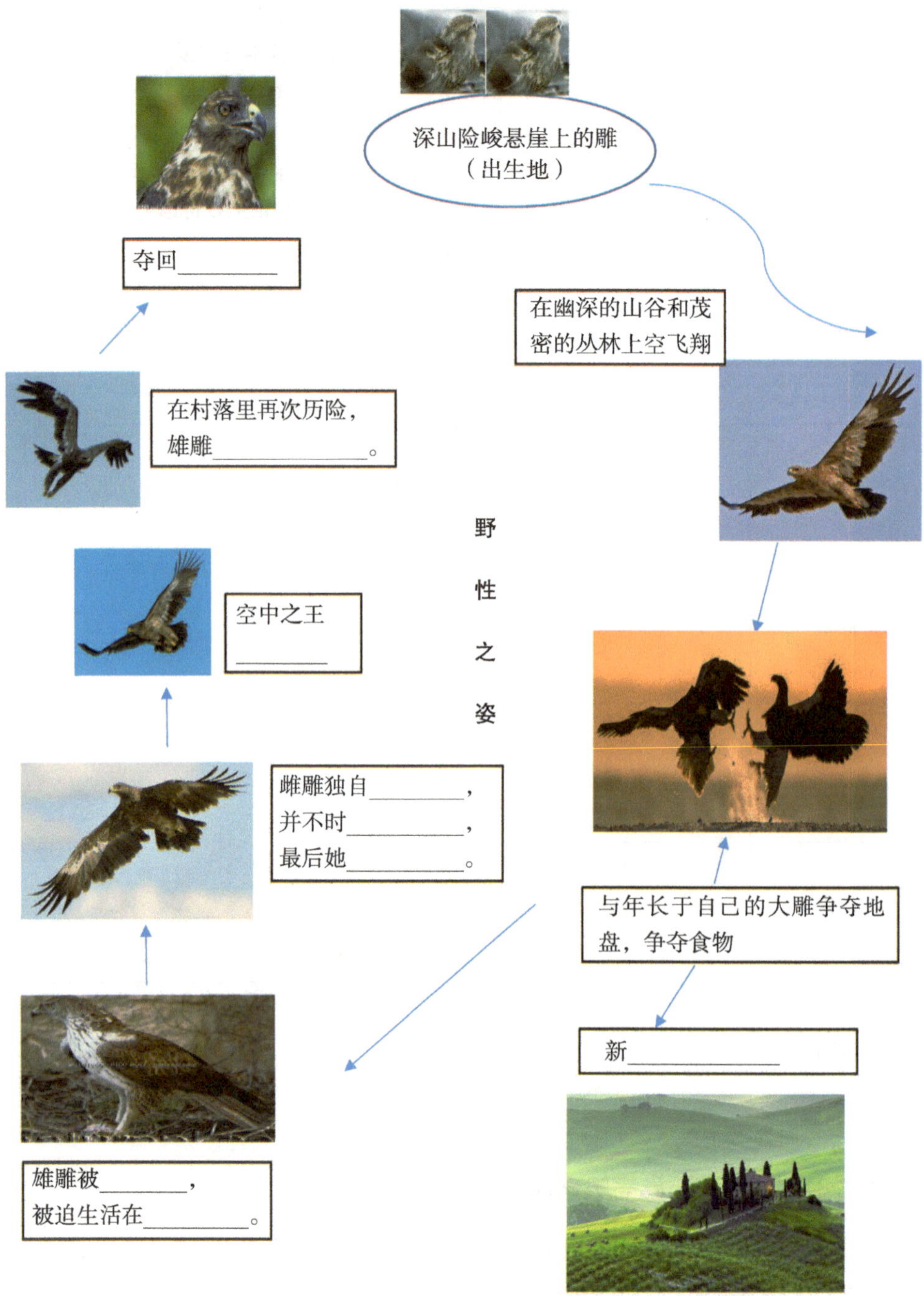

（3）在雄雕经历了被俘，雌雕独自在严酷的条件下生存后，它们各自的成长发生了怎样的变化？请你探究它们改变的原因。

雕	发生了怎样的变化	改变的原因
雄雕	被解开藤蔓放进鸡棚里的雕，早已疲惫不堪。它耷拉着一只翅膀，蹲在污浊的泥地上。	被散弹击中翅膀，挣扎求生时遭遇挫折，身心疲惫，身体和心理都遭受着打击，更是对未来失去斗志。
雌雕	现在，它们却突然分开了。年轻的雌雕，停在杉树顶上，久久地凝望着天空的一角，一动不动地像是在等着另一只雕。	痛失同伴的那一幕还时时浮现在她的脑海里，让她无法相信朝夕相处的同伴就这样消失了，未来的路该何去何从呢？

（三）一起共读，体验雕之成长

1. 场景再现，我演你猜

学生课前准备，以小组合作的形式，将雕从出生到成长的几大战斗场景通过表演的形式展示，台下的小观众可以根据动作、语言，来猜一猜是哪一个战斗场景。每个小组选择一个战斗场景进行表演。

2. 四次战斗，体会成长

（1）出示四次战斗。

原本生于天空的大雕，从出生到长大经历了许多次战斗，其中有四次战斗最惊险。这四次战斗都是它们命运的转折点，最后甚至和书中的另一个主人公（猎雕高手源次）过招交战。

这四次战斗分别就是：雕蛇之战（体会“坚韧”）、人雕之战（体会“倔强”）、雕雕之战（体会“勇敢”）、雕人之战（体会“智慧”）。

作者就在扉页中这样写道：在这个故事里，我向大家描述的就是这样一种顽强的野性之姿。

（2）文本赏析：从作品中打斗场面的描写，感悟作家的语言表达特色。

文本	P15~19：两只雏雕与黄领蛇的打斗		
精彩语句摘录	1. 两只雏雕猛地抻直翅膀，做出随时要扑过去的姿势，它们瞪着黄领蛇，注意它的行动。 2. 通过跟黄领蛇战斗，雏雕用力扇动翅膀，唤醒了它雕族的本能，从此知道了用翅膀飞行。		
知性的观察	对雕的观察非常仔细，对它们的生活习性十分了解。用平实的语言介绍雕的本能苏醒。		
语言形式的运用	语言朴实生动，运用拟人化的动词“抻直”“扑”“瞪着”“注意”展现打斗场面的激烈与紧张，成功塑造了具有顽强之姿的天空之王形象。将专业的动物学术语变成故事性语言。		
情感移入	动物的意象成为作者的代言人，表现了作者对雏雕勇敢的赞赏。		

3. 领会情感，深度思考

（1）动物与动物之间的情感。

当人雕之战后，雄雕被源次抓回家，他的伙伴雌雕该不该去寻找那只失踪的雄雕？说说自己的理由，准备一场辩论赛。

正方观点：雌雕应该要去寻找那只失踪的雄雕，哪怕历尽艰辛。理由是______________________________

____

____

反方观点：雌雕不应该去寻找那只失踪的雄雕，理应更努力地生存。理由是______________________________

____

____

最后的结论是：______________________________

____

____

（2）动物与动物，动物与人之间的情感。

雌雕、雄雕、狗和源次都为自己心里的"情感"付出了很多，你觉得值得吗？请分别对这四个角色的情感付出进行评价（分值范围为0~5分），并简单地写下你的评价理由。

角色	得分	理由
雌雕		
雄雕		
狗		
源次		

（4）找出文中的自然环境描写，讨论这些描写对塑造角色有怎样的作用，对表达作家情感又具有怎样的意义？

自然环境描写	角色塑造的作用	情感表达的意义
远处的天际被映得通红。那红色，延伸到天空的中央变成了透明的粉红色。天空中飘浮着蔷薇色的云和金色的云。	环境描写为角色提供了一个背景，美景与雌雕内心的无助形成对比，刺激雌雕独自勇敢骄傲地生存。	生动的自然环境描写推动了情节的发展，渲染出作家对两只雕重逢的期待。

四、创意天地

文章最后，雄雕受重伤之后，雌雕、猎狗、雄雕、源次都有千言万语想要诉说。想象一下，它们最想对谁说些什么？

雌雕想对（　　）说：“____

____。”

猎狗想对（　　）说：“____

____。”

雄雕想对（　　）说：“____

____。”

源次想对（　　）说：“____

____。”

按照椋鸠十的创作思路，大胆续写结局：雄雕最后死了吗？两只雕的命运又将如何？

____

____

五、阅读加油站

（1）《椋鸠十动物童话》（10卷），[日]椋鸠十/著，安伟邦/译，二十一世纪出版社。

（2）《潘帕斯草原的故事》，[法]盖内埃尔·大卫/著，[法]艾米丽·冯丹/绘，陈萌/译，山东文艺出版社。

六、阅读工具箱

关于续写

续写，指从原文出发，遵循原文的思路，对于原文做延伸。续写训练可培养学生的想象力和预知事物的能力。

常见的续写方式有两种：一种是读写结合的续写方式，往往要求写出一篇有所发展、情节不同的新故事来；另一种方式是给文章开头续写情节或续写文章结尾，这类续写要求在理解原文的主要内容和中心思想的基础上，展开想象，对原文内容进行补充，力求使所改写的文章与原文保持一致。

1. 续写的写作要求

（1）在读懂原文的基础上，以原文的结局为起点，写出故事情节的发展和变化。

（2）展开丰富的想象与联想，做到合情合理、真实生动。

（3）续写文章要在主要人物思想行为、性格特点、语言特点和风格上与原文保持一致；续写部分的主题必须是健康的、有意义的。

2. 续写的方法与步骤

（1）一般先确定中心，然后根据中心构想故事情节，接着就可以动笔写了。

（2）展开想象，合理推测情节发展。展开想象，就是对原文故事没有写出的情节展开合理的推想，打开思路，多角度地去想象。想象出几种情况、几种结果，从中加以选择。

（3）续写要注意前后照应，防止自相矛盾。特别是给出开头的续写，必须要与上文紧密联系，使上下文融为一体。最后，要特别强调的是，续写要结合过去的生活经验，进行推测、想象，也要靠平时的写作基本功。续写可以开发我们的想象力，开拓写作思路，锻炼选材、组材和文字表达的能力。

深圳市福田区园岭实验小学　王晓敏

深圳市福田区南华小学　吴利利

《将军胡同》阅读设计

一、阅读解析

《将军胡同》这部作品以儿童的视角、京腔京韵的故事和生动流畅的语言，讲述了抗日战争时期北京城里皮影戏班子的一对父女、前清八旗的落魄子弟图将军、富有但爱国的姥爷一家，从几个家族的命运，透视沦陷区不同阶层人们的思想、情感和遭遇，展示了那一特殊年代广阔的社会生活画面，是老北京人在民族气节、品德大义上的一段传奇。

作品塑造了一位极具个性的“图将军”，将其性格中的义气、侠气、局气表现得酣畅淋漓。对老北京风物节令、物候时序、日常生活的展现充满了历史文化内涵。作品浑然天成、气象高远，有鹤立之势。

大宝是生活在北京城优渥家庭的孩子，战争的到来让他感受到身边人与事的巨大变化：大舅与二舅都投身到抗日活动中；原本游手好闲的图将军被日本人刺激后完全变了一个样，在与日本人的搏斗中牺牲；大宝与秀儿在前往石景山找她爹的过程中目睹了日军对中国底层民众的压榨与奴役。作者通过讲述身边人在战争中的遭遇，从而突出了战争导致的灾难和反差，这也让小读者对战争产生了更直观的理解与感受。

（一）内容解析

《将军胡同》是作家史雷的作品，由人民文学出版社出版。本书获得第一届“青铜葵花儿童小说奖”之最高奖“青铜奖”，受到谢冕、高洪波、王泉根等七位专家的一致好评。作品通过孩子的眼睛，描绘了在抗日战争期间，老北京两户人家的友情和变故。作品重心在表现一个破落八旗子弟图将军的命运变化上，成功塑造了一个从浪子到抗日志士的转化形象。除此之外，本书语言富有京味儿，生动地表现了老北京的日常生活及许多民俗玩意儿，还插入多幅精美的插图，展示了历史的风云变幻，真正做到了寓教于乐，是一部非常适合少年儿童阅读的文学作品。

（二）作品特色

1. 新世纪抗战题材儿童小说的内涵

新世纪抗战题材儿童小说，是指21世纪以来所创作的以儿童参与1931~1945年间的抗日战争为描写对象，或是将这段战争作为重要背景，侧重讲述儿童在其中的生存体验，并与抗战有关的儿童小说。

作家尽可能地将战火与儿童疏离开来，让战争多作为儿童生活的背景而存在，更看重儿童在这个背景之中艰难的生存状态与成长经历。但是无论是战争时间段上的处理，还是战争与非战争两个场景之间的建构，作家在字里行间都向读者讲述了一个事实，那就是没有一个人能在这场侵略战争中幸免。战争未发生前的生活是美好的，一旦战争来临，人们正常的生活秩序就会被打破。父母或是周围的人极力为儿童营造了一个良好的“非战”空间，但是阻挡不了战争对儿童的影响。即便是最大限度的战争背景化处理，小说还是会指出：儿童依然还是这场战争的目睹者与亲历者，即使战争对他本人没有造成实质性的伤害，但是战争对他身边的人与他所处环境造成的损害是永久存在的。因为现代儿童对抗日战争的了解并不充分，所以这种将战争背景化的小说处理方式，更容易被小读者接纳。从以上延续与突破可见，进入21世纪以来的抗战题材儿童小说希望让小读者从各方面了解并接触到战争，知晓过去的儿童在战争中可能会扮演的各种角色，近距离感受战争对儿童造成的影响，从而对战争作出属于自己的解读与判断。

2. 新世纪抗战题材儿童小说的叙事方式

《将军胡同》的叙事风格朴实庄重，叙事节奏张弛有度，每一章的内容既可独立成篇，串联起来又是一个背景完整、人物形象丰满的故事。《将军胡同》虽然主要采用儿童视角，但有些事件用儿童视角是难以呈现的，必须要借用成人视角。如图将军带着大宝和秀儿去石景山找秀儿她爹，年幼的孩子无法理解日军为何要对国人采用暴行，他们是通过警察和图将军的对话才知道秀儿爹的遭遇的。日军细菌战引起的霍乱对孩子而言是遥远的，他们无法得知这会带来怎样的灾难。小说让大宝在聆听图将军与姥爷的对话中知道了细菌战的真实目的，再者，借成人的眼光让儿童更真实地看到生活中的苦难。

在儿童小说中，作家适度插入成人的思考，以适时地传递成人世界的人生经验。毕竟，在战争发生时，儿童无法独立面对这样突如其来的变化，成人视角在此处显示出“干预”叙事的特征，成人适时地运用自己的人生经验与童年经验为儿童答疑解惑，也给作品增添了思想性与厚重感。

3. 多角度感受人物的成长

（1）分析典型人物。

作品塑造了以姥爷和图将军为代表的有气节、有情怀、个性鲜明的北京人形象。其中，写得最出色的是八旗后代图将军，他是一个混混儿，是败家子，什么生计都不会；他也是一个高水平的玩家，陪伴着“我”一起成长，斗蛐蛐、猎獾、养金鱼、放风筝，赛蝈蝈、看耍猴。他从一个纨绔子弟一步步转变为一个爱国抗日志士。

（2）感悟民族气节。

作为一部抗日题材的儿童小说，讲述了许多具有民族气节的爱国人物的故事。“我”的父母、大舅、二舅不顾父母反对毅然加入革命队伍；姥爷虽然不太理解子女们的革命行动，却不干涉、不阻止，在涉及民族大义的关键时刻坚持原则，毫不退让；图将军身上有义气和侠气，愿以自己的牺牲换取革命者的生存。作品还塑造了一些普通百姓，在面对家国存亡时表现出的果敢、正义。

（3）感受京腔京韵。

品味作者对老北京的风俗的细腻描写，了解老北京的风物节令、物候时序等历史文化内涵。

（三）阅读提示

（1）你了解作者的相关信息吗？

（2）你了解作品的历史背景吗？

（3）《将军胡同》这本书曾获得过“青铜葵花奖”的殊荣，你知道这个奖代表什么意义吗？你还读过哪些获得该奖项的书籍？

（4）你觉得图将军是个怎样的人？试着评价一下。

（5）你觉得姥爷是个怎样的人？试着评价一下。

（6）“铁弹子”“老黄忠”“铁苍狼”等，故事里的每一种小动物都有特殊的象征意义，它们分别代表什么？

（四）教学主题对接

建议与统编版语文四年级上册第七单元“家国情怀”主题对接。

二、阅读策略

（一）运用推测

策略描述：推测是读者阅读时根据读过的内容及与内容相关的背景知识去预测文章内容的发展，包括作者或主角的情感、想法和行动。

策略的功能：读者根据自己的经验与背景知识，针对阅读文本的线索，对文本内容发展形成假设，并带着假设继续阅读，不是单纯猜测文章内容，还须有不断地检验假设的过程。阅读时运用这一策略能够帮助学生建立对人物形象或故事情节的理解。

（二）实现转化

策略描述：转化是读者阅读文本后在想法上产生的变化。转化是描述阅读怎样改变读者思考的方式，以及帮助读者产生新的观点和思想。

策略的功能：读者在阅读文本后对之前存在的观点进行重新审视、评估、安排，从不同的角度或不同的视角进行观察，从而产生一种新视角或观察事物的新方式。

三、教学设计

（一）了解作者，开启将军胡同之旅

1. 出示胡同的图片，学生交流对胡同的了解

胡同：是蒙古语的音译，有水井的意思。据文献记载，在明代北京就多达几千条，其中内城有 900 多条，外城 300 多条。清代发展到 1800 多条，民国时有 1900 多条。新中国成立初统计有 2550 多条。

2. 出示本书封面，学生交流自己的发现或者疑惑

（1）介绍作者：史雷，1970 年 10 月生于四川省灌县（现都江堰市），北京作家协会会员。作品散见于《儿童文学》、《少年文艺》（上海）、《少年文艺》（江苏）、《读友》、《东方少年》等杂志，曾获 2011 年冰心儿童文学新作佳作奖、首届“读友杯”全国少儿类型文学大奖赛二等奖、第二届“读友杯”全国少儿类型文学大奖赛优秀作品奖、2014 年《儿童文学》擂台赛之“直通罗马大奖赛”金奖、陈伯吹国际儿童文学奖。长篇小说《将军胡同》一举夺得第一届“青铜葵花儿童小说奖”之最高奖项“青铜奖”。

（2）初识图将军。学生自主阅读“大红门”章节后，出示以下段落：图将军其实叫图尔堪，四十七岁。据说，他的祖上在乾隆年间曾随军平定过伊犁叛乱，祖上的祖上还曾跟随康熙皇帝打过雅克萨之战，三辈都曾授封“三等奉军将军”爵位。尽管图尔堪连营兵都没当过，可他就是喜欢别人叫他“图将军”，毕竟这称号是祖上用命换来的荣耀。民国以后，朝廷没了，岁俸也没了，图将军什么都不会，爱好多，开销又大，看戏要看梅兰芳、张桂轩；养鸟要养碧玉鸟、沉香鸟，吃喝拉撒睡都极为讲究。于是每次图将军来刘家，手里都会拿着一件很精致的物件儿，不是玉坠儿就是鼻烟壶，不是玉如意就是官窑次品。而每次从刘家离开时，这些东西就会留在刘家，他带走的则是一块块沉甸甸的银圆。离开的时候，图将军哼着小曲，丝毫没有败家的羞耻。

……

思考：初次见面，你认为图将军是个什么样的人？

翻开目录，说说你最想读哪一章节。

（二）自主畅读，感受将军胡同魅力

（1）以班级共读的方式，利用每周的午读和阅读课，规定相应的章节任务，组织学生共同阅读。

（2）胡同人物来亮相：回顾内容，说说这部小说里都写了哪些人物，他们各有什么特点。

人物	性格特点
图将军	
“我”	
姥爷	
“小海子”	
秀儿	
秦四爷	
赵姨	
老横泽	

（3）通过各种途径了解故事发生的时代背景。

（三）一起共读，走进将军胡同的世界

1. 猜猜他们是谁

出示书中对主要人物的描写，学生抢答说出对应角色名字。

2. 走近图将军

（1）了解图将军：我们一开始认识的图将军是一个纨绔子弟，为了享乐，把家里贵重的东西都拿去典当了。随着故事情节的发展，社会的变化、生活的变故，图将军发生了怎样的改变呢？学生带着问题，自由阅读，填写阅读学习单。

章节	相关情节	图将军的表现	“我”对图将军的情感与评价
大红门	额娘病了，急着用钱，图将军拿着贵重的痕玉来姥爷家换钱用。	小心翼翼，没了先前的威风和霸气。	孝顺
铁弹子			
美猴王			
老黄忠			
鱼美人			
石唐山			
铁苍狼			
六月雪			

（2）探究图将军的改变：重点阅读“铁苍狼”章节，思考促使图将军发生改变的真正原因是什么。

3. 分析老横泽父女

小说中为什么还要插入日本父女二人的故事？作者塑造这两个人物有什么意图？

4. 了解小说中人物形象的塑造过程

（1）感悟成长：老横泽轻轻叹了一口气，说：如果中国人能把这样的精细劲儿放在治国大业上，那么日本人还能像现在似的吗？

（2）象征手法：“铁弹子”“老黄忠”“铁苍狼”等，故事里的每一种小动物都有特殊的象征意义，它们分别代表着什么呢？

（3）对比描写：小说采用了对比手法进行人物描写，试填写以下表格，思考运用对比手法来塑造人物可以达到怎样的艺术效果。

角色	对待同胞的态度	对待日本人的态度
图将军	收苦命秀儿为义女；舍身救同胞	打死日本便衣
“我”		
姥爷		
“小海子”		
“我”的大舅		
秦家父子		

（4）本书中，作者生动地描述了老北京的风俗习惯、日常生活，请找出典型的句子和段落，摘录下来，感受作品丰富的历史文化内涵。

日常生活	典型句子和段落
泡茶馆	
看京戏	
斗蛐蛐	
养金鱼	
熬酸梅汤	
放风筝	

四、创意天地

（1）书中哪个角色给你留下了深刻的印象？请你给他写一封信，谈谈自己的想法和见解。

（2）重点阅读“铁弹子”章节，思考作者运用了哪些写作手法来描写蛐蛐，学习运用作者的写作手法来描写一种自己喜欢的宠物。

五、阅读加油站

（1）《城南旧事》（插图珍藏版），林海音 / 著，新星出版社。

（2）《旧时明月：老北京的风土人情》，赵鸿明、汪萍 / 著，当代世界出版社。

六、阅读工具箱

老北京的民俗风俗

宠物习俗

老北京有养宠物的习俗，如养金鱼。享誉国内外的水中宠物金鱼，是我国传统文化宝库中一颗璀璨的明珠。金鱼系鲫鱼变种，因其色赤而鳞片闪烁若金，故名金鱼。金鱼的品种很多，如望天金鱼、龙睛金鱼、珍珠金鱼、红头金鱼等，北京人图吉利，养金鱼讨的是“吉庆有余”“年年有余”的口彩。在北京人的口语中，宫廷中四尾的珍贵金鱼称为“金鱼”，而各色的两尾鲤鱼类的金鱼称为“小金鱼儿”。加一个小字，再读出儿化音，这鱼可就两码事了，其价格相差也甚远。小金鱼儿十分耐寒，腊月、正月是小金鱼儿最热销的季节。年关将至，普通百姓买两条小金鱼儿，又哄孩子，又图吉利，讨个“来年有余”的好兆头。

特色方言京味浓

北京语音既动听又容易听懂，语言丰富生动，为全国最佳语音、语言之一，我国的普通话（国语）和汉语拼音，就是以北京语音为标准的。但北京地区地道的方言，韵味自殊，很有特色。现将有关北京方言的简释列举如下：自个儿——自己一个人；咱们——我们；劳驾——请人帮助，或表谢意；侃大山——信口穷聊；猫儿腻——心怀私隐，不可告人；贫嘴——多嘴、好说废话；犯傻——发呆、装糊涂；套磁——拉关系；逗乐——开玩笑；泡汤——完蛋，吹了、弄糟了；宰人——敲竹杠、坑骗他人；怵头——为难、胆怯、害怕；瓷实——结实、坚固、可靠；没辙——没办法；黄了——没办成；别价——别那样做的意思；吃心——多心；倍儿好——特别好，非常好；捅娄子——招麻烦、惹是非；涮人——不守信用、戏弄别人；掰了——关系破裂之意。

深圳市福田区新莲小学　舒　林
深圳市福田区南华小学　吴利利

四年级下册

神话与想象

四年级下册

神话·想象

本学期的几本推荐阅读书，包含科幻小说、神话故事、童话故事。童话，儿童文学的一种体裁，作者通过丰富的想象、幻想和夸张来编写适合于儿童欣赏的故事。神话是一种民间文学，它并非现实生活的科学反映，而是远古时代人类在开始思考与探索自然的基础上结合自己的想象力所创造的。科幻小说是用幻想的形式，表现人类在未来世界的物质精神文化生活和科学技术远景，其内容交织着科学事实和预见、想象。它们共有的特点就是奇妙的想象。阅读想象类文本，读者也要打开想象的翅膀，跟随作者去感受想象之美，到达想象妙境，大胆构思、合理想象。

1. 创设情境，感受想象的魅力

阅读之前，教师利用多媒体、图片等多种形式创设情境，引领学生进入书中的情境，感受奇妙的氛围，让学生以同游者的身份进行阅读。

2. 放飞想象，体悟阅读的乐趣

阅读时，要让学生放飞思维，跟着文字去想象画面，跟着作者的奇思妙想去感受想象世界里的美妙、生动，感受各种意想不到所带来的乐趣。

3. 联系生活，探寻想象的奥秘

在重点部分阅读时，教师可以引导学生从发现入手，还原事物本来的面貌，回到原点，对比想象前和想象后物体的形态，让学生在对比中感受想象的夸张，体会语言的张力；在对比中找到想象之物源于生活的合理性，从而感受想象的奇妙之处，引导学生联系生活展开想象，为学生再创作做好铺垫。

4. 思考延伸，开启想象的创作

研读之后，引导学生从作者的角度展开想象，续编故事，用口语表达或者写作的形式进行创作，让学生的想象自由飞翔。

《不可思议的发明》阅读设计

一、阅读解析

谈到科普读物，大家的第一印象往往是严肃；谈到发明，大家总觉得离我们很遥远。有一本书却将科普表达得有趣，将发明与我们的生活紧密联系，带领我们换一种视角，重新去认识科普读物，这本书就是《不可思议的发明》。

《不可思议的发明》是一本风格独特的科学绘本，共有 29 个章节，里面涉及大量的科学类知识。书中借助图片和文字生动地介绍了人类历史上一些有趣的发明创造。有趣、轻松，是读者阅读完这本书后的主要感受。

人类的梦想或生活的需要是发明的原动力，真正的发明家都拥有丰富的想象力，所有的发明都见证了他们的灵感、激情和坚持不懈的努力。如果没有这些发明，世界将会多么无趣！这是一本会让家长、学生都觉得开心、有趣的书！

（一）内容解析

《不可思议的发明》延续了作者一贯的手绘风格，生动地介绍和描绘了人类历史上一些非常有趣的发明创造，有些虽然并不实用或并未成功，但却充满了大胆的创意。书中介绍的每项发明由两个对页呈现：前一页的文字介绍了发明的创作者、构思来源、历史背景等信息，辅以图片介绍涉及的科学原理及操作方法等，整体清晰明了；后一页则以图片的形式再现所处的年代与背景，不同人物的语言“泡泡”，让内容变得轻松而诙谐。28 项发明，有些并不实用，甚至没有机会问世，但是发明者脑洞大开产生的奇思妙想却给读者带来不一样的体验。

（二）作品特色

1. 独特的叙述方式

本书为科普类读物，书中图画均为手绘，生动而有趣。作者为每项发明提供了两个对页：一页为“文字＋手绘图片”，将所发明的物体清晰呈现在读者的面前，图片还重点描述了发明的制作过程、科学原理、操作方法、注意事项等；另一页为完全的手绘图画，其独特的视角和背景又为读者理解发明的不可思议提供了素材。

阅读本书先要读懂书中的内容，将文字和图片相结合，才能够体会到这本书的精华；接着要充分体会其作为科普类书籍所具有的特殊的叙述方式。

2. “不可思议”的奇思妙想

随着科技的进步，各种曾经不可思议的发明已经变得习以为常，但是本书中所列举的发明在其年代却令世人震惊。发明者能够冲破思想的禁锢，打破宗教的制约，将自己的想法付诸实践，这需要足够的勇气。这些发明为人类的生活带来各种便利，有的发明还具有划时代的意义，其大胆的创意超乎人们的想象，尤其是在保守固化的年代更是令人感到不可思议，这种影响甚至延续至今。

3. 敢于探索、打破桎梏的勇气

每项发明的时代背景不同，人文历史不同，发明者的职业不同，发明的类别也不同。有些发明是记录时间的工具，有些是飞行器，有些是陆地交通工具，还有一些是源于生活的奇思妙想。

一本科学绘本，它存在的价值不仅仅是为了让学生们了解曾经那些古老的发明创造，更希望以此为桥梁，让学生对历史、文化，以及发明者发明创造的艰难历程有一定的了解。这本书可以作为四年级的学生打开探寻世界、了解文化的一扇窗户。

（三）阅读提示

（1）对于“发明”你了解多少？哪些发明给你留下过深刻的印象？

（2）阅读一本关于“发明”的科普类图书，你能借助书中的图片读懂这些发明背后的科学原理吗？

（3）你认为书中这些发明有哪些不可思议之处呢？

（4）书中这些发明的创作根源是什么呢？你能按照自己的理解给这些发明分分类吗？

（5）如果有些发明并不能真正地被运用到人们的生活中，你认为还有发明的必要吗？

（6）对于那些古老的发明，你是如何看待的呢？你认为它们对于我们今天的生活有哪些影响呢？

（7）科普类书籍中使用的语言与我们平时阅读的叙事类文章有哪些不同呢？

（四）教学主题对接

建议与统编版语文教材四年级下册的快乐读书吧中推荐阅读的《十万个为什么》对接。

二、阅读策略

（一）联结

策略描述：联结是指读者将正在阅读的文本和阅读过的文本与自身的生活经验、外部的世界进行关联，使阅读达到连贯性的理解。联结可分为三种：（1）文字与自身——在阅读中想到自己过去的经验；（2）文字与文字——在阅读中联想到过去曾阅读过的文章或故事；（3）文字与世界——在阅读中联想到生活中或社会中的一些相关议题。

策略功能：联结策略就是要让学生充分地使文本与经验产生共鸣，激发起阅读的乐趣，并能结合所学，降低学习难度，化难为易；联结相似文本和经验，进行深入思考。

（二）跨界阅读

跨界阅读指阅读过程中学生突破学科边界、突破纸质媒介进行的综合阅读。有些书的阅读需要打开学科的界限综合利用历史、地理、政治等学科的知识获得更深刻的理解；有些书需要打开不同艺术形式的边界，借助戏剧、电影、评书、连环画等表现形式帮助学生对比细节，发现差异。

策略功能：学生在跨界阅读过程中，体会不同的艺术形式在表现人物、设置情节方面的特点，立体化地品评人物，加深对原著的理解，有助于其客观地、多角度地评价分析原著。

三、教学设计

（一）激发兴趣，开启“不可思议”之旅

1. 联系生活，激趣畅想

看看这两张图上的设计，你觉得它们会是什么？这些设计与我们的生活有什么联系吗？

2. 介绍作者，引入作品

想去环游世界探索未知世界吗？这三本书可以实现你的愿望。

亚历山德拉·米热林斯卡和丹尼尔·米热林斯基是波兰畅销书作家，创作了深受中国读者喜爱的“陆海空三部曲”——《地图（人文版）》《地下水下》《太空》。

他们是夫妻搭档，2010 年获得“博洛尼亚国际儿童书展插画奖”提名，以及“国际儿童读物联盟荣誉奖”（IBBY）提名。

他们的作品风格是用别样的方式来科普。当你们看到这些内容，首先涌入脑海中的感受是什么呢？

他们又奉献出一部脑洞大开的重磅之作。

（二）自主阅读，进入“不可思议”世界

1. 阅读作品，记录印象深刻的发明

发明的名称	发明的时间	发明人	发明的原因或原理	发明的应用

2. 整理归纳，体会“不可思议”

那些令你印象深刻的发明中最让你觉得不可思议的是哪些呢？请把令你印象深刻的三项发明写下来吧。

不可思议的发明	不可思议的妙想	我有哪些疑问	带给我的启发

3. 分类归类，总结“不可思议”

（1）请按照不同的分类方式（时间、功能或者应用等），重新为这本书设计一个目录吧。整理完后，你是否有新的发现呢？

（2）请借助思维导图，将书中列举的发明按照不同的角度进行分类整理。你有什么新的发现吗？

（三）班级共读，探究“不可思议”

1. 识图大战，回顾“不可思议”的发明

根据图片提示，说出发明的名称及特点。

	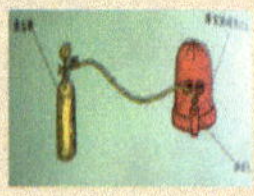						
发明的名称							
发明的特点							

2. 游戏体验，感受作品图文特点

作为一本带有科学色彩的绘本，如果单凭文字，你能够想象出这些发明的样子吗？感受科普书籍语言严谨的文字特点。

游戏：四个学生，两人一组，一组中由一人负责阅读文字，一人边听边画，完成后两组对比，看看哪组作品与书上画的最像。

讨论：书上的文字有什么特点？图画有什么特点？作为读者，这样的图文能不能吸引你阅读呢？

3. 小组合作，探究编排特点。

（1）小组讨论。

通过整理归纳，这本书在编排上有什么特点？每个发明的介绍，可以从内容上来叙述，从占据篇幅来叙述，从语言特点来叙述。

（2）小组汇报。

（3）总结。

全书 29 个章节，古今中外奇趣发明大荟萃。每个发明两个对页呈现：第一页是有趣的背景知识和清晰的原理示意；第二页是发明的场景应用，图文并茂，幽默有趣。前页侧重科学，后页侧重幽默，节奏一张一弛，阅读轻松有趣。

（4）剧本演出，再现“不可思议”的发明。

每个发明的后页图画都是一个有趣的故事，每个小组任选一幅，把它写成一个有趣的剧本故事，可以制作简单道具，进行简单排练，把这个发明故事演绎出来吧。

4. 对比阅读，深入“不可思议”的发明

（1）书中介绍了两项关于“时间”的发明——“古老的水钟”“燃烧的火钟”，它们有各自的特点，也有相似之处。你能找出来并填写在下面的图片中吗？

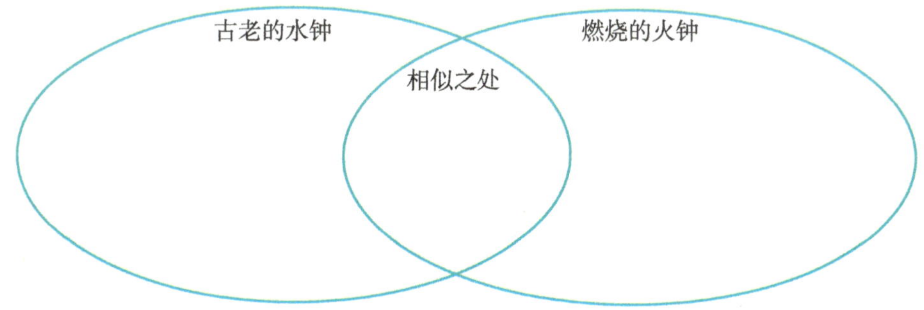

（2）在自读过程中，我们对这些发明进行了分类。根据功能分类，交通工具类的发明特别多，请你把它们按照时间顺序整理出来，并说说你有什么新的收获。

发明的名称	发明的应用	社会的反响	我的启发

（3）结合现实生活中交通问题和交通工具的需要，你觉得我们的交通工具还可以有什么改进？学着作者的图文呈现方式，设计一个你心中理想的交通工具吧。

（四）走进发明家，感受“不可思议”背后的故事

（1）这些发明有什么共同点吗？这些发明家都有些什么共同点呢？你从这些发明家身上学到了什么？

（2）这些发明对当时的社会有什么影响？

（3）现在生活中有什么发明是受到这些“不可思议”发明的启发的？

（4）有很多发明家在当时的社会并没有得到认可，但他们的创想给后来人带来了很多启发，他们的开拓精神也值得后人学习。请你给你最佩服的一位发明家，写一封感谢信吧！

亲爱的______________：

____

____

____

____

____

未来的小朋友：______________

____

（5）你身边有乐于发明创造的人吗？你会以怎样的态度来对待他们呢？

（6）“理想很完美，但现实很残酷。”很多发明并不能真的应用到人们的生活中，可是为什么主题很多人还是乐此不疲地投身其中呢？对此你有什么看法？开展一场班级辩论赛，“发明不一定都能应用到生活中，是否还有必要？”

四、创意天地

1. 你喜欢发明创造吗？请写一写你的发明创造

结合第一章的内容，围绕我们的生活，你的家里从厨房、客厅、卧室到阳台，一定会有一些可以用小发明改善的棘手问题、生活难题。仔细观察并思考一下，有没有什么发明的好点子闯进你的脑海中？从解决厨房里的难题开始，尝试写一写“我的发明”，再仿照书中的格式整理出来，我们一起做一本《不可思议的发明》续集吧！

2. 做一份好书推荐报告

读完了这本独具特别的书，相信你一定会有深刻的体会和启发，准备一个图文并茂的推荐报告，把这本书推荐给其他没有读过的同学和朋友吧。

3. 完成自己的创意阅读报告

结合自己的阅读体验，把自己读完这本书后的真实感受写出来。也可以写一写：我们围绕这本书开展的活动给了你哪些新的体验？你还有哪些活动方面的建议？你喜欢老师推荐的这本书吗？如果你是老师，你还会推荐哪些类似的书籍给同学们阅读呢？写出你的理由。

五、阅读加油站

（1）“陆海空三部曲”——《地图（人文版）》《地下水下》《太空》，[波兰]亚历山德拉·米热林斯卡，丹尼尔·米热林斯基/著，乌兰、刘博祥/译，贵州人民出版社。

（2）《谁吃谁》，[波兰]亚历山德拉·米热林斯卡，[波兰]丹尼尔·米热林斯基/著，乌兰/译，贵州人民出版社。

（3）《我的疯狂发明书》，[英]丽莎·里根/著，[英]安德鲁·雷伊/绘，朱晨迪/译，北京联合出版公司。

（4）《可怕的科学》，[英]尼克·阿诺德/著，[英]托尼·德·索雷斯/绘，

杨大洋 / 译，北京少年儿童出版社。

（5）《我是发明家》，[美] 苏珊・凯茜 / 著，马丹，杨萃 / 译，四川人民出版社。

（6）《小小发明家手册》，[英] 多米尼克・威尔科克斯，[英] 凯瑟琳・芒加尔东 / 著，Mido/ 译，北京联合出版公司。

六、阅读工具箱

科普类书籍的阅读方法

科普类书籍中涉及很多知识信息，在阅读中首先要阅读开头部分了解书籍的主题、背景、写作意图；在阅读中找出主要段落，明确其中的主题句，了解书籍的主要内容和整体结构，了解书籍的结论、用途、意义。

在阅读中抓住关键句，借助思维导图或表格来梳理，明确书籍的主要内容和整体结构。注意细节描写，重点了解书中涉及的数据和事例。注意科普类书籍中语言文字的科学性和严谨性。注意书中关键的连接词，体会每个词语在句子中所起到的作用，或连接，或转折，体会语义的变换。注意在阅读中区分文字中的客观内容和作者的主观意见，并借助已有的知识储备充分理解书中的内容，辨别、分析书中的观点，最终形成自己的知识体系。

深圳市福田区教科院附小　刘　莉

深圳市福田区南华小学　陈　洁

《多莱尔的希腊神话书》阅读设计

一、阅读解析

神话是一个民族探究世界的足迹，是古代人民对于世界最初的理解，是一个民族文化的源头。希腊神话蕴含着古希腊人民的智慧，寄托着人们对美的向往，它用神奇的故事讲述着朴素的哲理。

正如本书的翻译者熊裕所说：“希腊神话是西方文化的重要源头，不仅文学、雕塑、绘画等艺术形式深受影响，就是英语语言本身处处可见希腊神话的影子，很多的词汇、习语都是出自希腊神话的。不读希腊神话，有些深层次的文化内涵我们是理解不了的。”

《多莱尔的希腊神话书》用简练优美的语言将希腊神话娓娓道来，用独具特色的插画将我们带入那个神奇的世界，带我们认识奥林匹斯山的众神。文字与插图的完美结合，能让我们更好地了解那多彩的西方文化。

（一）内容解析

《多莱尔的希腊神话书》出版于 1962 年，世界著名的童书绘本艺术家多莱尔夫妇去希腊小岛考察后，将希腊神话繁杂的谱系加以梳理，用简练而优美的语言讲述，配以真实、稚趣又幽默的插图。此书多年来畅销不衰，至今仍位于亚马逊图书排行榜前列，成为影响了一代代人的最受欢迎的希腊神话之书。全书分为四个部分，分别是“远古时代”“宙斯和他的家庭”“ 小神、仙女、森林之神、人马兽”“宙斯在凡间的后代”，层次分明、生动完整地讲述了希腊神话中关于创世纪及宙斯家族谱系诸神的故事，线索清晰，详略得当。每一部分的开始都画有人物谱系图和背景地图，便于读者形成一个完整的故事体系，更好地记忆和理解。

（二）作品特色

1. 希腊神话特点

希腊神话是古希腊人对世界进行探索之后想象的结果，古希腊人民无法解释山川怎样形成，无法解释日月星辰是怎样出现的。自然力量制约着他们的生产和生活，但他们用自己丰富的想象力创造出一套解释自然现象和社会现象的神话体系。希腊神话分为神的故事和英雄传说两大部分。神的高度人格化是希腊神话区别于其他神话的一个重要特点，浓烈的人本主义色彩也蕴藏在众多神话之中。丰富的想象，生动的内容让希腊神话成为西方文学史上一颗璀璨的明珠。

2. 希腊神话对西方文化的影响

希腊神话内容集中完整，系统化程度非常高，是世界上现存的最完整最庞大的神话体系。后世的哲学家，如苏格拉底、柏拉图、亚里士多德；历史学家如希罗多德，也常常征引希腊神话其中的材料，艺术家特别是雕塑大师们更以神话人物或情节为范本，创作出享誉天下的佳作。在美术方面，达·芬奇、伦勃朗、卢本斯都有取材于希腊神话的名画，对希腊神话相继做出精神研究，推动了人文科学的发展。奥维德的《变形记》是对希腊神话稍加修改后的复述，西塞洛、恩尼乌斯、维吉尔的作品中也留有希腊神话的印记。现代主义的人文思想家们又创造性地从希腊神话中发现了一个自由、明快、充满原始生命力的世界，借鉴古希腊神话和戏剧，写出文学史的新篇章。从古罗马时代起，无数文人便把古希腊文学看成了他们不可企及却试图攀缘的高峰，古老神话中的诸神，以及史诗、悲剧中的英雄在激荡他们心灵的同时也激发了他们无穷无尽的创作源泉。古希腊神话对欧洲近代的文艺复兴运动、宗教改革运动和启蒙运动产生了重大的影响。

3. 希腊神话的叙述技巧

（1）叙事结构多样化。成功型大神的故事结构，如克洛诺斯、宙斯取代父位的故事都属于这种结构，即成长—挑战父亲—获得成功—主宰宇宙；惩罚型英雄的故事结构，如大力神赫拉克勒斯、普罗米修斯、西西弗斯的故事，其历程均为：做错事—受罚—暂时摆脱痛苦—继续受罚；宙斯子嗣成长的故事结构，即遭受迫害—受到保护—顺利成长—成神或成王。

（2）依托想象，内容新奇。在希腊神话十二主神的故事里面，赫尔墨斯的故事最有趣，赫尔墨斯刚出生睡觉还要使用摇篮的时候，就已经能够偷走阿波罗的神牛。而阿波罗却不因他只是一位婴儿而原谅他，而是大声训斥他“不光是小偷还是骗子”，并拖着他去见宙斯。

（3）配以石板刻绘工艺风格的插图，能激发读者的想象力，便于记忆和理解。插图是《多莱尔的希腊神话书》极其令人愉悦的部分。160幅严谨与创新兼具的图画，既对希腊神话人物形象经过了一番精心考据，又别出心裁地加以改变，人物刻画传神而精致，读者都非常喜欢。

4. 希腊神话的功能

（1）诸多希腊神话典故，有着特定的文化内涵。

（2）解释地理环境的成因，如火山、红海、黑海、天上的星座是怎么形成的。

（3）传播古希腊人的美德观。

（三）阅读提示

（1）你读过哪些希腊神话？印象最深的是哪个故事？

（2）希腊神话中的天神你最喜欢谁？为什么？

（3）时下流行的十二星座和希腊神话有什么关系？

（4.）希腊神话中有不少典故，你知道哪些呢？如潘多拉的盒子、特洛伊木马等。

（5）你看过或听说过哪些与希腊神话有关的文学、美术、音乐、影视等艺术作品？

（6）你还读过哪些国家的神话？它们和希腊神话在内容、写法上有相同的地方吗？

（四）教学主题对接

建议与统编版语文四年级下册第七单元“人物品质”主题对接。

二、阅读策略

（一）视觉化

策略描述：视觉化阅读策略就是读者在阅读文本时，将文字所表达的内容在头脑中进行加工，使之图像化、立体化。

策略功能：读者在阅读的过程中可以根据文字内容，结合自己的亲身经历进行想象，从而丰富自己对文章内容的体验和理解。视觉化阅读的过程，也是读者加深思考程度的过程。

（二）比较阅读

策略描述：比较阅读是比较有效的阅读策略之一。读者在阅读的过程中针对文本的篇章、句段、人物、情节，从不同角度进行对比，从而加深对文章的思考和感悟。

策略功能：在对比阅读的过程中，读者可以把握不同文章的特点，了解作者的写作意图，感知多样化的写作方式，从而提升对文本整体的把握，提高自身的语文素养。

三、教学设计

（一）梦回奥利匹斯山，开启希腊神话之旅

（1）看图片，猜人物。

图一 　图二

图三

图四

（2）观察图书的封面，你有什么问题想问？

（3）观察目录，你发现了目录中的哪些秘密？先小组进行讨论，之后在全班进行分享。

（4）阅读《多莱尔的希腊神话书》中的“普罗米修斯”这部分内容，并链接统编版四年级上册语文中《普罗米修斯》的课文，让学生在对比阅读中激发对本

书的兴趣，并初步感知本书的写作风格。

（二）走进希腊神话，感受众神风采

（1）制订阅读计划

时间	章节名（页码）	印象最深的情节	家长点评评价
第一天			
第二天			
第三天			
……			

（2）阅读“宙斯和他的家庭”这一部分内容，根据学习单，掌握十二主神的基本特点。

神祇姓名	父亲	母亲	职能	武器	特点
波塞冬	克罗诺斯（天空之神）	瑞亚（泰坦女神）	海洋之神	三叉戟	喜怒无常，非常暴烈
宙斯					
赫拉					
哈迪斯					
狄俄尼索斯					
阿瑞斯					
雅典娜					
赫尔墨斯					
赫菲斯托斯					
阿波罗					
阿佛洛狄忒					
阿尔忒弥斯					

（3）阅读“小神、仙女、森林之神、人马兽”这一部分内容，用思维导图的方式介绍其中至少两位神祇，可介绍他们的经历、特点等。例如：

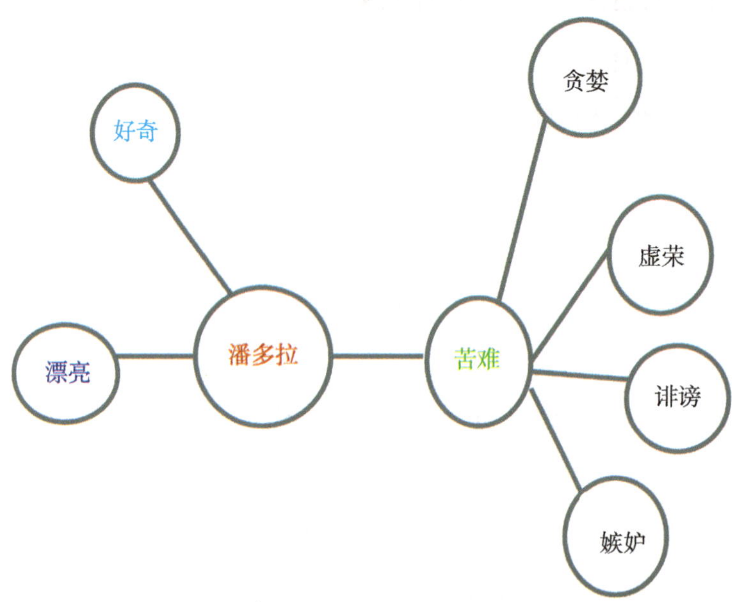

（4）阅读“宙斯在凡间的后代”这一部分，为你最喜欢的一位英雄做一张“希腊英雄卡”，写明英雄的姓名、身份、英雄事迹和名留千古的原因。

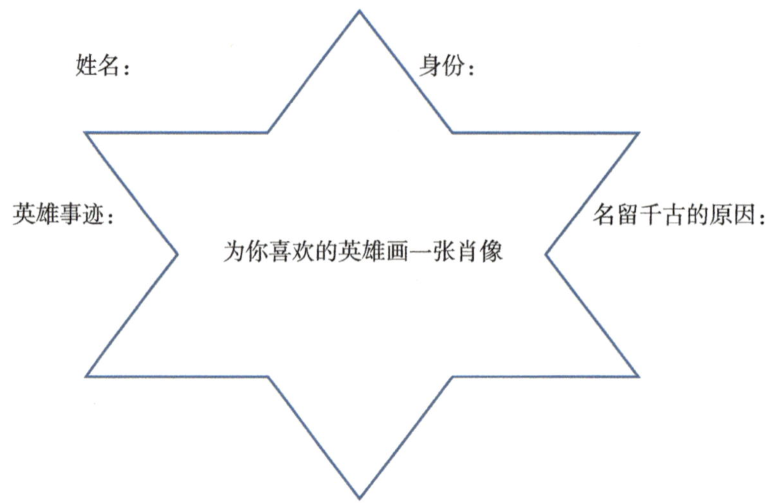

（三）共读神话故事，共享神奇情节

（1）请用线连出以下词语相对应的希腊典故，并选择其中的至少两个故事生动地讲给同学听。

缪斯	比喻复杂、难以理解的问题。
斯芬克斯之谜	比喻文学、灵感等。
金羊毛	指致命的弱点。
俄狄浦斯情结	指恋母情结。
特洛伊木马	比喻造成灾害的根源。
阿喀琉斯之踵	象征财富，象征冒险及对理想的追求。
潘多拉的盒子	比喻在敌方阵营里埋下伏兵里应外合。

（2）语文课本中《普罗米修斯》一文的故事结构为：做好事—受刑罚—获自由。你能发现希腊神话中以下故事类型的结构吗？

A. 成功型大神，如宙斯的故事结构。

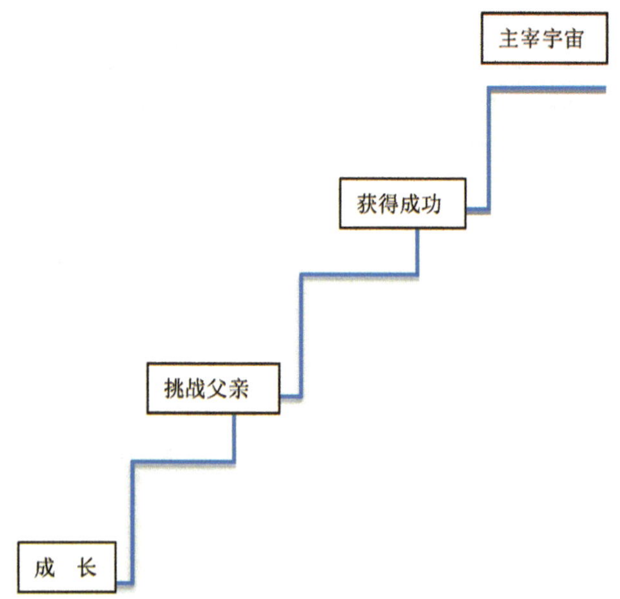

B. 惩罚型英雄故事，如大力神赫拉克勒斯的故事结构。（请填）

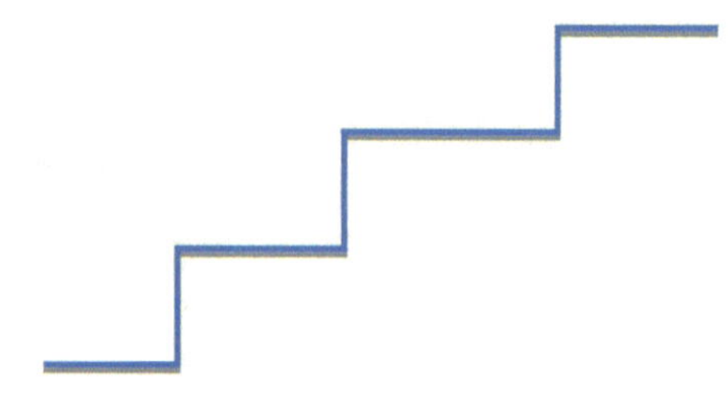

C. 宙斯子嗣成长的故事结构。（请填）

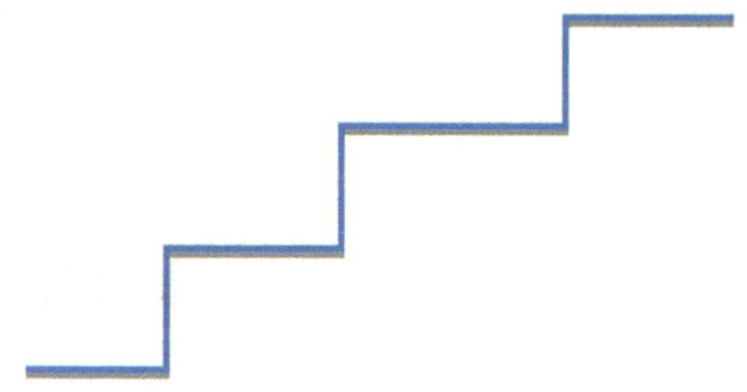

（3）分享我的“阅读之最”。

A. 我觉得最有趣的故事是什么？

B. 我觉得最神奇的地方在哪里？

C. 我最喜爱的一幅插图是什么？

D. 我最欣赏的神话人物是谁？

（4）关于人类的诞生，希腊神话和中国神话中都有涉及，这两个故事你知道吗？它们有何异同？这些异同意味着什么？

（5）对比阅读中国神话故事，思考中国神话故事和希腊神话故事有哪些异同点。

<table>
<tr><th></th><th>不同点</th><th>相同点</th></tr>
<tr><td>中国神话故事</td><td></td><td rowspan="2"></td></tr>
<tr><td>希腊神话故事</td><td></td></tr>
</table>

四、创意天地

（1）请你为最喜欢的一位天神或一个希腊故事配一幅插图。

（2）请你尝试在写作中引用希腊典故。

（3）好书推荐会：请你自制 PPT，多角度推荐《多莱尔的希腊神话》，由全班同学选出最佳图书推荐人。

五、阅读加油站

（1）《中国神话故事》，聂作平 / 编著，春风文艺出版社。

（2）《北欧神话故事》，[美] 唐娜・乔・纳波利 / 著，[英] 克里斯蒂娜・巴利特 / 绘，魏靖仪 / 译，北京联合出版公司。

六、阅读工具箱

希腊神话对儿童文学作品的影响

希腊神话不仅是希腊民族文学的源头，也是整个西方文明的起点。千百年来，希腊神话中的人物、故事、人文理想、求索精神和道德观念深入人心，影响了西方文学，同时也包括儿童文学的创造。《不一样的卡梅拉》第一辑共 12 册，讲述了母鸡卡梅拉和公鸡皮迪克的一双儿女——卡梅利多和卡门的各种历险故事。至今为止，该套绘本在全球已销售约 1700 万册。细读该套绘本，可以深刻感受到希腊神话对创作者的影响。这种影响体现在人物形象塑造和故事情节创作上。

精彩绝伦的希腊神话除了讲述诸位天神的故事外，还包括了各类英雄人物的传奇经历。诸位英雄一路斩妖除魔，完成了一个个不可能完成之任务，最终成为引领时代发展的天之骄子。这些英雄的成长历程也经历了非常相似的英雄冒险模式：出走—历练—归来—终结。大英雄伊阿宋为了赢回叔叔珀利阿斯篡夺的王位，答应了叔叔提出的条件，带领一群勇士，乘着阿尔戈船，沿着未知的路扬帆万里去寻找传说中的金羊毛。一路上伊阿宋和其他勇士们历经了无数凶险，最终在美狄亚的帮助下，夺取了金羊毛。然而，因为美狄亚亵渎神灵而受到众神的惩罚，伊阿宋的归途杀机四伏，不过最终他还是化险为夷，平安地回归了故土。大力神赫拉克勒斯，遵从父亲宙斯的神谕，去完成欧律斯托斯要求的十二项任务，开始了极其凶险的征途。他先后斗巨狮、斩蛇妖、捉神鹿、擒野猪、挖运河、赶怪鸟、制公牛、驯悍马……最后，赫拉克勒斯完成所有的任务，回到了底比斯。但是，这些英雄人物最终都是以悲剧收场。

《不一样的卡梅拉》系列绘本成功塑造了与众不同的、敢于幻想和尝试的卡梅拉家族，其中主人公是卡梅利多和卡门。系列绘本以卡梅拉的故事《我想去看海》开启，具有典型性，确立了系列绘本的叙事模式：出走—历练—归来。而这种叙事模式与希腊神话里各类英雄的传奇故事一致。只是，绘本作者舍弃了希腊神话里英雄成长模式的最后一个环节——终结。在《我想去看海》中，卡梅拉还是一只可爱的、叛逆的小母鸡，她对外面的世界充满好奇，不安于稳定温暖的鸡舍生活。在鸬鹚佩罗的影响下，她毅然独自离家出走，寻找梦想中的大海。此后，她见到了大海的雄伟壮阔，见证了哥伦布发现美洲大陆的历史事件，她身陷图圄被迫生下了第一枚蛋，艰难地通过了自己的成长之门。在遥远的异国他乡，她遇见了可爱的皮迪克，邂逅到了浪漫的爱情，返乡后第二年春天，他们生下了宝贝儿子卡梅利多。随后的绘本围绕着主人公卡梅利多和卡门展开，每一本绘本都是一个惊险刺激的历险故事，采用出走—历练—归来的叙事模式，鲜明地展现了这两位主人公的性格特征：叛逆、充满正义、调皮聪慧、富有同情心和责任感。这些故事可以帮助成长中的儿童认识和了解世界，让他们在故事中体验阅读的快乐，感受乐观、勇敢、善良、正义、不畏艰险等美德。

希腊神话中神和英雄们的传说为儿童文学创作者提供了创作素材，丰富了作品内容，生动形象地表达了作者的感情和作品主题。同时，他们创作出的儿童文学作品又赋予古老的神话以新的生命，为儿童提供了一个了解古老神话的平台。

深圳市福田区新莲小学　舒　林
深圳市福田区皇岗小学　刘　婷
深圳市福田区南华小学　谭晨冬

《海底两万里》阅读设计

一、阅读解析

科学幻想小说简称科幻小说，是一种起源于近代西方的文学体裁。19 世纪的法国著名科幻作家儒勒·凡尔纳开启了科幻小说大门，他一生共创作了 60 多篇小说和少量剧本，被誉为“现代科学幻想小说之父”。《海底两万里》是他创作的长篇科幻小说“凡尔纳三部曲”中的第二部。要读科幻小说，这是一本绝对值得阅读的作品。

列夫·托尔斯泰这样评价：凡尔纳的长篇小说妙极了，我读的时候已经是成年人了，但它们仍然使我赞赏不已。在构思发人深省、情节引人入胜方面，他是一个了不起的大师。

《海底两万里》以细腻的笔触、曲折的情节、恢宏的场面，引领人们对神秘莫测的海底世界进行探索，更经历种种意想不到的危险，将探索和探险完美结合，引人入胜；更重要的是它带给当时的人们科学畅想，书中描绘的在水下遨游的潜水艇，在小说发表 25 年后，人们制造出真实的潜水艇，与小说描写的大同小异。这使我们不得不赞叹凡尔纳小说科学与幻想的完美融合。在他的小说中，表现出一种前所未有的“科学乐观主义”精神，即认为“归功于科学技术的发展，没有什么是不可能实现的”，或者说“有了科学，未来的世界将更加精彩”。这在凡尔纳所处的 19 世纪及以前的时代都是没有的。这对于今天的我们，不得不说也是一种难能可贵的启发。

（一）内容解析

《海底两万里》讲述了法国博物学家阿罗纳克斯教授与仆人孔塞伊、捕鲸手内德·兰德应邀参与追捕海上“怪物”，得以发现“怪物”原来是一艘名叫“鹦鹉螺号”的潜艇。潜艇艇长尼摩身份神秘，知识渊博，热爱海洋，带领他的艇员在海底执行神圣的“计划”，阿罗纳克斯教授等人跟随潜艇在海底探险，周游各大洋，饱览海底奇异无比的美景，见识海底各色有趣的生物，同时也经历了种种意想不到的危险。

（二）作品特色

1. 科学可信的奇思幻想

科幻小说是随着近代科学技术的蓬勃发展而产生的一种文学样式，是在尊重科学结论的基础上进行合理设想的文学创作。它集“科学”“幻想”于一身，赋予“幻想”依靠科技在未来得以实现的极大可能，这成为科幻小说的重要特征之一。作者凡尔纳被称为“奇异幻想的巨匠”，他乘着想象的翅膀在作品中创造出潜水艇“鹦鹉螺号”。乘坐“鹦鹉螺号”时，人们无须畏惧任何东西，书中所涉及的海洋知识之广，是其他海洋小说所不能与之相比的。同时小说中的旅行路线也真实可靠，给人以身临其境之感。

2. 波澜曲折的情节场面

小说伊始就设下重重悬念：人们在海上多次遇见的神秘怪物究竟是什么呢？阿罗纳克斯等人死里逃生成了尼摩艇长的俘虏，艇长会不会把他们永远囚禁在船上……一个个问题让人忍不住要往下读。海底如梦如幻的壮丽景色中也危机四伏，主人公先后经历了搁浅、土人围攻、同鲨鱼搏斗、冰山封路、章鱼突袭等险情，其中，与章鱼的流血冲突是最为惊心动魄的场面之一。淋漓尽致、跌宕起伏的场景使作品波澜迭起。

3. 立体丰满的人物形象

尼摩艇长是凡尔纳塑造的一个立体、丰满的人物形象。他是完美的科学家，通晓技术科学和基础科学，设计建造潜水艇；他追求绝对的自由，他认为要住就住在海底吧！在那里，我独来独往，无拘无束；他满怀慈悲之心，看到朋友死去会无声地落泪，会把上百万黄金送给穷苦的人；他还是反对压迫和剥削的英勇斗士，用大海底下取得的财富支持民族解放事业；他是弃绝人世的海底隐居者，对人类有根深蒂固的不信任感……他个性独特，经历重重磨难，仍把自己的生死荣辱都全心全意地奉献给了他心目中最崇高的事业。

4. 独一无二的大海颂歌

大海，在凡尔纳笔下是那么神秘莫测，它时而风平浪静，时而波涛汹涌，时而给予人类丰富的馈赠，时而带给人类可怕的危险。无论它展现哪一面，阿罗纳克斯教授都用好奇的眼光去看待它，带着新奇的感觉去接触它，当触碰到它的秘密时是多么兴奋，甚至眷恋大海以至于不想跟捕鲸手逃走。凡尔纳正是通过阿罗纳克斯教授的所见所闻所感来传达自己对海洋的迷恋，对海洋的赞美，更重要的，是对人类合理利用海洋资源的深深赞叹。

（三）阅读提示

（1）你见过大海吗？书中有不少海底奇幻美景的描写，你最喜欢哪一处？书中还有许多惊险刺激的场面描写，你印象最深的又是哪一处？

（2）你是否有对照地图阅读相关作品的习惯呢？你能将作品中出现的地理位置在地图上标示出来吗？

（3）你知道潜艇是哪一年造出来的吗？最早的潜艇是怎样的？你能查找相关资料说一说吗？

（4）书中的潜艇是怎样的？尼摩艇长利用了海中哪些资源为潜艇所用？

（5）尼摩艇长的神圣计划是什么？阿罗纳克斯教授发现了哪些线索？

（6）有人说本书包含凡尔纳创造的最重要的三个“角色”：一个是真正的人类，一个是人类创造的机器，还有一个是人类征服的对象。你认为这三个“角色”具体指的是什么？你觉得哪个角色是作者特别想称颂的？

（7）你阅读过哪些科幻作品呢？凡尔纳的作品中哪些方面的描写今天看来已经不奇幻了（在当时看来是很奇幻的现在已经实现的情节）？请在作品中勾画出来。

（四）教学主题对接

建议与统编版语文四年级下册第二单元“自然与科技”及“习作：我的奇思妙想”对接。

二、阅读策略

（一）图像化

策略描述：在阅读描述性的语言时，调动起自己的感官，在头脑里形成画面，有助于加深对文本的理解。读者可以按照文字的确切描述在脑海中想象相关画面，以达到丰富经验、增进理解的目的。

策略功能：读者在阅读过程中，根据对文字的描述展开想象，使文字具象化呈现在头脑中，能够更深刻地理解文本，感受到科幻小说的魅力。

（二）跨界阅读

策略描述：跨界阅读既可指突破学科边界的学科互涉阅读，亦可指突破纸质媒介的综合阅读。有些书的阅读需要打开学科的界限，综合利用历史、地理、政治等学科的知识获得更深刻的理解；有些书需要打开不同艺术形式的边界，借助戏剧、电影、评书、连环画等表现形式帮助读者对比细节，发现差异。

策略的功能：读者在跨界阅读过程中，突破学科界限，运用科学、地理、历史等学科的知识，了解人物所处的时代背景，更好地体会人物的艺术表现、情节设置等方面的特点，立体化地品评人物，加深对原著的理解，有助于客观地、多角度地评价分析原著。

三、教学设计

（一）图解故事，走进探险世界

（1）根据书本的封面插图，猜测这个故事会和什么有关，提炼三个关键词。

（2）观察目录，你有什么发现吗？先小组讨论，再在全班分享。

（二）初识人物，了解探险伙伴

根据文字提示，猜一猜他们是谁，换取船票一起开启探险之旅吧。

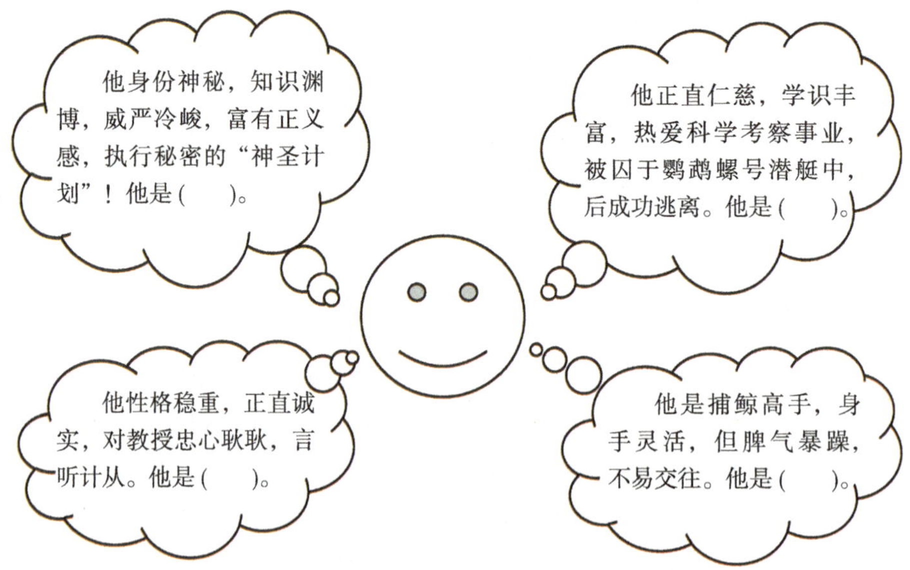

（三）走进“怪物”，绘制潜艇结构

仔细研读书中描写潜艇的相关文段，根据描述画出它的内部构造图，写下各舱室的摆设或功能。

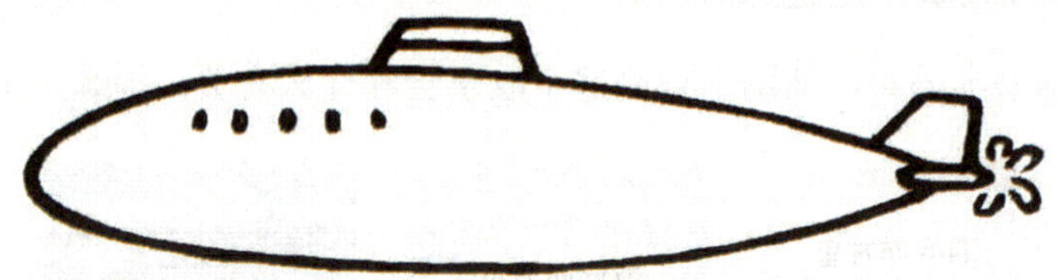

（四）漫游海底，描绘奇妙见闻

结合你的阅读体验和对书中情节的理解，介绍三处你印象最深的见闻。

见闻	第一处	第二处	第三处
海底奇幻美景			
海底奇妙生物			
海中珍贵资源			
海底困难险境			

（五）回顾探险，标注航海图志

（1）对照地球仪或者地图，沿着潜艇经历的航程，核对它经过了哪些地方？

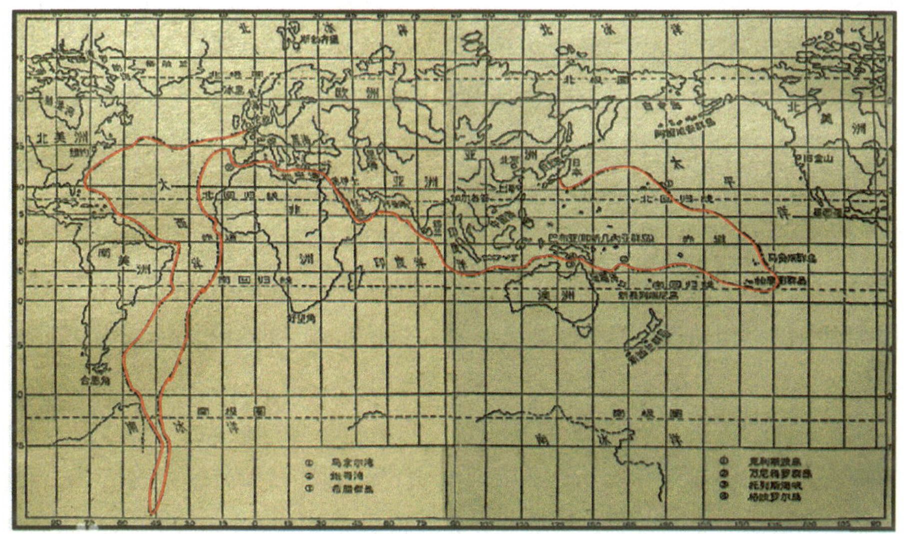

（2）在以上航海图中圈出地名，用小标题概括此处的经历，如搁浅、被土著围攻、同鲨鱼搏斗、冰山封路……

（六）寻找线索，探寻艇长秘密

尼摩艇长的神圣计划是什么？阿罗纳克斯教授发现了哪些线索？教授在这个过程中对艇长的看法发生了哪些变化？补充变化图。

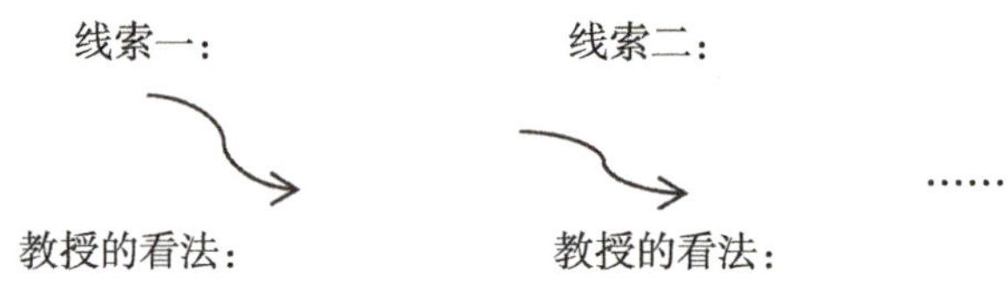

（七）走进艇长，辨析艇长形象

有人说尼摩艇长是被压迫民族的捍卫者、奴隶民族的解放者；也有人说尼摩艇长是一个仇恨人类社会一切的孤独的人。尼摩艇长给你留下了怎样的印象？请坚持自己的看法，引用书中的描写片段支持你的想法，在班级内展开辩论吧。

（八）深度思考，结束探险之旅

（1）尼摩艇长就像一个谜，即使在故事的结局，也留下许多的疑惑，让人意犹未尽、浮想联翩。你觉得尼摩艇长和“鹦鹉螺号”最终能否躲过“北冰洋大风暴”？他们会去哪里？你能发挥想象，再给故事写一个结局吗？

（2）有人说本书包含凡尔纳创造的最重要的三个“角色”：一个是真正的人类，一个是人类创造的机器，还有一个是人类征服的对象。你认为这三个“角色”具体指的是什么？你觉得哪个角色是作者特别想称颂的？你能就其中一个角色写一写吗？请以“我眼中的__________”为题写一写。

（3）本书形象地反映了 19 世纪人类征服自然，改造世界的意志和幻想。书中哪些想象的事物如今已经变成现实？通过这些事例你能看出科幻小说与科技发展有什么关系？尝试写一写“我所理解的科幻小说”吧。

（4）尼摩艇长曾说：“大海就是一切，它覆盖了地球表面的七分之一。大海纯净清新、大海充满了生命力、大海具有宽广的胸怀、大海就是永恒。”请说说你读完本书后对大海的观感。想象你如果有机会去大海待上一个星期，你会遇到些什么事情呢？试着写写“我与大海的一周”吧。

四、创意天地

（1）小插画师——请你选择一处最奇特的海底见闻，发挥想象，创作一幅插图吧。

（2）小设计师——如果你有机会像尼摩艇长一样遨游大海，你会设计什么样的装备去海底探险呢？试着说一说或者画出你的设计吧。

（3）图说故事——请你运用思维导图理清人物、主要事件，为我们简单介绍这个故事吧。

（4）角色日记——尼摩艇长在阿罗那克斯教授、仆人、捕鲸手三人到“鹦鹉螺号”来之初有什么想法？后来发生了哪些变化？教授等三人逃走前夜，艇长又有怎样的想法？请你以第一人称的口吻来描写一下尼摩艇长在这几个阶段的所见所闻所感。

（5）对话作者——以“凡尔纳，我想对你说”为题谈一谈心中的感触，可以记录自己读这本书时的心情，也可以记录读完这本书想说的话。

五、阅读加油站

（1）拓展阅读作者其他作品：《格兰特艇长的儿女》《神秘岛》《气球上的五星期》《地心游记》《八十天环游地球》。

（2）《小灵通漫游未来》，叶永烈 / 著，少年儿童出版社。

六、阅读工具箱

怎样读科幻小说

科幻小说，全称“科学幻想小说”，是一种起源于近代西方的文学体裁，其定义为在尊重科学结论的基础上进行合理设想（而非妄想）而创作出的文艺作品。一般认为优秀的科幻小说须具备“逻辑自洽”“科学元素”“人文思考”三要素。

读科幻小说，首先，应明白它与普通幻想小说最根本的区别是含有科学元素。加泰尼奥在《科幻小说》的导言中指出：“没有科学，也就没有真正意义上的科学幻想小说。”失去科学这个大前提，就谈不上科幻小说。科幻小说是在科学的延长线上展开的一种可能性的虚构，未来可能成真。而幻想小说则不需要这个前提，是被称为不可能性的虚构，它所描绘的故事在现实世界里永远也不可能发生。其次，读科幻小说必须区分清楚它的科学性和幻想性，《海底两万里》是一部科幻小说，科学性是它的一大特征，同时作者丰富多彩的想象和缜密细腻的行文还让小说颇具艺术性。那么，书中哪些想象事物如今已经变成了现实？哪些幻想在现实世界里永远不可能发生？

最后，读科幻小说需链接生活加深对文本的认识，加深对作者不凡创意的感触。如最后设计“对话作者”这一环节，目的是以写促读：引导学生以“凡尔纳，我想对你说”为题谈谈心中的感触，让学生更进一步感受作品的了不起，感受作者眼光的独到以及对科学发展的前瞻性。

深圳市福田区荔园小学（荔园教育集团） 袁凤娟
深圳市福田区景秀小学 高 莹
深圳市福田区南华小学 陈 洁

《小王子》阅读设计

一、阅读解析

你喜欢童话吗？如果喜欢，那你一定不要错过《小王子》。这是一本神奇的童话，一本你在任何年龄阶段看都能心怀感动的童话，一本让无数人痴迷的童话。人人都爱小王子，爱他的坚定执着，爱他的勇敢无畏，爱他的纯真善良。

小王子有一颗属于自己的星球，但是他的星球很小，只比一幢房子稍微大一点，可是他很爱自己的星球，每天都会好好照顾自己的星球，从不抱怨。

小王子有一朵属于自己的玫瑰花，但是玫瑰花很娇气，总是提各种要求，可是他还是很爱玫瑰花，每天很认真地照顾她，风雨无阻。

因为跟玫瑰花闹别扭，他开始了自己的星球游历。他见到了许多人，看了很多风景，但不管走了多远他还是挂念着自己的星球和那朵心爱的玫瑰。他深信："如果有人爱上了一朵花，天上的星星有亿万颗，而这朵花只长在其中一颗上，这足以让他在仰望夜空时感到快乐。"

"所有的大人，都曾是孩子，但只有少数人记得。""只有用心，才能看清。本质的东西，肉眼是看不见的。"跟着小王子去看世界吧，他会带你找回那个你遗忘的纯真的自己。

（一）内容解析

《小王子》是法国作家安托万·德·圣埃克苏佩里于1942年写成的著名儿童文学。故事的讲述者是一个飞行员，因为飞机故障，紧急迫降在撒哈拉沙漠。

在孤单的日子里他遇到了一个来自神秘星球的小王子。他们一起在沙漠中寻找出路的过程中，小王子向飞行员讲述了他的星球历险记。小王子原本有一个属于自己的星球，这个星球虽然很小，但是有他心爱的一切，包括他精心浇灌的玫瑰花。可是高傲的玫瑰花与小王子发生了争执。小王子一气之下离开了自己的星球，开始星球历险。他遇见了国王、爱虚荣的人、酒鬼、商人、点灯人、地理学家、蛇、三枚花瓣的沙漠花、玫瑰园、扳道工、商贩以及故事的讲述者飞行员本人。大人的世界让天真无邪的小王子无所适从。但与狐狸的相遇让他懂得了：我们用心才能看清楚，只用眼睛是看不见本质的东西的。长久的分离让小王子更加思念他的玫瑰，那朵高傲却柔弱的玫瑰是他的责任。最后小王子决定离开地球，回到自己的星球和玫瑰的身边。

（二）作品特色

1. 富有哲理的童话故事

《小王子》是一部富有哲理的童话故事。整本书篇幅虽然不长，但是简短精练的语言却蕴含着很多道理。小王子去了很多星球游历，在那里他遇见了很多人：追逐权力的国王、爱虚荣的人、荒唐的酒鬼、贪婪的商人、盲目的点灯人和教条的地理学家。这些人组成了一个成人的世界，一个不断追逐利益的世界。他们不断地追逐身外之物，忘记了自己的内心世界。作者通过小王子纯真的视角让读者看透成人世界的空虚、盲目、愚妄和死板教条。有人说《小王子》是写给大人的童话，每一个大人在每个阶段读它都会有不同的感受，它就像一面镜子折射出世间种种，在阅读的过程中你会不断思考生活的本质和美好的真谛。

2. 夸张的形象塑造

初读《小王子》这本书，你会觉得很多人物的塑造都很夸张。国王想统治一切，但是他的星球上没有人听他的指挥；爱慕虚荣的人，想让别人赞美他，可是空无一人的星球上没有人回应他；荒唐的酒鬼，知道喝酒是不对的但总也停不下来；贪婪的商人每天都在计算，但是他不明白那只是一些无用的数字……种种的夸张看似不合理，但你仔细对照，都能与现实中的某些人物相照应。

小王子的星球很小，小到几乎只能容下他一个人。小王子还要小心一种叫猴面包树的植物，因为它会长出许多树根。如果星球太小，而猴面包树又太多的话，最后星球将会被撑得爆裂。一个星球会因为一种植物的长大而撑得爆裂，是不是很夸张。但这种夸张背后却有深刻的内涵，如果说小王子的星球就是他金子般的心，猴面包树就是欲望。欲望起初是看不到的，但当它强大之后就会吞没我们金子一般的心。

夸张的形象塑造带给我们荒诞的故事情节，但是正是这种荒诞的艺术手法，往往会唤起我们对现实生活的思考。

3. 充满诗意的儿童语言

《小王子》是一本富有诗意的童话，是一本写给孩子的童话。为了让孩子们看懂这部童话，作者用儿童的语言为我们讲述了这个故事，这个故事中的文字都是那样的生动活泼，同时又明白晓畅，可读性很强。特别是描写小王子星球历险记的部分，充满了想象和童真。

《小王子》同时又是一部写给大人的童话，因此作者在天真的语言中又加入了诗意，融入了那些在我们生活中美好的事物和美好的情感。那些充满诗意的语言可能并不高深，平淡如水，却又耐人寻味。就好像狐狸对小王子说的那句“但你千万不要忘记。你要永远为你驯化的东西负责。你要为你的玫瑰负责……”，慢慢体会，你会有不一样的感触。

（三）阅读提示

（1）小王子的星球是什么样子的？星球上有什么？

（2）小王子离开他星球的原因是什么？

（3）小王子去了哪些星球？在这些星球上他遇到了哪些人？这些人都有怎样的特点？

（4）小王子在游历其他星球的过程中怀念过玫瑰花吗？

（5）小王子从狐狸身上学会了什么？

（6）是什么原因让小王子想重新回到自己的星球上？

（7）你认为小王子是一个怎样的小男孩？

（8）你认为这个童话故事有什么特别之处？

（四）教学主题对接

建议与统编版语文四年级下册第八单元“童话之美”主题对接。

二、阅读策略

（一）预测策略

策略描述：预测策略是读者借助自己已有的知识体系，根据文章的行文线索去推测文章内容发展，并带着这种推测继续阅读并验证推测的一种阅读策略。这是学生在阅读过程中经常使用的一种阅读策略。

策略的功能：在阅读的同时进行积极的预测，可以调动读者的阅读积极性，提高阅读的趣味性。同时预测的过程也是读者充分发挥想象，不断验证假设的过程。在预测的过程中，读者的思辨能力会得到锻炼。

（二）组织策略

策略描述：组织策略是读者在阅读的过程中结合自己已有的知识经验，对文本中的信息进行整理、分类和概括，从而梳理文章的内在逻辑，帮助读者进一步理解文本思路，体会作者创作意图。在阅读的过程中，可以用表格、提纲、流程图等方式进行组织归纳。

策略的功能：组织策略是阅读中理清文章脉络，理解行文思路的重要手法。运用组织策略进行阅读，可以对文章内容进行深入加工，从而促进读者对文章思想内涵的深入理解。

三、教学设计

（一）初识小王子，开启神奇的旅行

（1）欣赏文章插图，初识小王子。

通过两幅插图讲述作者和小王子神奇的相遇经历。

（2）根据小王子肖像插图，说说你眼中的小王子是什么样子的。

出示文中描写小王子原来星球的句段，加深对小王子的背景的了解。

（3）合作交流小王子旅行的原因。

出示以下问题，小组研读文章相关段落进行讨论：

①小王子的星球美吗？

②小王子的玫瑰花有什么特别之处？花非常骄傲，小王子为什么喜欢它？

③小王子为什么要离开自己的星球，去其他星球游历？

（二）跟随小王子的足迹，我们共同游历星球

（1）画出小王子游历的路线图。

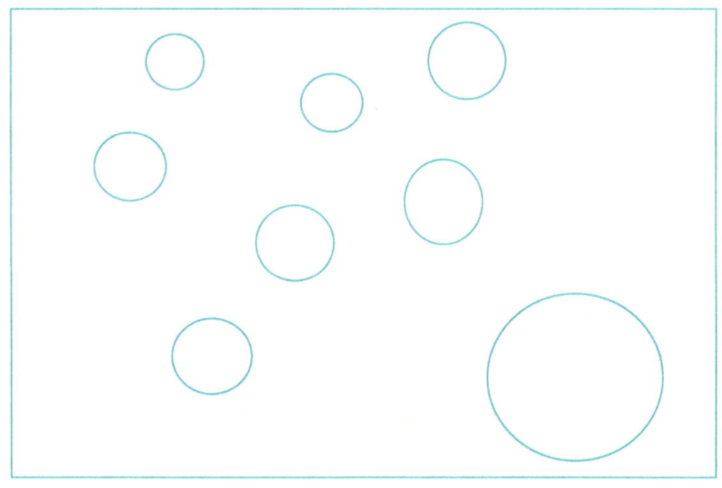

在图中标注每个星球的名字，并按照你对星球的印象完善每个星球的外貌，最后画出小王子游历的路线。

（2）请你根据小王子游历的星球和人物的特点，填写下面的表格。

星球	人物	人物的特点及表现
B325	国王	
B326	爱慕虚荣的人	

请根据以上表格所填内容，思考作者为什么要描写这些人物呢?

（3）做一张星球介绍卡，介绍你最想拥有的星球。

星球名称：________________

星球位置：________________

星球介绍：________________

____

____

星球进入密码：________________

____

（告诉你的朋友进入密码，你可以随时邀请他们做客）

画出你拥有的星球

（4）用思维导图的方式，以主人公小王子为中心，画一张人物关系图。

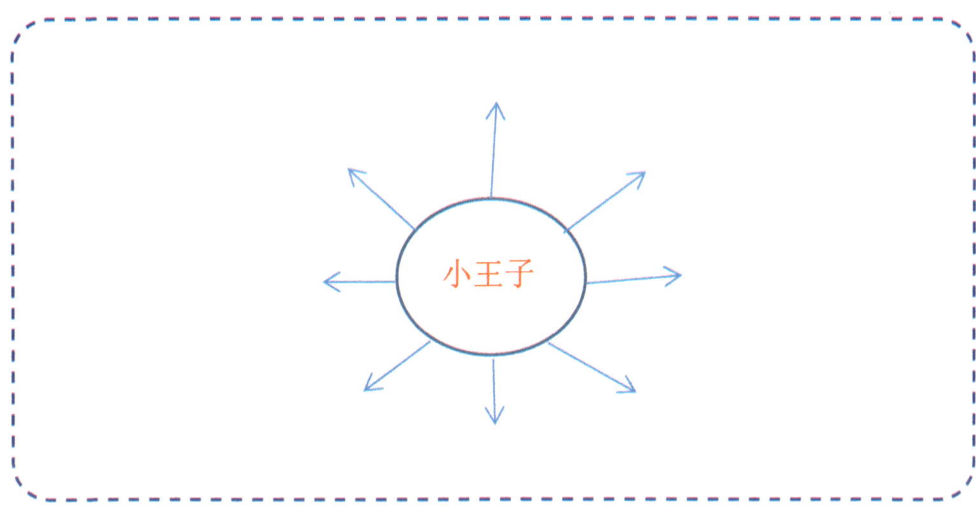

（三）共同研读，感悟角色魅力

（1）在地球上，小王子遇到了一只狐狸，他和狐狸之间有很多深刻的对话，让我们一起读一下，感受其中的哲理吧。

摘抄你印象最深的对话	用一个关键词概括对话的内容	我的体会

①读了狐狸和小王子的对话，你觉得狐狸在小王子的旅途中扮演了一个什么样的角色？

②小王子从狐狸的身上学到了什么？

③让我们一起分角色再来读一读小王子和狐狸的对话吧。

（2）飞行员因为飞机故障迫降撒哈拉沙漠，遇见了小王子，虽然他们相处的时间不长，但是彼此之间建立了深厚的友谊。在他和小王子的相处过程中，他感受到了快乐和友好。那么，小王子身上有哪些品质带给了他感悟呢？让我们从他们相处的细节一探究竟吧。

小王子对飞行员说的话	飞行员的反应	飞行员的感悟

①飞行员从小王子身上学到了什么？

②飞行员是小王子唯一接受的大人，他身上有什么美好的品质吸引着小王子跟他做朋友？

（3）《小王子》中有很多经典的角色，让你印象最深的角色是哪一个？说说你的理由。你能为你印象深刻的角色画一幅画像吗？

让我印象深刻的他（它）

姓名____________

令你印象深刻的话语____________

令你印象深刻的原因____________

四、创意天地

（1）小王子回到自己的星球之后又发生了什么样的故事呢？发挥你的想象力续写这个故事。

（2）如果你也跟小王子一样可以游历各个星球，画出你最想去的星球，并写下你想去的理由。

（3）请你为《小王子》这本书写几句推荐语，并将这本书推荐给你身边的朋友阅读。

五、阅读加油站

（1）《夏洛的网》，[美]E·B·怀特/著，任溶溶/译，上海译文出版社。

（2）《风沙星辰》，[法]安东尼·德·圣埃克苏佩里/著，李倩/译，青岛出版社。

（3）《小飞侠彼得·潘》，[英]詹姆斯·巴里/著，杨静远/译，中央编译出版社。

（4）《柳林风声》，[英]肯尼斯·格雷厄姆/著，童天遥/译，浙江文艺出版社。

六、阅读工具箱

关于作者圣埃克苏佩里

安托万·德·圣埃克苏佩里，是法国最早的一代飞行员之一。他是一个爱冒险的人，一生热爱飞行事业，将自己的生命都奉献给了法国航天事业。1919年投考海军军官学校，1921年应征入伍，1926年发表小说《飞行员》，1941年埋头从事文学创作，1944年他在一次飞行任务中失踪，成为一则神秘传奇。

除了飞行，写作也是他人生中重要的一部分。他的作品虽然不多，篇幅也不长，但代表作《小王子》却久负盛名。这部作品是20世纪流传最广的童话，从1943年发表以来，已被译成100多种语言，其中包括印度群岛的土语和印度土邦的地方语，至今全球发行量已达5亿册，还被拍成电影。它被誉为“阅读率仅次于《圣经》的最佳书籍”。

圣埃克苏佩里是一个充满幻想、拥有博大胸怀的人，这都得益于他快乐的童年生活。童年的他聪明好动，爱幻想，爱写诗，爱好机械，虽然功课一般，但他对周边的事物都充满了好奇心。成年的圣埃克苏佩里发现，不是所有的人都会像亲人一样包容他所有的不足，快乐的童年就像是一个避风港，给了他心灵的寄托，让他可以暂时逃避那个他不甚喜欢的现实世界。因此，他的作品中或多或少都加入了美好的童年回忆。

圣埃克苏佩里热爱飞行，所以他的作品都与飞行有关，他探索天空，但同时也探索人生与文明。他的《夜航》《人类的大地》出版时，书中那些雄奇壮丽的情景，使读者感到耳目一新、惊心动魄。圣埃克苏佩里的作品可以说是他一生的思想写照与行动实录。他在天空中飞翔，在云中穿梭；他俯瞰着这个星球，巍峨的高山，蔚蓝的大海，猛烈的暴风雨都带给了他深深的震撼。自然界带给他巨大震撼的同时，也让他感受到了自身的渺小、人类的脆弱。文明像夕阳余晖似的脆弱，火山爆发、海陆变迁，甚至连风沙都可以使它毁灭无遗。圣埃克苏佩里认为，人生归根结底不是上帝赐予的一件礼物，而是人人要面临的一个问题。人的价值不是与生俱来的，而是后天获得的。在不断的思考中，他完成了《小王子》。作品中，小王子是一个纯真的存在，他没有被充斥着谎言的成人世界所征服，在游历各个星球的过程中找到了自己的理想，找到了爱的意义，而这些也正是圣埃克苏佩里想传达给我们的。

正如玛佳·德斯特朗所评论的："尼采与纪德设计了一种道德，用激扬优美的文章宣扬，唯有圣埃克苏佩里在危险与充实的人生中身体力行。"

深圳市福田区南华小学　谭晨冬

五年级上册

哲学启蒙

五年级上册

哲学启蒙

儿童就是一个哲学家？

儿童对世界充满好奇，又常常惊奇于自己的各种发现。如果惊奇是哲人的感受，哲学始于惊奇的话，那么儿童就有哲人的感受。

雅斯贝尔斯认为，哲学的本质并不在于对真理的掌握，而在于对真理的探究。哲学就意味着追求。对于哲学来说，问题比答案更为重要，并且每个答案本身又成为一个新的问题。那么儿童在某种程度上就是哲学家，因为他们是爱智慧的，他们对世界充满了新鲜感、好奇心和困惑，他们能从独特的角度提出一般成人根本无法提出的问题。从这个意义上讲，儿童也有自己的哲学，或者说，儿童就是一个哲学家。一些学者已经很明确地持有这一观念。儿童的哲学是儿童对周围世界或自我的积极探索、思考、认识和解释。

儿童哲学启蒙的目标便是启迪孩子保持思考、不断探索世界……

如何阅读儿童哲学启蒙书？

第一步：提问预测。阅读时要保持思考和提问，根据前后文预测故事情节。积极的预测，可以调动读者的阅读积极性，提高阅读的趣味性。同时，预测的过程也是读者充分发挥想象，不断验证假设的过程。在预测的过程中，我们的思辨能力会得到锻炼。

第二步：批注阅读。在阅读过程中可以在自己喜欢的、印象深刻的地方作批注，把自己对文章的思考与理解通过勾画等方式，批写在书中空白的地方。批注的过程是读者深入思考并与文本进行深入对话的过程。

第三步：联系生活。生活是阅读的源泉。阅读时要善于联系生活实际，结合自身体验，打通书本世界与生活世界的界限，展开联想和想象。这样才能深刻领会文字的内涵，体验语言的意境，真正受到启迪，感受阅读的乐趣。

《天蓝色的彼岸》阅读设计

一、阅读解析

你能否想象：风吹在脸上，但你完全感觉不到它；飞到熟悉的地方，但亲人朋友们看不见你；在另一个世界里，你和幽灵成为朋友，一起走向天蓝色的彼岸？也许你无法想象，或是不敢想象。因为“死亡”是我们大多数人最忌讳的主题。

《天蓝色的彼岸》的故事从生命的结束开始，叙述了小男孩哈里因车祸去了另一个世界，等着去天蓝色的彼岸。但他还挂念着自己的爸爸、妈妈、姐姐、老师和同学们，却又不知如何传达自己的心声，直到他碰上一个叫阿瑟的幽灵。阿瑟带着哈里偷偷溜回人间，来向亲人和朋友们告别，并向他们表达歉意和爱……

作家希尔选择用第一人称叙述，让哈里自己来讲述他死后来到另一个世界的所有见闻感悟。作品以哈里为整个故事的中心和动力。作家为什么要选择一个小男孩来讲述关于“死亡”这样深刻的主题？这部作品为什么那样感人至深、触动灵魂？它为什么是送给心灵最好的礼物？

（一）内容解析

《天蓝色的彼岸》是英国作家艾利克斯·希尔送给孩子们最美好的礼物，关于生命和死亡最深刻的寓言。

“我们走着瞧！我这次可算是恨上你了！我再也不会回来了！”这是哈里·迪凯兰在出车祸前对她姐姐说的最后一句话，然而，现在他真的死去了。哈里不知道自己得死多长时间，也不知道怎么打发这些时间。他的作业还没有写完呢，他多希望在他没有说出这些话以前为姐姐做更多的事。他多么希望他能对他们说抱歉，对每一个人——他的妈妈、他的爸爸、他最好的朋友彼得，甚至是他爱慕的女同学奥利维雅再说一次再见。但是，现在他处在另一个世界，等着去天蓝色的彼岸。他不知道如何传达他的心声，直到他碰上阿瑟——一个已经死了很多年、模样滑稽的人。他带着哈里偷偷溜回人间，而哈里看到的情况却出乎他的预料：最好的朋友彼得跟他的“死敌”杰菲一起玩，他以为他的死会让全班十分悲伤，可同学们却还和从前一样上课，他的位置坐上了另一个人鲍尔·安德森。哈里忽然意识到生活不会因他而改变。他死了，但生活还在继续。哈里来到电影院，很惊讶地发现有那么多的幽灵躲藏在这里，这让他觉得难过，有那么多的人舍不得这个世界，有那么多的人还惦记着这个世界上的人，但他们永远和世界隔着一道玻璃，那么清晰地看见，却又那么遥远，但这一切都已经来不及了。哈里向亲人和朋友们告别，并向他们表达歉意和爱……从阿瑟妈妈的口中，哈里知道了“天蓝色的彼岸”的真正含义：它代表着一种落叶归根，它会成为新的人的身体中的养分。死亡的终点是一种回归，更是一种奉献。

（二）作品特色

1. 看目录知梗概

《天蓝色的彼岸》共 13 章，每章篇名都是从章节中选取重要的一个信息点得来的。单从篇名，看不出全书的内在线索与逻辑，也没有工整的对仗和整齐的排列，因此，学生非常容易忽略目录的作用。

从这些看似毫无关联的信息点，挖掘出隐性价值，能粗略感知作者的构思精巧。利用目录，叙述故事梗概，是快速掌握文本故事的来龙去脉最直接、最有效的阅读方法。

2. 大胆诠释生命意义

当我们活着的时候，享受季节轮回、食物、繁花似锦，各种气息及味道，与人的感情，互相亲吻的温柔、哭泣……细微至一阵突然扑到面庞上的风，青翠绿叶上跳动的明亮阳光，亲人皮肤上的温度变化，一杯午后咖啡的烘焙清香，都会让心轻轻荡漾——这就是我们的生。生的可知可感，让我们迷醉。

可是，我们从来没有，也不敢去细想，什么是“死亡”？“死亡”仅仅是一个人肉体的彻底停顿吗？死亡后，我们究竟去了哪里？那里是黑暗密布中的恐惧，还是永无宁静的深渊？

《天蓝色的彼岸》以浅显、活泼、童稚的话语形式，来谈论较为沉重的话题——生命和死亡，削弱了“死亡”的悲剧色彩，打破中国人关于议“死”的禁忌，让我们能以比较轻松的状态进入阅读。希尔用她非凡的想象，向我们展现了“另一个世界”的奇异。她通过诠释“死”，来解读“生”，用对生命与死亡的离奇构想，引导我们不由自主参与到“死亡”和“生命”的思考讨论中：

（1）“谁都不明白自己死后应该做点什么——就像人们不知道自己活着应该干什么一样。”

（2）“所以，在这里，有人见人就问：‘这到底是什么意思？死的意义是什么？’这跟好些人活着的时候，老在书里写‘什么是活着的意义’差不多。”

（3）“如果你跟我一样，特别想在死后就能知道什么是活着的意义的话，那你可要失望了。”

（4）活着的时候，所有“唾手可得”的，我们都觉得“理所当然”，根本不在意失去意味着什么。活着的时候，没有珍惜生命里最平常的幸福，没有珍惜生命里最平淡的拥有，没有珍惜应该做完的日常事情……死后，“不完成你还没有干完的事情，你会一直感觉到难受”。永无机会弥补，灵魂永无安顿，你就无法平和宁静地前往“天蓝色的彼岸”。对“死亡”理解得越深刻，对“生命”的体悟才越透彻。这正契合了法国人写的一本薄薄的小书《死亡》末段的那句话：“如果我们只热爱生命而不热爱死亡，那是因为我们并不真正热爱生命。”至此，即使是小小读者，也能逐渐悟得“天蓝色的彼岸”的真正含义，体会作者写这本书的目的，感悟人活着应该怎么做。

3. 角色、情节、插图皆有深意

（1）角色的思考：为什么选择阿瑟、“死党”彼得、“死敌”杰菲，以及幽灵斯坦和他的狗“温斯顿”、哈里的猫“阿尔特纳蒂姆”为配角？罗列全书不同的角色加以解读，尝试还原作家构思的意图，能更好地诠释这部作品的主题意义。

（2）情节的设置：像“电影院里的幽灵”“文书桌前排着长队”“杰菲建议种植纪念哈里的树”……这些情节怎样诠释主题？

（3）别具匠心的插画：值得探讨的还有全书插图的色彩。橘黄色与天蓝色的交织，对于诠释“生命与死亡”的主题有怎样的作用？

（三）阅读提示

（1）观察封面，说说最打动你的是什么。大胆猜测：这会是一个怎样的“死亡”故事？

（2）在你的设想中，去往“另一个世界”的路径是怎样的？“另一个世界”和我们这边的世界有什么不同？什么是死亡，那会是怎样一种感受？

（3）天国有哪些奇特之处？和真实的世界这边又有哪些相同之处？

（4）哈里和阿瑟回到人间，哈里来到曾经熟悉的地方，哪些人和事与以前不同？哈里的心情如何？

（5）哈里在另一个世界为什么一直徘徊，不能平和地去往天蓝色的彼岸？他完成了哪些未了的心愿？

（6）读完作品后，我们发现哈里对于“生”和“死”的理解充满哲理，请找出一两处，说说你对生命有怎样的理解。

（7）作者为什么选择阿瑟、“死党”彼得、“死敌”杰菲，以及幽灵斯坦和他的狗“温斯顿”、哈里的猫“阿尔特纳蒂姆”作为配角？这些角色对表达这部作品的主题有什么意义？

（8）全书插画为什么选取“橘黄色”“天蓝色”？色彩与作品主题有关联吗？作品为什么叫“天蓝色的彼岸”，而不是其他色彩的“彼岸”？

（9）作家为什么选取一个小男孩来讲述关于“死亡”这样深刻的主题？这本书带给我们什么启示？

（四）教材主题对接

建议与统编版语文五年级上册第三单元主题对接。

二、阅读策略

（一）联结

联结策略，是指读者将正在阅读的文本和阅读过的文本、自身的生活经验、外部的世界进行关联，使阅读达到连贯性进而加以理解。篇章理解是从建构到整合的过程。读者将正在阅读的内容和先备知识联结，能够加深对文本理解。

（二）图像化

图像化策略，是指读者在阅读描述性的语言时，调动自己的感官，在头脑中形成画面，从而有助于加深对于文本的理解。文本中常常会描述地点，人和物看起来、听起来或者闻起来怎么样。读者可以按照文字的确切描述在脑海中想象相关画面，以达到丰富经验、增进理解的目的。

三、教学设计

（一）哈里来到另一个世界

（1）哈里来到另一个世界遇到了哪些人？他们有什么特征？请帮他们分别制作一张“个人简历”。

姓名
职业
照片（可根据书中介绍的外形特征绘制图片）
性格
个人经历
……

（2）“另一个世界”与“这个世界”有什么不同？请找出“天国奇特之处”填入表格，并概括关键词。

这个世界和另一个世界 不同点			
页码	文章摘记	关键词	我的猜测 / 疑惑

（二）哈里回到曾经的世界

（1）哈里回到曾经的世界，去了哪些熟悉的地方？看到了什么人和事？他的心情如何？他有怎样的领悟？

熟悉的地方	看到的人	见到的事	哈里的心情	哈里的领悟

（2）哈里有哪些“未了的心愿”？请为他制作一棵“未了心愿”树。你有哪些愿望希望实现？请为自己也制作一棵“心愿树”。

（哈里未了的心愿）

（我的心愿）

（3）哈里真的完成了那些“未了的心愿”吗？为什么？如果可以，你将怎样完成你的哪些心愿？

心愿清单	我的设想	我的行动

（三）我的世界

（1）阅读了《天蓝色的彼岸》，有哪些事情触动了你？分享给你的家人和小伙伴吧！

（2）哈里对生与死的理解充满哲理，他的哪些话让你印象深刻？你对生命有哪些新的感悟？

（3）本书角色、情节、插图色彩的设置与主题——生命有怎样的关系？请尝试还原作者的创作意图。

<table>
<tr><th colspan="2">作者创作</th><th>尝试还原作者的创作意图
（与“生命主题”的关联）</th><th>感悟</th></tr>
<tr><td rowspan="3">角色设置</td><td>阿瑟</td><td></td><td rowspan="7"></td></tr>
<tr><td>“死党”——彼得
“死敌”——杰菲</td><td></td></tr>
<tr><td>幽灵斯坦的狗——“温斯顿”
哈里的猫——“阿尔特纳蒂姆”</td><td></td></tr>
<tr><td rowspan="2">情节设置</td><td>树就像人</td><td></td></tr>
<tr><td>电影院里的幽灵</td><td></td></tr>
<tr><td rowspan="2">插图色彩</td><td>橘黄色</td><td></td></tr>
<tr><td>天蓝色</td><td></td></tr>
</table>

四、创意天地

（1）我是小编剧：剧本创作（分四个小组，择一而作）。

①以第二章、第十二章中描写“哈里和姐姐”的文字为依据，创作剧本表演《争吵与谅解》，合理想象，再现哈里死前与姐姐相处的生活片段，表现哈里死后对姐姐的愧疚。

②以第五至第八章中描写“哈里与死党”的文字为依据，创作剧本表演，还原哈里在学校的生活情景。

③以第五至第八章中描写“哈里与死敌”的文字为依据，创作剧本表演，还原哈里在学校与“死敌”杰菲的恩怨，尤其要表现出哈里对“死敌”的歉意。

④以第十一、第十二章中描写“哈里的爸爸、妈妈和姐姐”的文字为依据，创作剧本表演，想象在哈里死去后，他们可能会说的话、会做的事；哈里重返人间后，他们与哈里团聚的情形，他们如何表达对哈里的爱。

（2）我是幻想家：根据小说的叙述，你脑海里的天蓝色彼岸长什么样？大胆想象，用画笔绘制出“天蓝色的彼岸”。

（3）我是哈里的朋友：在充分讨论“生命与死亡”的话题后，请给哈里写一封信，联系自己的生活实际，任选角度，向哈里说说自己对生命的感悟。

五、阅读加油站

（1）《一片叶子落下来：关于生命的故事》，[美]利奥·巴斯卡利亚/著，任溶溶/译，南海出版社。

（2）《开往天堂的9路巴士》，[美]利奥·巴斯卡利亚/著，伍牛/译，南海出版社。

（3）《给我的孩子讲：死亡》，[法]爱玛努埃尔·于斯曼·佩兰/著，李玉民/译，重庆大学出版社。

（4）电影《寻梦环游记》，李·昂克里奇、阿德里安·莫利纳/导演，华特·迪士尼电影工作室、皮克斯动画工作室联合出品。

（5）电影《心灵奇旅》，彼特·道格特、凯普·鲍尔斯/导演，华特·迪士尼公司、皮克斯动画工作室联合出品。

关于死亡学习的好书还有很多：

①斯坦福大学终身教授、心理治疗界公认大师欧文·亚隆奉献的《直视骄阳》。一位心理学大师又是一位75岁高龄的老者，深入浅出地探讨人们心中普遍存在却被长期否定和压抑的死亡恐惧。看看章节内容：死亡之痛、识别死亡焦虑、觉醒体验、观念的力量、通过关系克服死亡恐惧、死亡意识、如何治疗死亡焦虑。他说："死亡虽是终点、但人生的意义并不会因此湮灭；死亡虽是宿命，但看待死亡的视角却可以让人们获得拯救。"

②在《追逐日光》中，毕马威前首席执行官、美国的尤金·奥凯利，以自己的职业习惯成功地安排了自己人生的最后三个月时光，和每个人优雅告别。这本书告诉我们，人生的尽头不一定非得是最灰暗的，它也可以成为人生最美好的时光。

③ 美国米奇·阿尔博姆的著作《相约星期二》中，年逾七旬的社会心理学教授临终前给学生上的最后一门课，课程名称叫"人生"。他的得意门生在其去世前的14周里，每周二上门与他相伴，聆听他生命最后的教诲。

④《超越死亡》的女主人公是一位美丽聪慧的女子崔雅。她在36岁邂逅肯·威尔伯，彼此一见钟情，却在婚礼前夕发现患有乳腺癌，于是一份美丽浪漫的姻缘引发出了两人共同挑战癌症病魔的故事。煎熬五年，肿瘤恶化，终而不治。五年的艰难岁月，夫妻借由静修和修行在相互超越中消融，升华到慈悲与智慧。病者的身体虽受尽折磨，而心境却能自在、愉悦、充满生命力。

⑤美国死亡学专家林恩·德斯佩尔德，教授的美国第一门有关死亡和濒死的大学课程，是亚马逊网站20年来最全面、最受欢迎的"死亡百科全书"。你所能想到的关于死亡的方方面面，在《最后的舞蹈》这本书里都有详细的解读。这本书还提供了很多很受用的建议。他想告诉你的是，请不要对死亡有偏见，它是你生活的一部分，它并不可怕。甚至他会告诉你、指导你，如何正视死亡，好好活着。

⑥美国迈克尔·拉尔戈写的《死亡大辞典》(从A到Z)，是一本关于怎么告别这个世界的百科全书。所有你能想到的、想不到的死亡方式，都尽在其中。合上书你会笑着感慨：原来死亡是那么一个如影随形的亲密朋友啊。

⑦美国著名的科学家、心理医生布莱恩·魏斯著有《前世今生——16堂生死启蒙课》。这本书用催眠治疗的全过程，真实呈现了一个27岁女病人的N次前生。作者通过这本书与更多人分享生死课程，让人们从现世苦恼中解脱出来，在现世获得最大限度的幸福感。无论你是否相信轮回，这本书都不会让你失望。

它带着你从一个更广阔的视野及时空，追踪宗教、科学之外的生命意义。

⑧瑞士著名心理学家维雷娜·卡斯特写的《体验悲哀》，是关于如何哀悼丧失、摆脱悲痛的专业书籍。

此外，还有《哀伤心理咨询》《此生可度》《西藏生死书》等。这些著作，都以严肃的态度，和读者探讨严肃的话题，让“死亡”气息变得更肃穆。

《天蓝色的彼岸》，却如此不同。

它是一部人性寓言，故事简单，文字温暖，主角惹人钟爱。

作者把故事的“叙述者”设计为“一个小男孩”，是他的高明之处。在故事创作的“主角设置”上，给我们以示范和灵感。

是的，主角哈里是个彻头彻尾的小鬼，由于心愿未了，不愿前往天蓝色的彼岸，幸亏另有一个150岁的小鬼带他重返人间完成心愿。作者借由小男孩去亲历死亡，借由他的五官去感知另一个世界，借由他的灵魂去体悟死亡的滋味；小男孩至真至纯的灵魂感知到的一切，都更能直抵读者的心灵，不止能打动儿童，也能感动成人，我们怀着淡淡的哀伤，同时又心怀希望，被希望牵引前行，一探“死亡的究竟”。因为“我爱你们大家，我爱你们所有的人，我非常非常非常地爱你们，比我能说出来的还要爱你们”，所以，可以从容离去。我们随着哈里一起成长，慢慢地，变得坚强，变得坦然，变得确信，确信要好好活着，关爱他人，珍爱生命。这种坚强的力量，是一种让你对于生活中的不如意渐渐释然的力量——永远不要在你怨恨的时候让太阳下山…… 珍视那些生活中最微小、最平常，不可忽略，甚至习以为常的温暖。

六、阅读工具箱

选择叙述者

小说创作的技巧，首先要决定由谁来讲故事，采用什么样的叙述角度。

一般有三种可能性：

（1）小说从头到尾用第一人称，用主角的话向读者介绍发生的事。这个主角既是小说作者，又是小说里的主人公。

（2）以第一人称向读者介绍了小说里的行动，他是一个旁观者，在小说行动中无足轻重，或是可有可无。

（3）作者作为旁观者，用第三人称的客观手法来描述小说，任故事自然展现，只在对于理解其中行动有必要时，才加以解释。

《天蓝色的彼岸》应该以什么角度来讲故事更好呢？

作家选择“主角”作为“叙述者”，采用第一人称，让哈里自己来讲述他死后来到另一个世界的所有见闻感悟，以哈里为这个故事的中心和动力。

选取这个角度再明智不过了。

我们始终牢记，小说必须是有趣而可信的。首先，“另一个世界”是所有活着的人未知的世界，如果不是作为幽灵的哈里亲眼所见，我们哪里知道那是怎样的一个世界？他的叙述最令人信服。在“令人信服”这一点上，主角——叙述者这种叙述角度贡献最大。

其次，从趣味性考虑，第一人称“主角——叙述者”的叙述角度最能引起读者兴趣。主角的眼睛似乎是我们探索那个未知世界的“探照灯”，他看到的，即是我们想见的——原来人死后的“另一个世界”是如此奇特的。他的叙述打破我们原本对“死亡”的想象或恐惧，以兴趣引领我们随着他的叙述一步步深入故事的内核，探索生命的意义。

但是，“主角—叙述者”来讲故事，也有其弊。

主角哈里和所有读者一样，“谁都不明白自己死后应该做点什么——就像人们不知道自己活着应该干什么一样”，他也是一个“生命意义的探索者”，所以，他无法直接给予我们生命意义的启示。

于是，作家为哈里设置了一个配角——阿瑟，一个已经死了很多年、模样滑稽的人。由他带着哈里偷偷溜回人间，引导他完成死前未了的心愿，教诲他向亲人、老师、朋友表达爱和歉意，让他回归生命的平和宁静，最终回归生命的归宿，去往“天蓝色的彼岸”，领悟生命和死亡的意义。

次要人物通常只作为主角的陪衬物而存在，但是，当你在探寻深刻命题的时候，主角遇到任何困难，都不要就此灰心。你面前还有一条走起来很轻松的道路，那就是借助配角的力量，让主角透过配角的视线，一起去探求未知，获得新知，得以“重生”。

这就是这部小说能穿透“死亡”的重大命题，寻求到“生命归宿”的一个小秘密。

深圳市福田区石厦学校小学部　彭翠华

深圳市福田区南华小学　何小娜

《西游记》阅读设计

一、阅读解析

《西游记》是中国古代第一部浪漫主义章回体长篇神魔小说。现存明刊百回本《西游记》均无作者署名。清代学者吴玉搢等首先提出《西游记》作者是明代吴承恩。

（一）内容解析

这部小说以“唐僧取经”这一历史事件为蓝本，通过作者的艺术加工，深刻地描绘了当时的社会现实。全书主要描写了孙悟空出世及大闹天宫后，遇见了唐僧、猪八戒和沙僧三人，西行取经，一路降妖伏魔，经历了九九八十一难，终于到达西天见到如来佛祖，最终五圣成真的故事。

《西游记》自问世以来在民间广为流传，各式各样的版本层出不穷，明代刊本有六种，清代刊本、抄本也有七种，典籍所记已佚版本十三种。鸦片战争以后，大量中国古典文学作品被译为西文，《西游记》渐渐传入欧美，被译为英、法、德、意、西、手语、世（世界语）、斯（斯瓦希里语）、俄、捷、罗、波、日、朝、越等文种。中外学者发表了不少研究论文和专著，对这部小说作出了极高的评价。

《西游记》是中国神魔小说的经典之作，达到了古代长篇浪漫主义小说的巅峰，与《三国演义》《水浒传》《红楼梦》并称为“中国古典四大名著”。阅读经典作品，对于我们文化底蕴的提升有不可估量的作用。同时，它也将开启我们领略祖国文化的大门，让我们翱翔在中华文化的蓝天之下。

（二）作品特色

1. 生动的人物形象

《西游记》中的人物多是天上众仙和凡间妖怪，但仔细阅读全书你会发现，这些神怪的性格却如凡人一般。比如：牛魔王的喜新厌旧，铁扇公主的吃醋撒娇等。正如李卓吾所评，“《西游记》中神魔都写得‘极似世上人情’”“作《西游记》者不过借妖魔来画个影子耳”。既有魔气，又有人气、仙气，这些是融为一体的。比如孙悟空这个形象，他是花果山的一个仙石，里头含了仙胎，迎风化为石猴，一出生就会走路爬行，两眼露金光，射冲斗府，惊动了上天。从这些描写就能看出他的仙气。但同时他又具有魔气。

2. 巧妙结合故事情节

在尖锐的矛盾冲突中，充分深刻显示人物复杂的内心世界，突出刻画人物性格，使其有血有肉、栩栩如生。斗争越复杂，人物内心展现就越充分。作者用瑰丽、幻想的翅膀把我们带入一个又一个的神仙洞府，带到深山恶水中，展开一次又一次的殊死搏斗，在这种斗争中描写双方，塑造人物形象。孙悟空的形象就是在不断地和妖魔鬼怪的斗争中逐渐成熟、充实、完善的。

3. 用幽默、讽刺的手法来抨击现实

《西游记》中幽默、讽刺的手法处处可见，所以胡适当年说它“游戏笔墨”。我们看孙悟空，他既是个英雄，又很幽默，他不显得古板，而是跟谁都诙谐，开玩笑。到天宫见到玉帝，求人办事，也是唱个喏便走，不是很有礼貌，而且如果他的要求没被满足，就折腾，连玉帝也怕他。他去借丹，太上老君说不借。他说，那好，你说不借那就好，可就别怪我了。太上老君害怕，赶紧掏出一粒丹给他了。因为太上老君知道不给这一粒丹，说不定多少粒丹都没有了。孙悟空这种说话的方式是很幽默的。

4. 用生动贴切的对话，来突出人物性格

如孙悟空脾气比较急，急猴子嘛，有时又急功近利，喜欢听人说些奉承话。所以猪八戒几次都用话挤对他。孙悟空被撵走，但猪八戒用言语一激将，他又回来了，最后把师父从黄袍怪——魁星那救了出来。

5. 整本书，也是反复叙事

读完这本书，学生不仅发现了一个故事的结构密码，还发现了整本书的结构密码。学生能够学会从一个人物或故事出发对全书进行梳理，逐步明晰《西游记》以一个或几个故事结构串联起全书的“冰糖葫芦式”的脉络结构。小说虽然是长篇巨作，但却是由许许多多的短篇小故事连缀而成。郑振铎曾说，这个组织像是个蚯蚓似的，每节都能独立，砍去其一节一环，仍可以生存。所谓八十一难，细细琢磨，完整的故事也就四十几个。作者就是通过这样既联系又独立的四十几个小故事组成了五光十色的西行历险图，构筑出它艺术大厦的长廊，让人目不暇接。

（三）阅读提示

（1）《西游记》是一部长篇章回体神话小说，你知道章回小说有哪些特点吗？你还读过哪些章回小说吗？

（2）《西游记》中塑造的人物众多，你最喜欢哪个人物呢？

（3）唐僧师徒四人都有各自的典型情节，如孙悟空有大闹天宫、三打白骨精等经典情节，你关注到了吗？

（4）唐僧师徒四人，历经千难万险，终于修成正果。唐僧、孙悟空、猪八戒、沙僧以及白龙马最后被如来各赐了什么封号？

（5）为什么西天取经后，各路神仙对孙悟空的态度有了大的转变？

（6）我们都看过《西游记》的相关影视作品，如今阅读《西游记》一书，你觉得文学作品与影视作品带给你的感觉一样吗？说说你的体会。

（四）教材对接

建议与统编版语文五年级上册第三单元“民间故事”相衔接。

二、阅读策略

（一）串读知脉络

《西游记》运用了“冰糖葫芦式”的结构，将一个个故事串联起来，各个小故事相对独立、错落有致。在指导学生阅读该名著时，要注重启发学生总结方法、形成规律性认识，从而在阅读时可以从头到尾读，也可以选择其中一个故事开始阅读。基于以上认识，笔者在《西游记》导学课上做了“结构透视式”阅读方法的指导实践。

（二）跳读知情节

跳读是指跳过与阅读目的无关或自己不感兴趣的内容，也可以跳过某些不甚精彩的章节。跳读并不是不读，而是以一目十行、快速浏览的方式加快阅读速度，并在这个过程中捕捉自己感兴趣的情节进行精读。跳读《西游记》，我们可以根据回目标题的提示，抓住书中的关键信息，来概括故事梗概。

（三）精读品人物

精读是对重点的内容或感兴趣的文本进行精细的阅读、精深的阅读，是认真琢磨，逐字、逐句、逐段去仔细推敲的深入的甚至带研究性的阅读。在阅读的过程中，常常采用圈点勾画、评点批注、摘录笔记等方式进行。

三、教学设计

（一）活动流程

（1）西天取经路上，群妖可谓是各有特色、各显神通，请你创建《西游记》风云妖怪榜，并说出你的理由。

项目	妖怪	理由
“最文化的妖怪”		
“最讲究的妖怪”		
“最厚道的妖怪”		
“最执着的妖怪”		
“最义气的妖怪”		
“最凶猛的妖怪”		
“最倒霉的妖怪”		

（2）《西游记》里有很多经典情节，可谓是家喻户晓。你能找出每幅图表现的是哪个情节吗？

A. 大闹天宫　　B. 真假美猴王　　C. 大战红孩儿

D. 三打白骨精　　E. 偷食人参果　　F. 三借芭蕉扇

（3）取经路上的故事有没有共同的特点，请在下面选项中勾选出这些故事共同的因素，并说说这些共同因素之间有什么关系？

□困难　□对手　□法术　□冲突　□遇险　□帮手　□善举

（4）请在师徒四人中选择一个喜欢的人物形象进行综合分析，完成人物小传，再申请在全班展示。

<table>
<tr><td>人物</td><td></td><td rowspan="4">手绘形象：</td></tr>
<tr><td>绰号</td><td></td></tr>
<tr><td>身世</td><td></td></tr>
<tr><td>兵器</td><td></td></tr>
<tr><td>事迹</td><td colspan="2"></td></tr>
<tr><td>性格</td><td colspan="2"></td></tr>
</table>

（5）推荐“西游之星”。

通过上面的表格，我们对唐僧师徒有了较全面的认识。那么，在取经途中，谁的贡献最大呢？近日“西天取经组委会”要组织评选一名“西游之星”，用来表彰在这次取经活动中表现最为突出者。你觉得谁能当选呢？

附：“西游之星”推选办法

①推荐候选人范围：唐僧师徒。

②各组推选出一名候选人，写明推荐理由，简要介绍其事迹。

推荐理由示例：感动中国人物颁奖词（节选）——屠呦呦。

“为了一个使命，执着于千百次实验。萃取出古老文化的精华，深深植入当代世界，帮人类渡过一劫。”

③全班根据各组的推选情况，经公众投票和最终评议，确定“西游之星”人选。

“西游之星”候选人推荐表			
候选人		封圣尊号	
推荐理由			
主要事迹			

四、创意天地

（1）如果让你选择一个团队成员，你会在唐僧、猪八戒、孙悟空、沙僧师徒四人中选择谁呢？请说出你的理由。

（2）唐僧一行西天取经，历经九九八十一难。一路降妖伏魔，才最终抵达西天，求取真经。如果要你续编《西游记》，你还将为师徒四人设下哪些磨难呢？尝试着写一写。

五、阅读加油站

《西游记（李卓吾评本）》，[明]吴承恩/著，[明]李贽/评，上海古籍出版社。

六、阅读工具箱

神魔小说

中国神魔小说来源于鲁迅的提法，这一类小说在明清时期较为兴盛。但有《西游记》《封神演义》《镜花缘》等优秀作品，在避讳宣传"怪、力、乱、神"的中国古代，该流派小说的作者或是湮灭，或是不知真名，或是作品被禁止。其语言风格不拘一格，想象力丰富，背景或为虚幻或为海外某地假托，综合宗教、神话等民间喜闻乐见的形式，因此广为传颂。不少文人或依历史事件，或依流行的神怪故事，写了大量名著。

自《西游记》之后，明代出现了写作神魔小说的高潮。有朱星祚的《二十四尊得道罗汉传》，邓志谟的《铁树记》《飞剑记》《咒枣记》，许仲琳的《封神演义》等。

深圳市福田区岗厦小学　刘　恋
深圳市福田区南华小学　洪钰龄

《毛毛》阅读设计

一、阅读解析

《毛毛》是一部感动了无数人的幻想文学经典佳作，是现代人诠释时间的绝佳底本，是一本对现代物质社会进行尖锐批判的奇书。《毛毛》是德国最优秀的幻想文学作家米切尔·恩德的作品。有人说："米切尔·恩德的作品犹如一只穿行在幻想世界和现实世界的巨鸟，理性的思考是它的脑袋，紧张曲折的情节是它的筋肉，幽默风趣是它的骨骼，奇思妙想则是它的双翼。每个沉浸于他作品的人都会不由自主地想飞，飞进一个物我两忘的境界。"《毛毛》就是这样一部关于时间的浪漫幻想小说。

（一）内容解析

毛毛是一个不知年龄、不知来处、没有家人、没有工作的小女孩，但她拥有常人所没有的灵敏听力。因为她善于倾听的魔力，朋友们有纷争了就会来露天剧场找毛毛，孩子们也常常来找毛毛玩，只要有毛毛在的地方，就有许多快乐。但有一天，毛毛发现大家来找她的次数越来越少，原来人们都被灰先生骗了。当毛毛知道了灰先生的存在后，她冒着生命危险，来到了时间的发源地，发现了世界和人类的大秘密。知道这个秘密的她回到了现实世界勇斗灰先生。这本书充满了神奇的想象与创新的元素，用充满吸引力的角色和幽默诙谐的语言揭示了极其深刻的社会问题，表达了作者对工业社会的深度思考和对生活的美好憧憬。

《毛毛》之所以获得举世瞩目的成功，一个很特别的地方就是它和儿童读者站在一起，它已经成为论述现代"时间"的基本底本。作者米切尔·恩德就不承认自己的作品是儿童文学，认为它准确的分类应该是"幻想文学"。但从文学的角度来看，作品的语言充满了诙谐幽默的童趣，情节紧张刺激、想象力丰富而又逻辑清晰，人物的个性鲜明，但都富有儿童气质。读者阅读起来酣畅淋漓，步步惊心，深深被文字本身吸引；更深入地阅读，读者能够跟随情节的深入一步步思考时间的真谛，由书及己，不断反思，不断升华，文本虽读完，思考却能一直持续。所有这些，使得《毛毛》几乎覆盖了所有年龄段的读者群。

（二）作品特色

1. 幻想小说的元素

《毛毛》是一部关于时间的浪漫幻想小说，书中有许多超现实的元素。比如小说的人物：主人公是一个不知年龄、不知出身的小女孩，她却具有神奇的魔力，并最终成为拯救了整个大城市的英雄；“灰先生”是一群入侵者的统称，他们全身散发着阴冷的气息，他们每个人都有一个像“XYQ384b”这样的代号，他们是一个庞大的组织，打着“时间储蓄银行”的旗号招摇撞骗；还有预言家乌龟卡西佩里亚，有“这里方一日，尘世已一年”的时间王国和掌控时间的侯拉师傅。又如，在小说里，抽象的时间概念被分解成一系列鲜明而又具体的形象：时间窃贼、时间储蓄银行、时间之花等。甚至连小说的主要环境背景：几千年风雨洗礼后的剧场废墟，也充满了令人产生无限遐想的空间。幻想小说主要的特点：营造引人入胜、紧张刺激、扣人心弦的第二世界；充满了魔法元素；充满了光明与黑暗的对峙，充满了淳朴与爱的主要力量去对抗黑暗世界。这些在《毛毛》中都得到了淋漓尽致的展现。《毛毛》绝对是一本让人脑洞大开的幻想小说。

2. 探索主人公毛毛的人格魅力

毛毛原本一无所有，住在野草丛生的露天剧场里，但她却成为书中的英雄，拯救了整个世界，这和她的人格魅力息息相关。故事开始，毛毛幸得善良人们的关照。人们和毛毛待的时间越长，就越觉得少不了毛毛。谁要觉得无事可做，准会说：“走，找毛毛去！”久而久之，这句话甚至变成了这群人的一句口头禅。这是为什么呢？是因为毛毛绝顶聪明能给人们出好主意？又或是毛毛多才多艺能给人们带来欢乐？还是说毛毛会神秘咒语能预言吉凶祸福？全不是。毛毛只做了一件事——倾听别人讲话。每当别人来找她，她只是坐在那儿倾听，非常专心，充满同情，却能使忧郁的人快活起来，使害羞的人自信起来，使争吵的人和好如初。在灰先生入侵城市后，只有毛毛不被蛊惑并意外来到时间发源地，在时间老人的指引下，利用“时间花”与灰先生斗智斗勇，最终寻回了城市人们失落的时间。毛毛善于倾听，珍惜友谊，善良勇敢，是拥有智慧的人。

3. 文本运用的象征手法

恩德作品的最大魅力在于他为人类担忧的情怀和用形象化语言表现深刻哲理的才能。作品塑造了一个个改变人们生活的灰先生，他们变得忙碌、紧张，为了金钱和利益可以忽略亲情和友情，甚至丧失了自我，生活变得毫无意义。毛毛也遭到了灰先生的通缉，最终被乌龟引向了时间的发源地，认识了侯拉师傅。他们通力合作消灭了城市里的灰先生。为什么灰先生可以骗取人们的时间？人们又为了实现什么而节省时间呢？灰先生代表的是什么？现实生活中有灰先生吗？从书本出发回归生活实际，我们不难发现，这里的灰先生象征着现代社会中日益强大的物质主义和功利主义，可以这么说，作者以灰先生为突破口，通过幻想的手法再现了生活中种种赤裸裸的现实，比如拜金主义、时间的实效化等。

（三）阅读提示

（1）毛毛是怎样的一个人？你渴望拥有毛毛这样的朋友吗？

（2）从目录中不难发现，很多章节的标题都运用了对比的方式。找到相关章节看看，这样写有什么好处？

（3）灰先生们是一群怎样的人？你认为灰先生是用什么方法占据世人心智的呢？

（4）你认为作家塑造神龟这一形象具有怎样的意义呢？

（5）小说中充满了幻想元素，你能举例说明哪些地方让你感受到了这种奇妙的幻想之美？

（6）读完这本书，你发现了时间的什么秘密呢？

（7）如果让你来写一个幻想故事，你觉得可以学习书中的哪些写作方法呢？

（四）教学主题对接

建议与统编版语文五年级上册第三单元进行主题对接。

二、阅读策略

（一）想象法

《毛毛》是一部幻想小说，故事充满想象力和创造力。阅读时要注重激发联想与想象。在阅读过程中，我们的头脑中往往积累了一些感性形象。我们应根据这些感性形象，边阅读边想象作品中描绘的情景，积极开展联想活动。

（二）表演法

《毛毛》中的人物形象鲜明，刻画手法细腻。通过对文本中最能体现人物的重点词句、人物神态、动作语言等仔细揣摩，准确把握，采用小组合作的方式进行角色扮演，体验角色的心路历程。

三、教学设计

（一）不可思议的人和事

（1）故事里有好些有趣的人物，请你为以下人物设计个人简介。把握其特点，用简洁的语言来介绍，内容可以包括姓名、外形、职业、性格、语言、动作特点、主要事迹等。

人物	职业	性格特点	主要事迹	其他
毛毛				
灰先生				
吉吉				
老贝波				
侯拉师傅				

（2）书中有哪些不可思议的人、事、物？他们分别有什么奇特之处？

不可思议的人、事、物	奇特之处
1.	
2.	
3.	
4.	
5.	
……	

（二）故事里的时间银行

（1）阅读第六章《打算虽然错误，但却如愿以偿》，完成下表：

理发师弗西先生一天的时间分配表	
自留的时间	交给灰先生的时间
工作 8 小时	看书、看电影休闲时间　　3 小时
睡觉 8 小时	陪伴母亲　　　　1 小时
吃饭 2 小时	购物、做家务　　　1 小时
	秘密（买花送残疾女友）30 分钟
	养鸟　　　　15 分钟
	静思　　　　15 分钟
理发师的生活发生了哪些变化：	

（2）灰先生出现之后，人们的生活有了哪些变化？

灰先生出现之前	人物	灰先生出现之后
	老贝波	
	吉吉	
	酒店老板	
	建筑师	
	小孩	

（3）阅读第十二章节《毛毛走向时间的发源地》，摘录书中关于时间的描述，谈谈自己对时间的看法。

本章关于时间的描写内容	
本章使你感到惊奇的地方	
本章关于时间的描写内容	
你积累的关于时间的名言	
你对时间的看法	

（三）生活里的时间银行

（1）如果这个世界上有一个时间储蓄银行，可以把你不必要做的事情的时间存起来，你最不愿意储存表格中哪一块时间？为什么？

活动内容	花费时间
学习	6 小时
睡觉	8 小时
玩耍	2 小时
上补习班	2 小时
运动	2 小时
吃饭	1 小时
聊天	1 小时
和爸爸妈妈在一起	1 小时
一个人发呆	1 小时
合计	24 小时

我最不愿意存________的时间，因为________________________________

____

（2）请根据实际情况，完成你一天的时间分配表，你满意这样的生活方式吗？如果不满意，请完成你理想中一天的时间分配表，并写下做出改变的理由。

我现在的一天时间分配表	
活动	所需时间

我理想的一天时间分配表	
活动	所需时间

我重新规划时间的理由是：________________

____

（3）读完这个不可思议的故事，你怎么理解“时间就是生命，生命在人心中”这句话？

____

____

四、创意天地

1. 写一封信

当毛毛从时间发源地归来和吉吉再次相遇时，她有一肚子的话想和吉吉倾诉，但却没有机会说上一句话。请你以毛毛的口吻，给吉吉写一封信。

2. 写一个故事

小说的结尾，毛毛这样的一个小女孩拯救了这个大城市里所有的人，然而这一切能持续多久呢？当人们再次遭遇灰先生，他们会做出怎样的选择呢？请你构思一个小故事，通过故事表达你的想法。

3. 写一篇读后感

阅读第十二章《毛毛走向时间的发源地》，摘录书中关于时间的描述，再以

《时间都到哪儿去了》为题（也可以自拟题目），写一篇读后感。

五、阅读加油站

（1）《永远讲不完的故事》，[德]米切尔·恩德/著，李士勋/译，二十一世纪出版社。

（2）《寻找时间的人》，[爱尔兰]凯特·汤普森/著，闫雪莲/译，江苏凤凰文艺出版社。

（3）《小王子》，[法]安东尼·德·圣艾克修佩利/著，程玮/译，广西师范大学出版社。

六、阅读工具箱

象征手法

象征就是根据事物之间的某种联系，借助某人某物的具体形象（象征体），以表现某种抽象的概念、思想和情感。运用象征手法，化抽象为具体，使文章更生动。

幻想文学《毛毛》中，作者借灰先生象征现代社会追求效率、金钱、名利、物质、权力至上的恶瘤。通过塑造灰先生凭借彬彬有礼的假面，巧舌如簧地到处行骗的形象，揭示了现代社会人们沉迷于追逐名利、物质至上的扭曲的价值观，提醒人们反省自己的生活方式，寻回失落的美好。

推荐作品:《海鸥乔纳森》。书中讲述了一只名叫乔纳森的海鸥认为飞翔比吃饭更重要，无论风雨、饥饿、孤独还是被流放，都不改更高、更快、更远的飞翔理想，最终冲上云霄，成为一只自由的海鸥。作者借助海鸥乔纳森这一形象告诉读者，人应该执着梦想。

深圳市福田区全海小学　林　艳
深圳市福田区侨香外国语学校　张　莹
深圳市福田区南华小学　何小娜

《写给孩子的哲学启蒙书》阅读设计

一、阅读解析

孩子从小就会提出各种各样的问题，有些问题甚至让我们瞠目结舌，他们小小的脑袋瓜里好像藏着一位位哲学家。如何帮助他们成为真正的哲学家呢？

（一）内容解析

《写给孩子的哲学启蒙书》从孩子的视角，用孩子的语言，提出孩子的问题，给出孩子的答案，帮助孩子们认识哲学、喜欢哲学、运用哲学，最重要的是帮助他们从小构建哲学的思维方式，将原本散落在头脑中那一个个古怪精灵的小问号聚集在一起，变成一把解决哲学问题的钥匙。

哲学能够帮助我们了解自己、了解世界、了解人生的真相。五年级的孩子理性认识逐渐觉醒，借助这套书的力量学会思考，并逐渐走向心灵的成熟。这就是这套书了不起的地方。

（二）作品特色

1. 什么是哲学

提到“哲学”二字，很多成人都未必能够清晰地解读出它的含义，作为孩子，看到书名上“哲学”两个字，也会感觉到困惑。《写给孩子的哲学启蒙书》从孩子们身边的故事开始，与他们一起从“勇敢与胆怯”“成功与失败”“爱情与友谊”“尊重与轻蔑”“言语与沉默”五个方面认识“究竟什么是哲学”这个问题。在方法上除了引导学生自读自悟，还需要引导他们结合自己生活的实际经历，在不断地碰撞中迸发思想的火花，在破、立中逐渐形成自己的人生见解。

2. 具体事例 + 旁观者的评论

大道理蕴藏于小故事中，小故事则更容易走进孩子们的心里。每个小读者在小故事中都能或多或少看到自己的影子。轻松的语言，简单的情节，不赘述，不烦琐，没有华丽的语言、曼妙的修辞，文字浅显易懂。而作者以旁观者角度进行的评论就如同一个理性的声音，让孩子走进去，再走出来，站在作者提供的高度，俯视整个事件的发生和发展，在理性声音的引导下更容易接受作者提出的哲学性的思考，做到“润物而无声”。这套书可以深深吸引孩子们的原因显而易见。

3. 精巧的图片插入

图片贵“精”不贵“多”，过多的图片容易喧宾夺主。在恰当的时间出现点睛之笔非常重要，一方面可以冲淡文字带来的严肃感，增加趣味性；另一方面作为文字的补充说明，在文字晦涩难懂的时候起到醍醐灌顶的作用。

4. 连续阅读的兴趣

一本书的背后是一套书。作者为每本书都选择了不同的主题，语言轻松幽默而富有诗意，结构有趣而蕴含哲理。阅读一本书不是目的，激发对整套书的阅读渴望才是关键。抛出与孩子们的生活息息相关的问题，让他们主动到书中寻找答案，激发连续阅读的兴趣。

（三）阅读提示

（1）“我是谁？我从哪里来？我要到哪里去？”有人问过你这三个问题吗？你是怎样回答的？

（2）当翻开《写给孩子的哲学启蒙书》时，你心中会带有哪些期许呢？

（3）哲学书的语言有什么特别之处？与我们平时阅读的故事书、百科全书所使用的语言一样吗？

（4）关于书中的五个话题，你能够提炼出作者的观点吗？对你有哪些启发？例如：①关于“勇敢与胆怯”这个话题，你认为是“勇敢”好，还是“胆怯”好呢？它们之间有互通的桥梁吗？②什么样的成功才是真正的成功？别人眼里的失败就一定是失败吗？③凭借你的生活经验，能够区分什么是“爱情”，什么是“友谊”吗？你的依据是什么？④“言语与沉默”谁的力量更大呢？你会选择哪一种方式来表达自己的内心？

（5）书中五个大标题的下面又出现了许多小标题，你能够发现这些标题之间的关系吗？这么多小标题对你的阅读有哪些帮助呢？

（6）作者用不同的字体对书中的小故事进行了回应，有的是陈述故事的结尾，有的是简短的评论，还有的是对故事中人物的心理剖析。除此之外，你还看到了哪些不同的内容？

（7）插画已经成为书中不可缺少的部分，你认为这些插画在书中有没有什么实质性的作用呢？除了书上的这些，你还能想到哪些画面呢？

（8）哲学看似离我们很远，实际上就生活在我们中间，读完这本书，相信你对哲学一定有了新的认识。你愿意把你的想法写出来与大家一起分享吗？或许你也可以采用书中的写作形式，将自己独到的见解呈现出来。

（四）教学主题对接

建议与统编版语文五年级上册第一单元“万物有灵”、第六单元“舐犊情深”、第七单元“四季之美”相衔接。

二、阅读策略

（一）转述法

这本书通过简单而有趣的故事，帮助孩子理解、认识这些问题。故事作为哲学认知的载体，使孩子喜闻乐见，通过转述，可以强化孩子的理解。

（二）联系生活

《写给孩子的哲学启蒙书》不是“纯粹”的哲学书，尽管它涉及所有人生重大主题，比如生死、幸福、善恶、美丑、对错、自由、公正等，却没有任何难懂的哲学概念和哲学词汇。所有的思想、所有的哲学都融入一个个的小故事里，融入寻常生活中。通过联系生活，我们在体验中感悟，在感悟中内化，在内化中成长。

三、教学设计

（一）趣味导读，走进哲学的大门

教师引导学生读。

（二）自由朗读，触摸哲学的纹理

（1）通过自主阅读《写给孩子的哲学启蒙书》，找找书中作者的观点，并进行归纳整理，写在下面的表格中，之后再写写你的看法。

五个问题	作者的观点	我的看法
勇敢与胆怯		
成功与失败		
爱情与友谊		
尊重与轻蔑		
言语与沉默		

（2）根据自己的生活体验，仿照“五个问题”，你还可以写出多少对类似的词语？

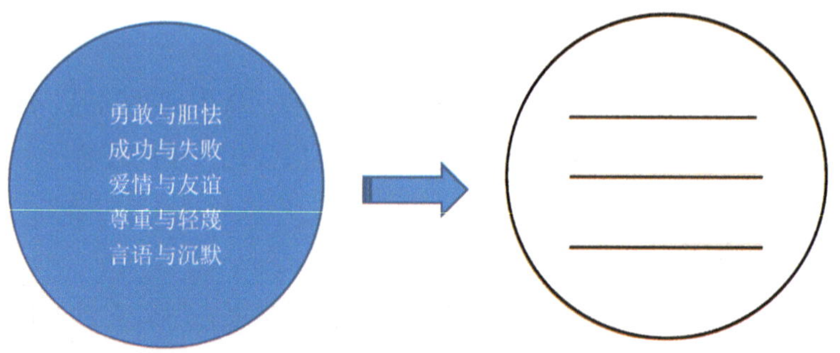

（3）你自己有过胆怯的经历吗？是不是所有的人都会胆怯呢？你有尝试过“勇气小训练”吗？你是怎么做的？效果如何？

令我胆怯的事	我的勇气小训练	效果评价

（4）下面有三个成功的事例，你更欣赏哪一种成功？说说你的理由吧。

①热雷米拼好了最后一块拼图，这是他有生以来第一次独立完成了一个1000块的拼图。

②托马的足球教练带领球队在小组比赛中拿到了第一，赢得了锦标赛。

③朱丝蒂娜超越了自己的好朋友克拉拉，赢得了班级代表的选举。

我欣赏第（　　）个事例中的成功，我认为________________________

____

（5）在 P62 “只说不做”中，皮埃尔和艾历克西之间算是真正的友谊吗？找到你的朋友，回忆你们之间发生的事情，对比一下自己的行为和语言，哪些事例能够证明你们彼此的友谊？

语言	行动	具体事例

（6）阅读书中的小标题，你能够推测出作者讲述问题的思路吗？如果是你，你会如何解决这些问题呢？请自拟小标题把你的思路呈现出来。

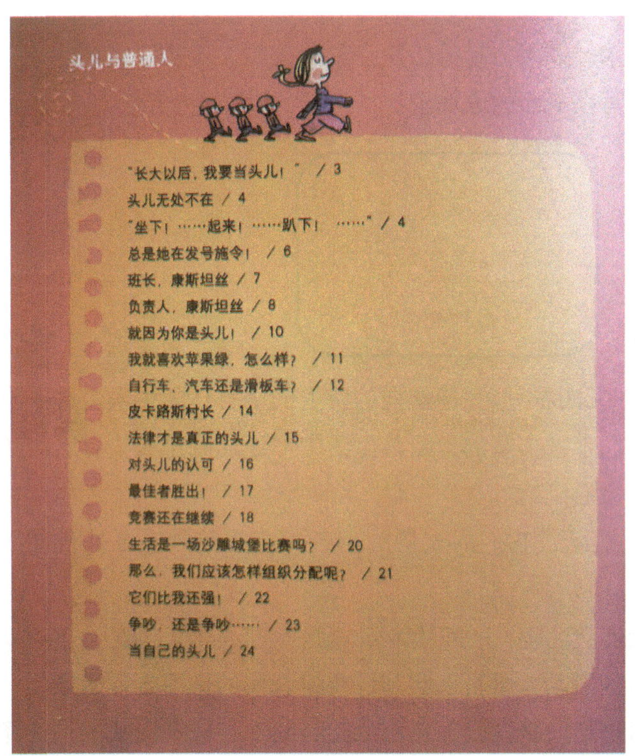
头儿与普通人

尊重与轻蔑

1.____________。

2.____________。

3.____________。

4.____________。

5.____________。

6.____________。

7.____________。

8.____________。

（7）如果你的同学在考试中出现类似的情况，你会如何安慰他？你能尝试使用哲学的语言帮助你的朋友从失败和焦虑中走出来吗？

将你写出来的文字在小组内读一读，看看谁的“语言”力量最强大，可以帮助扑倒在地的“他”站起来。如果力量等级从小到大按照1~5的等级来标识，你的语言力量是多少分？请写在下面的方块里。

（8）“春天来了，我却无法看见。”像这样的诗人的语言让陌生人敞开了自己的心扉，因为它能够给人们带来丰富的想象。生活中你还遇到过哪些有魅力的语言？我们做一次语言分享会吧！

例如：鸟儿在树枝上跳跃，它们的欢快的声音一定很美妙，可是我却无法听到。

冬天已经来了，春天还会远吗？——雪莱

（9）你和哥哥一起参加活动，哥哥获奖却没有将真实的情况告诉父亲。一方面是对父亲撒谎，一方面是帮助哥哥保守秘密。此时的你是选择沉默还是选择把真相说出来呢？如果你选择了沉默，能说你是一个坏孩子吗？尝试进行自我辩论。

选择言语：　　　　　　　　选择沉默：

（三）同伴共读，用哲学指导生活

（1）你有哪些疑问吗？提出你的问题，并与同学交换，互相回答彼此的问题好吗？可以仿照书中的语言，有层次地做出回答。

我的困惑	朋友的解答

（2）对比阅读这本书之前到阅读后的思维变化，完成下列表格。

	缺乏哲学思维	具备哲学思维
听到不了解的传言		
面对复杂的生活问题		
讲解一道较难的题目		
面对不了解的知识		
学习喜欢知识的原因		
遇到不如意的事情		
我们为什么而学习		
被人责骂或误会		
玩电子设备		

四、创意天地

（1）书中的五个篇幅，哪一篇给你留下的印象最深刻？请为它设计一个创意阅读报告吧。

（2）日常的勇气是别人看不到的，但是却能够帮助你真正成长。把你认为自己做得最有勇气的一件事写出来吧。

（3）能不能描述一下你的友谊之花是如何绽放的？

五、阅读加油站

（1）《哲学家开的店——哲学原来可以这样学》，[韩] 郑彩恩 / 著，[韩] 杨恩娜 / 绘，周钦华 / 译，电子工业出版社。

（2）《童话之书》，陈诗哥 / 著，中国少年儿童出版社。

（3）《儿童哲学智慧书》，[法] 奥斯卡 · 柏尼菲 / 著，[法] 克雷蒙 · 德屋 / 绘，李玮 / 译，接力出版社。

（4）《苏菲的世界》，[挪威] 乔斯坦 · 贾德 / 著，萧宝森 / 译，作家出版社。

六、阅读工具箱

什么是哲学

你喜欢提问题吗？你的每个问题都能找到答案吗？如果你能够不断地提问，但是你的问题却总是找不到合适的答案，说明你离哲学就越来越近了。你听说过“鸡和蛋”的故事吧？那你的观点是先有鸡还是先有蛋呢？这不仅是一个科学问题，更是一个哲学问题呢。好吧，孩子，如果这个问题不好回答，那就换一个问题吧。请问，你是动物吗？这个问题你又要如何回答我呢？你也许会说，是的，我是动物，因为人类就是高级的哺乳动物，所以我是动物。你或许会说，不，我不是动物，我跟动物有本质上的区别，因为我有人的意识，我会思考……其实，每个答案你都能够给出充足的理由，但是如果你想要完全否定另一个答案，显然是很困难的。孩子，如果此时，你正因为这个问题而陷入了思考，那么恭喜你，你已经是一位小哲学家了。

深圳市福田区教科院附小　刘　莉
深圳市福田区南华小学　肖　啸

五年级下册

童年故事

五年级下册

童年故事

自传体儿童小说：是传记体小说的一种，是从主人公幼年时的经历和事迹角度写成的小说。这种小说是在作者童年亲身经历的真人真事的基础上，运用小说的艺术写法和表达技巧，经过虚构、想象、加工而成。

如何阅读自传体儿童小说呢？

第一步：走进作者生平

了解作者的生平，会帮助我们阅读时更快更好地把握作者文章中的情感基调，能设身处地和作者一同经历文章中的故事。

第二步：线性阅读，全面了解故事内容

第一次阅读时，可以采取线性阅读的方式一章一章地了解故事内容，总体把握故事中的大概情节。

第三步：梳理人物关系，提炼具体事件

梳理人物关系能够帮助学生了解人物之间的渊源，情感纠葛产生的原因，以及故事的大致发展脉络，对于帮助读者理解文章主题有很好的效果，还可以利用思维导图来加强人物关系。

第四步：寻找伏笔，解构结局

书中人物的命运、结局，一眼是参不透的。那些隐含的信息，就藏在不经意的细节里，可以一点一点地迫近、一点一点地解剖，使人物形象丰满，加深读者对故事结局的感悟。

《城南旧事》阅读设计

一、阅读解析

童年是一块棉花糖，美味至极；童年是一架纸飞机，装载梦想；童年是一盒蜡笔，缤纷绚丽。童年犹如一本相册，珍藏着一个个单纯稚嫩、天真烂漫的故事。在台湾作家林海音眼里，童年是冬阳下缓缓走来的骆驼队，是老北京城南的那些人和事。尽管童年的时光注定一去不复返，但那一缕淡淡的哀愁，那一抹沉沉的相思，深深地印在她的记忆里，永不消退……

《城南旧事》以英子的成长为线索，用小女孩的口吻朴实温馨地叙述了《惠安馆》《我们看海去》《兰姨娘》《驴打滚儿》《爸爸的花儿落了 我也不再是小孩子》五个故事。它透过主角英子童稚的双眼，向世人展现了大人世界的悲欢离合，有一种说不出来的天真，却道尽人世复杂的情感。

（一）内容解析

《城南旧事》是我国台湾女作家林海音以其 7 岁到 13 岁的童年生活为背景的一部自传体短篇小说集，初版于 1960 年。在我国台湾被日本帝国主义侵占期间，林海音一家不甘在日寇铁蹄下生活，举家迁居北京。

20 世纪二三十年代的北京城南：四合院、老胡同、酸枣面儿、八珍梅、骆驼、驴子……在小英子的记忆中，老北京除了这些，还有那个在她看来有些漂亮的“疯子”秀贞，长了一副好人样的“厚嘴唇”，梳俏皮麻花辫、镶金牙的兰姨娘，还有苦命的丧失了两个孩子却待英子如亲生的宋妈。这些人、物、景，全部珍藏于林海音的记忆深处，也收藏于她这本精巧的《城南旧事》中。

这些人到底演绎了怎样的故事？为什么我们能听见“疯子”对英子的温柔倾诉，又能听见她的独自啜泣？为什么“厚嘴唇”在笑的同时也在哭，而英子看着他时双眼充斥着迷茫？为什么宋妈骑着小驴，离开了她最舍不得的地方？为什么英子看见爸爸最爱的花儿落了，她突然就长大了？

这所有的故事都与大人讲述的不同。大人们很高，看得又远又宽阔，事情常常成了夸张的模样；而小孩子很矮，却能看到更多的真相和更细致的感情。林海音用《城南旧事》告诉我们：每一段动人的旧时光，都值得被人们反复提及，因为珍藏在心灵深处的记忆，永远都会柔和、恬静。

（二）作品特色

1. 儿童的视角——发现细节里的“童心”

林海音在写此书时已经 40 岁了，离开第二故乡北平已经近十年。“小英子”已经不是书中那个天真的少女，而是一个雍容华贵的妇人。但作者仍以一个儿童的视角来写乡愁，借助小英子童真的眼睛来描写故乡的一草一木，写故乡中人真实的生活。阅读全书，寻找细节，感受其中的童真、童趣、童心。

2. 独特的语言——品味细节里的“京味儿”

小英子的父母常常说着那么不正宗的“北京话”，随处可见的儿化音的使用，老北京人特别的语音、幽默的语调，这些都构成了特有的“京味儿”语言。而骡马市的佛照楼、西草场和井窝子，新帘子胡同里的酸枣面儿、山楂片、珠串子，虎坊桥上围着“大话匣子”乘凉的大人小孩儿，这些老城元素也给文章增添了浓浓的北京风味。阅读全书，寻找细节，为老北京“画”一张风俗画。

3. 女性的赞歌——感悟细节里的人物形象

除了浓浓的京味儿、传统的京城民俗在《城南旧事》中有着浓墨重彩的表现外，城南胡同中的各色人物，尤其是女性，是林海音着墨最多的地方。从女性的角度切入文本，我们会发现，文中的女性都具有悲剧色彩和一种悲天悯人的情怀，且具有传统女性的优秀品质：秀贞对爱情的忠贞，妞儿的忍辱负重，兰姨娘对自由生活的追求，宋妈的勤劳、善良、顺从……当然，一个人物的形象必然是多面的。选择你喜欢的某个人物，精读有关段落，在细节中感悟人物形象之美或给人物写个小传。

（三）阅读提示

（1）在序言《冬阳·童年·骆驼队》中，作者写了哪些童年趣事？你觉得最有趣的是什么事？

（2）为什么作者说“夏天过去了，秋天过去了，冬天又来了，骆驼队又来了，但是童年却一去不还。冬阳底下学骆驼咀嚼的傻事，我也不会再做了”？

（3）秀贞是“疯子”吗？她为什么疯了呢？妞儿是秀贞的“小桂子”吗？秀贞和妞儿的结局是什么？作者这样安排有什么用意呢？摸清原因，找准依据。

（4）故事中的“厚嘴唇”是坏人吗？为什么？参加表演既是情节推进的需要，同时也为“厚嘴唇”出现在学校提供舞台，你觉得作者安排他在学校出现，有何用意？妈妈让小英子写坏人做贼的故事，她却为什么要写“我们看海去”？

（5）你通过哪些细节能推测出德先叔是什么身份？“我”注意到兰姨娘和爸爸之间的微妙关系后，心理有怎样的变化？采取了什么措施为母亲展开“婚姻保卫战”？

（6）离开自己正在吃奶的孩子到“我”家做奶妈的宋妈是一个怎样的人？痛失儿女的宋妈最后为什么不舍地离开“我”家？说说她内心有哪些难处。这部分为什么取名《驴打滚儿》，有什么用意？

（7）“爸爸的花儿落了”有怎样的含义？这部分写了当时发生的哪两件事？其中插叙了哪些事件？小英子刚小学毕业，却说“我也不再是小孩子”，她的长大有哪些表现？你从她的长大中得到了怎样的启示？

（8）作者写作这五个故事，故事既无关系，年月也不衔接，却关联着怎样相同的奇妙思想？写法上有何相似之处？唱了五年的骊歌，作为全书的暗线，构思上有何深刻的用意？

（9）林海音的女儿夏祖丽说“灵活的语言，正是母亲作品引人入胜的原因之一”。品味全书语言，感受她语言的魅力。

（四）教学主题对接

建议与统编版语文五年级下册第一单元“童年岁月”相衔接。

二、阅读策略

（一）概括

概括策略，是读者撷取文章中的重要信息，经过统整浓缩后，形成能够代表文章主旨的简要叙述的一种阅读策略。做概括能促使读者将注意力聚焦在文章重点上，忽略较不重要的细节，并将文章中各重点连接统整，形成有意义的整体理解。概括能有效地促进读者的阅读理解，提高阅读效率。

（二）批注

批注策略，是读者在阅读文本的过程中，运用简洁精练的书面语言或以圈点、勾画的方式把自己的所感、所想、所疑等记录在书中空白处的一种阅读策略。根据批注位置的不同，可以将批注分为“眉批”“旁批”“尾批”。作批注的过程是读者认真思考并与文本深入对话的过程。边阅读边作批注可以提高读者的专注力，提升读者凝练句意的能力，同时加深读者对文章的深入理解。

（三）预测

预测策略，是读者阅读时借助自己已有的知识体系，根据文章的行文线索去推测文章内容发展（包括作者或主角的情感、想法和行动），并带着这种推测继续阅读，验证推测的一种阅读策略。边阅读边预测，可以调动读者的阅读积极性，提高阅读的趣味性。预测过程中，读者充分发挥想象，不断验证假设，有效激发读书的想象力，提高读者的思辨力。

三、教学设计

（一）走进作者生平，初识英子童年

（1）作者生平。林海音是我国著名作家，原名林含英，台湾苗栗人。5 岁时因其父林焕文不甘于日寇铁蹄下生活，举家迁居北京。林海音在北京度过了童年与青年时期，北京成为她精神上的故乡之一。其父亲林焕文出身书香门第，从小接受良好的教育，在文学上对林海音有很深的影响。父亲离世后，13 岁的林海

音承担起家庭的部分重任，早早地成为一个勇敢的小大人。

（2）序言《冬阳 童年 骆驼队》中介绍了英子童年的哪些趣事？为什么“我”感慨“冬阳底下学骆驼咀嚼的傻事，我也不会再做了”？

（3）看目录，猜想每一章都会是一个怎样的故事。阅读时，可以边读边预测每一个故事的结局。

（二）梳理故事内容，了解人物命运

1. 请简要概括五个故事的主要内容

《惠安馆》：

《我们看海去》：

《兰姨娘》：

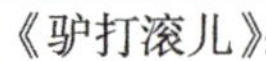

《驴打滚儿》:

《爸爸的花儿落了》:

2. 快速浏览故事，完成人物命运谱

故事	小英子年龄	人物	人物身份与性格	人物命运或结局	猜想的依据
《惠安馆》	六岁	“疯子”秀贞			
		妞儿			
《我们看海去》	七岁	“厚嘴唇”			
《兰姨娘》	八岁	德先叔			
		兰姨娘			
《驴打滚儿》	九岁	宋妈			
		“黄板儿牙”			
		小栓子			
		丫头子			
《爸爸的花儿落了》	十二岁	爸爸			
		英子			

“我是想，夏天过去，秋天、冬天就会来了，他还会常常来这里吗？天气冷了怎么办？如果有一天，他的弟弟到外国去读书，那时他呢？还要到草地来吗？我蹲下来，让眼泪滴在草地上，我不知道为什么会这么伤心？我曾经有过一个朋友，人家说她是疯子，我却是喜欢她。现在这个人，人家又会管他叫什么呢？我很怕离别，将来会像那次离别疯子那样地和他离别吗？”

——摘自《我们看海去》（五）

讨论：

人物命运与各自的结局，和回荡在全书的“骊歌”有什么联系？作者想表达什么思想？

提示：

“我们是多么喜欢长高了变成大人，我们又是多么怕呢！当我们回到小学来的时候，无论长得多么高，多么大，老师！你们要永远拿我当个孩子呀！”

“这些人都随着我的长大没有了影子。是跟着我失去的童年一起失去了吗？”

“我虽然很害怕，但是也得硬着头皮去。——这是爸爸说的，无论什么困难的事，只要硬着头皮去做，就闯过去了。”

——《爸爸的花儿落了》

（三）童心看故事，细节看人物

（1）作者用灵动的语言塑造了鲜活的女性形象，你最喜欢哪个女性形象？请找到相关的细节描写，分析人物性格特点，做好批注。

人物	外貌描写	心理描写	动作描写	语言描写	其他细节描写

（2）五个故事中选取的典型景物，对表现人物、表达思想有什么作用？

故事	景物描写摘记	对表现人物情感、表达思想的作用
《惠安馆》	①小跨院里只有这么两间小房，门一推吱吱扭扭的一串尖响，那声音不好听，好像有一根刺扎在人心上。 ②我从没有黑天以后来这里，推开跨院的门，吱扭扭的一声响，像用一根针划过我的心，怎么那么不舒服！ ③“送他到门口，看他上了洋车，抬头看看天，一块白云彩，像条船，慢慢地往天边儿上挪动，我仿佛上了船，心是飘的，就跟没了主儿似的。” ④我仰起头来，望见了青蓝的天空，上面浮着一块白云彩，不，一条船。我记得她说：“那条船，慢慢儿地往天边上挪动，我仿佛上了船，心是飘的。”	
《我们看海去》	⑤哪个是疯子，哪个是傻子，哪个是骗子，哪个是贼子，我分也分不清。就我现在抬头看见窗外蓝色的天空上，飘动白色的云朵，我就分不清天空和大海。金红的太阳，是从蓝色的大海上升上来的呢，还是从蓝色的天空升上来的呢？我一遍一遍地念，好像躺在船上，又像睡在云上。 ⑥草被风吹得向前倒，打着我的头，我只看见草上面远远的那块蓝色的海，不，蓝色的天。 ⑦再看过去，旁边的空草地上，也还有一片太阳闪着亮，草被风吹得轻轻地动，我看愣了，不由得向它走过去。……但当我拨开那一丛草的时候，使人倒抽了一口气，惊奇地喊了一声：“哦！”	
《兰姨娘》	那马车越走越远越快了，扬起一阵滚滚灰尘，就什么也看不清了。	
《驴打滚儿》	黄板儿牙拍了一下驴屁股，小驴儿朝前走，在厚厚雪地上印下了一个个清楚的蹄印儿。	
《爸爸的花儿落了》	⑧到了五月节，石榴花没有开得那么红，那么大。如果秋天来了，爸还要买那样多的菊花，摆满在我们的院子里、廊檐下、客厅的花架上吗？ ⑨旁边的夹竹桃不知什么时候垂下了好儿个枝子，散散落落地很不像样，是因为爸爸今年没有收拾它们——修剪、捆扎和施肥。 ⑩走过院子，看那垂落的夹竹桃，我默念着：爸爸的花儿落了，我也不再是小孩子。	

（3）儿童视角——发现细节中的“童心”，寻找能引起你共鸣的“儿童隐秘的世界”，举例摘录，并说说你的隐秘世界。

	小英子的眼眸	**小英子内心的隐秘世界**
	《城南旧事》中，林海音化身英子成就了自己半个世纪的怀乡梦。 她以一个孩子纯净得容不下任何尘埃的眼眸，给这个世界蒙上了一层梦幻般的明朗。成人世界的痛苦与挣扎于是就滤去了浮世悲欢，还原成了生命的本来模样。疯子也好，贼也罢。贫穷也好，富庶也罢。此时也褪去了世俗的烙印，取而代之的是有血有肉的、真实的生命。	
成人视角	儿童视角	我内心的隐秘世界
大人们很高，看得又远又宽阔，事情常常成了夸张的模样：	小孩子很矮，却能看到更多的真相和更细致的感情：	大人以为你这样，其实，你想的和他们多么不同（举例）：
妈妈和宋妈赶着来哄我，妈妈说：“英子想爸爸了，爸爸知道多高兴，他下班就会来看你！” 宋妈说：“孩子委屈喽，孩子这回受大委屈喽！”	妈妈把我抱起来搂着我，宋妈拍着我，她们全不懂得我！我是在想那两个人啊！我做了什么不对的事吗？我很怕！爸爸，爸爸，你是男人，你应当帮助我啊！我是为了这个才叫爸爸的。	
妈妈说：“小英子，看见这个坏人了没有？你不是喜欢做文章吗？将来你长大了，就把今天的事儿写一本书，说一说一个坏人怎么做了贼，又怎么落得这么个下场。”	“不！”我反抗妈妈这么教我！ 我将来长大了是要写一本书的，但绝不是像妈妈说的这么写。我要写的是： “我们看海去。”	
……	……	

（四）伏笔埋命运，细节定结局

（1）体会作品引人入胜的写作技巧——埋伏笔。

> 妞儿是“疯子”秀贞的女儿“小桂子”吗？秀贞带着妞儿出走，去寻找心爱的思康，结局是什么？
>
> “厚嘴唇”的那个人被抓，被公安认定为“贼子”，他真的是“坏人”吗？
>
> ……

书中人物的命运、结局，一眼是参不透的。那些隐含的信息，就藏在不经意的细节里，含蓄暗示，略微提及，像埋下的“定时炸弹”，吊足读者的胃口，引得读者在不断追索“后来呢，后来怎样了”的疑问中，层层剥离表象，缓缓切入血脉，逐次接近人物命运的“内核”，而高明的作者，总是预先设定好了爆破的时间，随着情节的发展，有层次地进行细部雕刻，引发情绪波澜，然后突然爆炸，与爆破点前后呼应。这样一点一点地迫近、一点一点地解剖，呈现一个多姿多彩的立体图景，使人物形象丰满起来，故事结局确信起来，读者掩卷长思起来。

这种写法，就叫作“埋伏笔”。伏笔使文章前后照应，结构严谨。用作伏笔的，言语不多，有隐含性，不注意看不出来。所以，伏笔一般是“细节”。伏笔与下文承接的“点”有一段距离，甚至是文首与文尾的长距离，要仔细辨别。

（2）请以“剥洋葱”的方式，解剖《惠安馆》，抓住细节中的“伏笔”，学习作者如何呈现人物的命运和结局的。有了这次尝试，对提升你的写作技巧，大有益处。

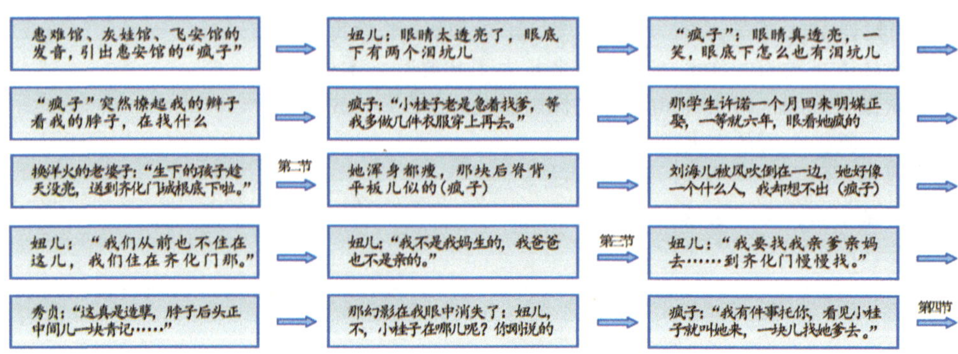

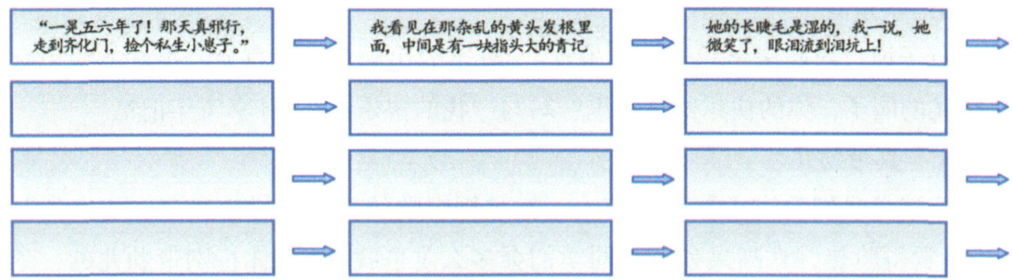

（3）请用同样的方法，找找《我们看海去》中的伏笔，找出依据，说说“厚嘴唇”那个人是不是“坏人”。

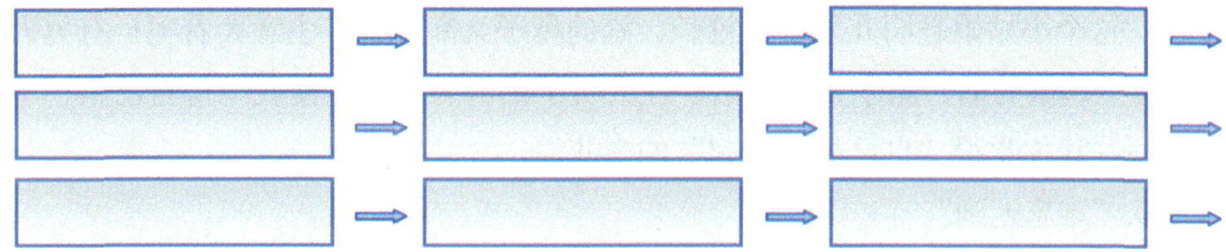

四、创意天地

（1）设计、制作人物名片。

从小英子、秀贞、妞儿、宋妈中挑选两个人物，做 100 字以内的人物介绍。

（2）我为《城南旧事》创作《感悟卡》。

①随手写（片段感悟或整本书的感悟）。

②用格言的形式写感悟。

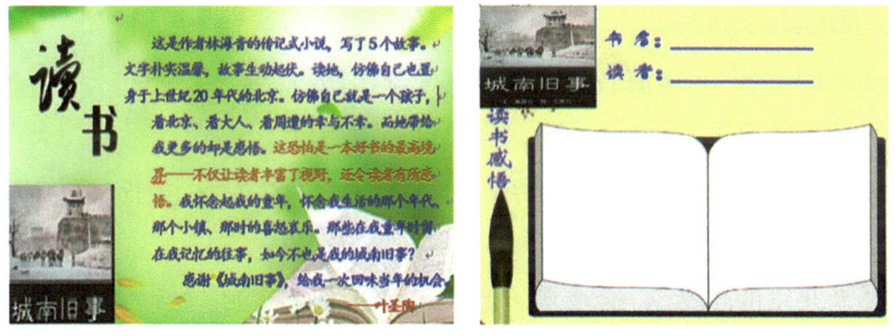

（3）编导电影，模仿创作（分五个小组，择一而作）。

要求：①以著作为蓝本，改编成剧本，分饰角色，排练演出；②以著作为仿本，进行同题写作。

A.“快乐窝”

英子说“西厢房是我们的快乐窝”，鲁迅的快乐窝是百草园，萧红的快乐窝是祖父的园子，你的快乐窝是哪里？写写“我的快乐窝”，分享童年记忆。

B.“真带劲儿”

重读《我们看海去》第三节——教跳舞唱歌的韩老师挑出我当“小麻雀”，“我只觉得脸热，真高兴死了，同学们会多么羡慕我啊！”你特别带劲儿的、令人羡慕的事是什么？写出来分享一下吧。

C.“自己很了不起”

重读《兰姨娘》第二节——有一次，我站在对街的测字摊旁看热闹，测字先生说“这个小姑娘赶明儿能当女校长，她的鼻子又高又直，主意大着呢！有男人气”。兰姨娘的话，测字先生的话，让人听了都舒服得很，使我觉得自己很了不起。写写让你觉得“自己很了不起”的事儿。

D.“难忘迟到”

重读《爸爸的花儿落了》——“想到这么不舒服的上学，我竟有勇气赖在床上不起来了。”“爸爸抄起鸡毛掸子倒转来拿，藤鞭子在空中一抡，就发出咻咻的声音，我挨打了！”“自从六年前的那一次，我何曾再迟到过？”写写你“迟到”的故事。

E.“成长的推力”

重读《爸爸的花儿落了》——生命需要一种推力，才能加速成长。“爸爸的花儿落了，我也不再是小孩子。”写一写你成长的推力。

五、阅读加油站

（1）《我的童玩》，林海音/著，南京大学出版社。

（2）《北平漫笔》，林海音/著，当代世界出版社。

（3）《从城南走来——林海音传》，夏祖丽/著，生活·读书·新知三联书店出版社。

（4）《老北京的生活》，金受申/著，北京出版社。

六、阅读工具箱

关于伏笔

伏笔，文学创作中描写、叙述的一种手法，它可以理解为前段文章为后段文章埋伏线索，也可以理解为上文对下文的暗示。它的好处是交代含蓄；使文章结构严密、紧凑，情节跌宕、波澜起伏；读者读到下文内容时，不至于产生突兀怀疑之感，使情节发展合理可信。

伏笔的感觉就好像定时炸弹，为了在后文中有爆发点，前文先设定炸弹，略微提及一些线索，随着情节的发展在后期突然爆炸。提前隐藏的、与后文相关的信息，不会马上出现，但一定会出现；有时候，伏笔与下文承接的“点”有一段距离，甚至是文首与文尾。

用作伏笔的，言语不多，有隐含性，不注意看，看不出来，所以，伏笔一般是“细节”。

林海音的伏笔埋得好，我们读《城南旧事》真有一种“剥洋葱”的感觉，没有层层剥离、切入血脉的耐心和逻辑，看不到最终的“内核”——人物的命运、结局。读者随着作者的娓娓道来，一边阅读，一边参与寻找伏笔，解剖那些有层次、有细部的剖面和雕刻，体察汇聚于心的那些微妙的情绪，被文字牵引，最终看到一个多姿多彩、多种角度的立体图景，人物丰满起来，情绪饱满起来。

伏笔的妙处在于一个“伏”字，且要“伏”得不露痕迹。

（1）有伏必应。作者开头提到了“疯子”秀贞眼睛下的泪坑儿，后来反复提到秀贞和妞儿的透亮的眼睛和眼睛下的“泪坑儿”。这个特征反复被提及，让读者不由自主地将秀贞和妞儿关联起来，关注她们的关系。要注意的是，不伏不应是败笔，只伏不应同样也是败笔。

（2）伏笔要伏得巧妙，切忌刻意、显露。伏笔一般要做到别人无法轻易觉察到，要做到如风行水上，自然成文。

（3）伏笔要有照应，前后不宜紧贴。如果伏笔前后贴得过近，反而会使文章显得呆板，读起来枯燥乏味。

深圳市福田区石厦学校小学部　彭翠华

深圳市福田区南华小学　何小娜

《青铜葵花》阅读设计

一、阅读解析

曹文轩是中国首位荣获国际安徒生奖的作家，他的文字优美、典雅、诗意、温暖，传递的是真善美的大爱和悲天悯人的精神。他坚执于对苦难的表述，但我们看到的却是一部展现着作家理想中的生活和人性之清新、洁净和华贵的“纯美小说”。较之苦难，它更多的却是想象和描画着一种单纯而悠远的幸福。这种幸福，以它的遥远和切近、飘逸和坚实，在今天日渐喧嚣的世界里，坚持感动和清洁着读者。

（一）内容解析

该书主要讲述没有血缘关系的两兄妹青铜与葵花的故事，曾获《中国报纸》2005 年十大好书奖，江苏精品图书奖，第十届全国精神文明建设“五个一工程”奖，首届世界出版政府奖，中国作家协会第七届优秀儿童文学奖。

“五七干校”时期的江南水乡农村，城市女孩葵花因为一个意外，失去了自己的爸爸，被男孩青铜家收养，成了他的妹妹。聪明的心地善良的哑巴青铜，因这个突然出现的小妹意识到自己作为小男子汉的责任：家里只能供一个人上学，他把机会让给了葵花；为葵花能照相，他冒风雪站街头卖芦花鞋；而懂事的葵花不扎新头绳、不照相，省下钱来买纸笔教青铜识字。

家里没钱买油灯，青铜给葵花做了一盏萤火虫灯；灾年没有吃的，他想办法挖芦根、抓野鸭给葵花解馋；为葵花在舞台上更夺目，他制作了能发出美丽、纯净、神秘而华贵光亮的冰项链。火灾、水灾、蝗灾，种种苦难接踵而来，然而一家人互相扶助，从容地渡过了一个又一个的难关。在充满了天灾人祸的岁月里，他们乐观地生活着，从容应对洪水、蝗灾等一切苦难，而在 12 岁那年，命运又将女孩召回到她的城市。

1. 景物描写如临其境

如写狂风：那狂风犹如成千上万匹黑色怪兽，张着大嘴，卷着舌头，一路呼啸着。所到之处，枯枝残叶，沙尘浮土，统统卷到空中，沸沸扬扬地四处乱飘。桥板被掀到了河中，小船被掀到了岸上，芦苇在咔吧咔吧地断折，庄稼立即倾覆，电线被扯断，树上的鸟窝被吹散，枝头的鸟被打落在地上……世界立刻面目全非。

2. 对比写法反衬大爱

青铜一家生活的苦难反衬全家人对葵花的大爱。青铜因发高烧而变成了一个哑巴；大麦地闹蝗灾，家里没有任何吃的东西；兄妹俩十分饥饿，只能去挖芦根吃；他们家里很穷，十天才能吃上一顿干饭……这一切的苦，却因为青铜一家的善良而闪耀着动人的光辉：青铜让葵花骑在自己的肩上看马戏；慈姑田被毁，葵花和青铜一起接受惩罚；青铜外出割盖房子的茅草，葵花时刻惦记着他……这都是苦难里青铜与葵花之间的兄妹情深。

3. 细节描写真实感人

如写青铜给妹妹做冰项链：他挑其中不大不小的，最合他心意的冰凌，然后将一根三四寸长的细细的芦苇管，一头衔在嘴中，一头对着它，用口中的热气，不住地吹着。那热气便像一根柔韧的锥子，在那颗冰凌上慢慢地锥出一个小小的、圆圆的洞来。吹穿一颗冰凌，大约需要六七分钟的时间。一串项链大约需要几十颗冰凌，那么吹好一串项链大约需要多少时间呢？青铜为了给妹妹做一串项链，足足鼓起腮帮子吹了一晌，腮帮子都吹麻了。

4. 人物刻画栩栩如生

如写嘎鱼幸灾乐祸地戏弄葵花时的动作描写：嘎鱼双腿交叉着站在那里，双手交叉着，放在赶鸭用的铲子的长柄的柄端，再将下巴放在手背上，用舌头不住地舔着干焦的嘴唇，无动于衷地看着小船与葵花。

写葵花想出来故意考试考砸时的描写：这个念头（故意将各门功课全都考砸）吓了她一跳，她立即环顾四周，怕会被人看到这一念头似的。这个念头像一只不安分的小鸟，在心的笼子里飞来飞去，撞来撞去，还叽叽喳喳地叫唤，她用手捂住嘴巴，好像心马上就要跳出来似的。

（二）阅读提示

（1）当我们要读一本书时，首先要对这本书的内容有一个大致的了解，想要快速了解这本书的大致内容，你知道可以通过哪些方式吗？

（2）本书一个个小标题下，都是一个个生动的、引人入胜的小故事。哪个小故事给你留下了最深刻的印象呢？能说一说让你印象深刻的原因吗？

（3）本书最后有一篇后记，看到它的题目——“美丽的痛苦”，你有什么疑问吗？你读完后，能了解作者想要通过这本书告诉我们一些什么吗？

（4）有人将这本书，浓缩为两个关键词：“幸福”“痛苦”。你赞同这种说法吗？如果赞同，说说你的理解；若不赞同，你能说说你的想法吗？

（5）无疑，青铜与葵花之间，葵花与青铜一家之间都是共享深厚情谊的。有一天，城里的人要把葵花接到城里去了，葵花会走吗？青铜一家会让葵花走吗？

（6）青铜一家给了葵花无微不至的关怀，你还记得其中的某些情节吗？通过这些情节，你读出了什么？体会到了什么？

（三）教学主题对接

建议与统编版语文五年级下册第一单元“童年岁月”相衔接。

二、阅读策略

（一）概括

策略描述：读者撷取文章中的重要信息，经统整浓缩后，形成能够代表文章主旨的简要叙述。

策略的功能：做概括促使读者将注意力聚焦在文章重点上，忽略较不重要的细节，并将文章中各重点连接统整，形成有意义的整体理解。做概括能有效地促进读者的阅读理解。

（二）联想

策略描述：联想是指在回忆的过程中由甲事物想起乙事物的心理过程，是事物间的某种联系在人脑中的反映。

策略的功能：具有各种不同关联的事物反映在人脑中，就会形成各种不同的联想。联想策略可以分为几种形式：接近联想阅读，类似联想阅读，对比联想阅读，移植联想阅读。

三、教学设计

（一）好书推荐，激发阅读热情

（1）读奖项，激发阅读热情。

一起读读这本书都获得了哪些奖项："全国精神文明建设五个一工程奖""中国出版政府奖""中国作家协会全国优秀儿童文学奖""江苏精品图书奖"。本书作者是我国第一位获得"国际安徒生奖"的作家。他自己心爱备至的作品是怎样的呢？

（2）观察书籍封面，说说你发现了什么。

（3）细心观察目录，总共有多少个章节？章节名称有什么特点？

（二）自主畅读，感受语言的魅力

（1）作家崔道怡先生这样评价这本书："《青铜葵花》是爱的故事，这部小说，把我们带入了一个虽然苦涩却甘甜、虽冷清却温馨的一个沁人心脾的纯美境界。"相信你们读完后，也有自己独特的感受。请大家来交流青铜和葵花给你留下了怎样的印象。

（2）通过阅读这本书，我们认识了许多栩栩如生的人物。有青铜、葵花、嘎鱼、青铜奶奶、青铜爸爸、翠环、青狗、村主任……而曹文轩为了表现这些人物各自的性格特点，在不同章节中都有文字表现。请补充下面的表格。

人物	相关语段	所在章节名	性格特点
青铜	葵花依然站着不动，小声说着："哥，我们回家吧，我们不看了……"青铜固执地蹲在地上，葵花不骑到他的脖子上，他就坚决不起来。他有点儿生气地不停地拍打着自己的肩。葵花走了过来："哥……"她将双手交给青铜，分别抬左腿与右腿，骑到了青铜的脖子上。	《冰项链》	爱护妹妹、固执。
葵花			
嘎鱼			

（3）“幸福”与“痛苦”是人生的两大主旋律。这本书中葵花、青铜都是这样在“痛苦”中又感受着“幸福”的小孩。你能细数出青铜、葵花遭遇的苦难吗？

人物	遭遇苦难
青铜	①青铜一家是大麦地最穷的人家，收养了葵花后，使原本贫穷的青铜家，生活更加艰难。因为穷，青铜就失去了上聋哑学校的机会，让葵花一人上学。当葵花做作业时，青铜总喜欢在她身旁坐着，聚精会神地看她写字，他的眼睛里充满羡慕与渴望。
	②
	③
	④
	⑤
葵花	①青铜家夜里点不起灯，葵花只好到同学家去做作业。那天晚上她去了两个同学家都遭到拒绝，葵花就沿着长长的青石路，一个劲地奔跑，泪水禁不住奔涌起来，一路的泪珠。葵花趴在石碾上，借着月光，非常吃力地做着作业。
	②因为穷，其他小朋友都能拍照，可葵花没有。生怕别人看到，就沿着教室的墙根，溜出孩子们的视野，走到办公室后的树林里，等校园彻底安静下来才出来。
	③那天下了一夜的大雪，积雪足足有一尺厚，早晨连门都很难打开。奶奶、爸爸妈妈、葵花再三叮嘱：“今天别去卖鞋了！”可青铜执意要去卖芦花鞋。青铜把带的芦花鞋全卖完了，可还有人要买时，竟脱下了穿在自己脚上的芦花鞋，赤脚行走在冰天雪地之中。
	④

（4）一个个故事，一个个细节，打动了每位读者的心。葵花是不幸的，从小失去了父母，但她又是幸运的，有这样一位精心呵护她的哥哥，有这样一个疼她如命的奶奶，有这样一个温暖的家。葵花的这种不幸与痛苦，也是幸运与美丽的。正如作者曹文轩在代后记中写到的："这是一种美丽的痛苦。"结合上面的表格中所述的"苦难"，你能从中品尝到一丝丝"幸福"的滋味吗？

（5）作者在封底上给读者留下了这样一段话：

每一个时代的人，都有每一个时代的人的痛苦，痛苦绝不是今天的少年才有的。少年时，就有一种对痛苦的风度，长大时才可能是一个强者。

如果要你给这本书写一份推荐语，你会如何设计呢？

推荐书目	《青铜葵花》
推荐理由	

四、创意天地

（1）曹文轩通过《青铜葵花》一书，塑造了很多人物。请从中挑选一个你最喜欢的人物，为他（她）设计一张人物海报，画出他（她）在你心目中的样子，然后写上 100 字左右的人物简介。

（2）设计章节导读词。《青铜葵花》一书，每一个章节都有一个小标题，如"小木船""葵花田"等。你能为每个章节写一段故事梗概吗？介绍该故事里主要人物、事件等关键因素。

（3）展开想象，如果若干年后葵花又回到大麦地，他们会发生怎样的故事呢？把文章续写下去。

（4）猜想：文中不止一次提及葵花爸爸对青铜的特别感觉，如果爸爸没有死，爸爸、葵花、青铜之间是否有特别的故事呢？

五、阅读加油站

（1）《根鸟》，曹文轩 / 著，江苏凤凰少年儿童出版社。

（2）《红瓦》，曹文轩 / 著，江苏凤凰少年儿童出版社。

（3）《细米》，曹文轩 / 著，江苏凤凰少年儿童出版社。

六、阅读工具箱

衬　托

为了突出主要事物，用类似的事物或反面的、有差别的事物作陪衬，这种“烘云托月”的修辞手法叫衬托。

运用衬托手法，能突出主体或渲染主体，使之形象鲜明，给人以深刻的感受。俗语说：“牡丹虽好，也要绿叶扶持。”用甲事物（宾）陪衬乙事物（主），就是衬托。乙事物由于甲事物的陪衬，就显得更清楚、更鲜明、更突出、更易懂。

衬托又分为“正衬”与“反衬”。其中，“反衬”就是用相反或相异的事物衬托所描绘的事物，如用“矮的”衬托“高的”，用“坏的”衬托“好的”。

在《青铜葵花》中，作者曹文轩笔下的青铜一家是大麦地最穷的人家，收养了葵花后，使原本贫穷的青铜家，生活更加艰难。因为穷，青铜就失去了上聋哑学校的机会，让葵花一人上学。当葵花做作业时，青铜总喜欢在她身旁坐着，聚精会神地看她写字，他的眼睛里充满羡慕与渴望。这样的描写有很多，让青铜这样一个历经苦难的男孩跃然纸上。然而，在阅读过程中，我们却依然能体会出青铜一家在一起的幸福。这就是一种鲜明的反衬创作手法。

深圳市福田区南岗厦小学　刘　恋

深圳市福田区南华小学　肖　啸

《呼兰河传》阅读设计

一、阅读解析

萧红是最能体现“文体意识”的一位作家，她以不同寻常的笔法塑造了独具一格的创作风格，成就了群像性人物、音乐性结构与情感性情节兼收并蓄的“萧红体”小说。

（一）内容解析

《呼兰河传》是中国作家萧红创作的长篇小说。作品以“我”的童年生活为线索，形象地反映出呼兰这座小城的社会风貌、人情百态：不断给人带来灾难的东二道街上的大泥坑；小城的精神“盛举”——跳大神、唱秧歌、放河灯、野台子戏、四月十八娘娘报庙会；令人心碎的小团圆媳妇的惨死；有二伯的不幸遭遇；冯歪嘴子一家的艰辛生活…… 作家用稚拙和朴实的语言，娓娓道来，节奏徐缓，却又内蕴深藏，浑朴醇厚，读来荡气回肠，充满沧桑感，具有独特而鲜明的个性风格。

整本书字数不多，情节并不曲折，没有贯穿全书的线索，故事和人物都是零零碎碎的，都是片段，是一本不像小说的小说：它是一篇叙事诗，一幅多彩的风土画，一首凄婉的歌谣。

（二）作品特色

1. 内容认知——小城的人、事、物

《呼兰河传》这部长篇小说构思于 1937 年，1940 年 12 月完成于香港。全书以作者的童年回忆为引线，描绘了 20 世纪 20 年代东北小城呼兰的种种人和事。对于呼兰这个地方，很多学生都是陌生的，即便有过东北生活经验的孩子，与这本书所营造的环境也是有距离的，因为这是 20 世纪 20 年代的东北小城。设计教学活动让孩子进入这个特殊年代的特殊城市，是非常有必要的。书中的呼兰与现实的呼兰也是不一样的。因为现实的呼兰没有“有二伯”，没有“冯歪嘴子”，这是萧红印象里的“呼兰”，这是小说里的“呼兰”。茅盾先生说：“呼兰河这小城的生活可又不是没有音响和色彩的。大街小巷，每一茅舍内，每一篱笆后边，充满了唠叨、争吵、哭笑乃至梦呓，一年四季，依着那些走马灯似的挨次到来的隆重热闹的节日，在灰暗的日常生活的背景前，呈现了粗线条的大红大绿的带有原始性的色彩。”是有道理的。

2. 感情基调——复杂情思中的怀念

萧红对呼兰河这个小城，是又爱又恨的。这部小说是以一个孩子的眼光来客观地叙述着呼兰河这个地方。这是她从小生活的地方，那个时候虽然家境比较好，家里有几十间房子，但在那个年代，作为一个女孩子，并不能真正得到父母的喜欢，所以从书中可以看出她的童年是寂寞的、被忽视的。但寂寞的、被忽视的生活中又有着祖父的疼爱与娇纵，祖父的行为在那个愚昧无知与人情淡漠的年代是多么不容易呀。这种不容易往往从小团圆的生活与处境、从冯歪嘴子的妻子等等的生活来反衬。这个小城的生活刻板单调，没有什么色彩，但却有让萧红惦念的情怀，苦寒中有暖意，暖意中又有着愤怒与怒其不争，与她写这本书时在香港的“蛰居生活”的心情交织在一起，带给我们一种复杂的情思。这与以前孩子们接触到的作品体现单一的情感不同，需要设计相应的教学活动去引导孩子体会。

3. 作品特质——特别的小说叙述方式

萧红的这本书一直很难定位为哪一种文学类型，人们习惯将其定位为小说门类，但又认为它不属于传统的小说：没有贯穿全书的线索，故事和人物都是零零碎碎的，都是片段。其实，这就是这本书的特别之处，它没有贯穿全书的明线，但有贯穿的暗线——对呼兰的回忆；它的结构不是从起因到发展到高潮直至结果的纵线结构，而是一种以“祖父与我的居住地（可以说是祖父的园子）”为中心的散状结构，用这个圆点串联起所有的人、事、物。用呼兰冬天的“冷”开启，到介绍呼兰小城的构成，逐步引出“祖父的园子”——我与祖父的栖身之处。然后再以这一圆点依次介绍老胡家的事情、有二伯这个人、冯歪嘴子的经历。小城当然有更多的人，也有更多的物，还有更多的事情发生，但萧红只选择了以这个圆点辐射出去的人、事、物。这是符合作品的视角——“我”当时作为孩子可以看见的视角。

4. 印象作者——作家与“我”

萧红的这本书有人说它是自传体的小说。说其是“自传体”，因为与作者的童年有相似的地方，她就是生活在这样的城市，生活在那样的家庭，周围也有那样的邻居。正如茅盾先生说的，萧红生活的呼兰小城，“大街小巷，每一茅舍内，每一篱笆后边，充满了唠叨、争吵、哭笑乃至梦呓，一年四季，依着过着那些走马灯似的挨次到来的隆重热闹的节日”。就因为她生于斯，长于斯，所以对于呼兰的刻画入木三分。一座小城，喜怒哀乐、油盐酱醋茶、酸甜苦辣，应该是全都有的。如果从书名《呼兰河传》来说，它展现的应该是一个小城的方方面面，应该呈现多个层面。但，这本书，萧红选择了“我”的角度，选择了作为一个孩子的“我”的视角，以有限的眼光与空间距离来描绘“我”眼中的呼兰河。同时也选择了与“我”有关系的人、事、物。这是“以点带面”的结构式写法。但萧红为了体现出尽可能多的小城面貌，将她自己头脑中亲身经历的、听到的、想到的，甚至可能是道听途说的都融汇到了一起。那一刻起，萧红与“我”不能再是等号，或许“我”的视角要大于小时候的萧红的。“我”与萧红的区分，就是让孩子认识是否是小说的关键，二者其实较为难以区分，需要做相关的活动设计来帮助孩子思考。

（三）阅读提示

（1）这本书写了哪些人？分别介绍了他们的什么事情？哪个人哪件事情给你留下的印象最深刻？

（2）介绍了哪些你不知道的风俗习惯？能不能举几个？哪个风俗习惯给你的印象最深刻？

（3）你对于自己的老家是什么样的情感？作者萧红对于呼兰河又是一种什么样的情感呢？为什么这样呢？

（4）老胡家、有二伯、冯歪嘴子他们分别住在哪里？他们和“我”家有什么关系？作者这样安排的用意是什么呢？

（5）你觉得小说中的“祖父”是个什么样的人？想一想，祖父总是在什么情况下出现？祖父在整本小说中的作用是什么？

（6）萧红就是小说中的“我”吗？说说你判断的原因。

（四）教学主题对接

建议与统编版语文五年级下册第一单元“童年岁月”主题对接。

二、阅读策略

（一）猜读

阅读与学生认知、语言接近的文学作品部分内容，猜想后面的内容，再阅读作品相关内容，看看自己猜想得对不对，出乎预料的内容精彩吗？例如，阅读《呼兰河传》“祖父蹲在地上拔草，我就给他戴花。祖父只知道我是在捉弄他的帽子，而不知道我到底是在干什么。我把他的草帽给它插了一圈的花，红通通的二三十朵”这一片段，让学生猜一猜孙女在自己的帽子上插花，祖父会怎么说。通过猜读，发挥想象力，融入萧红所描绘的情境中。

（二）抓关键句读

阅读时要注意搜寻作者用来强调信息要点的标志。关键句对学生来说并不陌生，它就是强调信息要点的标志之一。抓住关键句，能实现“提领而顿，百毛皆顺”的效果。在课外阅读中，笔者要求学生适时圈画关键句和关键短语，以此来提高阅读速度。

（三）朗读

对于《呼兰河传》这部作品，不但要了解故事情节，更要通过多种感官触摸、品味语言。语言阅读心理研究表明，朗读可以将视域里的字符借助声音建立一个理解通道。好茶不品不知其味，好文不读不知其妙，好书自应朗声读。

三、教学设计

（一）走进呼兰河传“短片”

《呼兰河传》共有七章，从严冬包裹的呼兰河开始，铺展开呼兰河城这一个广阔的生活画卷，向我们呈现出那里的村舍、大地、乡民、小事，如果这是一部

萧红的童年生活短片，每一章为一集，你能为每一集都起一个微标题吗？

（二）走进呼兰河传“画卷”

《呼兰河传》为我们展示了一幅充满童真童趣的生活画卷，萧红更是通过三次童谣回忆了孩童岁月，你能找到它们吗？

童谣	画面	想象	心情
第一次			
第二次			
第三次			

（三）走进呼兰河传风俗

作家萧红给我们塑造了一个既熟悉又让人陌生的世界，她还真实再现了东北地区的民风民俗、风土人情，这些民俗有着浓厚的乡土气息，如：跳大神、唱秧歌、放河灯、野台子戏、四月十八娘娘庙会。试着将你印象深刻的风俗习惯用书中的语言描述出来，如果可以，试着将它画出来。

感兴趣的风俗习惯	书中描写的文字	想象中的画面

（四）走进呼兰河传人物

（1）有一位同学将萧红与祖父对话的场景还原成了小剧本，请同桌之间进行演绎，再进行全班展示，说说你对祖父的印象。你也可以找到文中的一些其他人物进行场景还原，并谈谈你对这些人物的印象。

祖父的园子	自主小剧场
他就问我：“这是什么？” 我说：“谷子。” 祖父大笑起来，笑得够了，把草帽摘下来问我：“你每天吃的就是这个吗？” 我说：“是的。” 我看到祖父还在笑，我就说：“你不信，我到屋里拿来你看。” 我跑到屋里拿了鸟笼上的一头谷穗，远远地就抛给祖父了，说：“这不是一样的吗？”	

（2）“我”对祖父、团圆媳妇、有二伯、冯歪嘴子等人是什么样的情感？对他们的感情是一成不变的吗？读完人物后你的心情指数如何？试着对你感兴趣的人物做一个简单的分析。

人物	祖父	团圆媳妇	有二伯	冯歪嘴子
绘制情感变化图				
读后心情指数				

（3）读读小说，试着画一画祖父、老胡家、有二伯、冯歪嘴子等人的家分别在什么位置？想想作者为什么这样安排？

（五）走进呼兰河传评价

茅盾先生说这本书“它是一篇叙事诗，一幅多彩的风土画，一串凄婉的歌谣”，读完这本小说，你的看法如何？请你试着为三种作品评星，并梳理一下你的理由：

	作品评星	理由
“一篇叙事诗”	☆☆☆☆☆	
“多彩的风土画”	☆☆☆☆☆	
“凄婉的歌谣”	☆☆☆☆☆	

四、创意天地

（1）模仿小说中写呼兰河的“冷”的方法，写写夏天的“热”。

（2）模仿小说中写有二伯的方法，写写身边熟悉的人。

（3）“但凡跟着太阳一起来的，现在都回去了。人睡了，猪、马、牛、羊也都睡了，燕子和蝴蝶也都不飞了。就连房根底下的牵牛花，也一朵没有开的。含苞的含苞，蜷缩的蜷缩。含苞的准备着欢迎那早晨又要来的太阳，那蜷缩的，因为它已经在昨天欢迎过了，它要落去了。”呼兰河传第一章第九部分中有这样一段对呼兰河夜色的描写，请你将它改编为富有节奏感的现代诗。

五、阅读加油站

（1）《生死场》，萧红 / 著，江苏凤凰文艺出版社。

（2）《童年》，[苏联] 高尔基 / 著，郭家申 / 译，江苏凤凰文艺出版社。

六、阅读工具箱

自传体小说

自传体小说是传记体小说的一种，是从主人公自述生平经历和事迹角度写成的小说。这种小说是在作者亲身经历的真人真事的基础上，运用小说的艺术写法和表达技巧经过虚构、想象、加工而成。自传体作文要写出一个真实的、活生生的“我”来。自传还要向别人明确传递出自己的外貌特征，使人读后留有印象，甚至一见到你本人就能根据你自传中的描写认出你。自传中要有事实。自传不是简单的记人，它要反映出人物的成长变化经历，要有一定的时间感。自传中有时也要有感情的流露和对事情的看法，也要写生活中的经验教训，但这些非同于其他文艺作品中的直接抒情、议论，而是寓情、理于叙事之中，让读者感觉出来，即间接表露出来。像《鲁迅自传》就是一篇叙述性非常强的优秀典范作品。

深圳市福田区园岭小学　李祖文
深圳市福田区南华小学　洪钰龄

《俗世奇人》阅读设计

一、阅读解析

《俗世奇人》是一本描写天津卫水陆码头的奇书。书中的天津卫居民五方杂处，性格迥然相异，然燕赵故地，性情刚烈；水咸土碱，风习强悍。近百余年来，举凡中华大灾大难，无不首当其冲，因生出各种怪异人物，既在显耀上层，更在市井民间。

表面看来，书中写的是天津卫的奇人异事，但从这些人物身上我们却能触摸到普通老百姓在那个时代的衣食住行，品味清朝末期的市井风俗。正所谓：码头上的人，不强活不成，一强就生出各样空前绝后的人物，但都是俗事俗人。小说里的人，不奇传不成，一奇就演出各种匪夷所思的事情，却全是真人真事。

（一）内容解析

《俗世奇人》是2008年作家出版社出版的图书，作者是冯骥才。全书由18个短篇文章连缀构成，各篇文字极精短，半文半白，带有“三言两拍”笔意。故事都来自民间传说，生动有趣，惟妙惟肖，人物跃然纸上，用天津方言及古典小说的白描入笔，极具故事性和传奇性，读起来令人拍案叫绝。冯骥才的这本《俗世奇人》有着浓郁的市井气息，有着强烈的京津地方特色和鲜明的语言风格。书中把每一个人物都写成一篇文章，看似都是一些市井中的小人物，但正是这各行各业的“奇人”们影射出了其时天津码头这个“俗世”里的人生百态。俗世中不乏奇人，尘世里不乏奇事，但是不管奇人还是奇事，都是源于生活，最终回归于生活的。

（二）作品特色

1. 传奇

古小说无奇不传，无奇也无法传。传奇主要靠一个个绝妙的故事获得永久生命力，把故事写绝了，是古人的第一能耐，因而作者始终盯住故事。每篇故事专讲一个传奇人物生平事迹，素材均收集于长期流传津门的民间传说，人物之奇特闻所未闻，故事之精妙叹为观止。《俗世奇人》主要讲了：天津卫是水陆码头，居民五方杂处，性格迥然相异。然燕赵故地，血气刚烈；水咸土碱，风习强悍。近百余年来，生出各种怪异人物，既在显耀上层，更在市井民间。有精通医术的苏七块，刷墙技术精湛的刷子李，力大无穷的张大力，等等。每一个故事、每一个人物都看似普通却又不得不拍案叫绝，令人回味无穷。

2. 杂学

杂学是生活，也是知识。杂学必须宽广与地道，而且现用现学不成。照古人看来，没有杂学的小说有骨头没有肉。书中正骨医生“苏七块”，看病前必先收七块银洋；粉刷匠“刷子李”干完活全身不沾一个白点；泥人张从鞋底下取下一块泥巴便单手捏出活人嘴脸；造假画的黄三爷以假乱真要得行家丢了饭碗；等等，各类杂学杂活皆听起来神乎其神，而实际上又都是存在过的人物，在作者冯骥才的笔下个个都是那么鲜活，那么灵动，那么让人惊叹，似乎触不可及却又真实存在于市井民间。

3. 语言

《俗世奇人》的语言结实、神气，那九河下梢的码头味道扑面而来，绝错不到旁的地界儿去。看得人恨不能自个开讲评书。比如说，卖石材的侯家门口摆着个死沉死沉的青石大锁，上面刻着一行字：凡举起此锁者赏银百两。张大力看见这把锁，也看见上面的字，便俯下身子，使手问一问……这“使手问一问”写得妙极，传神而不拘泥。又如：那时没有报纸，嘴巴就是媒体，愈说愈神，愈传愈广……“报纸”媒体在当时都是新词，但用在这里却觉得再合适不过。整本书具有浓厚的“天津风味”，语言极富表现力，短小精悍而又活泼幽默，特别是白描和夸张的手法运用得炉火纯青。

4. 结构

《俗世奇人》采用的是并列式结构。并列式结构最常见的形式是使用结构类似的题目或小标题。书中用一个个人物特征作为题目，如：苏七块、刷子李、张大力、泥人张等。每个篇章各有绝活，各有个性，既特立独行，又交相辉映，共同构成了天津卫的市井传奇。

5. 叙述方式

冯骥才写人，首先采用“动作性细节”来刻画这些奇人的“独特言行”。《张大力》中的张大力是“胳膊笔直、笑容满面，好像举着一大把花似的大石锁”；《泥人张》里的张明山，“左手伸到桌子下边，打鞋底下抠下一块泥巴，右手依旧端杯饮酒，几个手指飞快捏弄，比变戏法的刘秃子的手还要灵巧”……用精心提炼的“动作性细节”传神表达人物的独特言行是冯骥才写活奇人的“绝招”。

（三）阅读提示

（1）书中一共讲了多少位“奇人”？他们分别都“奇”在哪里？

（2）每一篇的题目与书名及内容关系紧密，你能一一解说出来吗？

（3）书中采用的石印画，虽与文字同处一个时代，但图画内容与故事并不相干。你认为作者为什么要用这些插图呢？它会帮助你更生动地了解故事吗？

（4）文中语言结实、神气，天津卫码头的味道扑面而来，试着在阅读时重点品味文章的语言，你一定会收获更大。

（5）仔细读文章，你发现作者冯骥才将这些奇人写活的“绝招”是什么？学习这种写人的方法，你的写作水平会有质的飞跃。

（6）你认为作者塑造记录这一系列人物形象的意义是什么？

（四）教学主题对接

建议与统编版语文五年级下册第五单元“读人论世”主题对接。

二、阅读策略

（一）概括

策略描述：读者撷取文章中的重要信息，经统整浓缩后，形成能够代表文章主旨的简要叙述。

策略的功能：做概括能促使读者将注意力聚焦在文章重点上，忽略较不重要的细节，并将文章中各重点联结统整，形成有意义的整体理解。做概括能有效地促进读者的阅读理解。

（二）跨界阅读

策略描述：跨界阅读既可指突破学科边界的学科互涉阅读，也可指突破纸质媒介的综合阅读。

策略的功能：在跨界阅读过程中，体会不同的艺术形式如何表现人物，加深对原著的理解，有助于客观地、多角度地评价分析原著。

三、教学设计

（一）趣味导入，打开俗世奇人的大门

（1）读读这张名片，猜猜他是谁。

只要身上有白点，白刷不要钱。 联系人：曹小三 地址：河北大街营造厂

（2）快速浏览，从本书的封面、目录、标题，书后的“题外话”及插图解析中，你发现了什么？

（3）对照目录，数数本书中总共有多少个“奇人”？

（二）自主畅读，感受“奇人”之“奇”

（1）自主阅读，将阅读的“奇人”故事用自己的话讲出来，发送至班级朗读群，与同学们分享。

（2）书中的每一个人物都身怀绝活，我们一起来罗列一下吧。

（3）用精心提炼的“动作性细节”传神表达人物的独特言行是冯骥才写活奇人的“绝招”。以下面几个人物为例，找出文中的“动作性细节”，细细品味。

苏七块	
刷子李	
张大力	
背头杨	
泥人张	
冯五爷	
好嘴杨巴	
小达子	

（4）“刷子李”是怎样的一个人物形象？通过下面的表格来进行分析吧。

语言	
动作	
神态	
心理活动	
小结人物形象	

（三）一起共读，感受“俗世奇人”之奇

（1）“绝活再现——你演我猜”：每小组选一到两个最能表现“绝活”的片段，用表演的方式演绎，其他组来猜，自己小组准备奖品，有奖竞猜。

（2）文中所配插图均选自《醒俗画报》，请你选择自己最喜欢的一幅画，根据画面内容，展开合理想象，完整讲出一个故事。

（3）小组合作，演一演最受学生欢迎的一位“俗世奇人”。

四、创意天地

（1）根据书中的石印画进行看图写话，注意观察画中的细节，可以展开合理的想象。

（2）你身边也有这样有“绝活”的人吗？或者你听到看到过类似这样的故事吗？请仿照书中的语言试着写一个这样的“奇人”吧。

（3）你最喜欢文中的哪个故事？请你为这个故事也画一幅插图，并写一下自己的创作意图。

（4）在阅读过程中，为你喜欢的“奇人”编一个属于他自己的前世今生，想象一下他的“奇”源于何时、何事，并写下来。

（5）以下是名家对《俗世奇人》的点评，你认同这样的观点吗？请你也写一段点评，表明自己的观点。

生活是平凡的，但不是平淡的。平凡的生活中同样也是波澜起伏，妙趣横生的。冯骥才老师说得好：手艺人靠的是手，手上就必得有绝活。我们要把平凡的生活过得不平淡，就要靠这种真本领、真本事。《俗世奇人》中的奇人并不是样样精通，但他们却把生活过得有滋有味，受人尊敬。当今社会也一样，我们不可能面面俱到，但只要有一技之长，我们也会是俗世奇人。

五、阅读加油站

（1）《江湖丛谈》，连阔如 / 著，中华书局出版。

（2）《闲杂人等》，梅珈瑞 / 著，作家出版社。

六、阅读工具箱

市井文学

市井文学是指以小市民生活为主要描写对象，反映时代风貌文化状况，批判世事，表达作者的理想世界的一种文学形式。语言大多平和朴实，人物各有所态，就像生活在你身边一样，都是小人物就不会有距离感，读者读起来也更有共鸣。

《俗世奇人》的三味艺术

冯骥才，当代作家，生于天津。他以写知识分子的生活和天津近代历史故事见长。他的小说集《俗世奇人》共收录近二十篇作品，每篇写一个人物。写“俗世奇人”是冯骥才的偏爱，他觉得“码头上的人，不强活不成，一强就生出各样空前绝后的人物”。

1. 民间风味

小说以俗人俗事、俗言俗语、俗味俗韵而独树一帜。就像天津的“狗不理包子”，有滋有味，令人回味无穷。

他的《俗世奇人》内容取材于民间，来源于生活，把民间艺术上升为文学艺术，却又高于生活。如本文所选的人物“刷子李”“泥人张”都来自民间，“泥人张”还确有其人。资料记载：张明山是“泥人张”的创始人。张明山（1826—1906）自幼随父亲从事泥塑制作，练就一手绝活，18 岁即得艺名“泥人张”，以家族形式经营泥塑作坊“塑古斋”。他只需和人对面座谈，抟土于手，不动声色，瞬息而成，且其面目径寸，不仅形神毕肖，而且栩栩如生，须眉欲动。

1915 年，张明山创作的《编织女工》彩塑作品获得巴拿马万国博览会一等奖，后经张玉亭、张景福、张景禧、张景祜、张铭等四代人的传承，“泥人张”成为中国北方泥塑艺术的代表。

“刷子李”虽然找不到生活中的原型，但在现实生活中，刷墙这样的人物比比皆是，给人真实的可信度。市井里巷的凡夫俗子是作者讲述的对象，他们是民间的艺人、奇人，值得作者为其作传，把他们的传奇作为一种文化现象流传。

2. 语言风味

高尔基说过：“文学是语言的艺术。”作家冯骥才是地地道道的天津人，他的小说语言富有“天津”风味，这显然是其他小说所没有的地方特色。小说的大环境是“天津卫”，所要讲述的传奇人物也是这里的人物。正因为作者所写的是自己熟悉的人、事、物，小说才会给人以亲切感，令人读来犹如身临其境，能够产生共鸣。如“要哪没哪”“一个泥团儿砍过去”“就赛升天一般美”“台上的嘛样，他捏的嘛样”等，这些语言都汲取了方言的精华，津味十足。

幽默风趣世俗化的语言是小说的另一特色。如“初看挺唬人，可看上几遍就稀汤寡水，没了精神。”“可是蓝眼长的一双是嘛眼？肚脐眼？”“五年前，已经变成二少爷胳肢窝里夹着一包旧衣服，自个儿跑到敬古斋来。”“每瞧一幅，就哇啦哇啦叫一嗓子，好赛洗屁股时叫水烫着了。”这样的语言是世俗化的，是大众化的，容易让人接受，又不失风雅。

3. 故事风味

冯骥才是一个讲故事的高手。《俗世奇人》共有19个人物的故事，且“各自成篇，互不相关”。在这部小说中，每篇文章都是以讲故事的方法叙述给读者，让故事更富有传奇色彩，使读者看到的不仅仅是文章，更像是在阅读一个个妙趣横生的故事。而文章的情节简单却又生动曲折，字里行间体现着人物的奇特之处，一个人物演绎一个传奇故事，一个人物刻画一种传奇人生。如粉刷匠“刷子李”干完活全身不沾一个白点；“泥人张”从鞋底上取下一块泥巴便单手捏出活人嘴脸；按规矩先收取七块银洋再看病的正骨医生“苏七块”；造假画的“黄三爷”以假乱真让行家丢了饭碗；维新时剪了长发惹来麻烦只得留长发的“背头杨”；想钓哪种鱼就能钓到哪种鱼的“鱼绝后”大回；还有认牙不认人的“华医生”等。正像冯骥才所说的：“把故事写绝了是古人的第一能耐。故而我始终盯住故事。”这些故事都是冯骥才经过艺术加工而提炼的精华之作，是值得我们一阅的。读他的小说，如同倾听他的讲述一样。

冯骥才的《俗世奇人》，以其独特的艺术魅力展现给读者，无论是取材、语言还是故事，都值得我们用心去鉴赏。

深圳市福田区全海小学　林　艳

深圳市福田区南华小学　肖　啸

六年级上册

战争与历史

六年级上册

战争与历史

纵观人类发展的历史，战争无时不在，无处不在，人类发展史就是一部无休止的战争史。历史在我们人类的发展过程中起着记录一个民族兴衰更替的作用，记录下我们人类文明的璀璨时光。历史就像一面镜子，不管是好的还是坏的，正确的还是错误的，它都可以给予客观、真实的评价。所以唐太宗说：以史为鉴，可以知兴替。

读史能够让我们更好地学习前人的经验，从而避免犯下同样的错误。古人曾说，“前车之覆，后车之鉴”。陈毅也说过，“历史当作纵横谈，千古裁剪可喻今”。这些名言都说明历史是很重要的，有些历史知识是前人经过无数次实践总结出来的经验教训，对我们今后的生活和学习都有很好的指导作用。

战争与历史类书籍如何阅读：

1. 通读全文

战争与历史类的书籍时间久、篇幅长、内容多，在带领学生阅读前，最好先通读全文，对全篇有一个大概的了解。

2. 理清人物关系

由于此类书籍时间久、篇幅长、内容多，所以涉及的人物及其关系既多又复杂。以《三国演义》为例，人物多达上千个，理清了人物关系可以帮助我们更好地阅读。

3. 了解时代背景

战争与历史类的书籍，由于其特定的环境，书中较多语言文字以及人物思想在我们现在看来是难以理解的，若想深刻认识就需要去了解故事发生的时代背景，了解前因后果。

《东周列国志》阅读设计

一、阅读解析

如果要让笔者推荐几部精彩绝伦的长篇章回体历史演义小说，恐怕除了《三国演义》就是《东周列国志》了吧！这部小说由明代著名小说家冯梦龙所著，清代蔡元放改编，被评为“中华十大古典畅销小说”，深受众多读者的喜爱。由于原著是用文言文写的，可能会造成小学生的阅读障碍，因此，笔者选择了鲁云彤主编、百花文艺出版社出版的现代文彩绘版《东周列国志》。该书不仅图文并茂，对原书的内容进行适当裁剪，在令经典情节完美呈现的同时更适合儿童阅读，而且还设有知识链接、智慧引路、名家导读、专家解疑、名师点拨、哲理名言、好词佳句、阅读思考、名家点评、重点测试等小栏目，让学生读得轻松、读出兴趣、读出质量。

（一）内容解析

《东周列国志》叙述了从西周宣王时期到秦始皇统一六国共五百多年的历史故事，较为全面地反映出春秋五霸、战国七雄的复杂事件。作者将分散的历史故事、人物传记按照时间的先后顺序串联起来，熔铸成一部结构完整的历史演义。

小说描写了西周末年，周幽王烽火戏诸侯，美人一笑亡周朝。周平王东迁，王室形同虚设，中国进入了礼崩乐坏、风云激荡的大变革时代，诸侯国之间攻城略地，争夺霸权。诸子迭起，百家争鸣，士大夫势力日益壮大，各国纷纷选用贤能，寻求富国强兵之道，最终形成七雄对峙局面。秦孝公任用商鞅实行变法，国家日益强大；秦王嬴政吞并六国，统一天下，称“始皇帝”；由于君主昏庸，秦至二世而亡。全书批判了昏庸愚昧的昏君、暴君，揭示了战争给人民带来的深重灾难，歌颂了赏罚分明的王侯和有胆识的将相勇夫。

（二）作品特色

1. 文字通俗，取材可信，可读性强

书中的每一个故事都摆脱文言文的生涩，用标准流利的现代汉语讲述，文字通俗易懂，六年级的学生在没有教师和家长导读的情况下也能轻松读懂故事内容。书中描写的大多数故事，取自《战国策》《左传》《国语》《史记》四部史书，也就是说，小说的骨架子是依据“正史”所记载的史料搭建而成的，内容真实可信，具有较强的可读性。因此，蔡元放在评注中写道：“读《列国志》，全要把作正史看，莫作一般小说一例看了。”

2. 主次分明，剪裁得当，故事性强

小说的谋篇布局颇具匠心，以春秋战国时期的历史变化为主，选取各诸侯国发展变化的关键事件和关键人物为主要描写对象。人物关系和事件发展交代得简洁清晰，与人物和主题无关的事件略写甚至不提。小说的故事性强，情节曲折生动，描写引人入胜，每一个故事既可独立成篇，又可贯穿一体，成为全书的一部分。小说塑造了众多个性鲜明、栩栩如生的人物形象，如昏庸残暴的国君周幽王、注重孝道的郑庄公、忍辱负重为救赵氏孤儿的程婴、智勇双全的西门豹、纸上谈兵的赵括、知恩图报的如姬等。这些人物，既有从谏如流、胸怀大度的君王、诸侯，又有忠贞不屈、有勇有谋的将相、义士，让我们能管窥诸子百家时代英雄辈出、群星璀璨的风采。

3. 主题深刻，以史为鉴，教育性强

小说寓治国理念、人生哲理于一个个生动鲜活的故事之中，以国家的兴衰成败为主题，致力于探讨气运盛衰、人事成败之间转化变迁的因果关系。作者以史为鉴，通过人物命运的沉浮，形象地告诉我们，一个国家想要有所发展，就必须注重道义、任用贤能、善待百姓，得民心者得天下。《东周列国志》所叙述的五百多年间，是世界人类史上辉煌的一页，诸子百家纵横捭阖，战国七雄逐鹿中原，群英汇聚。中华文明上下五千年，虽然每个时期都有领衔风骚的英雄人物和典型事件，但这一时期的人和事，百花齐放，百家争鸣，在历史上是不可代替的典型。它几乎是后世是非成败的理论源头，更是后人为人处世的标准和榜样，具有很强的教育意义。

（三）阅读提示

（1）《东周列国志》中东周指的是哪一个时期？“志”又是什么意思？

（2）书中你最喜欢的故事是哪一个？为什么？

（3）书中你最喜欢的人物是哪一个？为什么？作者运用了哪些方法塑造人物形象？

（4）你在书中发现了多少个与故事相关的成语？你能把它们记录下来吗？

（5）你能根据成语讲述书中的相关故事，并在生活中灵活运用吗？

（6）读完这本书，你有哪些收获？

（7）读完这本书，你对于东周这一阶段的历史有什么新的认识？结合实际说说这段历史给了你什么启发。

（四）教学主题对接

建议与统编版语文六年级上册第四单元“小说欣赏”相衔接。

二、阅读策略

（一）自我监控

策略描述：读者在阅读的过程中主动监控自己的阅读状态和理解状态，适当地采用适合自己的阅读方法和调节策略去解决偶然发生的问题。主要包括两个方面：一是监控理解，一边读一边问自己，是否明白文字所表达的意思、作者想表达的内涵，阅读方法是否有效；二是调节策略，察觉理解失败时，采用其他阅读策略，比如重读一次、联系上下文、反复推敲、寻求外部资源等，帮助再次理解。

策略的功用：（1）能促进学生主动学习，引发独立思考；（2）能提升学生的自觉认知能力，提高理解力；（3）可以盘活学生已有知识，促使学生灵活使用多种阅读方法，帮助理解。

（二）整合资讯

策略描述：现代人身处碎片化时代，经常会接受零散的信息。在阅读过程中，读者能主动关注事物之间的联系，将看似零散无序的信息整合成系统化的知识，形成自己独特的理解。

策略的功用:（1）帮助学生在大量阅读材料中迅速找到重点信息，把握文章主旨;（2）能够帮助学生形成对事物的深层次理解;（3）能帮助学生形成分类信息的习惯，形成信息联结，便于学生理解阅读材料的主要内容。

（以上阅读策略摘自蒋军晶著《和孩子聊书吧——让孩子爱上阅读》）

三、教学设计

（一）导入课，激发阅读兴趣

1. 看图猜故事，引入书籍

同学们，六年级的你们一定看过很多故事书，今天，老师带来几幅图画，请你来猜一猜它们讲的是哪一个故事？（负荆请罪、卧薪尝胆、囊萤映雪、烽火戏诸侯、掘地见母）

上面这些故事都能在同一本书中读到，它的名字叫《东周列国志》。请同学们一起来读一遍书名。

2. 聚焦主题书名，了解时代

（1）请问“志”是什么意思？记载、记录的意思。在这里指记载、记录东周列国故事的文章、书籍。

（2）我们班有没有历史小博士？知道东周是指什么？正如朝代歌所唱：“夏

商周秦西东汉，三国两晋南北朝。隋唐五代又十国，辽宋夏金元明清。”周朝是中国历史上的第三个奴隶制王朝，是中国历史上最长的朝代，享国共计 790 年。周朝又分为西周（前 1046 年—前 771 年）和东周（前 770 年—前 256 年）两个时期，《东周列国志》记录的是西周末年至秦朝统一六国共五百多年间的历史故事。这一时期，诸子迭起，百家争鸣，精彩纷呈，出现了非常多著名的王侯将相和英雄勇夫，我们刚刚猜的故事只是其中很小的一部分。

3. 介绍作者，引起兴趣

（1）这本书的作者是谁呢？冯梦龙。谁能帮老师介绍一下这位鼎鼎有名的文学家？

冯梦龙（1574—1646 年），明代通俗文学家、戏曲家，字犹龙，号姑苏词奴、顾曲散人、墨憨斋主人、墨憨子、茂苑野史民、龙子犹等，江苏长洲（今苏州）人。他出生于一个士大夫家庭，少有才气，哥哥冯梦桂善于作画，弟弟冯梦熊是著名的诗人，三人并称“吴下三冯”。在科举上，冯梦龙一生不得意，遂将主要精力集中于搜集、整理通俗文学上。在他 57 岁时才补了一名贡生，61 岁被选任福建寿宁知县，为官清廉公正。他的代表作品是《喻世明言》（旧题《古今小说》）《警世通言》《醒世恒言》等小说，世称“三言”，代表了明代拟话本小说的成就。

（2）作者简介中有个词语叫通俗文学家，请问什么是通俗文学？

它是指由文人所创造的、以大众传播媒介为载体的、按照市场机制运作的、旨在满足读者的愉悦性消费的商品性文学。主要包括小说、戏曲、笑话、民歌等。原来我们今天要共读的是一本古代的畅销小说呢，同学们，有没有想读的欲望？

4. 文本对比，感受不同

（1）为什么说他是通俗文学家呢？我们对比一下刚刚猜过的负荆请罪的故事就知道。

廉颇闻之，肉袒负荆，因宾客至蔺相如门谢罪。曰：“鄙贱之人，不知将军宽之至此也。”卒相与欢，为刎颈之交。——选自《史记·廉颇蔺相如列传》

因使虞卿先道意于相如，颇肉袒负荆，自造于蔺氏之门，谢曰：“鄙人志量浅狭，不知相国能宽容至此，死不足赎罪矣。”因长跪庭中。相如趋出引起曰：“吾二人比肩事主，为社稷臣，将军能见谅已幸甚，何烦谢为。”廉颇曰：“鄙性粗暴，蒙君见容，惭愧无地。”因相持泣下。相如亦泣。廉颇曰：“从今愿结为生死之交，虽刎颈不变。”颇先下拜，相如答拜。因置酒筵款待，极欢而罢。后世

称刎颈之交，正谓此也。——选自冯梦龙《东周列国志》

（2）读完两段话后，你发现了什么？

《史记》更简洁，《东周列国志》更易懂，故事更生动，人物更鲜明。你读《东周列国志》原版，能不能读懂？会不会感觉很吃力？是的，虽说是明代的白话文，我们读起来仍旧觉得似懂非懂。因此，老师选择了鲁云彤主编、百花文艺出版社出版的现代译文彩绘版《东周列国志》，该书图文并茂，对原书的内容进行适当裁剪，在令经典情节完美呈现的同时更适合同学们阅读。

（3）接下来，请小组长上来领书发书。

（4）请同学们用“拆书五部曲”拆书，说说你的发现。

5. 默读知识链接，补充创作背景

这本书可不是一开始就由冯梦龙撰写的，它的成书经历了三个阶段。

第一阶段：关于春秋战国故事的平话，最早产生在元代。明代嘉靖、隆庆年间，余邵鱼（字畏斋）撰《列国志传》，分节不分回，共 8 卷 226 节，每节随事立题。内容起于武王伐纣，终于秦统一天下，比较全面地记载了列国故事。其中若干章节，把流传在民间的神话故事穿插进去，如“苏妲己驿堂被魅”“穆王西游昆仑山”等，但并未改变历史演义的简朴面貌，文字也稍显粗糙。

第二阶段：到了明代末年，冯梦龙“本诸左史，旁及诸书”，加以改编，改名为《新列国志》，凡余邵鱼疏忽或遗漏的地方，都根据史书做了订正。全书共 108 回，篇幅较原书大为扩充；在文字、故事情节、人物描绘等方面也做了许多艺术加工，使原书的艺术水准大大提高。

第三阶段：清代乾隆年间，蔡元放对《新列国志》做了一番修改，并加了序、读法、详细的评语和简要的注释，改名为《东周列国志》，共 23 卷 108 回。

这实际上是冯梦龙《新列国志》的评点本，叙事起于周宣王，止于秦始皇，删去了《新列国志》中某些虚构情节，改正了谬误，更符合于史实，同时“敷衍不无增添，形容不无润色”。我们手上的这个版本，就是在第三个阶段的基础上进行翻译删减而成的。

6. 补充精彩书评，了解文学地位

（1）老师说这本书好看可能有些同学还不相信，请一起来看看历代作家是怎样评价这本书的。

☆写尽东周五百年群雄争霸颠覆历史格局的传奇巨著。

☆场面之宏大，跨度之久，事件之复杂，人物之多，描绘之深刻，后世史书不能望其项背。

☆在一切演义小说中，没有比这部小说所写的故事更复杂，变化更多的了，是十二分的热闹。——郑振铎

（2）聪明的同学肯定发现了，书本上也有相似的评价。请大家读第 8 页“本书文学地位”。

（3）读到这，你是不是想赶紧进入书本仔细阅读呢？别等了，翻看你手上的书吧。专心看书是人生最大的一种享受。

（二）推进课，感受小说魅力

1. 视频导入，感受人物

（1）播放几个历史精彩片段，请学生说一说片中的主人公是谁，来自哪个历史故事？

（2）你读到哪个故事了？对书中的哪个人物印象深刻？

（3）完成下面表格，对读过的故事和人物进行梳理。

人物姓名	故事名称	人物性格特点	我的评价

2. 分类人物，总结特点

（1）给你印象深刻的人物分类，看看不同类别的人物有哪些共同的特点？

类别	王侯	将相	勇夫
人物名称			
共同点			

（2）你知道春秋五霸、战国七雄指的是哪几位君王吗？书中出现的有几位？

（3）你知道什么叫诸子百家吗？能说说你知道的代表人物吗？

（4）你觉得好的君王应该具有哪些特质？那些被人民唾弃的王侯有什么共同的特点？

（5）你觉得影响国家命运的因素有哪些？哪个是决定性因素？

3. 把握人物，制作排行榜

（1）通过上面的梳理，你对东周时期的著名人物应该有一定的了解了吧。现在，请你来给他们排排序，整理出你心目中的东周人物排行榜。

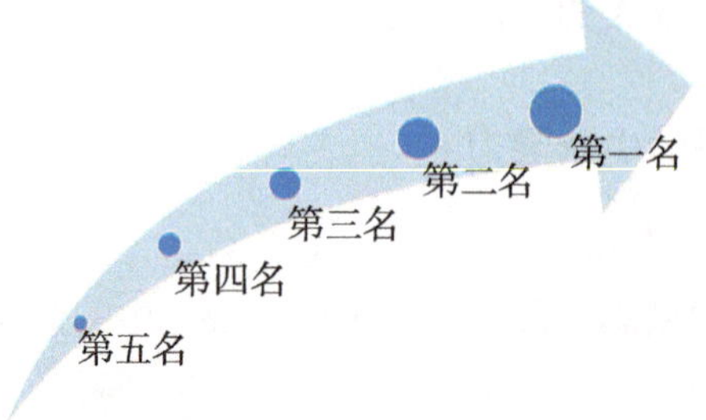

（2）小组分享，说说你的排序理由。

4. 练习批注，自我监控

（1）同学们，我们一起回忆一下，小说的三要素是什么？没错，人物、情节、环境。请找一篇你最喜欢的故事，以这三个要素为抓手，尝试批注，看看你是否能真正读懂了这个故事。

（2）学生自学，教师巡堂指导。

（3）学生分享批注，教师及时点评，或请学生间相互评价，指导学生对小说三要素进行评析。

5. 关注写法，由读到写

（1）经过批注分享，想必你对最喜欢的故事了然于心了吧。现在，请你说说作者是怎样把故事编得精彩动人的？

（2）作者对人物的描写方面有没有值得你学习的地方？

（三）专题课，成语故事表演会

1. 搜集成语，对应故事

经过两个星期的阅读，每一个同学都应该把故事读完了吧。现在，请利用 5 分钟的时间，把你从书本中积累的成语写下来，填好下面的表格。

成语	故事	主要人物

2. 小组竞赛，鼓励积累

（1）完成了吗？下面我们以小组为单位，比一比谁的积累更丰富，获胜的小组将获得老师的奖励。

（2）采用互相提问的方式（一方说成语，另一方说故事，说对的加两分，说错的不得分，轮流交换，最后得分多者胜）。

（3）优胜组奖励。

3. 小组合作，制作导图

（1）请以小组为单位，选择一个最熟悉的成语故事，抓住主要人物，制作简单的主要情节结构图。

（2）假如你是导演，你会给哪位人物加戏？有哪些细节应该在表演时注意？

4. 小组排练，编演故事

（1）以刚刚选择的成语故事为脚本，编成剧本形式表演，进一步深化对人物形象的理解和感悟。

（2）10 分钟时间彩排，教师巡堂指导。

（3）展示汇报。

5. 小结颁奖，推荐观剧

（1）每一个历史故事都让我们回味无穷，同学们的精彩演绎让我们眼前仿佛再现一幕幕历史场景，一个个生动形象的历史人物跃然眼前。

（2）颁发“最佳剧组奖”。

（3）推荐《东周列国》等电视剧，了解更多历史故事和历史人物。

（四）分享课，历史知识大比拼

1. 课前收集，整理题目

（1）搜集整理《东周列国故事》中涉及的知识，编辑整理成一套竞赛题，以总结学生的收获，同时激发学生的参与兴趣。

（2）预告阅读课将进行《东周列国》历史知识竞赛，请学生做好准备。

2. 小组竞赛，展示积累

（1）出示选择题，以必答题的方式进行。

一、选择题

（1）周幽王“烽火戏诸侯”是为了博取（　　）的笑容。

A. 孟姜女　　B. 褒姒　　C. 西施　　D. 妲己

（2）“图穷匕见”这个成语讲的是（　　）奉燕国太子丹之命去刺杀秦王嬴政。

A. 白起　　B. 曹沬　　C. 荆轲

（3）以下成语和晋、楚争霸有关的是（　　）。

A. 老马识途　　B. 纸上谈兵　　C. 卧薪尝胆　　D. 退避三舍

（4）成语“卧薪尝胆”讲的是（　　）的故事。

A. 刘邦　　B. 萧何　　C. 张良　　D. 勾践

（5）赵国的廉颇向蔺相如“负荆请罪”，“负”的意思是（　　）。

A. 失败　　B. 背着　　C. 担负　　D. 结果

（6）秦始皇焚书的根本目的是（　　）。

A. 加强思想控制　B. 反对以古非今　　C. 维护法家思想

（7）秦能灭六国并统一全国的 主要原因在于（　　）。

A. 人民饱受战争之苦，渴望统一

B. 秦国是当时七国中实力最强大的国家

C. 有强大的军事力量

D. 法家思想奠定了统一的理论基础

（2）出示风险题，以抢答的方式进行，答对加分，答错扣分。

二、抢答题

（1）管仲和鲍叔牙是中古时候最要好的朋友，有句成语（　　）代表了他们的友谊。

（2）《仙鹤坐车》讲的是卫懿公将（　　）分了等级，结果国破家亡的故事。

（3）“完璧归赵”中的璧指的是（　　）。

（4）中国历史上第一个皇帝是 :（　　）。

（5）使秦国由弱变强，逐步走上霸主之位的著名变法是（　　）。

（6）屈原创造的诗体被后人称为（　　）。

（7）一鸣惊人，最后成为霸主的是（　　）。

（3）出示主观题，旨在让学生学会在思辨中正确看待历史。

三、主观题

（1）说说《东周列国志》中你最喜欢的人物是谁，并列出喜欢他的三个理由。

（2）你从《东周列国志》中获得哪些为人处世方面的启示？

（3）我们应该怎样对待历史中的那些庸王奸臣？

（4）秦国统一天下后，为什么迅速灭亡了？

（3）表彰奖励：获胜小组均获得“历史小博士”称号。

（4）分组辩论，尝试思辨。

正方：一个国家的命运是由君主的贤德和能力决定的。

反方：一个国家的命运不是由君主的贤德和能力决定的。

四、创意天地

（1）假如未来的某天，时光机成为现实，我们能回到东周时期去体验当时某个人物的生活。你会选择回到哪个历史节点？接下来又会发生什么故事呢？请以“回到东周当________”为题，写一篇穿越作文。

（2）写一篇专题文章：《我看东周列国》《我心中的诸子百家之最》。

五、阅读加油站

（1）《半小时漫画中国史》，二混子 / 著，江苏凤凰文艺出版社。

（2）《如果历史是一群喵》，肥志 / 绘编，黑龙江美术出版社。

六、阅读工具箱

通俗文学与文学名著

通俗文学就在我们的周围，是最贴近我们的生活，最能迎合大众的口味，最能反映普通民众的喜怒哀乐，最能展现人们的审美观，也最能体现一个民族人文精神的文学类型。虽然所有的通俗文学，不一定都能成为名著，但绝大多数的名著，在其诞生之初，都是通俗文学。从这个意义上讲，名著是通俗文学这座金字塔的塔尖，高高在上，令读者敬畏多于亲切。受过专业高等教育的人毕竟是少数，能读懂文学名著的人也是少数。文学名著有其特定的阅读群体和专家群体，而通俗文学就没有，它适合各个阶层。有的人甚至一辈子都没读过一本文学名著，却可能看了不少通俗文学的作品。我们常常看到有人在闲暇时沏一杯茶，捧一卷书，悠闲惬意地阅读。读的什么书呢？武侠、言情、侦探、科幻，甚至是连环画。这就是现实生活中大多数人的阅读。还有一种现象非常有趣。文学名著的影响力往往不是来自作品本身，而是得益于其他艺术形式对名著的通俗化演绎。譬如，正是评书、曲艺、戏剧等通俗化的艺术形式让《三国演义》《水浒传》《红楼梦》《西游记》这样的古典文学名著走入千家万户，贴近寻常百姓。而大部分评书、曲艺、戏剧也是通俗文学的一部分。这不仅是二者定位不同的必然，更为历史和现实所证明，是不争的事实。

小说三要素

小说是以刻画人物为中心，通过完整的故事情节和具体的环境描写反映社会生活的一种文学体裁。小说有三个要素：人物形象、故事情节、典型环境。人物是小说的核心，情节是小说的骨架，环境是小说的背景。

人物形象：其核心是人物的思想性格。人物描写的角度有正面描写和侧面描写。正面描写包括外貌、语言、动作、神态、心理描写；侧面描写（又叫侧面烘托）指以他人言行来反映人物等。

故事情节：指作品所描写的事件发展、演变的全过程。故事情节的结构：（序幕—）开端—发展—高潮—结局（—尾声），用以展示人物性格，表现作品主题。

环境描写：指对人物活动的环境和事情发生的背景做描写。环境描写分为自然环境和社会环境。自然环境描写是指对人物活动的时间、地点、季节、气候及花草鸟虫的描写；社会环境描写是指对人物活动的具体背景、处所、氛围以及人际关系等做描写。

深圳市福田区南华小学　钟艳榴

深圳市福田区荔园小学教育集团　蔡兆光

《狼图腾》阅读设计

一、阅读解析

《狼图腾》是一篇内涵丰厚、老少皆宜、新奇细腻、以动物为主要描写对象的小说。作者姜戎透过这本小说表达了他对人类土地家园的关切和担忧、对中华民族历史和国民性的反思和对现代文明发展过程中原始野性之美失落的遗憾。

我强烈推荐学生阅读这本书，因为它除了带给我们血脉偾张的阅读体验，如群狼围攻黄羊的精彩情节、杀狼与护狼的剧烈冲突、细腻优美的草原环境，还开拓了我们的思想和眼界，作者透过陈阵的内心独白，带着读者以学者的眼光和视角反观中国古代、近代和现代的历史，思考民族进步与退化的根源，揭示生态破坏带来的严重危害，呼吁树立环保精神。这些丰富的思想内涵，无疑可以一定程度上触动生于太平、思想相对简单、从没有受过苦的孩子们的思考神经，引导他们去探索中国的悠久历史和辽阔的疆域，思索中国和自己的未来。

陈阵虽然亲手把小狼送进了腾格尔的怀抱，但小狼和生态文明的理念永久地活在陈阵和读者的心中。

（一）内容解析

20 世纪 60 年代末，知青陈阵来到中国内蒙古草原插队。在这片未被开发的原始草原上，他和蒙古牧民毕力格一家自由而粗犷地放着马和羊，与成群强悍的草原狼斗智斗勇，共同维护草原的生态平衡。由于人的贪婪，偷走了狼储存过冬的黄羊，狼群利用冬季风雪和夏季蚊灾，分别对人类饲养的军马进行袭击。这也激怒了人类，来自农耕民族的干部包顺贵带领全体人民开展了大规模的围猎狼群的运动。陈阵在与狼的多次斗争中感受到狼的凶狠、勇敢和尊严，对狼充满了好奇心。于是，他私下饲养了一头小狼，想通过狼的成长，了解狼的习性和狼的哲学。由于人民对狼的仇视，由于狼从不屈服的本性，陈阵虽然爱狼，但也在一步一步地加深对小狼的伤害。后因被狼咬伤而拔掉四颗狼牙，导致小狼断牙处感染。为了让它有尊严地死去，陈阵亲手杀了小狼。文章最后，以老王头为代表的来自东边的新移民想把草原变成良田的愿望落空了，蒙古狼走了，天鹅走了，草原成了满是沙尘的荒地。几十年后，来自蒙古草原的沙尘暴已经遮天蔽日地肆虐北京城，浮尘甚至飘过大海，在日本和韩国的天空游荡……

（二）作品特色

1. 真实细腻的草原生活图景

随手翻阅《狼图腾》，你会发现小说的语言充满美感。作者用细腻优美的文笔写出了千年的原始草原风貌、蒙古族牧民的生活习性、肆虐的暴风雪、狼群的残忍与温情、尸横遍野的白灾黑灾、四季草场的变迁、小狼的纯真与倔强，同时，小说还再现了草原马、牧羊狗、羊群、牤牛、旱獭、野兔、草原鼠、天鹅、老鹰等草原生物各自的生活形态与相互关系，勾勒出一幅幅真实、生动的草原生活图景，逼真而艺术地展现了原始游牧草原的残酷与美丽。

2. 紧张刺激的人狼斗争情节

小说一开始就写了狼群围捕黄羊的精彩画面，用回忆的方式道出了陈阵两次与狼对峙的危险经历。第一次，他单骑独人、赤手空拳误入狼阵，恐惧让他不知所措，是大青马的勇气和智慧让他灵魂回窍，毕力格曾经的教诲让他突来灵感，敲击马镫竟出其不意地吓退了狼群，从而侥幸脱险；第二次，沉睡中的他被惊醒，嘎斯迈大嫂正拽着一只巨狼的长尾，企图将其拖出羊群，惊呆的他束手无策，9 岁男孩巴雅尔却奋不顾身地过去帮忙，威猛的大狗巴勒最终建功。接着写贪婪的人偷走狼储存过冬的粮食，狼群两次报复，人类也开展了大规模围猎狼群的运动，把狼赶出了中国边境。人与狼的斗争始终贯穿于整篇小说，而陈阵与小狼之间的情理纠葛、人与人之间的矛盾冲突作为辅助线索，交织其中，形成了各自独立又紧密相关的无数个精彩故事。

3. 力透纸背的历史文化内涵

正如孟繁华先生所说，“《狼图腾》在当代中国文学的整体格局中，是一个灿烂而奇异的存在：如果将它作为小说来读，它充满了历史和传说；如果将它当作一部文化人类学著作来读，它又充满了虚构和想象。作者将他的学识和文学能力奇妙地结合在一起，这就是作品的独特性。它的具体描述和人类学知识相互渗透得如此出人意料、不可思议。因此，这是一部情理交织、力透纸背的大书。是现实的狼，也是历史的狼。因之，这是一部狼的赞歌，也是一部狼的挽歌。”在整本书中，不时穿插着作者对草原文明和农耕文明的比较，对中华文明史的反思，对中国国民性格改造的探寻，对生态文明理念的传播和践行。

（三）阅读提示

（1）从封面、封底、勒口、序言、后记中，你获得了关于这本书的哪些信息？能猜出这本书讲的是关于什么的故事吗？

（2）你读过关于狼的哪些故事？你了解狼的哪些特性？

（3）这本书共多少个章节？根据你的阅读速度，你的阅读计划可以怎样制定呢？

（4）你认为陈阵对小狼的爱是好还是坏？这是只怎样的小狼？

（5）你觉得文中的包顺贵是个怎样的人？他的结局可能是怎样的？

（6）如果有机会让你选择自己的身份，你是想去草原过游牧民族的生活，还是更喜欢在农村过农耕生活？为什么？

（7）你能尝试梳理一下人、狼、草原、黄羊、旱獭、野兔、天鹅、老鹰、草原鼠之间的生态关系，并用一幅简图画出来吗？

（四）教学主题对接

建议与统编版语文六年级上册第一单元“触摸自然”主题对接。

二、阅读策略

（一）比较

策略描述：比较是阅读过程中把一篇或者多篇内容或形式上有一定联系的文本集中起来，通过纵向或横向比较，从内容、主题、表达、情感等多个角度进行同中求异、异中求同的辨析。

策略的功用：比较同类故事的异同有助于梳理读者的思路，帮助读者明确表达内容，理解表达的中心，掌握表达的方法，揭示一般规律；有助于拓宽读者的眼界，帮助读者多角度思考问题，形成辩证的思维品质。

（二）预测

策略描述：预测是读者阅读时根据读过的内容及与内容相关的背景知识去推测文章内容的发展，包括作者或主角的情感、想法和行动。读者根据自己的经验与背景知识，针对阅读文本的线索，对文本内容发展形成假设，并带着假设继续阅读。不是只有猜测文章内容，还需有不断的检验假设的过程。

策略的功用：预测故事的发展能帮助读者投入故事，了解主角的认知；预测能发挥读者的想象力；读者从阅读中可知道自己的预测是否正确，获得实时的反馈，进一步地理解发展方向。

（三）联结

策略描述：联结是指读者将正在阅读的文本和阅读过的文本、自身的生活经验、外部的世界进行关联，使阅读达到连贯性而加深理解。

策略的功用：人的认识是不断发展的。联结的策略能帮助读者不断整合已有的经验，建构新的理解。一方面，读者调动了先备知识，容易产生阅读兴趣；另一方面，联结正在阅读的文本，丰富了读者的认知，能够帮助读者加深理解，形成更加全面的认识。

三、教学设计

（一）导入课，激发阅读兴趣

1. 听声游戏，引入书籍

同学们，上课前，我们一起来玩一个听声游戏。老师会播放多种声音，考考同学们的耳朵，看谁的听力最灵敏。（播放：牛、羊、马、狗、兔子、老鼠、天鹅、旱獭、蚊子、狼）

刚刚我们听到的所有动物都生活在内蒙古草原，生活在一本书中，而且这本书还把人类和它们之间错综复杂的关系揭示出来了。你们想不想翻开这本以动物为主要描写对象的书呢？好，今天我们就一起来走进这本书——《狼图腾》。

2. 观看封面，进行预测

（1）请同学们仔细观察这本书的封面，你获得了哪些信息？你有什么猜测？

2004 年，入选“《亚洲周刊》中文十大好书”。

2007 年，获首届“曼氏亚洲文学奖”。

2015 年，获“蒙古国文豪奖”。

2019 年，《狼图腾》入选“新中国 70 年 70 部长篇小说典藏”。

（2）介绍作者姜戎

《狼图腾》的作者姜戎（笔名），1946 年生，北京人。1967 年自愿到内蒙古额仑草原牧区插队落户。1978 年返回北京，考入中国社会科学院研究生院，攻读政治经济学专业。正像小说中的主人公陈阵一样，姜戎在草原上与狼共舞达 11 年之久。他掏过狼窝，养过小狼，目睹过狼与黄羊、狼与人、狼与马群的无数次大小战役。正是狼的品质和草原人对狼的图腾崇拜，以及 13 世纪蒙古骑兵的征战之谜，使姜戎沉迷其中达 30 年之久，最后用了差不多 6 年的时间创作了小说《狼图腾》。这也是他的唯一一部著作，被称为世界上迄今为止唯一一部描绘、研究蒙古草原狼的“旷世奇书”。

（3）齐读“曼氏亚洲文学奖”授奖词。同学们，是不是更期待翻开这本书了？

《狼图腾》是一部视野宏阔的小说，
作家以独具匠心的创作，
展现了人与自然、狼与草原等错综复杂的关系，
以及狼追求自由的勇敢、独立和团队精神。
以细致活泼的文理，渐而成就强大的感人的力量。

——曼氏亚洲文学奖授奖词

入选
新中国70年
70部长篇小说

3. 当堂发书，浏览首章

（1）今天，老师就给每一位同学都带来了一本《狼图腾》，组长们上来把书

发给小组的同学。

（2）老师看到很多同学都迫不及待地打开了书本，真是如饥似渴。同学们，拿到书以后，请翻看目录，猜一猜接下来会讲关于狼的怎样的故事。

（3）一起来验证你的猜测是否正确。请翻开第一章，带着以下问题快速默读第一章：你读到了一群怎样的狼？请你边读边批注，用几个关键词来形容你看到的草原狼的特点。阅读速度较快的同学可以把你的关键词写到黑板上来。

页码（第几页）	批注（特点、关键词）

（4）根据学生回答，梳理关键词。（预设：凶残多疑、集体观念强、懂战术、有耐心、有智慧）

出示原文：当陈阵猛地转头向山谷望去时，他几乎吓得栽下马背。距他不到40米的雪坡上，在晚霞的天光下，竟然出现了一大群金毛灿灿、杀气腾腾的蒙古狼。全部正面或侧头瞪着他，一片锥子般的目光飕飕飞来，几乎把他射成了刺猬。离他最近的正好是几头巨狼，大如花豹，足足比他在北京动物园里见的狼粗一倍、高半倍、长半个身子。此时，十几条蹲坐在雪地上的大狼呼的一下全部站立起来，长尾统统平翘，像一把把即将出鞘的军刀，一副弓在弦上、居高临下、准备扑杀的架势。狼群中一头被大狼们簇拥着的白狼王，它的脖子、前胸和腹部大片的灰白毛，发出白金般的光亮，耀眼夺目，射散出一股凶傲的虎狼之威。整个狼群不下三四十头。（初见狼群）

出示原文：他感到狼王正在伸长脖子向他身后的山坡望，群狼都把尖碗形的长耳，像雷达一样朝着狼王张望的方向。所有的杀手都在静候狼王下令。但是，这个无枪无杆的单人单马，竟敢如此大胆招摇地路过狼群，却令狼王和所有的大狼生疑。（凶残多疑）

出示原文：晚霞渐渐消失。人马离狼群更近了。这几十步可以说是陈阵一生中最凶险、最漫长的路途之一。大青马又走了几步，陈阵突然感到有一条狼向他身后的雪坡跑去，他意识到那一定是狼王派出的探子，想查看他身后有无伏兵。（有耐心、有智慧）

出示原文：可能，蒙古狼听得懂蒙古话，也看得懂蒙古猎人的手势猎语。狼群被它们所怀疑的蒙古猎人的猎圈阵吓得快速撤离。但狼群撤得井然有序，急奔中的狼群仍然保持着草原狼军团的古老建制和队形，猛狼冲锋，狼王靠前，巨狼断后，完全没有鸟兽散的混乱。陈阵看呆了。（集体观念强、懂战术）

（5）请自由出声读一读你批注的段落原文，或者刚刚同学分享过的你觉得喜欢的段落，重要的是，读出你自己的感受。提示：阅读值得我们细品的段落时，可以采用“一读二画三悟”的方法，读出不一样的感悟，走进书本的精彩之中。

4. 联结经验，辩证看狼

（1）同学们，姜戎先生笔下的草原狼好像跟我们从小到大听到的故事里的狼不太一样。你印象中的狼是怎样的？你读过哪些狼的故事？

（2）我们来看一组词语，请你来填空，然后跟同学们分享你的发现。

杯盘（　　）籍　　声名（　　）藉　　引（　　）入室　　鬼哭（　　）嚎

（　　）狈为奸　　（　　）吞虎咽　　（　　）眼鼠眉　　鹰视（　　）步

豺（　　）当道　　（　　）子野心

（3）姜戎先生笔下的狼有非常多的优点，但传统的关于狼的故事和成语却都是贬义词。狼到底是一种怎样的动物呢？当面对两种不同的观点时，我们应该怎样对待呢？去书中寻找答案吧！

5. 总结方法，制订计划

（1）同学们，最后我们一起回忆总结一下。这节课用了哪些阅读方法？（预测推理法、抓关键词法、浏览法、对比法、联结法、批注法、朗读品味法）六年级的你们真会读书，已经掌握了这么多种读书方法。

（2）这本书我们适合用哪种阅读方法？ 是的，你们的看法都值得赞赏。每个人都有自己独特的读书方法，只要能有计划地读进去，对我们来说就是一种巨大的收获。现在，请拿出你的笔，来简单给自己制订一个阅读计划吧！

周数	章节（页码）	关键情节（提炼）	联结（经验）	思考（评价）
第一周				
第二周				
第三周				
第四周				

（3）最后，老师给大家分享英国著名诗人弥尔顿的一句名言：“书籍并不是没有生命的东西，它包藏着一种生命的潜力，与作者同样地活跃。不仅如此，它还像一个宝瓶，把作者生机勃勃的智慧中最纯净的精华保存起来。”愿你的智慧也能在阅读中激活、保存、拓展、延伸、升华。

（二）推进课，梳理故事情节

1. 谈话导入，讲述精彩

（1）同学们，上周我们介绍了《狼图腾》，你们都有坚持按计划读书吗？你读到哪里了？

（2）你喜欢这本书吗？说说你的理由。

（3）你最喜欢哪个情节？为什么？

（4）你最讨厌哪种动物？能分享你的理由吗？

2. 情节排序，整体感知

（1）整部小说有几条故事线，一是人狼之战，二是外来农民和本地牧民之战，三是陈阵与小狼的纠葛，四是草原生态变化线。这些故事线有时独立，有时交织，共同形成了《狼图腾》多重主题和意蕴的魅力。请你给下面的情节排序，分别从四条故事线的角度复述小说的主要内容。

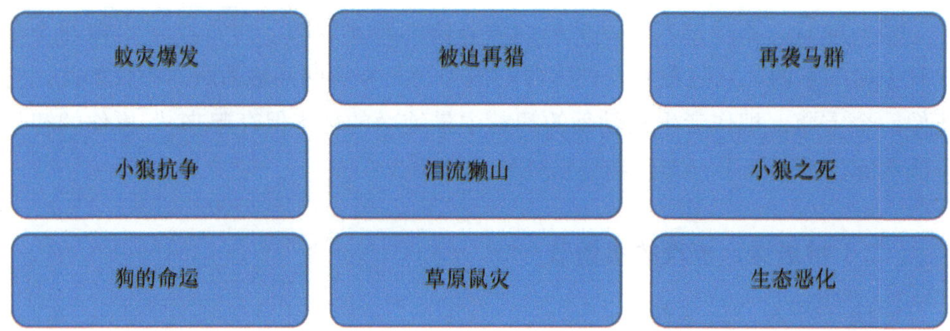

（2）小说里狼与动物之间有几次大战？每次战争的画面作者描写都很精彩，在描写场面时作者采用了哪些描写方法？

战争	精彩场面描写	描写方法
第一次：狼马大战		
第二次：狼羊大战		
……		

3. 人狼之战，谁输谁赢

（1）在这么多条故事线中，同学们最关注哪一条？为什么？

（2）真是心有灵犀，钟老师也觉得人狼之战最扣人心弦。那我们就把目光聚焦到这个情节。请你找一找，书中共写了几次人狼之战。

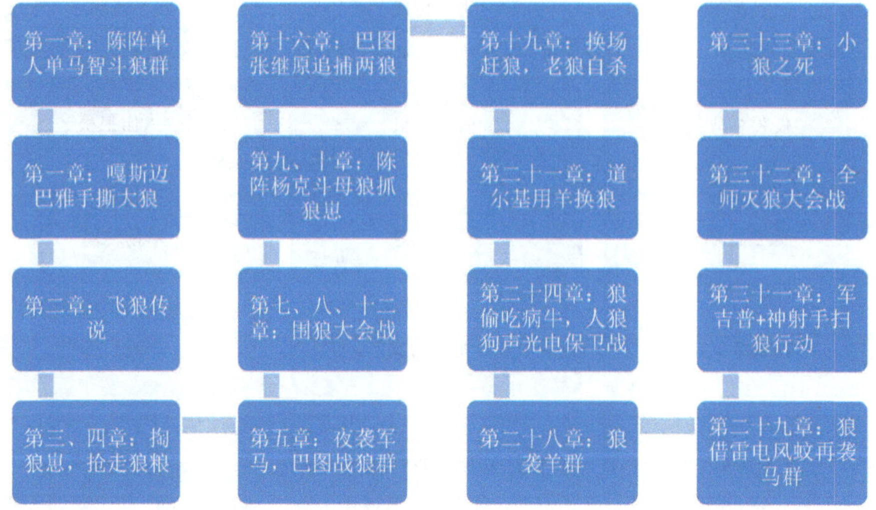

（续表）

（3）十六次甚至更多的人狼之战，人和狼各有输赢。谁是最终的获胜者？

（4）从一次次的人狼之战中，你获得哪些启示？（策略、血性、危机、生态、双赢、长远利益与眼前利益、反思）

4. 交流疑问，梳理归类

（1）关于这本书，读了一部分或读完后有没有挥之不去，想提出来和大家一起讨论的疑问？

（2）总的来说，问题包括以下几类：对写作背景和社会背景不太理解；每章节开头引用的古文不甚理解；对文中信手拈来的中国历史不熟悉；对小狼的抗争和死亡表示疑惑；对人物的部分做法表示质疑；等等。

（3）正如明朝学者陈献章所说："学贵有疑，小疑则小进，大疑则大进。疑者，觉悟之机也。一番觉悟，一番长进。"这些疑问将形成我们心中的质疑板。面对这些疑问，六年级的你应该怎样做呢？

5. 观看影片，试写影评

（1）老师给大家推荐一部电影《狼图腾》，它由姜戎的小说改编而来，由法国名导让—雅克·阿诺导演，冯绍峰主演。今天我们一起看其中的一小段精彩片段。

（2）同学们，这个片段是属于哪一次人狼大战？你更喜欢小说还是电影？

（3）由于时间原因，这节课我们就上到这里。同学们可以利用周末的时间继续观看电影，并从电影和小说之间的异同点入手，写一写你的观影感受。

<table>
<tr><th>《狼图腾》</th><th>小说</th><th>电影</th><th>观影感受</th></tr>
<tr><td>相同点 1</td><td colspan="2"></td><td rowspan="4"></td></tr>
<tr><td>相同点 2</td><td colspan="2"></td></tr>
<tr><td>不同点 1</td><td></td><td></td></tr>
<tr><td>不同点 2</td><td></td><td></td></tr>
</table>

（三）专题课，感知人物形象

1. 调查导入，关注人物

（1）夏丏尊："好的作品至少要读两遍以上。最初读时不妨以收得梗概、了解大意为主眼，再读时就须留心鉴赏了。用了'玩'的心情，冷静地去对待作品，不可再囫囵吞咽，要仔细咀嚼。诗要反复地吟，词要低回地诵，文要周回地默读，小说要耐心地细看！”老师调查一下，看了《狼图腾》两遍以上的同学请举手。

（2）看来我们班的同学都很会读书，就应该用“玩”的心态去读课外书，读出乐趣。老师再调查一个问题，看完了《狼图腾》电影的同学请举手。

（3）说一说你最喜欢或者最讨厌的人物，为什么？

2. 完成表格，感知人物

（1）小说中的主要人物有哪些？他们对狼的态度是怎样的？作者根据他们对狼的态度的不同又塑造出了哪些典型的人物形象呢？

主要人物	对待狼的态度	典型的人物形象
包顺贵		
陈阵		简介：______ 分析：______
毕力格		简介：______ 分析：______
杨克		简介：______ 分析：______
张继原		
梁建中		

（2）小组合作，先补充完表格，再画出人物关系图。

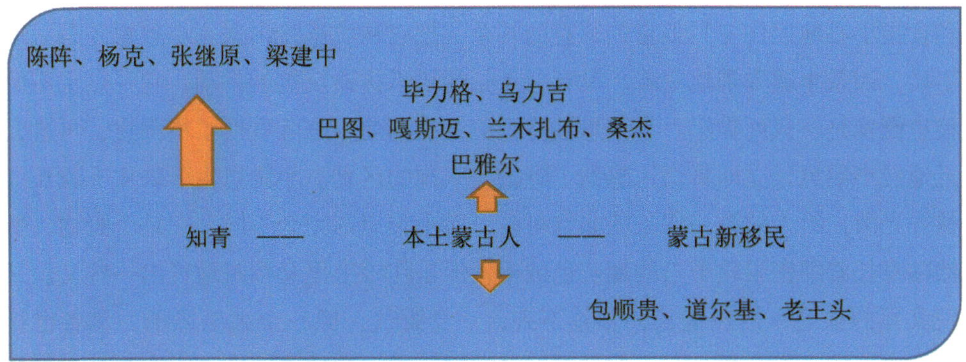

3. 对话人物，感知图腾

（1）对话陈阵：为什么对狼如此着迷？养狼过程中您收获了什么？您心目中的狼图腾是什么样的？

（2）对话毕力格：为什么反对养狼？为什么护狼又杀狼？像您一样的游牧民族是怎样看待狼的？

（3）对话包顺贵：为什么对狼恨之入骨？您相信狼可以保护草原吗？您觉得草原的图腾应该是什么？

（4）总结：所谓图腾，就是原始时代的人们把某种动物、植物或非生物等当作自己的亲属、祖先或保护神。相信它们有一种超自然力，会保护自己，并且还可以获得它们的力量和技能。在原始人的眼里，图腾实际是一个被人格化的崇拜对象。在《狼图腾》中，姜戎认为蒙古人的图腾是狼，通过向狼学习狩猎、行军的本领，习得狼的精神——坚韧、机智、团结、忍耐、自由、不屈、勇往直前、骁勇善战，成为草原不可战胜的强大存在，成为腾格里的宠儿。这也是作者通过小说传达的声音：保持对自然生态的自觉维护与敬畏；呼唤狼的精神的回归，摈弃千百年来儒家精神之中的糟粕所养就的羊性，才能使中华民族长立于世界民族之林而不败，使中国在 21 世纪的激烈国际斗争中脱颖而出。

4. 人狼之情，多面狼性

（1）草原狼真的有姜戎说的那么多优点吗？让我们跟随陈阵，一起去仔细观察小狼，从中发现更多狼的特点吧！请各小组分别从老师这里抽取不同的阅读锦囊，小组讨论锦囊中的问题，认识多面的狼性。

锦囊一：【初见狼崽】

陈阵生平第一次用手抓活狼，有点犹豫，不敢直接抓狼崽的身子，只用拇指和食指小心地捏住一只狼崽的圆直的耳朵，把它从坑里拎出来。小狼崽还是一动不动，四条小腿乖乖地垂着，没有一点张牙舞爪拼命反抗的举动，它一点也不像狼崽倒像是一只死猫崽。小狼崽被拎到三人的面前，陈阵看惯了小狗崽，再这么近地看小狼崽，立即真切地感到了野狼与家狗的区别。小狗崽生下来皮毛就长得整齐光滑，给人的第一印象就非常可爱；而小狼崽则完全不同，它是个野物，虽然贴身长着细密柔软干松的烟灰色绒毛，但是在绒毛里又稀疏地冒出一些又长又硬又黑的狼毫，绒短毫长，参差不齐，一身野气，像一个大毛栗子，拿着也扎手。狼崽的脑袋又黑又亮，像是被沥青浇过一样。它的眼睛还没完全睁开，可是它的细细的狼牙却已长出，龇出唇外，露出凶相。从土里挖出来的狼崽，全身上下散发着土腥味和狼臊气，与干净可爱的小狗崽简直无法相比。但在陈阵看来，它却是蒙古草原上最高贵最珍稀最美丽的小生命。

问：请从文中找出关键词形容狼的外形特点，从文中哪些句子你可以找出狼的什么特点呢？你体会到陈阵此刻的心情是怎样的？

锦囊二：【狼喝狗奶】

又冷又饿的小狼崽被放到伊勒的奶头旁边，当它一闻到奶香，一直蔫蔫装死的小狼崽，突然像大狼闻到了血腥味一样，张牙舞爪，杀气腾腾，一副有奶便是娘的嘴脸原形毕露。小狼崽比狗崽出生晚了一个半月，狼崽的个头要比狗崽小一圈，身长也要短一头。但是小狼崽的力气却远远超过狗崽，它抢奶头的技术和本事也狠过狗崽。母狗腹部有两排奶头，乳房有大有小，出奶量更是有多有少。让陈阵和杨克吃惊的是小狼崽并不急于吃奶，而是发疯似的顺着奶头一路尝下去，把正在吃奶的狗崽一个一个挤开拱倒。一时间，一向平静的狗窝像是闯进来一个暴徒劫匪，打得狗窝狗仰崽翻，乱作一团。小狼崽蛮劲野性勃发，连拱带顶，挑翻了一只又一只的狗崽，然后把两排奶头从上到下，从左到右，全部尝了个遍。它尝一个，吐一个；尝一个，又吐一个，最后在伊勒的腹部中间，挑中了一个最大最鼓，出奶量最足的奶头，叼住了就不撒嘴，猛嘬猛喝起来。只见它叼住一个奶头，又用爪子按住了另一个大奶头，一副吃在碗里，霸住锅里，肥水不流外人田的恶霸架势。

问：读完后，你会更喜欢小狼，还是讨厌小狼？这样凶狠霸道的狼性也会受人欢迎吗?

锦囊三:【初次互动】

陈阵发现，才两天时间，小狼的眼膜薄了许多，眼球虽然仍是充满液体，黑汪汪的像是害了眼病，但小狼崽好像已经能模模糊糊辨认眼前的东西，对他做的手势也有所反应。他张开巴掌，手掌向东，狼崽的头眼就朝东；手掌向西，狼崽的头眼就向西。为了刺激狼崽的条件反射，陈阵一字一顿地叫它：小——狼，小——狼，开——饭——喽。开——饭——喽。小狼歪着头，竖起猫一样的短耳费力地听着，有些害怕，又有些好奇。

问：从选文中，我们可以看出陈阵对小狼怎样的感情？这是一只怎样的小狼?

锦囊四:【建立情感】

一个月来，陈阵接近小狼在各方面都有进展，可以摸它抱它亲它捏它拎它挠它，可以把小狼顶在头上，架在肩膀上，甚至可以跟它鼻子碰鼻子，还可把手指放进狼嘴里。可就是在它吃食的时候，陈阵绝对不能碰它一下，只能远远地一动不敢动地蹲在一旁。

小狼吃饱了什么都好说，陈阵走近小狼，亲热地叫它的名字：小狼，小狼。小狼一骨碌翻了个身，四爪弯曲，肚皮朝天，头皮贴地，顽皮淘气地倒看着陈阵。陈阵上前一把抱起小狼，双手托着小狼的胳肢窝，把它高高地举上天，一连举了五六次，小狼又怕又喜，嘴高兴地咧着，可后腿紧紧夹着尾巴，腿还轻轻地发抖。但小狼已经比较习惯陈阵的这个举动了，它好像知道这是一种友好的行为。陈阵又把小狼顶在脑袋上，架在肩膀上，但它很害怕，用爪子死死抠住陈阵的衣领。

陈阵觉得这件事很好玩，用巴掌慢慢揉着一条小狼的肚皮，一边听着小狼舒服快乐哼哼声，和小狼打嗝放屁的声音。吃食时狂暴的小狼这时候变成了一条听话的小狗，它用两只前爪抱住陈阵的一根手指头，不断地舔，还用尖尖的小狼牙轻轻地啃咬。小狼的目光也很温柔，揉到特别舒服的时候，小狼的眼里还会充满盈盈的笑意，似乎把陈阵当作了一个还算称职的后妈。

问：在该片段中，可以看出陈阵和小狼之间怎样的情感？你对狼性的理解有新的认识吗?

锦囊五：【解救小狼】

小狼见到陈阵，就像一只在猫爪下死里逃生的小鸡扑向老母鸡那样，跌跌撞撞地扑向陈阵。陈阵哆哆嗦嗦地抱起小狼，人与狼马上就抖到一起了。他慌忙去摸小狼的脖子，幸好脖子还没有断，但是脖子上的一片毛被套绳勾掉，下面是一道深深的血印。小狼的心脏怦怦乱跳，陈阵连哄带抚摸，好不容易才止住了小狼和自己的颤抖。他又从包里拿出一小条肉干，安慰小狼。等小狼吃完了肉条，陈阵又抱起小狼，把它脸贴脸地抱在胸前，他摸了摸小狼的胸口，狼心已渐渐恢复平稳。小狼余悸未消，它盯着陈阵看，看着看着，突然舔了陈阵的下巴一下。陈阵受宠若惊，他这是第二次得到狼的舔吻，也是第一次得到了狼的感谢。

问：我们常用俗语“白眼狼”来比喻忘恩负义的人，看了这段故事，你想说些什么呢？

锦囊六：【小狼学叫】

突然，陈阵听到小狼发出了“慌——慌——”的声音，节奏已像狗叫，但就是发不出“汪”音，小狼兴奋得原地蹦高，去舔二郎的大嘴巴。以后小狼每隔六七分钟，就能发出“慌慌”的声音，让陈阵笑得肚子疼。

这种不狼不狗的怪声，惹得小狗们都跑来看热闹，并引起大狗小狗一片哼哼唧唧的嘲笑声。陈阵笑得前仰后合，每当小狼发出“慌慌”的声音，他就故意接着喊“张张”，营盘战场出现了“慌慌、张张”极不和谐的怪声。

问：在该片段中，可以看出陈阵和小狼之间怎样的情感？你对狼性的理解有新的认识吗？

锦囊七：【小狼认亲】

小狼被这断断续续、悲悲切切的声音深深触动。它本能地感到这是它的“亲人”在呼唤它。小狼发狂了，它比抢食的动作更凶猛地冲撞铁链，项圈勒得它长吐舌头乱喘气。那条母狼又呜呜欧欧悲伤地长嗥起来，不一会儿，又有更多的母狼加入寻子唤子的悲歌行列之中，草原上哀歌一片。母狼们的哀歌将原本就具有哭腔形式的狼嗥，表现得表里如一、淋漓尽致。这一夜，此起彼落忧伤的狼歌哭嗥，在额仑草原持续了很久很久，成为动天地、泣鬼神、摄人魂的千古绝唱。

问：从文中哪些句子你可以找出狼的什么特点呢？可以分享一下你读后的感受吗？

锦囊八：【反目成仇】

小狼气急败坏，吊睛倒竖，勃然大怒，突然后腿向下一蹲，猛然爆发使劲，像一条真正的野狼扑向陈阵。陈阵本能地急退，但被草丛绊倒，小狼张大嘴，照着陈阵的小腿就是狠狠一口。陈阵“啊”的一声惨叫，一阵钻心的疼痛和恐惧冲向全身。小狼的利牙咬透他的单裤，咬进了肉里。陈阵呼地坐起来，急忙用马棒头死顶小狼的鼻头。但小狼完全疯了，狠狠咬住就是不撒口，恨不得还要咬下一块肉才解气。

问：请你猜测小狼为什么会跟陈阵反目成仇？这是一只怎样的小狼？

锦囊九：【拒绝搬家】

倔强的小狼被拖了四五里，它后脖子的毛已被磨掉一半，肉皮渗出了血，四个爪子上厚韧的爪掌，被车道坚硬的沙地磨出了血肉。当小狼再一次被牛车拽倒之后，耗尽了体力的小狼翻不过身来了，像围场上被快马和套马杆拖着走的垂死的狼，挣扎不动，只能大口喘气。继而，一大片红雾血珠突然从小狼的口中喷出，小狼终于被项圈勒破了喉咙。陈阵吓得大喊停车，迅速跳下马，抱着全身痉挛的小狼向前走了一米多，松了铁链。小狼拼命喘息补气，大口的狼血喷在陈阵的手掌上，他的手臂上也印上了小狼后脖子洇出的血。小狼气息奄奄，嘴里不停地喷血，疼得它用血爪挠陈阵的手，但狼爪甲早已磨秃，爪掌也已成为血淋淋的新肉掌。

问：读完片段，你觉得陈阵对小狼的爱的方式用对了吗？你有什么话想对陈阵说？

锦囊十：【小狼之死】

陈阵绝望地坐倒在地。小狼挣扎地撑起两条前腿，勉强端坐在他的面前，半张着嘴，半吐着舌头，滴着半是血水的唾液，像看老狼一样地看着陈阵，好像有话要跟他说，然而却喘得一点声音也吐不出来。陈阵泪如雨下，他抱住小狼的脖子，和小狼最后一次紧紧地碰了碰额头和鼻子。小狼似乎有些坚持不住，两条负重的前腿又剧烈地颤抖起来。

陈阵猛地站起，跑到蒙古包旁，悄悄抓起半截铁钎，然后转过身，又把铁钎藏到身后，大步朝小狼跑去。小狼仍然端坐着急促喘息，两条腿抖得更加厉害，眼看就要倒下。陈阵急忙转到小狼的身后，高举铁钎，用足全身的力气，朝小狼的后脑砸了下去。小狼没有发出一点声音，软软倒在地上，像一头真正的蒙古草原狼，硬挺到了最后一刻……

那个瞬间，陈阵觉得自己的灵魂被击出体外，他似乎又听到灵魂冲出天灵盖的铮铮声响，这次飞出的灵魂好像再也不会回来了。陈阵像一段惨白的冰柱，冻凝在狼圈里……

问：小狼想对陈阵说什么呢？陈阵为什么会亲手杀了小狼？

（2）分享：请每个小组都用一个词语来表达你对狼的特点或精神的认识。重复的不再发言。（残忍又温柔）

5. 狼性人性，辩证看待

（1）将黑板上的褒义词和贬义词分类，明确狼性不仅有好的一面，也有坏的一面。除了狼，人也是多面的，也有好有坏，对人的判断也不能简单粗暴。书中的观点不一定全部都是正确的。你从中获得了什么启示？

（2）狼图腾精神发扬了狼性中好的一面，摒弃了坏的一面，所以值得我们去学习，去珍视。不管是农耕民族还是游牧民族，都有其固有的优点和缺点，我们应该辩证地看待狼性和人性，兼容并包，重塑 21 世纪优秀的中华民族之国民性。

（四）分享课，维护生态平衡

1. 歌曲导入，草原大命

（1）课前播放音视频《美丽的草原我的家》，欣赏草原之美。

（2）我们在六年级上册语文第一课就学习了老舍先生笔下美丽的《草原》，心中产生了美好的向往之情。生活在草原上的蒙古人，骑马放牧徜徉于一片绿色的海洋中，他们热情奔放、载歌载舞，他们更加热爱这个生他养他的草原。在蒙古老人毕力格的眼中，额仑草原是大命，人马狼羊等都是小命。

（3）你能理解蒙古人这种对生态自然的敬畏与敬仰吗？

2. 小组合作，画生态图

（1）《狼图腾》中毕力格老人用自己的话做了非常通俗的解释，我们一起来读一读。

出示：老人瞪着陈阵，急吼吼地说：难道草不是命？草原不是命？在蒙古草原，草和草原是大命，剩下的都是小命，小命要靠大命才能活命，连狼和人都是小命。吃草的东西，要比吃肉的东西更可恶。你觉着黄羊可怜，难道草就不可怜？黄羊有四条快腿，平常它跑起来，能把追它的狼累吐了血。黄羊渴了能跑到河边喝水，冷了能跑到暖坡晒太阳。可草呢？草虽是大命，可草的命最薄最苦。根这么浅，土这么薄。长在地上，跑，跑不了半尺；挪，挪不了三寸；谁都可以踩它、吃它、啃它、糟践它。一泡马尿就可以烧死一大片草。草要是长在沙里和石头缝里，可怜得连花都开不开、草籽都打不出来啊。在草原，要说可怜，就数草最可怜。蒙古人最可怜最心疼的就是草和草原。要说杀生，黄羊杀起草来，比打草机还厉害。黄羊群没命地啃草场就不是“杀生”？就不是杀草原的大命？把草原的大命杀死了，草原上的小命全都没命！黄羊成了灾，就比狼群更可怕。草原上不光有白灾、黑灾，还有黄灾。黄灾一来，黄羊就跟吃人一个样……

（2）在草原上，除了黄羊外，还生活着许多动物。同学们能把书中出现过的动物都列出来吗？是的。牛、羊、马、狗、兔子、老鼠、天鹅、旱獭、蚊子、狼、老鹰、人。

（3）接下来，请小组合作，画出草原生态关系图。首先思考，谁应该在关系图中处于中心的位置？真有见识！中心词应该是草原。好，开始动手画吧。

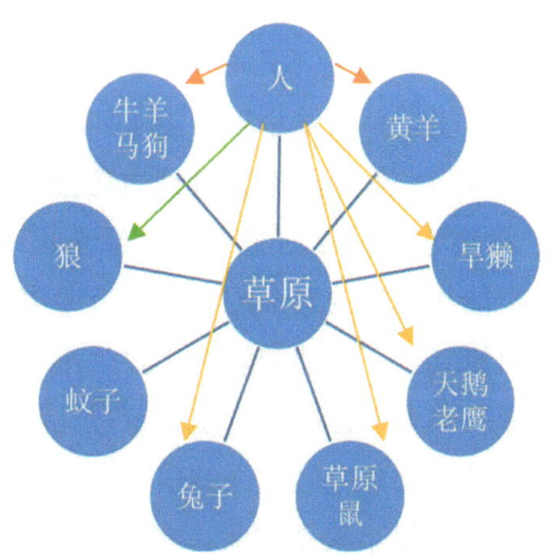

（4）人与其他动物的关系怎样？狼与其他动物的关系怎样？人和狼的关系呢？表面上看起来是敌对的，其实真是如此吗？长远看来人和狼的关系是怎样的？其他生物之间呢？

（5）请同学们看一段视频。（主题：21世纪物种灭绝的严峻现状）地球只有一个，人类的家只有一个，对于目前的生态状况，你有什么话想对人类说吗？

3. 陈阵的梦，深深的悔

（1）是的。书中就有一个人，为自己的行为而深深忏悔，他就是主人公陈阵。请同学们看以下三个选文片段，感受陈阵的梦与悔。

阅读材料一：

陈阵知道自己闯了大祸。草原养狼，千年未有。士可杀，不可辱。狼可杀可拜，但不可养。一个年轻的汉人深入草原腹地，在草原蒙古人的祖地，在草原蒙古人祭拜腾格里，祭拜蒙古民族的兽祖、宗师、战神和草原保护神狼图腾的圣地，像养狗似的养一条小狼，实属大逆不道。如果这件事发生在古代草原，陈阵非得被视作罪恶的异教徒，五马分尸抛尸喂狗不可。

他只要把小狼喂饱，也可以抱着它在绿绿的草地上打滚，他已经和小狼滚过好几次了。他的梦想差不多算是实现了一半，但那另一半，他似乎不敢梦想下去了——小狼长大以后，给他留下一窝狼狗崽，然后重返草原和狼群。陈阵曾在梦中见到自己骑着马，带着一群狼狗来到草原深处，向荒野群山呼喊：小狼，小狼，开饭喽。我来喽，我来喽。于是，在迷茫的暮色中，一条苍色如钢，健壮如虎的狼王，带着一群狼，呼啸着久别重逢的亢奋嗥声，向他奔来……

阅读材料二：

陈阵轻轻地叹气道：唉，我真是不死心啊。这些日子我又产生了新的幻想，我幻想自己成了一个牙科医生，重新给小狼镶上了四根锋利的钢牙，然后到明年开春，小狼完全长成大狼以后，就悄悄把它带到边防公路，把它放到蒙古国的大山里去。那里有狼群，没准它的狼爹白狼王，已经杀出一条血路，开辟了新的根据地。聪明的小狼一定能找到它的父王的，只要近距离接触，白狼王就能从小狼身上嗅出自己家族的血缘气味，接纳咱们的小狼。小狼有了四根锋利钢牙的武装，肯定能在那边的草原打遍天下无敌手。说不定过几年白狼王会把王位交给咱们的小狼。这条小狼绝对是额仑草原最优秀的狼种，个性倔强又绝顶聪明，本来它就应该是下一代狼王的。如果小狼杀回蒙古本土，那里地广人稀，才只有 200 万人口，是真正崇拜狼图腾的精神乐土，而且又没有恨狼灭狼的农耕势力，那里辽阔广袤的大草原才真是咱们小狼的英雄用武之地……我真是罪过啊，毁了这么出色的小狼的锦绣前程……

阅读材料三：

陈阵迷茫的目光追随着小狼调皮而生动的舞姿，那是它留在世上不散的外形，那美丽威武的外形里似乎仍然包裹着小狼自由和不屈的魂灵。突然，小狼长长的筒形身体和长长的毛茸茸大尾巴，像游龙一样地拱动了几下，陈阵心里暗暗一惊，他似乎看到了飞云飞雪里的狼首龙身的飞龙。小狼的长身又像海豚似的上下起伏地拱动了几下，像是在用力游动加速……风声呼啸、白毛狂飞，小狼像一条金色的飞龙，腾云驾雾，载雪乘风，快乐飞翔，飞向腾格里、飞向天狼星、飞向自由的太空宇宙、飞向千万年来所有战死的蒙古草原狼的灵魂集聚之地……

（2）读完三则阅读材料，你知道陈阵的梦是什么了吗？他的悔又是什么？

（3）假如我们真的爱一种小动物，怎样的爱才是正确的、长远的？

（4）我们是大地的一部分，大地也是我们的一部分。我们应该怎样对待脚下的这片土地？

4. 佳句互赠，欣赏书评

（1）感谢《狼图腾》，送给我们自由刚毅的草原之魂、珍贵的反思精神和正确的生态理念。至此，我们对“狼”字应该有新的认识，大家看，这是什么字？（红笔描狼的右部分良字）“良”是什么意思？良者，好也，佳也。在你捧读此书时，一定有许多让你怦然心动的句子，让你思如泉涌的良言。你准备把它们抄下来送给谁呢？请说说你的理由。

（2）不仅我们喜欢《狼图腾》，还有许多名家也喜欢它。我们一起来欣赏名家评点。

出示：这是一部因狼而起的关于游牧民族生存哲学重新认识的大书。这个命题已存在了几千年，拥有儒家文化的中国却从来未敢正视过它，因为它直逼儒家文化民族性格深处的弱性。——作家、评论家　周涛

出示：读了《狼图腾》，觉得狼的许多难以置信的战法很值得借鉴。其一：不打无准备之仗，踩点、埋伏、攻击、打围、堵截，组织严密，很有章法。其二：最佳时机出击，保存实力，麻痹对方，并在其最不易跑动时，突然出击，置对方于死地。其三：最值得称道的是战斗中的团队精神，协同作战，甚至不惜为了胜利粉身碎骨，以身殉职。商战中这种对手最恐惧，也是最具杀伤力的。——海尔集团董事局主席　张瑞敏

出示：“苍狼乐队”感谢《狼图腾》。它让我读出：深沉、豪放、忧郁而绵长的蒙古长调与草原苍狼幽怨、孤独、固执于亲情呼唤的仰天哭嗥，都是悲壮的勇士面对长生天如歌的表达；是献给《天堂》里伟大母亲最美的情感、最柔弱的衷肠、最动人的恋曲……——蒙古族歌唱家　腾格尔

（3）同学们，读完三位名家的书评，读了一个多月的《狼图腾》，想必你一

定也有自己独特的感受和体验吧！请你像他们一样，用简洁的语言表达自己对这本书的理解。

5. 好书推荐，保护生态

（1）还有许多关于狼的好书值得大家细读，如蒙古族作家格日勒其木格·黑鹤的《重返草原》，由十余篇动物短篇小说构成，充满了北方草原、森林的气息，饱含感情，文笔优美，让读者既深深地被跌宕的情节吸引，又在不知不觉间树立了维护生态平衡的观念。作者黑鹤说："永远不要相信那样的温情故事——什么有人救了两只被母狼抛弃的奄奄一息的小狼，把它们养大。母狼在哺乳期会以惊人的勇气保护自己的幼崽，在野地里看到单独的小狼时，千万不要试图将它们带进人类的世界，母狼只是暂时离开去觅食或喝水。它们一旦被带离原地，基本就再也没有机会回到野生的环境里去了。所以最好的办法，就是将它们留在原地。"

（2）同学们，正如习近平总书记所倡导，建设生态文明，关系人民福祉，关乎民族未来。"纵观世界发展史，保护生态环境就是保护生产力，改善生态环境就是发展生产力。良好生态环境是最公平的公共产品，是最普惠的民生福祉。对人的生存来说，金山银山固然重要，但绿水青山是人民幸福生活的重要内容，是金钱不能代替的。你挣到了钱，但空气、饮用水都不合格，哪有什么幸福可言。"让我们自觉成为维护生态平衡的小卫士，共同建设美丽中国。

四、创意天地

（1）假如你可以自由选择成为草原上的一种动物或者植物，你想变成什么？你生活的世界会发生怎样的变化？生态危机是全人类共同的危机，你有什么话想对现在的人类说吗？请你用动物或植物的视角，给人类写一封信，发出你内心最真切的呼唤。

（2）我们读了《狼图腾》的小说，也看过了电影，你更喜欢哪一种艺术形式？为什么？我们发现小说和电影中小狼有截然不同的结局，你会更喜欢哪一种？假如你是编剧，你会改变故事的结局吗？

（3）“在蒙古草原，草和草原是大命，剩下的都是小命，小命要靠大命才能活命，连狼和人都是小命。”你对这句话是怎样理解的？你能写一封倡议书，号召大家珍惜地球，爱护小动物和珍稀动植物，共同维护生态平衡吗？

五、阅读加油站

（1）《狼王梦》，沈石溪 / 著，浙江少年儿童出版社。

（2）《西顿动物小说全集》，[加拿大] 欧 · 汤 · 西顿 / 著，阿卡狄亚 / 译，安徽教育出版社。

（3）《重返草原》，格日勒其木格 · 黑鹤 / 著，中国少年儿童出版社。

六、阅读工具箱

全国优秀儿童文学奖

全国优秀儿童文学奖是中国为鼓励优秀儿童文学创作而设立的奖项，是中国具有最高荣誉的文学大奖之一。由中国作家协会主办，每三年评选一次，分小说、幼儿文学、诗歌、散文、纪实文学五类。从 1980 年开始了第一届的评选活动。全国优秀儿童文学奖同茅盾文学奖、鲁迅文学奖一样，是由中国作家协会主办的中国具有最高荣誉的文学大奖之一，是中国唯一的纯文学性的儿童文学奖项。

怎样写读书报告

1. 写读书报告的第一步

写读书报告的第一步是一面看书一面写，不论有什么感想、疑问和见解，都随即把它们写下来。如果书是自己的，可以直接写在书上；如果书不是自己的，就要准备一本读书札记簿，写在本子上。书看完了，把自己写下来的那些感受浏览一次，就会发现可以发挥的几个重点。把这几个重点列出来，有时间的话，把书有选择地再看一遍，以便为你想论述的重点，找寻更多的资料或例证。有需要时，还可以再找其他有关的书籍来补充你的论点。这样，你阅读的收获会丰富得多，你写的读书报告也会有分量得多。

2. 不要只读一本书

要把一本书的读书报告写好，除了对这本书要有较透彻的了解之外，还要对作者、对作者所处的时代、对这本书写作的背景有所了解。如果有条件的话，最好能同时找到其他有关的书来看，包括:（1）作者的传记;（2）作者其他作品;（3）别人对这本书的研究;（4）其他作者的回顾或有关著作。当然不是每一个人都有条件或需要这样做，但能够这样做，写出来的读书报告一定扎实得多，丰厚得多。

3. 不要引用太多

好的读书报告应以写报告人自己的意见为主要内容，原文可以作为举例加以引述，但不宜太多。引述其他人对这本书的看法也要适可而止，不要连篇累牍地抄。

4. 读书报告的内容

（1）作者简介、内容概要。

（2）本书在表达（如用一问一答的形式）、处理等方面的特别之处。

（3）书中叫人深刻难忘的部分。

（4）作者在书中传递的信息。

（5）个人最喜爱的部分。

（6）对本书的评价和观感（如是否值得向其他读者推介）。

（7）读后感：①书中情节引起的联想；②书中内容引起的疑问；③本书令你有何提醒、启发及反思；④本书引起的思想上的转变；⑤本书令你引发的期望。

（8）从本书中有何收获。

（9）引用本书或其他书籍的内容，或日常用语。

5. 读书报告的撰写步骤

（1）写版本阅读：为了比较准确理解原著精髓，推荐阅读“全本”。

（2）确立论题：每人根据阅读感受，自由选取一个自己最感兴趣的角度确立一个论题；选择的角度要小，挖掘要深。

（3）收集资料：

①摘记原文：根据论题，摘录原著中的相关内容，制成摘记卡。

②查阅书籍杂志：到校图书馆、区图书馆或市图书馆，依据目录检索相关书籍。同时也使学生更清楚图书馆信息资源的利用。

③上网搜索：如选用专业搜索网站 www.google.com 或 www.baidu.com。

（4）报告的内容：选题理由、确立观点、论述观点。

（5）注意事项：语言的流畅，观点与论述的一致。

深圳市福田区南华小学　钟艳榴

深圳市福田区景鹏小学　叶海玉

《三国演义》教学设计

一、阅读解析

《三国演义》是元末明初小说家罗贯中根据陈寿《三国志》以及民间三国故事传说经过艺术加工创作而成的长篇章回体历史演义小说，与《西游记》《水浒传》《红楼梦》并称“中国古典四大名著”。

《三国演义》描写了从东汉末年到西晋初年之间近百年的历史风云，以描写战争为主，诉说了东汉末年的群雄割据混战和魏、蜀、吴三国之间的政治和军事斗争，最终司马炎一统三国，建立晋朝的故事。反映了三国时代各类社会斗争与矛盾的转化，并概括了这一时代的历史巨变，塑造了一群叱咤风云的三国英雄人物。

《三国演义》是我国古代长篇章回小说的开山之作，它采用“文不甚深，言不甚俗”的浅近文言，明白流畅，对读者掌握古代汉语有所帮助；它的笔法富于变化，对比映衬，旁见侧出，摇曳多姿，波澜曲折，在写作上对读者也有一定启发；它的结构宏伟，把百年历史中头绪纷繁、错综复杂的事件和众多的人物，组织得完整严密，叙述得有条不紊，前后照应，环环紧扣，因此在文学史上享有很高地位。

（一）内容解析

《三国演义》美绘版根据教育部最新《全日制义务教育语文课程标准》编写，由山东美术出版社出版。本书选取了刘关张桃园三结义、三英大战吕布、曹操煮酒论英雄、关云长过五关斩六将、孔明草船借箭、诸葛亮七擒孟获等经典的三国故事，在尊重原著的基础上用生动形象的语言叙述，同时配以精美的插图和专家对文本的批注解读，是非常适合青少年阅读的。

（二）作品特色

1. 人物生动鲜明

《三国演义》全书写了1799人，其中主要人物都是性格鲜明、形象生动的艺术典型。比如"鞠躬尽瘁，死而后已"的诸葛亮、"唯德唯仁，可以服人"的刘备、"七出七入，浑身是胆"的赵云……作者善于抓住人物的基本特征，突出某个方面，加以夸张，并用对比、衬托的方法，使人物个性鲜明生动。同时把人物放在惊心动魄的军事、政治斗争中，放在尖锐复杂的矛盾冲突中来塑造，从而塑造出成功而丰满的人物形象。

2. 战争惊心动魄

全书共写大小战争四十多次，展现了一幕幕惊心动魄的战争场面。如官渡之战、赤壁之战、夷陵之战等，每次战争的写法也随战争的特点而各不相同。在写战争的同时，兼写其他的活动，如双方的战略战术、力量对比、地位转化等，而不是单纯的实力和武艺的对抗，写得丰富多彩，千变万化，各具特色，充分体现了战争的复杂性和多样性，既写出了战争的激烈、紧张、惊险，又不显得凄惨。

3. 情节跌宕起伏

罗贯中以三国的代表人物曹操、刘备、孙权等重要人物为线索，这三条线索或单线独进，或并驾齐驱，或交叉错综，将汉末晋初近百年间的诸多历史人物和事件紧密地维系起来，构成一个严密的艺术整体。小说从东汉桓、灵二帝写起，先写十常侍擅权误国，何进谋诛宦官，董卓篡权乱国；序曲已毕，紧接着是曹操平定北方，孙权统一江左，刘备进取四川；继之是魏、蜀、吴三国相互征伐，谋成一统；最后以司马氏政权化三国为一统，建立晋王朝结束全书。如同彼此相扣的玉环，每一个玉环之中又有若干相互联系的小环，环环相扣，形成一个完整的链形结构。这种手法给人造成一种悬念，吸引读者继续看下去。

（三）阅读提示

（1）《三国演义》是一部长篇章回体小说，你知道章回小说有哪些特点吗？你还读过哪些章回小说呢？

（2）《三国演义》中塑造了众多的英雄，你最喜欢的是哪一位？结合他让你印象最深刻的细节说一说。

（3）《三国演义》里最精彩的是战争，你印象深刻的战争是哪一场？为什么？

（4）俗话说“乱世出英雄”，认真思考过前两个问题后，你发现精彩恢宏的战争场面和人物的鲜明个性之间有什么关联吗？这对你的写作有什么启发？

（5）你认为在当今再读《三国演义》有必要吗？为什么？

（四）教学主题对接

建议与统编版语文五年级下册主题对接。

二、阅读策略

（一）比较阅读

策略描述：把一篇或多篇内容或形式上有一定联系的文本集中起来，通过横向比较或者纵向比较，从内容、主题、表达等多个角度进行辨析。

策略的功能：读者需要阅读相关的文本或原著，通过阅读不同的文本加深理解和认识。

（二）跨界阅读

策略描述：跨界阅读既可指突破学科边界的学科互涉阅读，亦可指突破纸质媒介的综合阅读。在跨界阅读中，体会不同的艺术形式如何表现人物，加深对原著的理解，有助于客观地、多角度地评价分析原著。

策略的功能：读者在已有的阅读基础上，可以观看相关电影、电视剧或者连环画，感受在不同的形式中如何表现人物的个性以及故事情节的发展。

三、教学设计

（一）歌曲欣赏，开启三国之旅

（1）欣赏音乐，猜电视片名。

老师播放音乐《滚滚长江东逝水》，请学生猜猜片名。

（2）读名著，做英雄。

读了《三国演义》你最想成为哪位英雄？

（二）三分天下

（1）将全班分为“魏、蜀、吴”三个小组。

（2）“魏、蜀、吴”三个小组分别画出本组主要人物网。

老师可以和学生一起来画导图。把这本书的人物结构用图表画出，使大家更了解这本书。

（三）三国鼎立

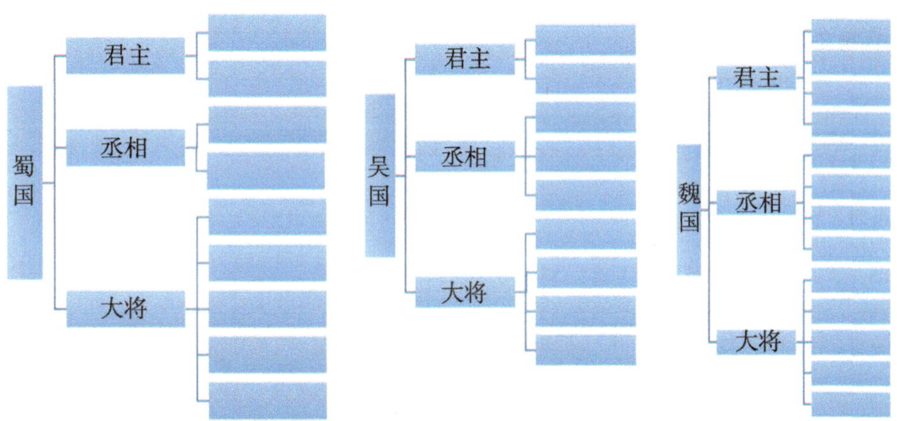

1. 英雄人物大 PK

各小组制作英雄小档案并全班展示。

例：英雄：赵云，字子龙。

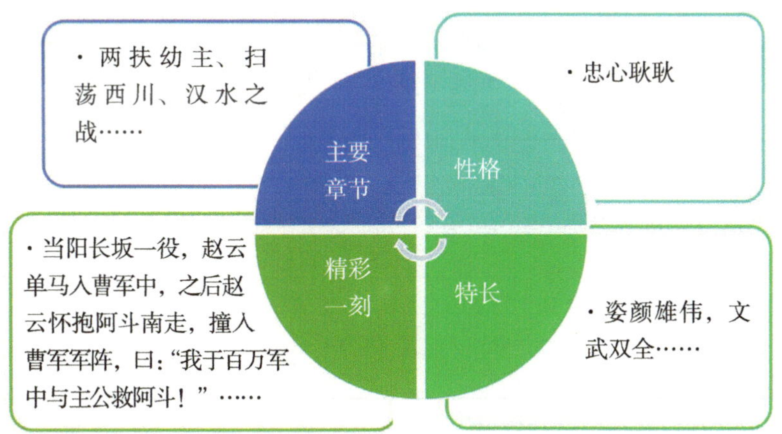

2. 分享活动：说战役

《三国演义》里最精彩的是战争，但作者并不注重战争过程的描写，而是表现人物间的斗智斗勇。接下来我们一起来谈谈有名的战役。

战役名称	作战双方	结果	为什么印象深刻
赤壁之战	孙权、刘备联军在长江赤壁一带大破八十万曹军。	孙权、刘备联军胜。	由此奠定三国三足鼎立的局面。
官渡之战			
关羽失荆州			
______			
______			
______			

（四）三国归一

（1）我们在读《三国演义》的时候应该注意欣赏哪些内容呢？老师可引导学生来了解大家所积累的成语、俗语、计谋和诗词。

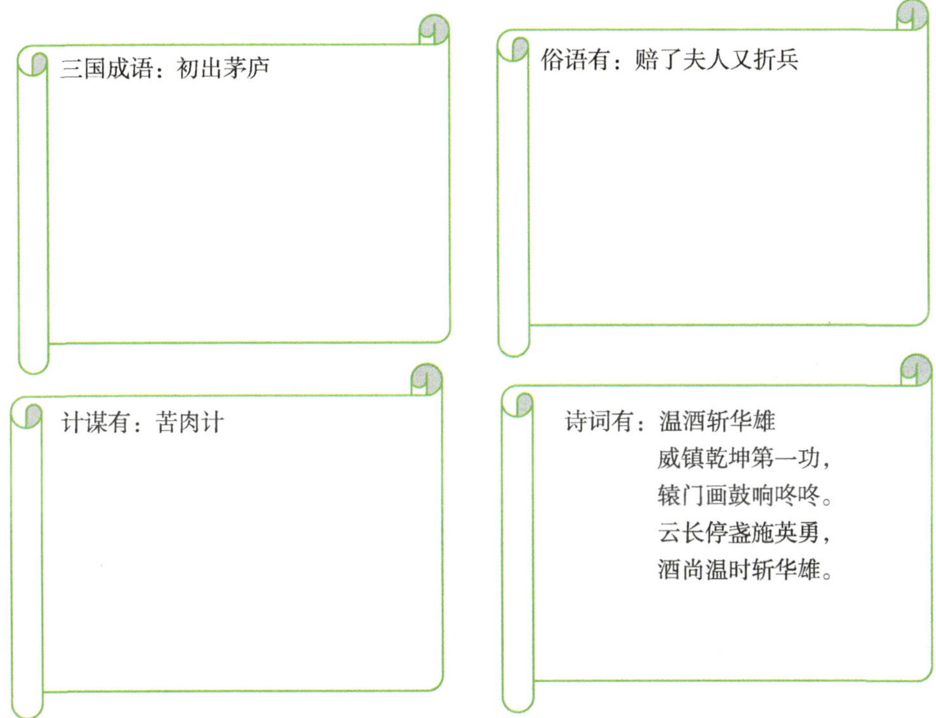

（2）请你选择一位三国人物，以第一人称描写他在一场战役中的所见所感、所作所为。

四、创意天地

（1）如果回到三国，你最想成为谁？为什么？

（2）请你选择一位三国人物，以第一人称描写他在一场战役中的所见所感、所作所为。

五、阅读加油站

（1）《三国志》，陈寿 / 著，中华书局。

（2）《三国演义》，罗贯中 / 著，人民文学出版社。

六、阅读工具箱

章 回 体

章回体，中国古代长篇小说的一种外在叙述体式。其特点是将全书分为若干章节，称为“回”或“节”。

章回体小说是中国古典长篇小说的主要形式，它是由宋元时期的“讲史话本”发展而来的。“讲史”就是说书的艺人们讲述历代兴亡和战争的故事。讲史一般都很长，艺人在表演时必须分为若干次才能讲完。每讲一次，就等于后来章回体小说中的一回。在每次讲说以前，艺人要用题目向听众揭示主要内容，这就是章回体小说回目的起源。

经过长期的孕育，在明代初年出现了首批章回体小说，最早的长篇章回体小说是《三国演义》。章回体小说中著名的有《三国演义》《红楼梦》《水浒传》等，这些小说都是在民间长期流传，经过说书艺人补充内容，逐渐丰富，最后由作家加工改写而成的。

如何写好读后感

经典名著往往内涵深刻，给人以启迪和反思。学生阅读经典名著如何写好读后感？有几点建议可供参考：

要反复阅读原著，理解原文的思想内容。

要紧扣原文来写，不能离开原文谈感想。

要抓住感受最深的点，深入思考，反复琢磨。

要联系生活实际，有针对性，有说服力，有感染力。

深圳市福田区荔园外国语教育集团　彭小山

深圳市福田区南华小学　邵　成

《安德的游戏》阅读设计

一、阅读解析

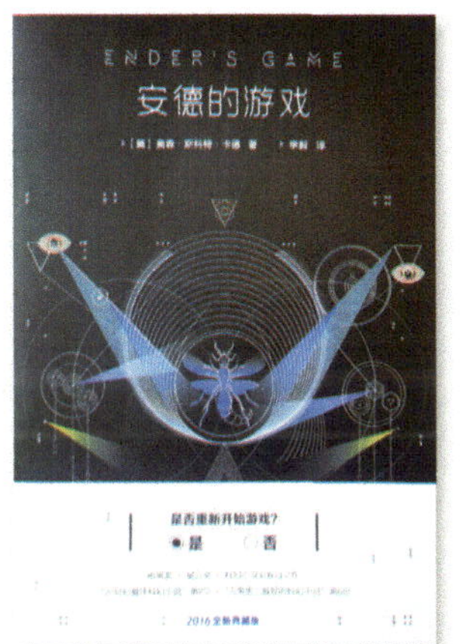

《安德的游戏》于1985年首次出版，1986年摘取了当年的“星云奖”“雨果奖”；1987年，续集《死者代言人》再次包揽了这两个世界科幻文学的最高奖项，这在科幻文学史是绝无仅有的。本书作者奥森·斯科特·卡德，是当今美国最受瞩目的人物之一。

遥远的未来，地球科技已发展到崭新的高度，而人类，也不再是宇宙中所知的唯一智慧生命。这本书探讨了世界末日人类命运，以及宇宙中其他文明的可能性。更重要的是，讲述了一个少年在极限困境下的成长历程。《安德的游戏》如今已经成为一种文化，世界上所有喜爱科幻的读者都会津津乐道。

反观中国，近年来，中国科幻小说掀起新浪潮，从书籍走向影视，从中国走向世界多个地区。中国科幻文学走出去的“第一步”要回溯到1964年，老舍的长篇科幻小说《猫城记》英译版由密歇根大学中国研究中心出版。半个世纪后，中国科幻文学获得了前所未有的“国际可见度”。刘慈欣、王晋康、韩松……仰望星空的中国科幻作家已将他们的作品带到了12个国家，国际科幻界、媒体及大众读者的关注与好评纷至沓来。2016年，法国《世界报》就在其副刊以“首开先河”为题，整版报道了中国作家刘慈欣，称“这位多次获奖的作家开辟了中国科幻小说更具颠覆性的复兴之路”。

中国少年阅读《安德的游戏》这一类世界优秀的科幻小说，在放宽眼界、拓展思路，向非纯文学要发展版图上具有重大意义。正如著名作家阿来说：“《安德的游戏》这套科幻丛书的出版，有着一种特别的意义。它提醒我们，只有站在与世界对话的意义上，中国文学幻想传统的重建才是一种真正的重建。”

（一）内容解析

这是一本著名的科幻小说，讲述一个发生在未来的故事：当时地球已经两次遭遇过虫族的进攻，国际舰队认为必须在世界各地寻找天资聪颖的孩童，并在孩童身上装上监视器，在达到他们所认为合格的条件下将他们送往国际舰队训练儿童的空间站——战斗学校进行训练，以把他们塑造成舰队指挥官，使人类在与虫族的战斗中占领先机，并得到存活的希望。

全书几乎都在讲位于太空的战斗学校，住在那里的都是不超过 12 岁的天才儿童。这座学校就和它的名字一样严酷，学生们大多数时候毫无友情，相互争斗。而主人公安德从 6 岁进入学校以来，不但要在由学生组成的军队里进行模拟战斗，同时也要面对其他同伴的妒忌、陷害以及各种尔虞我诈的行为。在教官的策划下被孤立、被打、被嘲笑，却在这个过程中得到了友情，学会了为人处世，成为一个肩负起地球命运的领袖人物。

战斗学校虽然不在地球上，可是其中炎凉的事态、可怕的人性，都映射出读者身边的现实世界，往往令人在阅读时感到难以接受。可以说读者的心灵随书中人的冒险经历一起改变着。

本书的结尾可以说是颠覆性得令人吃惊，吃惊过后又引发深思。人生的意义无法被任何人评判，因此走自己的道路，成为自己想成为的人，那才是最幸福的。安德天生正义善良的性格，与战争杀戮永远不相合，这是对书中他的痛苦的解释。

作者给了他一个幸福的结局——在远离地球的地方平静地住着，最后要和他爱的人一起在宇宙里冒险。这个结局令读者松了一口气，毕竟安德已经被太多的人恨，被太多的人操纵了。

（二）作品特色

1. 丰富的想象力

这是一本孩子们爱读的大作，不管是男孩还是女孩，每个人都能在解读的过程中获取不同的感觉和启示，鲜活的人物个性，激烈的战斗场面，跌宕起伏的情节，字里行间暗藏的信念等，可以说这是一本思想性与情节性相结合的好作品。安德在战斗学校的生活像一部成长小说，在卢西塔尼亚上寻找真相的故事又像一部推理小说，各个星球上不同的生命形式令人耳目一新，而对物种、时间、智力等诸多主题的讨论也留了足够的空间。

小说中人物性格鲜明，栩栩如生，连书中的外星种族都给读者留下深刻的印象。感人至深的小说，情节出人意料，又事出必然。《安德的游戏》共有十五章，每一章目录其实就是一个章节小标题式的提纲。这些看似毫无关联的信息点，挖掘出隐性价值，能粗略感知作者的精巧构思。5 岁的安德就得承受着一种“天将降大任于斯人也，必先苦其心志”的使命，被送往太空学校学习，学习的方式就是玩游戏。如何将安德培养成一位能够带领同伴战胜虫族的统帅？战斗学校的负责人也是煞费苦心。一到战斗学校就将其孤立起来，一方面利用其性格中的狠绝去击败那些向他挑衅的同伴；另一方面，他性格中的善良部分会在每次残酷的行动中感到愧疚，因为他面临的挑战，有时是你死我活的，他的残忍只是为了生存，或许正是善的一面，让他能够克制自己不恃强凌弱，也因此最终赢得同伴的拥护。

2. 精彩的心理描写

这是一部注重文学性的科幻小说，对人物的心理描写让人叫绝，读着读着就会不自觉地走进主人公的世界。不同于以往的其他战争故事，它既出色地描写了战争，又卒章显志地表达了作者对和平的向往。如文中最后安德打败虫族后，知道不是游戏，而是真实的战争时，渴望和平而忏悔的复杂心理，犹如真有个人站在面前，向我们诉说着苦恼。

（三）阅读提示

（1）看封面，让你想到了什么？引导学生从封面获取信息，猜测文本主题基调，激发阅读的兴趣。

（2）浏览目录，猜测本书会给你讲述一个怎样的故事，进一步了解文本主题，大胆猜测。

（3）5 岁就被送往太空学校学习的安德，他的学习方式是什么？战斗学校的负责人是怎样将安德培养成一位能够带领同伴战胜虫族的统帅的？是怎样培养其心理，磨砺其心志的？

（4）安德在遇到同伴的排挤、感到孤独时，他是怎么克服的？是什么力量让他最终成为一名卓越的少年领袖？他在成长过程中的困惑是什么？是怎么解决的？

（5）生动形象的语言，栩栩如生的人物形象，跌宕起伏的故事情节，给我们留下深刻的印象。你最欣赏文本中哪一章节或哪一片段的描写？说明欣赏的原因，并思考从安德的成长过程获得了怎样的人生启示。

（四）教学主题对接

建议与统编版语文六年级上册第四单元“小说人物形象”主题对接。

二、阅读策略

（一）提问

策略描述：通过自我提问的方式进行阅读，根据提问时间的不同可分为阅读前、阅读中、阅读后提问。

策略的功用：在阅读中，有价值的问题是可以引起思考、带来讨论、启发思维的。问题可以带来新的观点、新的角度和新的问题。在回答问题的过程中，不断加深对阅读内容的理解，提高阅读思考力和阅读的效率。

（二）预测

策略描述：指读者通过已读过的内容推断接下来发生的事情，事情发展的结局，并通过阅读后面的内容来加以印证。预测的依据主要分为文本线索、个人日常生活、社会经验、先前阅读经验四种。学生预测故事的角度可多样化，如根据题目、目录、自己对作者的了解、书中的插图、故事的逻辑、阅读同类文本的经验等进行有依据的预测。

策略的功用：学生在对作品进行不断预测和验证中会逐渐理解作品内容，能够大幅度提升学生对作品和课堂的参与度，阅读所产生的效果也会事半功倍。

（三）对比

策略描述：把一篇或多篇内容或形式上有一定联系的文本集中起来，通过横向比较或者纵向比较，从内容、结构、主题、表达特点、写作风格等多个角度进行辨析。

策略的功用：读者需要阅读相关的文本或原著，通过阅读不同的文本加深理解和认识，提高学生的阅读水平和细节探究能力。

（四）思维可视化

策略描述：运用一系列图示技术（思维导图、模型图、流程图、概念图等）把本来不可视的思维（思考方法和思考路径）呈现出来，使其清晰可见。

策略的功用：在阅读中，思维导图可运用于梳理故事情节、理清人物关系、对比异同、联结生活等。被可视化的“思维”更有利于理解和记忆，因此可以有效提高信息加工及信息传递的效能。

三、教学设计

（一）初识作者及本书风靡全球的原因——从书的封面、扉页和封底找出相关语句来说明

封面：全球顶级科幻大师系列，作者奥森·斯科特·卡德（Orson Scott Card）是当今美国科幻界最炙手可热的人物之一。

扉页：在美国文学史上，从来没有人在两年内连续两次将“雨果”和“星云”两大科幻奖尽收囊中。

2008 年卡德获得了玛格丽特·爱德华兹青年文学终身贡献奖。在二十多年的写作生涯中，仅雨果奖和星云奖就获得了 24 次提名。

封底：NBA 巨星科比——高中时我第一次接触到《安德的游戏》系列，小说讲述了一个孤独、好强的游戏天才，与外星物种展开决战，最后拯救地球的故事。从那时起我就非常着迷，也特别崇拜故事的作者奥森·斯科特·卡德。

（二）读目录，猜情节，寻找最感兴趣的章节

本书共十五章，根据目录标题快速默读。哪个章节最吸引你？为什么？你最想读的是哪个章节？为什么？

读“目录”的用意在于让学生对书的结构安排有个清晰认识，对书的内容有个初步了解。《安德的游戏》这本书的目录有些与众不同，每一章节的标题下还有几句说明，让学生先睹为快。“哪个章节最吸引你？你最想读的是哪个章节？”两个问题的设计，让学生带着思考去读目录，激起学生对文章的想象，激发学生阅读的兴趣，在自我的想象和文本的呈现中打开了阅读思路。

（三）学生阅读，相继完成下图

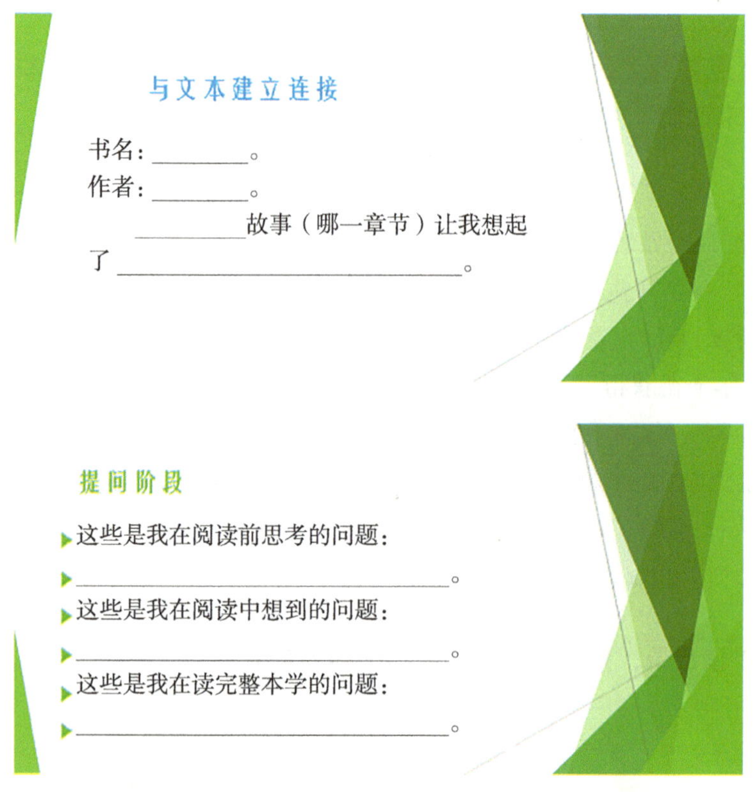

《安德的游戏》是一本非常吸引孩子的书，好读的孩子往往在一天内就如饥似渴地“啃完”。怎样让他（她）在读后能及时地对文本进行自我梳理？提供与文本建立连接的表格，让学生清晰地反馈自己在阅读中印象深刻的片段或情节，并及时与自己的生活相联系，增加了阅读的深度思考，为后面交流做了一定的基础，更重要的是想达到让学生慢慢养成边读书边思考的习惯。

（四）阅读分享：介绍你喜欢的人物，说明喜欢的理由，并说说他们的故事

阅读《安德的游戏》学习单

- 我了解的作者：____________。
- 我最难忘的，最有想象力的情节：
____________________________。
- 最欣赏的人物和原因：____________。
- 最吸引人的片段：____________。
- 我想把这本书推荐给____________（谁）。
- 推荐语　____________。

根据学习单用心阅读，边读边完成。你对哪个情节印象最深？最欣赏谁？为什么？你能讲一讲让你有共鸣的片段吗？学生根据阅读做摘要。

孩子都是天生的幻想家，只要给予想象的空间和平台，他们就一定会编织一个又一个五彩的梦。在摘要的基础上开展阅读分享会，在彼此思想的碰撞中，产生阅读的新体会、新感悟。

（五）制作阅读分享单：寻找、分析小说主人公安德及几位主要人物的关系和性格特点，用书中的事例来说明

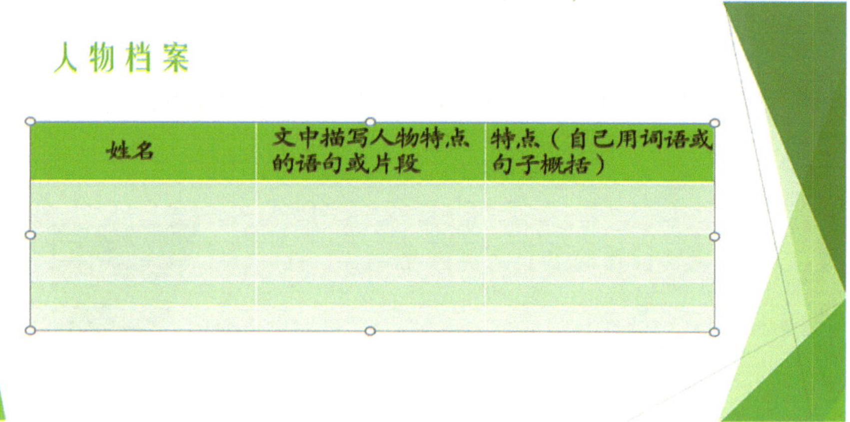

从具体的语言描写中分析人物的特点，这些鲜活的人物形象作者是怎么描写的？（教师引导分析，总结）

科幻小说以其丰富的内容把社会的要求和理想戏剧化，以社会现实为背景，利用对未来或过去的想象，探索解决现实矛盾的方法，揭示社会变化和人与人的关系，激发读者产生自己的理解并指导自己的行动。

（六）阅读前后对比，在分享与思辨中进一步完善安德的形象特点，悟情明理

在阅读中，我们悟到安德最终选择了一条救赎的道路，让人类和自我都有了充满希望的结局，这是游戏的历练，也是寻找人生的理念。让学生在阅读中悟到要像安德一样在逆境中学会思考，不断超越自己，承担责任，体现自我的人生价值等。

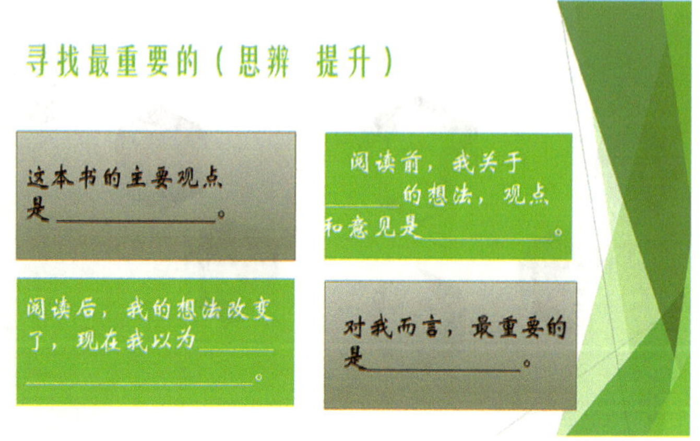

读完后，完成这份表格。对于大多数学生来说都是有话可说的，他们完全能从字里行间感受到安德是怎样在战斗学校建立同学间的友情，培养师生关系，一步步奠定自己在团队中的领袖地位的。在此基础上，结合自己阅读前后的思想变化，从中得到点滴的启示。

四、创意天地

（1）欣赏电影《安德的游戏》，如果你向别人推荐这部电影，请你写一段推荐词。

（2）当安德胜利归来时，你们班级为安德召开一次欢迎会。你作为主持人，写一段欢迎辞作为开场白，隆重介绍安德的事迹和影响。

五、阅读加油站

（1）安德后来的命运如何？当上司令后，他又会遇到怎样的麻烦？他又是怎样面对的？

推荐阅读《安德的游戏》系列丛书：

《安德系列 2：死者代言人》

《安德系列 3：外星屠异》

《安德系列 4：精神之子》

《安德系列 5：安德的影子》

《安德系列 6：霸主的影子》

《安德系列 7：影子傀儡》

《安德系列 8：巨人的影子》

《安德系列 9：战争的礼物》

《安德系列 10：安德的放逐》

《安德系列 11：飞行中的阴影》

《安德系列 12：阴影活着》

（2）推荐阅读：刘慈欣的科幻小说《三体》。

六、阅读工具箱

科幻小说

科幻小说全称科学幻想小说，是小说类别之一，起源于近代西方，是随着近代科学技术的蓬勃发展而产生的一种文学体裁。其定义为在尊重科学结论的基础上进行合理设想，而非妄想，而创作出的文艺，其内容交织着科学事实和预见、想象。一般认为优秀的科幻小说须具备逻辑自洽、科学元素、人文思考三要素。当下以叙事为重点，追求人文思考已成为科幻小说主流，科幻与奇幻小说界限日益模糊，国内科幻小说还呈现出轻科学偏文艺的趋势。

西方科幻小说发展阶段：

（1）英国由工业革命和达尔文的进化论导致真正科学幻想小说的兴起。

（2）21世纪初期，物理学家爱因斯坦的相对论带来科学幻想小说的中兴。

（3）第二次世界大战后，由于核裂变、宇宙航行、彩色电视机、电子计算机等科学技术的飞速发展，进一步促使西方科幻小说的繁荣。

（4）经过二三十年的繁荣，科幻小说家对科幻作品的主题、情节，到艺术的方法进行新的探索。

科幻小说的特点有：科学性、预见性、故事性。科幻小说不同于其他的小说，其中有很重的知识性，并不是说有想象力有文采就可以了，小说的内容要有科学方面的知识。这类小说难写也难有人才，懂文学的作者很多，懂科学的作者却极少，想要写好有实力的科幻小说是非常不容易的，这要求作者本身对科学方面的事物有相当的了解，再加上文学才华，才能写出有含金量的科幻小说。

深圳市福田区荔园小学教育集团　蔡兆光
深圳市福田区南华小学　马金香

六年级下册

传记文学与成长故事

六年级下册

传记文学与成长故事

传记文学是运用除虚构以外的多种文学艺术手法，再现人物生平经历和事迹，展现人物的精神风貌，刻画其鲜明形象和生动个性的一种文学体裁。

成长故事是描写成长过程中发生的事，侧重于对事件发展过程的描述，强调情节的生动性和连贯性，较适于口头讲述。

传记文学和成长故事如何阅读：

1. 把握人物形象

围绕人物寻找与其相关的重要事件，分析事件中人物的表现及其性格特征。理清人物关系，分析其他人物对主要人物形象塑造的作用。

2. 分析表现手法

作者围绕人物如何选材？对所选材料如何进行详略安排？在重要故事情节中，如何对人物进行描写？运用了哪些描写方法？如何通过侧面人物的描写来烘托主角？这些都是我们在阅读的时候需要关注的。

3. 语言特色

传记文学和成长故事由于其描写人物不同、作者不同，虽然作品类型相似，但往往语言风格差异较大，有的幽默风趣、有的亲切自然、有的平白朴实、有的浓墨重彩……需要我们在阅读的时候细细品味。

《苏东坡传》阅读设计

一、阅读解析

苏东坡作为中国文人的精神图腾，他的博学多才、旷达心态历来受到国人的热捧。每个中国人心中都有一个属于自己的苏东坡。林语堂也是苏东坡的超级粉丝，他用英文给他的偶像写了一本传记，就是我们今天读到的张振玉翻译的《苏东坡传》。在书中，林语堂刻画了一个幽默乐观、热爱生活、心怀天下、誓死捍卫言论自由的赤子，一个集散文作家、画家、书法家、工程师、美食家、诗人等诸多身份于一身的大文豪。读罢，不禁为林语堂先生的文采而喝彩，为苏轼波澜壮阔、历尽苦辛的一生而沉思。

因为爱苏轼，所以林语堂把他介绍给了世界；因为爱苏轼，所以我把《苏东坡传》介绍给更多的学生。这样一个快乐的天才，应该有更多跨时代的知音。

（一）内容解析

《苏东坡传》被誉为 20 世纪四大传记之一。书中写尽了文豪苏东坡仕途坎坷、历经磨难的一生。苏东坡多次被贬谪流放，而且是“一贬再贬，越贬越远”，大半生都过着颠沛流离的生活。尽管多次遭遇不公，苦难深重，但他却没有抱怨和颓废。无论在怎样的境遇，他总是那样豁达、随遇而安，总能找到快乐的理由。在林语堂笔下，千年前的苏东坡仿佛复活在我们眼前：这是一位豁达乐观的智慧长者，身披蓑衣，脚蹬芒鞋，拄着竹杖，面带微笑，向我们缓缓走来。这正是苏东坡快乐人生哲学的体现。

（二）作品特色

1. 语言生动幽默，常有妙语闪现

孔子曰："言之无文，行而不远。"人物传记的语言要求生动形象，用词精当贴切。不管是国学大师林语堂，还是翻译家张振玉，都有丰富深厚的文化素养和生动优美、文采斐然的文笔。我们可以从书中摘抄出非常多经典、优美、有哲理的论述，如："苏东坡已死，他的名字只是一个记忆。但是他留给我们的，是他那心灵的喜悦，是他那思想的快乐，这才是万古不朽的。""所以知道一个人，或是不知道一个人，与他是否为同代人没有关系。主要的倒是是否对他有同情的了解。归根结底，我们只能知道自己真正了解的人，我们只能完全了解自己真正喜爱的人。""李白，一个文坛上的流星，在刹那之间壮观惊人的闪耀之后，而自行燃烧消灭，正与雪莱、拜伦相似。杜甫则酷似弥尔顿，既是虔敬的哲人，又是仁厚的长者，学富而文工，以古朴之笔墨，写丰厚之情思。苏东坡则始终富有青春活力。"作者还时不时在苏东坡的生平琐事中穿插一些俏皮话，这既增加了阅读的趣味，又发人深省，丰富了作品的思想内涵。

2. 多角度塑造苏东坡的人格魅力

苏东坡的人格魅力能穿越千年仍然深受人们喜爱，必然有他个性中最吸引人的特点所在。林语堂在书中讲述，苏东坡是一个秉性难改的乐天派，是悲天悯人的道德家，是散文作家，是新派的画家，是伟大的书法家，是酿酒的实验者，是工程师，是假道学的反对派，是瑜伽术的修炼者，是佛教徒，是士大夫，是皇帝的秘书，是饮酒成性者，是心肠慈悲的法官，是政治上的坚持己见者，是月下的漫步者，是诗人，是生性诙谐爱开玩笑的人。但是这还不足以道出苏东坡的全部……苏东坡比中国其他的诗人更具有多面性天才的丰富感、变化感和幽默感，智能优异，心灵却像天真的小孩——这种混合等于耶稣所谓蛇的智慧加上鸽子的温文尔雅。而以上的每一个评语无一不是通过和众多他人的交集自然地展现出来的，而且是那么的自然而纯真。因此，关注苏东坡的生平大小事件，比如开苏堤、进万言、东坡肉、建黄楼、祈雨赶鬼、笑谈肚皮等；关注他青少年、中壮年及老年生活中与之交往密切的人，比如父母、妻妾、兄弟、朋友、君后、同僚、僧侣及百姓；关注东坡的诗词文赋的内涵与思想，比如修道炼丹、狱中诀别等，这些是我们在阅读中要特别关注的，它们从不同的侧面折射出苏东坡这个多面体乐天派人格的伟大和思想的光辉。

3. 评传结合，文白结合，引证合一

《苏东坡传》是林语堂用英语写给外国人看的，后来再翻译成中文。作者秉持真实客观的原则，查阅了大量的诗词文赋和后世的研究文献，大到历史大事，小到人名称呼，都尽量基于事实忠于原情，做到了严谨扎实，看看后面的参考资料就知道他下的功夫了。当然，因为热爱，必难真正客观，更何况完全客观的历史书根本不存在。在本书中，作者对苏东坡的赞美俯拾即是，但对于王安石的形象刻画又有刻意矮化之嫌。这也是诸多读者读此书最有争议的地方。

另外，此传行文中，有作者全知视角的叙事，有对苏东坡原文的白话解释与发挥，也有诗词原文的直接引用，更有由此自然生发的评论与感慨。这种评传结合、引证合一、文白结合进行得非常自然妥帖，毫无突兀之感。

本书在讲述苏东坡波澜壮阔跌宕起伏的一生时，为我们呈现了当时社会的教育、经济、政治、人才选拔、民生和文化等多方面的真实场景，使我们对当时社会的方方面面有了全面的了解，进而理解以苏东坡为代表的儒家治国者呈现的诗词创作、为人处世、治国理政、修身悟道等各个层面的中国文化。欧阳修、苏东坡先后被称为“文坛领袖”，王安石、司马光、苏洵、苏辙、程颐、程颢亦是当时饱读诗书的大学者，他们之间的交集，代表了中国文化中国哲学的高度。所以，这本书，不仅是一个人的传记，更是一个时代的历史，一面传统文化的镜子。

（三）阅读提示

（1）你听说过苏东坡吗？你会背他的哪些诗词？

（2）在书中，你发现苏东坡被贴了多少个标签？这些标签你认可吗？

（3）林语堂为什么要写《苏东坡传》？是怎样写出来的？和别的传记有什么不一样的地方？

（4）你觉得苏东坡人格中最有魅力的一面是哪一面？

（5）你认为书中的王安石是个怎样的人？历史上的他真的是这样吗？

（6）林语堂认为苏东坡是个快乐的天才，读完了《苏东坡传》后，你认为苏东坡是个怎样的人呢？

（四）教学主题对接

建议与统编版语文六年级下册第二单元“走进名著”相衔接。

二、阅读策略

（一）自我提问

策略描述：引导读者对阅读的书本提出问题并尝试回答。自我提问最终目的在于掌握文章的要义，获得乐趣和信息。

策略的功用：（1）自我提问能促进学生主动学习和引发独立思考。（2）自我提问能提升学生的自觉认知能力。（3）自我提问可以激活学生已有知识，以帮助自己理解。

（二）文本结构

策略描述：不同的文类有相应篇章结构与语言特征。了解同类型文章有相似的内容结构，便能够运用文类结构重构知识衔接，连贯文章的内容，有助于理解文章的主题和要旨。

策略的功用：（1）掌握文本结构能帮助学生概括总结，理解文章的主要内容。（2）掌握文本结构能帮助学生触类旁通，运用同类文结构理解和感悟重难点。（3）掌握文本结构能帮助学生判断文章水平的高低，形成自己对文章的独特理解。

三、教学设计

（一）导入课，激发阅读兴趣

1. 观看视频，引入传主

（1）同学们，今天我们来认识一位中国历来文人的偶像。请看视频，找出偶像的名字和他备受推崇的原因。（教师播放苏东坡成就视频）

（2）同学们以前了解过苏东坡吗？你记得苏东坡的哪些诗词？（PPT 出示已学过的《题西林壁》《饮湖上初晴后雨》《惠崇春江晚景》《六月二十七日望湖醉

书》和苏东坡最有名的诗词:《水调歌头·明月几时有》《念奴娇·赤壁怀古》)

（3）今天，我们一起来读《苏东坡传》，走进苏东坡的传奇人生。

2. 拆书五部曲，制订阅读计划

（1）还记得教过你们的拆书大法吗？我们一起来回忆一下拆书五部曲。一看封面和勒口、二看腰封和封底、三看环衬和目录、四看插图、五看序言。这样我们就能初步了解这本书的重要信息了。

（2）你从刚刚的阅读中获取了哪些重要信息呢？

（3）注意区分传主、作者和译者是三个人。

（4）细读目录，制订阅读计划。

周数	章节（页码）	关键情节（提炼）	联结（经验）	思考（评价）
第一周				
第二周				
第三周				
第四周				

3. 过程管控，自我提问

（1）阅读过程中，根据学生的阅读进程布置相关的阅读任务，检测学生阅读耐力。设置“《苏东坡传》阅读排行榜”（黑板右侧，每天更换，注明看书篇目），每天上课前由科代表填报四人或六人小组看书总量、个人看书量前五名的同学名单。科代表每日在花名册上以“正”字统计，反馈读书情况，老师及时给予完成阅读任务的同学表扬激励，对停滞不前者可多面谈，了解情况并多加督促。

（2）征集问题，每日一问。问题由学生提出，可以是有疑问的地方，也可以是用来考其他同学阅读情况的。学生围绕人物、情节等出选择题、填空题、问答题各一题，并给出具体的答案出处。

4. 先看为敬，静心读书

对苏东坡、林语堂、张振玉最大的尊敬，就是静心捧起手上这本书，细细地读、享受地读。请带着老师准备的阅读小锦囊，开启自由的阅读之旅吧。

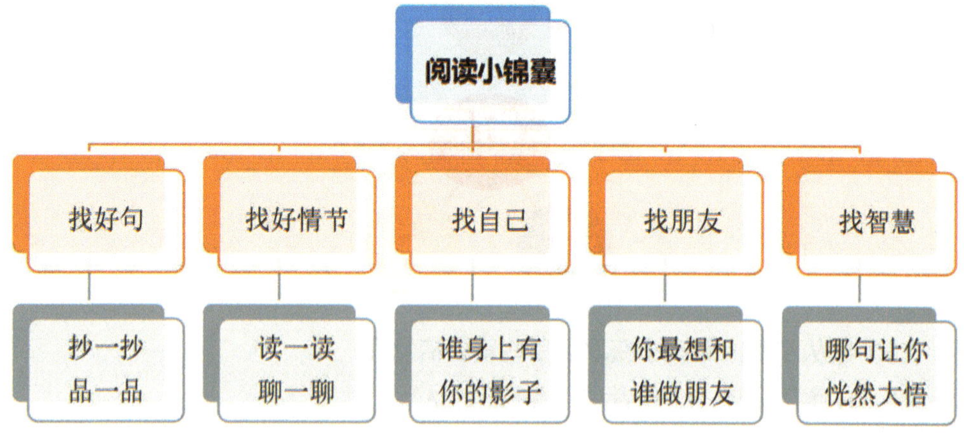

（二）推进课，感受传主魅力

1. 公布阅读排行榜，重重奖励榜首

准备有吸引力的物质性奖励，要对获奖学生和其他学生均有激励作用。

2. 每日一问，解答问题

明确怎样的问题才是有价值的问题。同时，对一周以来学生提出的有质量的问题、有疑虑的问题进行回顾。

3. 了解原生家庭，明晰时代背景

（1）苏东坡出生在一个怎样的家庭？怎样的时代？

（2）这样的背景对他的成长有着怎样的影响？

4. 结合目录年谱，了解苏东坡生平

（1）苏东坡被贴了哪些标签？提示：可以参考序言部分。

（2）苏东坡的一生经历了哪些大事件？分别在多少岁、在哪里发生的呢？

（3）填写表格，写出苏东坡每到一地，无论是为官还是为民，为当地老百姓做了些什么？

年岁	身份	所在地	作　为	结果和评价

（4）从表格中，你发现他在治国理政上有着怎样的主张？

（5）结合班级里的中国地图，绘制一张包含地点、年岁、大事件的苏东坡生平思维导图，并尝试用简单的语言写出作品梗概。

5. 小组讨论，完成表格，择优分享

（1）结合你的阅读实践，你认为苏东坡是个怎样的人？请用一个四字词语来概括，并标注页码，说明是你从书中哪个部分得出的结论。

（2）下列性格特点中，你最欣赏哪一个？说明理由。

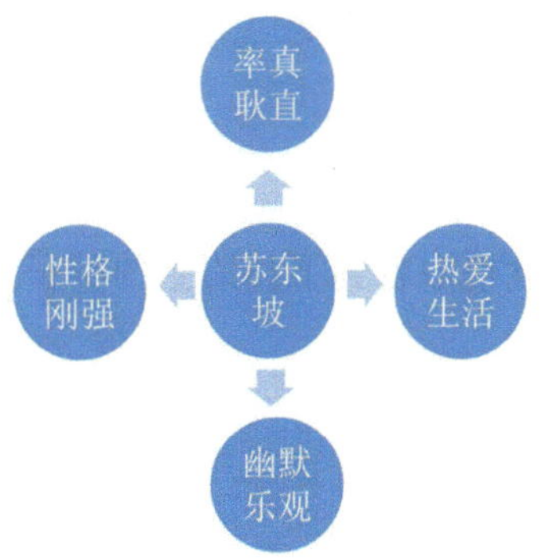

6. 制作人物扑克（也可以填写人物名片，二选一）

（1）在本书中，有哪些人物在和苏东坡的交集中产生了正面或负面的影响？请找出来。

（2）按照人品、能力与职位高低排成54张扑克牌号。红色代表正面，黑色代表负面。A代表能量职级高，如司马光、王安石、宋神宗、太皇太后等。

（3）给每人制作扑克一张。每人分配一到两张，随机抽取制作。内容包括：姓名、身份、性格、事迹作为、经典语录、人物画像。

（4）四人一组，抽打人物扑克游戏“苏东坡的雅集”。规则自定。

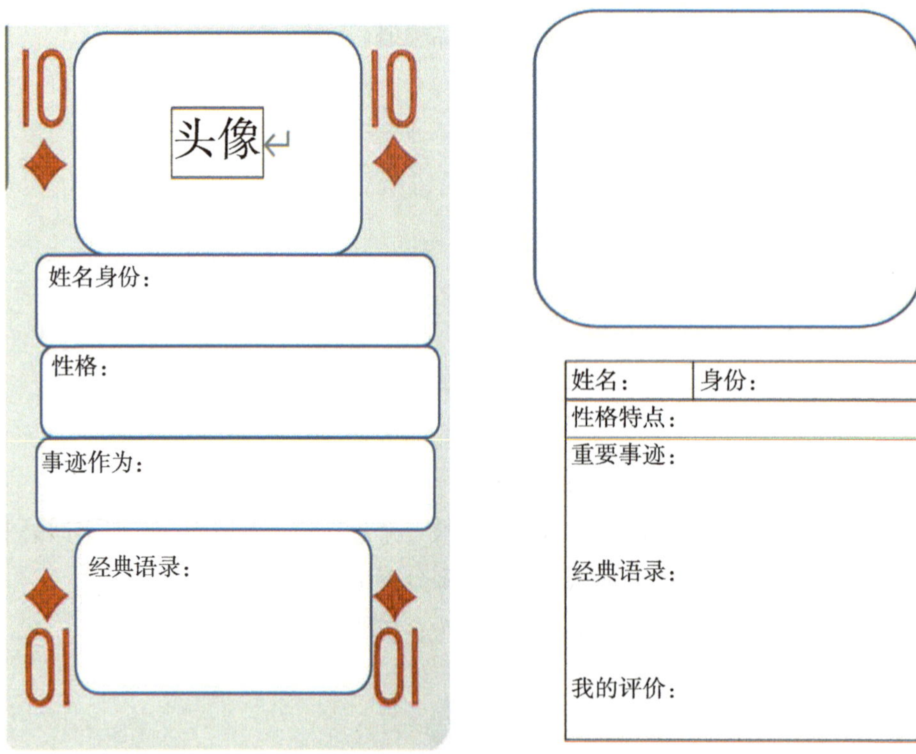

7. 布置作业

有人说，在苏东坡的性格中看到了林语堂的影子。请查阅相关资料后，说说你的理解。

（三）群文课，辩证看王安石

1. 图片猜诗，引出主角

（1）出示《元日》《泊船瓜洲》《登飞来峰》《梅花》图片，请学生猜诗、背诗。

（2）这些诗歌的作者是同一个人，他是谁？谁能帮老师读一读王安石简介？

（3）你猜测王安石是一个怎样的人？

2.《苏东坡传》中的王安石

（1）《苏东坡》传中用了第七、第八、第九一共三个章节介绍王安石及其变法，书中是怎样评价王安石的？（怪人、外表邋遢、不善沟通、难以与人合作、不切实际的理想主义者、态度执拗、伪君子、沽名钓誉）

（2）请仔细阅读 P79–P85 页关于王安石变法的内容，填写下面的表格。

主要措施	名称	主要内容	作用（正反）
国有企业			
新税			
管制人民的登记制度			

（3）请总结王安石为政的得与失。

（4）现在，你觉得王安石是一个怎样的人？可从书中找王安石的故事作为佐证材料。

3.《宋史·王安石传》中的王安石

（1）快速默读译文，说说你对王安石有什么新看法。

（2）为什么说任命王安石为宰相是宋朝的不幸，也是王安石的不幸？

宋史·王安石

王安石，字介甫，抚州临川人。王安石小时候喜欢读书，而且一次过目就终身不忘。他写文章时下笔如飞，初看似不经意，完成后，看过的人无不叹服他的文章精妙。宋神宗在颍王府时，韩维任记室，每当他的谈话得到宋神宗称赞时，就说："这不是我的说法，是我朋友王安石说的。"当他升任太子庶子时，又推荐王安石接替自己任记室之职。宋神宗因此很想见到王安石，刚一即位当皇帝，就委任他为江宁府知府。几个月后，召入朝廷任翰林学士兼侍讲。熙宁元年四月，王安石才到朝廷。他进宫答对宋神宗询问时，宋神宗问治理国家应当首先做什么事，他回答说："首先要选择推行的政策。"宋神宗问道："唐太宗怎么样？"他答道："陛下应当效法尧、舜，何必要效法唐太宗呢？尧、舜之道，极其简明而不繁杂，扼要而不迂阔，容易而不繁难。但是后世学者不能晓，才以为高不可及。"宋神宗说："你这可说是以难为之事要求我了，我自顾微末之身，恐怕无法与你的这番好意相称。你可以尽心尽意地辅助我，希望共同成就这一目标。"

熙宁七年春天，天下已经干旱很久了，饥饿的百姓流离失所，宋神宗忧形于色，在朝廷上嗟叹不已，想废除所有不好的法令。王安石说："水灾旱灾，是上天运行的常数，就是尧、舜也无法避免。这不足以招致圣上忧虑，只要做好变法中的各种事情来对付这种情况就可以了。"宋神宗回答说："这哪里是小事呢，我之所以恐惧，正是因为没有处理好变法中的事情啊！从士大夫到后宫，没有不议论它的危害性的。两位太后向我哭诉，担心京城发生混乱，认为干旱虽可怕，更怕失去民心。"王安石回答说："说这个话的大臣不知道是谁，如果说两位太后说这些话，那是向经、曾佾进的谗言。"冯京说："臣也听说了。"王安石说："士大夫不满的意见，都集合到冯京处，所以冯京才听到这些议论，臣就没有听说。"

京城安上门监门官郑侠将自己的奏疏，以及画着他所见的灾民扶老携幼、困苦挣扎惨状的长卷，向宋神宗上呈。郑侠在奏折里说："大旱是因为王安石（变法）引起的，罢免了王安石，天上就会下雨了。"于是郑侠被判罪流放到岭南。

朱熹曾经评论王安石：以文章节操品行高出世人，而且尤其以品德修养经世济民为己任，被宋神宗所知遇，位至宰相，朝廷期望能仰仗他有所作为，或许可以再出现二帝三王时期的兴盛。而王安石却急切地以财利兵革为首要事务，推举任用凶险邪恶的人，排挤贬斥忠诚正直的人，毒害流传到四海，以至于崇宁、宣和时期，祸乱达到极点。此天下之公言也。以前宋神宗想任命宰相，问韩琦："王安石当宰相如何？"韩琦回答道："王安石当翰林学士是游刃有余的，但让他处于辅佐天子的位置却不行。"宋神宗没有听韩琦的话，还是任命王安石为宰相。唉，这虽然是宋王朝的不幸，却也是王安石的不幸。

4. 梁启超笔下的王安石

（1）读下面选段，画出对王安石的评价。（倔强、特立独行、忧国忧民、出色的实干精神、淡泊名利、为政颇有成效、敢于创新、敢于尝试）

（2）有人说，王安石是大宋最孤独的改革家，一直被妖魔化。你认同这个观点吗？

（3）每一个人对历史人物都有自己的看法。客观来说，我们应该如何辩证看待王安石？

早在宋仁宗时期，王安石就跟他朋友司马光一样上过万言书，提出自己的理财主张。他认为："自古治世，未尝以财不足为公患也，患在治财无其道尔。"

在王安石看来，财政问题完全是理财无方、不知法度造成的。那该咋办？唯一的出路就是变法，解决根本问题。

这位倔强的变法派，一向特立独行。

宋仁宗庆历二年（1042 年），22 岁的江西临川人王安石考中进士，第一份工作是去扬州担任淮南节度判官，当时他的上司是名臣韩琦。

王安石是个不修边幅的人，每天晚上读书，工作到深夜，第二天经常来不及漱洗就去上班。韩琦看到后还以为这小伙子整日寻花问柳、不务正业，特意嘱咐他，年轻人要有上进心，不能自暴自弃啊！

王安石一言不发，不做任何辩解，反而惹得韩琦很不高兴。韩琦眼中这个不求上进的年轻下属，却在日后成为一位忧国忧民的帝国官员。王安石任江宁（今江苏南京）知府时，曾登上金陵故都，凭高吊古，写下其代表词作《桂枝香·金陵怀古》：

登临送目，正故国晚秋，天气初肃。千里澄江似练，翠峰如簇。归帆去棹残阳里，背西风，酒旗斜矗。彩舟云淡，星河鹭起，画图难足。

念往昔，繁华竞逐，叹门外楼头，悲恨相续。千古凭高对此，谩嗟荣辱。六朝旧事随流水，但寒烟衰草凝绿。至今商女，时时犹唱，后庭遗曲。

周汝昌先生曾评价此词："王介甫只此一词，已足千古。"王安石感叹的是六朝亡覆的历史，眼前却是危机重重的现实，他最担忧的，是大宋的未来。

正因如此，在主持变法之前，王安石就已经表现出了出色的实干精神，多次放弃留在京城的升迁机会，请求调到地方为官。他给出的理由还有几分无厘头，说举家在京城居住花费太高，而且先父未葬，二妹当嫁，母亲年老多病，他家中贫困，实在住不起，请朝廷收回成命。

有一次，宋仁宗同时指派王安石与司马光给他修起居注，两个人都不愿干，一起辞官。司马光辞了五次，最终只好接受，修史这方面他很专业。王安石却死活不肯，为了不让诏书送到自己手上，跑到厕所里躲起来，信使只好先放他桌上。王安石出来后，又追上去，退回了委任状。

在地方为官时，王安石开始探索变法的途径。王安石年轻时当鄞县（今浙江宁波）知县，曾在十三天内走数百里路，亲自调研这一水源充足的地区为何会发生旱灾，并进行根治。在鄞县任上，王安石曾试行在春季农田青黄不接时，提供低息贷款给农民，待收获后让他们连同利息一起偿还。这就是青苗法的雏形。由于在鄞县实行时颇有成效，王安石后来主持变法时在全国范围内进行了推广。这样一个人才，正是宋神宗苦苦寻觅的。当宋神宗准备重用王安石，召其进京讨论治国理政时，王安石说，一定要“变风俗，立法度”。宋神宗兴奋地连连点头说好。

熙宁二年（1069 年），王安石拜相，开始主持变法，浩浩荡荡的熙丰新政就此揭开序幕。

（四）分享课，联结文本结构

1. 谈话导入，激活思维

（1）读了一个月的《苏东坡传》，又了解了王安石的故事，你能说说你对宋朝这个朝代的认识吗？

（2）回顾问题：有人说，在苏东坡的性格中看到了林语堂的影子。苏东坡和林语堂在性格和所处时代上有哪些相似之处？

2. 分享背景，总结文本结构

（1）林语堂为什么要写《苏东坡传》？是怎样写出来的？和别的传记有什么不一样的地方？

（2）传记的定义和常见类型。

传记就是记录不同国家、不同领域的名人事迹的一种文学体裁。人物传记的写法一般是介绍人物的童年、少年、青年、中年及老年的成长经历（包括生活、工作和学习），末尾一般总述人物的功绩成败，也可以在记叙成长经历的同时加入一些议论。其种类包括一般的传记、自传、评传、人物小传、人物特写、回忆录、年谱、小说化的传记等。

从叙述人称看，传记可分“自传”和“他传”。前者是作者自己撰写的，后者是他人撰写的。

从表达方式看，一般的传记以记叙为主，还有的传记，一面记述人物的经历，一面加以评论，记叙与评论各半，这种传记被称为“评传”。

从创作方法看，有的传记以记叙翔实的史实为主，用语比较平实，称为“历史性传记”；有的传记多用形象化手法，描述人物的生活经历、精神风貌及其活动的历史背景等，以史实为依据，但又不排斥某些联想性的文学描写，称为“传记文学”。

（3）《苏东坡传》属于哪种类型的传记？

（4）你觉得《苏东坡传》是一部优秀的传记作品吗？

3. 领悟作者选材匠心，仿写训练

（1）林语堂在书中说：“苏东坡是一个秉性难改的乐天派，是悲天悯人的道德家，是散文作家，是新派的画家，是伟大的书法家，是酿酒的实验者，是工程师，是假道学的反对派，是瑜伽术的修炼者，是佛教徒，是士大夫，是皇帝的秘书，是饮酒成性者，是心肠慈悲的法官，是政治上的坚持己见者，是月下的漫步者，是诗人，是生性诙谐爱开玩笑的人。但是这还不足以道出苏东坡的全部……苏东坡比中国其他的诗人更具有多面性天才的丰富感、变化感和幽默感，智能优异，心灵却像天真的小孩——这种混合等于耶稣所谓蛇的智慧加上鸽子的温文尔雅。”应该说，这就是作者在传记中想要塑造的苏东坡的形象。请选择其中一个，在书中寻找作者的选材，结合阅读工具箱中提供的叙述视角的知识，体会作者的匠心所在。

（　　）的苏东坡			
	内容	叙述视角	表达效果
典型材料			
典型事例			
人物安排			
引证诗文			

（2）尝试写一个同学或书中的一个人物传，思考材料的选取。

（　　）的（　　）			
	内容	叙述视角	表达效果
典型材料			
典型事例			
人物安排			
引证材料			

（3）小组讨论分享，推选优秀的同学分享写作思路。

4. 自由选择，专题探究

结合本书内容，通过网络和阅读其他书本，自主合作选择以下一个课题展开研究，并形成报告。

（1）为什么苏东坡“一贬再贬，越贬越远”？

（2）苏东坡在诗词传承与创新上做出了什么贡献？对后世又有着怎样的影响？

（3）王安石变法为什么会失败？为什么王安石可以善终？你对他的看法有没有和林语堂不一样的地方？

（4）《苏东坡传》是怎么写出来的？结合本书后面附页的参考书籍及资料，你有什么发现？

（5）作为人物传记，你认为本书有哪些值得学习的地方？

（6）为什么说苏东坡是一个不可救药的乐天派？

四、创意天地

（1）你是否也曾在生活中、书中或电视上看到让你佩服的、有特点的人？你能试着给她 / 他写一个小传吗？

写法提示：

①写前应详细准备材料，如书面材料和调查的一手资料。

②小传要求实事求是，不允许虚构和夸张，要保证材料的准确真实。

③动笔时，要恰当组织材料，一般以时间为线索，用顺序手法写。

④在表达上以记叙为主，有时也可适当插入讨论。

⑤由于小传篇幅有限，要选取最经典的事例。

（2）写一篇穿越文章。如《我和东坡谈谈心》《二十一世纪的苏东坡》

（3）写一篇专题文章。如《我为王安石鸣不平》《王安石的自白》

五、阅读加油站

（1）《王安石传》，梁启超 / 著，陕西师范大学出版社。

（2）《名人传》，[法] 罗曼 · 罗兰 / 著，傅雷 / 译，吉林文史出版社。

六、阅读工具箱

传记中的叙事视角

叙事视角是叙述者观察和叙述故事的角度。叙事视角的分析主要包括四个层面：

其一，第一人称叙事和第三人称叙事。第一人称叙事指叙述者参与故事情节，甚至是故事情节的主角。“我”叙述自身经历的事件和事件进程中自身的认知过程。第一人称叙事的突出特点是真实感强。第三人称叙事指叙述者不参与情节，不在故事中充当任何角色，不受时间和空间的限制，只是客观地叙述故事的发生发展和结局。第三人称叙事的好处是能够比较自由灵活地反映客观内容，有比较广阔的活动范围，作者可以在其中选择最典型的事例来展开情节，而没有第一人称写法所受的限制。

其二，全知视角叙事和限知视角叙事。全知视角叙事指叙述者所掌握的情况不仅多于故事中的任何一个人物，知道他们的过去与未来，而且活动范围也异常之大，用罗朗 · 巴特的话来说，“叙述者既在人物之内又在人物之外，知道他们身上所发生的一切，但又不与其中的任何一个人物认同”。叙事者犹如上帝，这种全知视角带有人为性的痕迹。限制视角叙事指叙事者放弃全知的权利，只是通过其中某个人物的视野观察事物。叙述者不断变换人物承担的观察主体，来达到全方位多侧面地描述。限知视角叙事的优长之处，在于更接近真实的生活，极大限度地义无反顾了叙述的人为性单一抛压二星级文本叙述者仅从一个角度出发，不存在叙述视角发生转移。

其三，单一视角叙事和多元视角叙事。单一视角会给文本造成一些知和不知、真实和空幻的联想空间。多元视角是若干个角色视角和叙述者视角在动态中的组合，视角由一趋多，直至跑出原先的叙事世界，跳回作者，由作者直接发言。

其四，外视角叙事和内视角叙事。内视角叙事叙述者入乎人物的内心世界和故事的矛盾之中，对人物的言行、心理环境做再现式的细致描摹，叙述者充分尊重对象的主体性，人物一旦获得生命便按照自身的内在逻辑去思考行动，情节的发展及结局常常是作者始料不及的。外视角叙事是叙述者对人物一生或某个阶段经历事迹的宏观把握，不利于对人物内心世界、生活细节，以及环境的微观显示。

叙事视角的几个层面并非是割裂、对立、非此即彼的，而是有规律地统一在文本之中。

深圳市福田区景莲小学　文国峰
深圳市福田区南华小学　钟艳榴

《鲁滨孙漂流记》阅读设计

一、阅读解析

《鲁滨孙漂流记》发表于1719年，是英国作家丹尼尔·笛福的一部长篇小说。作品一发表，就大受欢迎。这部小说是笛福受当时一个真实故事的启发而创作的。卢梭说："每个正在成长的男孩都应该先读读这本书。"

本书以第一人称为叙事视角，讲述主人公鲁滨孙三次出门远航，其中一次去非洲航海的途中遇到风暴，独自漂流到一个无人的荒岛上，开启长达28年的与世隔绝的生活。在物资缺乏的荒岛上，他自力更生，凭着惊人的毅力和坚忍的意志，在荒岛上顽强生存下来。直到28年后，他帮助一艘停泊在岸的英国船的船长制服水手的叛乱，夺回船只，才搭乘该船返回英国。

《鲁滨孙漂流记》塑造了鲁滨孙坚毅、顽强的具有时代气息的艺术形象，引人入胜的情节，逼真的自然环境和细节描写，为英国现实主义启蒙小说开辟了道路，成为英国第一部真正的现实主义小说。丹尼尔·笛福也被誉为"欧洲小说之父"。

（一）内容解析

主人公鲁滨孙天生爱冒险，不甘心过父辈一样平庸的生活，舍弃父亲为他安排的安逸舒适的生活，毅然独自离家出海远航，曾三次远航。一日，他怀着云游四海的高远志向，告别家人，越过大西洋和太平洋，在惊心动魄的航海中经历无数险情，后来整条船在太平洋上不幸罹难，船上的人都葬身海底，唯有他一人得以奇迹般地活下来，并只身来到一座荒无人烟的岛上。他以百折不挠的毅力、辛勤的劳动，在荒岛上生存下来。他遇到重重困难，但都想方设法克服，还开垦出种植园和牧场，自己摸索着做桌椅、做陶器、用围巾筛面做面包。他以仅存的一本《圣经》陪伴自己度过孤独、寂寞的岁月。在岛上的第 24 年，他还搭救了一个野人，给他取名为“星期五”。他教他语言、生活技能，教育他成为一名忠实的奴仆。后来，有一艘英国船停泊在岸边，他帮助船长制服水手的叛乱，夺回船只，返回英国。

（二）作品特色

1. 第一人称的叙事角度

《鲁滨孙漂流记》是作者笛福受当时一个真实故事的启发而创作的，采用第一人称的叙事方法，拉近了读者与小说的心理距离，代入感极强，如同一个真实的人正在向读者讲述发生在他身上的真实故事。随着历险的进程发展，新的世界被发现，同时发现一个新的自己。

2. 鲜明的“冒险家”形象

这部小说为英国现实主义启蒙小说开辟了道路，成为英国第一部真正的现实主义小说。在此之前，欧洲的长篇小说大都是以帝王将相的业绩或骑士美女的浪漫传奇为主要内容的。笛福开始尝试用日常语言来描写普通人的生活。一般人漂流到荒岛，在这个与世隔绝的环境中是难以生存的。鲁滨孙却凭借惊人的毅力和超强的适应能力，顽强生存下来，显示了一个硬汉子的坚毅性格和英雄本色。这与十八世纪的资产阶级上升时期的创造精神和开拓精神息息相关。现在，在西方，“鲁滨孙”已经成为冒险家的代名词和千千万万读者心目中的英雄。

3. 丰富的细节描写方法

心理描写和环境描写是小说的一大特色。小说的环境描写烘托了故事氛围，对于主人公的心理描写则有助于推动故事情节的发展。在小说的开篇第一章写道：“父亲希望我学法律，但我一心想出海远游。父亲却担心航海会给我带来不幸，时常严厉地开导我。……我当时深深地被他的话语所打动。我决定听父亲的话，安心留在家里。可是没过几天，我的心就飞到九霄云外去了……过了一年光景，我终于借一个偶然的机会离家出走，实现了航海的梦想。从此，我开始了充满传奇色彩的漂流生涯。”这段主人公愧疚心理的描述，突出主人公对父母、家庭的深深愧疚和难过。这种真实的心理描写，一瞬间让读者对这个历险故事充满强烈的好奇心，自然地沉浸在故事中。小说中的心理描写细腻而深刻，给读者留下了很深刻的印象。小说还经常穿插一些人物的议论，比如“天不总是蓝的，水不总是清的，草不总是绿的，花不总是艳的，人生也不可能一帆风顺”“花要凋落，草要枯黄，但春天又给它们生机”之类的议论，以突出人物性格。

4. 线性结构清晰紧凑

整部小说呈现线性结构，从目录可见漂流历险的经过：离家出走、逃脱海盗、流落孤岛、孤岛生存、拯救星期五、遇见英国船长、返回英国。按照情节发展线，小说的结构非常紧凑、清晰。同时，在清晰的思路下，故事情节总是一波未平一波又起，既流畅又峰回路转，正如一条潺潺的溪流般吸引着读者的眼球。比如写鲁滨孙在某一天，突然听到从海上传来了几声枪响。原来是一艘经过的船。他赶紧生起火来，传递信号。可是，那艘大船却在自己眼前触礁沉没了，获救的希望再次破灭，鲁滨孙又被重新抛入了孤独的痛苦之中。这样的记叙方式在文中屡见不鲜，它扣住读者的心弦，让读者在峰回路转之中体会小说的精彩所在。

（三）阅读提示

（1）小说有不同的版本，根据译者、封面、封底、勒口、序言、后记等信息，你会选择哪个版本来读呢？初次拿起小说，你获得了关于这本书的哪些信息？ 能猜出这本书讲的是关于什么的故事吗？

（2）卢梭说：“每个正在成长的男孩都应该先读读这本书。”作为男生或女生，你对这本书的兴趣值有多少？

（3）生活中，你有过冒险经历吗？去过哪些地方？在冒险过程中遇到过什么困难呢？你是怎么克服的？

（4）假如你被抛在一个荒岛上，找出小说中的环境描写，置身其中的你会有怎样的感受？将会如何面对？

（5）鲁滨孙一个人在荒岛上生活的 28 年当中，他遇到的最大的困难是什么？他是怎样解决的？

（6）鲁滨孙从小就生活在一个富裕的家庭，父母已经为他提供稳定、安逸的幸福生活，可他偏偏一次又一次出海探险，差点丢掉性命。对于鲁滨孙的行为，你是如何看待的？

（7）你觉得鲁滨孙的漂流历险有什么意义呢？你心目中的鲁滨孙是一个怎样的人？

（8）阅读小说时，你会联想到自己或者身边的人吗？找找书中哪句话最触动你？对你的生活有怎样的启示？

（9）中国传统文化尊重自然、顺应自然、改造自然，你能在鲁滨孙身上发现哪些相似之处？

（四）教学主题对接

建议与统编版语文六年级下册第二单元“外国文学名著”主题对接。

二、阅读策略

（一）预测

策略描述：指读者通过已读过的内容推断接下来发生的事情、事情发展的结局，并通过阅读后面的内容来加以印证。预测的依据主要分为文本线索、个人日常生活、社会经验、先前阅读经验四种。学生预测故事的角度可多样化，如根据题目、目录、自己对作者的了解、书中的插图、故事的逻辑、阅读同类文本的经验等进行有依据的预测。

策略的功用：学生在对作品不断进行预测和验证的过程中，会逐渐理解作品内容，大幅度提升课堂的参与度，阅读所产生的效果也会事半功倍。

（二）对比

策略描述：把一篇或多篇内容或形式上有一定联系的文本集中起来，通过横向比较或者纵向比较，从内容、结构、主题、表达特点、写作风格等多个角度进行辨析。

策略的功用：读者需要阅读相关的文本或原著，通过阅读不同的文本加深理解和认识，提高阅读水平和细节探究能力。

（三）联结

策略描述：指以阅读文本为原点，发掘文本中蕴含的文化因子的辐射作用，以师生为资料链接的双主体，共同探寻相关的阅读材料，并在这些参照文本的交互印证下，或体验、或证实、或演绎文本中已有的观念，使阅读的触角伸向文本的文化源头、作者的生命体验和学生的生命体验。读者从别人的故事中联想自己，用旁人的经验指导自己的生活。

策略的功用：联结策略将学生置于课堂的中心，加强了儿童与文本的多维联系，更多地以儿童的视角去体验、感知、赏析，帮助学生在联结中获取信息、感悟情感、评价鉴赏、迁移运用，从别人的故事中想到自己，用别人的经验来指导自己的生活，从而获得阅读素养的提升。

三、教学设计

（一）遇见一本神奇的书

1. 遇见奇怪的书名

出示:《鲁滨孙漂流记》是丹尼尔·笛福根据真实事件改编，1917 年首次出版，大受欢迎。当时的书名是这样的:《在约克出生的海员鲁滨孙·克鲁梭有个不可思议的惊人生涯，他是海难船上唯一的幸存者，在俄罗诺克河河口的孤岛上奋勇求生，单独地过了二十八年，终于被海盗船救起的详情记录，全文以第一人称叙述》。

问题：当看到这个奇怪的书名时，你的第一反应是什么？

2. 遇见奇妙的版本

（1）问题：你最想打开哪一本？为什么？

（2）三本书的共同特点有哪些?

（3）三本书的不同点有哪些?

讨论：现在进行第二次选择，你可能更有兴趣读哪一本?

3. 遇见奇异的场景

读小说第一章“鲁滨孙与父亲谈话”的章节，对比父亲与鲁滨孙想法的不同。在生活中，你的梦想是什么?当你的梦想和父母的期望产生分歧时，你会怎么办?

播放鲁滨孙海上遭遇飓风的影片，阅读相应场景的文字内容。

> 海浪紧跟在我身后，如大山高耸，如仇敌发怒，我根本就没有办法也没有力气抵抗。
>
> ——周伟驰
>
> 如山的海水从我身后扑来，那副凶相，就像我的冤家，而我却既无手段也无力气去抵挡它。
>
> ——缪哲
>
> 大海像一座大山那样已经扑到我的身后，而且像敌人那样气势汹汹，我没有办法，也没有力量同它较量。
>
> ——鹿金

对比三组不同的文字，第三次选择自己喜欢的版本，第三次表达自己对鲁滨孙有怎样的认识。

4. 遇见奇特的书评

出示不同国家的评论者观点：

> 鲁滨孙代表一般的人性，无论他的智力还是道德都没有超出人性的中等状态，他身上唯一特殊的是这种“结合事业与漫游的精神”。
>
> ——【英国】柯勒律治
>
> 吾国圣人，以中庸立人之极。……而鲁滨孙乃大悖其旨，而成此奇诡之事业，因天下探险之夫，几以性命与鲨鳄狎，则皆鲁滨孙有以启之耳。
>
> ——【中国】林纾
>
> 它就是我们学习的课本，我们关于自然科学的一切谈话，都不过是它的一个注释罢了。
>
> ——【法国】卢梭
>
> 经典是那些你经常听人家说“我正在重读……”而不是“我正在读”的书。……《鲁滨孙漂流记》无疑是一部值得逐字逐行重读的小说。
>
> ——[意大利]卡尔维诺

讨论：你发现前两位评论者共同的关注点是什么?后两位评论者共同的关注点是什么?

（二）漂流海岛探寻记

（1）为鲁滨孙被困的那个小岛写一个旅游手册，具体包括下面内容：

①画出鸟瞰岛屿示意图，每个地标有图例的标记或编号：

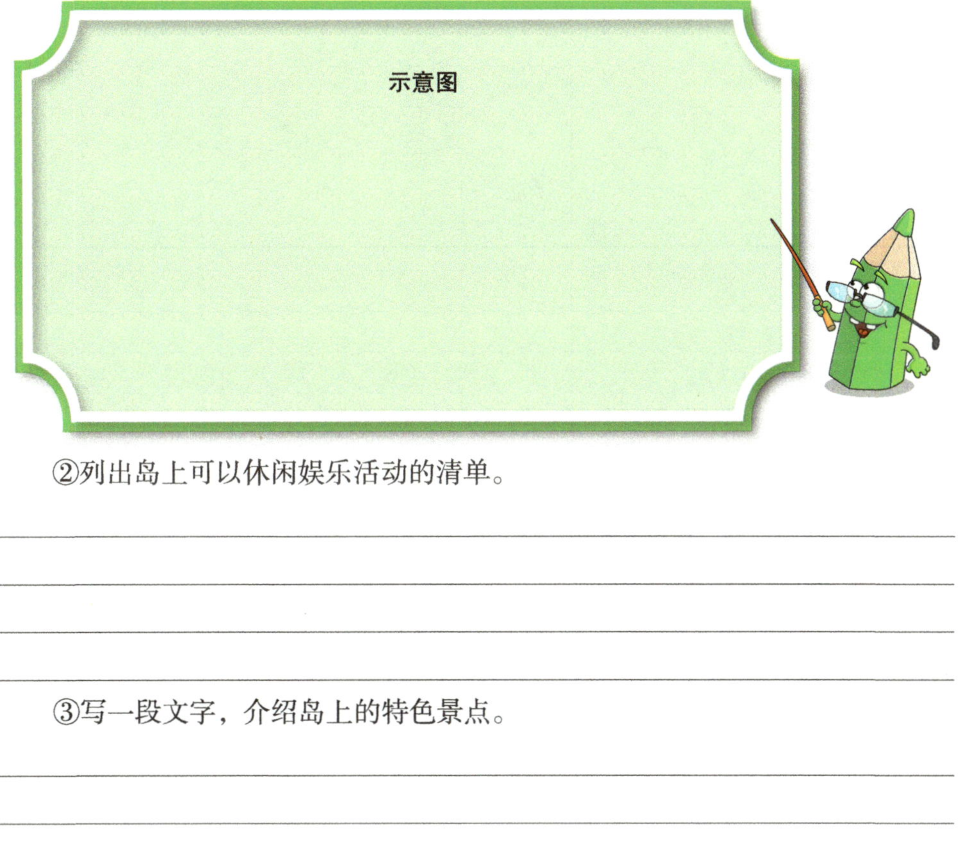

②列出岛上可以休闲娱乐活动的清单。

③写一段文字，介绍岛上的特色景点。

④为小岛原创一个名字：（　　　　）。

（2）鲁滨孙在这个荒岛上度过了 28 年，他遇到了无数的困难，还经历了很多困境，更面临着可怕的绝境，但每一次他都能勇敢面对，绝处逢生。在这漫长的 28 年的历程里，你对书中的哪一段内容、哪一个情节还历历在目、铭记于心呢？为什么？

铭记于心的情节	原因
圈地驯羊	鲁滨孙不仅把羊抓来吃，还想到把羊圈起来养，让自己随时可以有羊肉吃有羊奶喝，真心佩服他的聪明，有远见。

（三）幸运不幸大比拼

（1）在小说“振作”这个章节中，鲁滨孙看似平稳从容地做好安居的准备，然而对于未来的黯淡前景，不是没有沮丧的。最开始的时候还是暗自垂泪，满腔心酸。当他将自己的幸运与不幸一一对比时，作者对人物的心理描写十分细腻。仔细研读小说，填写下面表格：

幸运与不幸对照表

不幸	幸运
我陷在一个可怕的荒岛上，没有重见天日的希望。	
我现在被剔出来，与世隔绝，困苦万状。	
我与人类隔绝，仿佛一个隐士。	
我没有衣服穿。	
我没有抵御野人和野兽袭击的防御力和手段。	
我没有人可以说话，也没有人来解除我的愁闷。	

请同学们仔细阅读“幸运不幸对照表”，把左边一栏和右边一栏比较着阅读。结合这张对照表，小组内交流自己的发现。

（2）通过上面的对比和心理描写，感受鲁滨孙的真实想法。你觉得鲁滨孙是个怎样的人？

____

____

____

（3）在你的生活中，是否也遇到过幸运与不幸，试着梳理填写表格，还原自己的真实想法。

幸运与不幸对照表

不幸	幸运

（四）制作历险纪念册

《鲁滨孙漂流记》和《汤姆·索亚历险记》两本世界名著，主人公经历了各不相同的历险，遭遇了不同的情况，对他们来说都有特殊意义。请你对比阅读两部小说，为鲁滨孙和汤姆各制作一份历险纪念册。

探究角度	《鲁滨孙漂流记》	《汤姆·索亚历险记》
叙述人称		
历险环境		
遇到的困难		
遇到的人		
人物评价		
历险过程		

（五）制作创意书签

名著，人们之所以喜欢它，不仅因为它故事情节引人入胜，还因为其中有许多富有哲理的语言，给人以启迪，给人以精神力量。把其中富有哲理的话摘录几句，制作成创意书签，自己使用或者赠送他人。（形状、图案、文字、色彩自己选择与设计）

四、创意天地

（1）对于这本经典著作，法国思想家卢梭是这样说的：（出示）每个正在成长的男孩都应该先读读《鲁滨孙漂流记》这本书。现在我们读了这本书，你打算如何把它推荐给其他人呢？思考一下，把你的推荐理由写下来，可以是一两句话，也可以是一段话。

（2）有一本书能够让你懂得什么叫勇敢！有一本书能够让你学会独自生存的本领！有一本书被称为"男孩子必读的书"，这本书就是——《鲁滨孙漂流记》。这究竟是一本怎样的书呢？我们以"一本________书"为题目写一篇读后感。

五、阅读加油站

（1）阅读其他历险小说：《木偶奇遇记》《汤姆·索亚历险记》《哈克·贝里费恩历险记》。

（2）阅读儒勒·凡尔纳的《神秘岛》（鲁滨孙故事的高级版本）、斯·奥台尔的《蓝色的海豚岛》（鲁滨孙故事的女性版本），观看电影《火星救援》（鲁滨孙故事的外星版本）。

六、阅读工具箱

关于第一人称叙事方法

第一人称叙事法就是用第一人称"我"写文章的方法。由于文章的内容通过

"我"传达给读者，表示文章中所写的都是叙述人的亲眼所见、亲耳所闻，或者就是叙述者本人的亲身经历，使读者有一种亲切真实的感觉。

第一人称写作的优势还在于它的真实和未知，书里的"我"永远不会知道下一堵墙后面会出现什么。"我"可以听，"我"可以判断，"我"可以根据蛛丝马迹去分析，但是在"我"还没绕过这堵墙之前，这一切都不得而知。未知的未来和"我"不能感触的区域是第一人称写作的神秘之源。当"我"绕过这堵墙之后，无论遇到神仙、鬼怪、僵尸，还是美女，都让读者感到真实。

第一人称的真实来自对主角的细致描述，其中包括语言、动作、心理，因为主角就是"我"，"我"对自己的了解自然比旁人来得深刻，至少"我"明白每时每刻"我"的想法，甚至知道自己下一刻将要付诸的行动。可以通过对"我"的详细描写，来唤醒读者内心的感受和思考。

写作品梗概

当我们向别人推荐一本喜欢的书时，需要我们对书的内容进行概括，以梗概的形式，用十分简练的语言予以介绍。一般不需要对文章内容、艺术表现、人物形象等加以评述，只需要介绍内容，也可以对其思想价值进行极概括的交代，让人明白这本书或这篇文章好在哪里。

写好故事梗概四步法：

第一步：读。读懂内容，把握脉络。理清书籍内容的基本框架，把握要点。尽可能地和文本、作者"对话"，了解书籍内容，明确作者的写作意图。

第二步：抽。保留"主干"，去除"枝叶"。在理解书籍的基础上，用简明的叙述性语言概括每个章节的内容。需要强调的是：对一些描写具体或是富含情感的关键篇章要注意适当保留；对一些简短的、不影响故事表达的篇章则大胆地取舍。

第三步：连。筛选概括，合并成段，锤炼语言，连贯表达。适当补充内容，自然过渡，使语意清楚连贯。

第四步：理。将连接好的语句梳理通顺，删去重复的文字，做好句子与句子之间的衔接，使它成为一段通顺的话。

深圳市福田区景鹏小学　叶海玉
深圳市福田区南华小学　马金香

《绿山墙的安妮》阅读设计

一、阅读解析

《绿山墙的安妮》是一本让家长和孩子都能从中获得感悟的心灵读物。文章讲述了绿山墙农舍的卡斯伯特兄妹决定领养一个男孩帮着做农活，谁知孤儿院送来了一个爱幻想、喋喋不休的红发女孩安妮的故事。她像一股清新的风吹进了闭塞的乡村农舍，彻底颠覆了马修兄妹刻板的生活。安妮本人也通过努力，从不受欢迎到被人接纳，终于成了掌握自己命运的主人。

《绿山墙的安妮》是加拿大著名作家露西·莫德·蒙哥马利的代表作，作者以细腻的笔触来描写人物内心深处的情感变化，展现了女主人公阳光般美好的性格和她的成长过程，这本书也被誉为“最甜蜜的少女成长故事”。

（一）内容解析

《绿山墙的安妮》是在尊重原著的基础上进行编写的，同时配以“名师导读”“阅读理解”“精美插图”“名师点拨”“回味思考”“阅读训练”六部分内容，紧扣语文新课标，帮助学生扫除阅读障碍，提高阅读和写作能力。

（二）作品特色

1. 刻画真实鲜明的个性

蒙哥马利笔下的安妮是一个长相平凡、有缺点的女孩，这反而让读者觉得亲切而自然。除了安妮，作者对其他人物的描写也各具特色，如寡言少语、憨厚勤劳的马修，不苟言笑却内心善良的玛丽拉，美丽纯朴和忠于友谊的邻家小姑娘戴安娜，爱管闲事又心直口快的邻居蕾切尔太太，聪明睿智、思想自由开放的斯带西小姐。每个人物都栩栩如生，呼之欲出。在阅读时，可以引导学生结合相关内容进行解读。

2. 体会精练清新的语言特色

蒙哥马利用精练清新的语言，把山水花草生动地描绘出来，有景有情，既可以陶冶儿童的性情，又满足了儿童多方面的审美需求。“欢喜的白路”上馥郁芬芳的苹果花；枝头下面不知不觉来临的紫色黄昏；成千上万朵紫丁花怒放的“紫花地丁渊”……读者读到这些，也会不知不觉陶醉其中。

3. 从结构上体会安妮不同阶段的矛盾与成长，和书中人物一起学会感恩

小说的整个叙述结构都是围绕着安妮的成长：无知（独立，对传统的叛逆）——诱惑（对知识的渴望）—— 离家出走（去女王专修学校学习）——考验（上大学还是留在绿山墙？）—— 迷惘（实现理想还是遵守道德？）—— 顿悟（留在绿山墙，承担家庭责任）——认识自我（成熟）。安妮经历的一个个烦恼或困境也在无声地影响小读者们，反观自己的内心：如果我是安妮，我会如何做出抉择呢？

开放式结尾是这部小说结构上的另一个特点。安妮从一个幼稚、滔滔不绝、不守传统的女孩，最终成长为一个稳重、勤奋、知恩图报的成年人。在小说的结尾，作者没有对安妮今后的发展做出任何安排，而是留给读者充分的想象空间，令读者在无尽遐想中，感受成长的意义与蜕变的滋味。

（三）阅读提示

（1）安妮是谁？她是一个怎样的女孩？

（2）《绿山墙的安妮》讲述了一个怎样生动、感人的故事？

（3）孤儿安妮的成长历程中发生了很多精彩的故事，其中最令你感动和难忘的一个故事片段是什么？

（4）你认为玛丽拉、马修、戴安娜、基尔伯特等人对安妮的成长有什么帮助？

（5）作者对安妮人物形象的成功塑造，离不开浪漫的景物描写，有哪些景物描写能帮助你了解安妮的内心世界？

（6）作者为什么没有给安妮安排一个明确具体的结局呢？你如何看待这种结

局方式？

（7）如果这本书有一本续集，并且由你完成，你会写什么？

（四）教学主题对接

建议与统编版语文六年级下册第二单元相衔接。

二、阅读策略

（一）预测

策略的描述：预测是读者阅读时根据读过的内容及与内容相关的背景知识去推测文章内容的发展，包括作者或主角的情感、想法和行动。

策略的功用：读者根据自己的经验与背景知识，针对阅读文本的线索，对本文内容发展形成假设，并带着假设继续阅读，不是只猜测文章内容，还须有不断地检验假设的过程。

（二）联结

策略的描述：联结是指读者将正在阅读的文本和阅读过的文本、和自身的生活经验、和外部的世界进行关联，使阅读达到连贯性而加深理解。

策略的功用：（1）文章的内容要和读者生活实际作联结，学习会更真实。（2）文章内容要与读者的所知有关联，只有产生共鸣，才能在其生命中产生影响和意义。

三、教学设计

（一）读懂书

（1）《绿山墙的安妮》主要讲了一件什么事？请你根据情节示意图讲讲安妮成长的故事。

（2）小说主人公的成长过程不可能是一帆风顺的，冲突也是推动这部小说情节发展的动力。安妮通过不断战胜这些冲突而成长起来。请你把每个情节里安妮面临的主要冲突或作者设置的悬念标注在图表里，让我们全观安妮的成长。

情节网

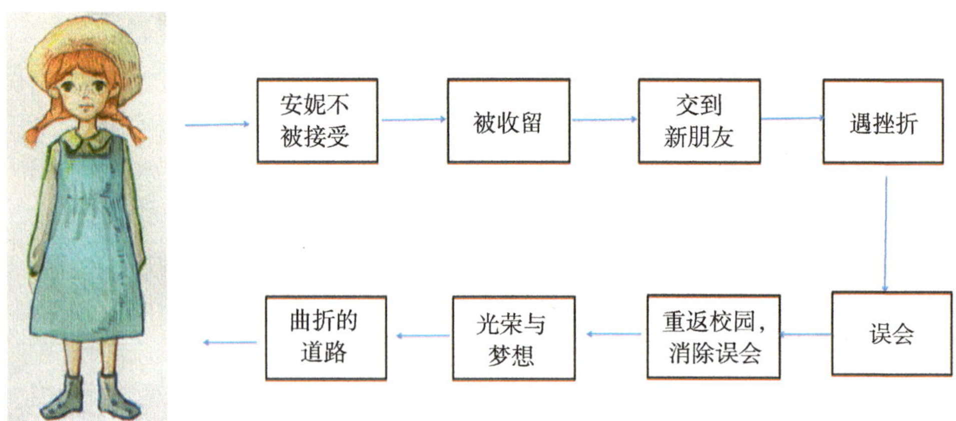

（二）读懂人

（1）还记得安妮第一次出现在马修面前时，是怎样的一身打扮吗？在普通的观察者看来，安妮的确是普通得不能再普通的女孩，其貌不扬。但是，在细心人的眼中，看到的却是另一个安妮。第二章中还有关于安妮外貌的一段话，请你找出来填写在下表里。

描写安妮外貌的句子	给我的印象
用普通人的眼光看，这是个十岁左右的女孩儿，上身穿着又脏又难看且过于短小的浅黄色灰绒布罩衫，头上戴着一顶已经褪了色的褐色水兵帽，帽子下面是一头浓密的红发，两根小辫子从帽子下面伸出来，瘦小而苍白的脸上长着好些雀斑，大眼睛大嘴巴，眼睛在处于某些神情和情绪时看起来是绿色的，在其他情况下则是灰色的。	
这只不过是用普通人的眼光看，如果是目光更敏锐的人来观察便能发现，这个女孩儿长着尖尖的下巴，棱角分明，两只大眼睛里充满了朝气与活力，嘴唇线条优美，长得可爱逗人，藏着丰富的表情，前额宽阔——简而言之，我们具有非凡观察能力的人会得出这样的结论：这个漂泊的女孩身体里是绝不平凡的灵魂。	

（2）这本书中描写了很多的人物喔！让我们讨论一下这些人物分别是什么个性吧，他们对安妮的成长有什么帮助？完成下表。

人物	个 性	对安妮成长的帮助
马修	这是位沉默寡言、害羞而拘谨的先生，从心里疼爱安妮。他银灰色的头发，浓密的胡子，身形笨拙难看，除了马瑞拉和林德太太外，他不敢和其他女人说话。	
玛丽拉		
戴安娜		
基尔伯特		
林德太太		
鲁比		
斯蒂茜小姐		
艾伦太太		
乔治		
其他		
我最喜欢＿＿＿＿ 因为＿＿＿＿ 我最不喜欢＿＿＿＿ 因为＿＿＿＿		

（3）你眼中的安妮是个什么样的人呢？你又是从哪里知道的呢？请写一写安妮的个性，并举出书中的句子来印证。对安妮，你最欣赏什么？为什么？

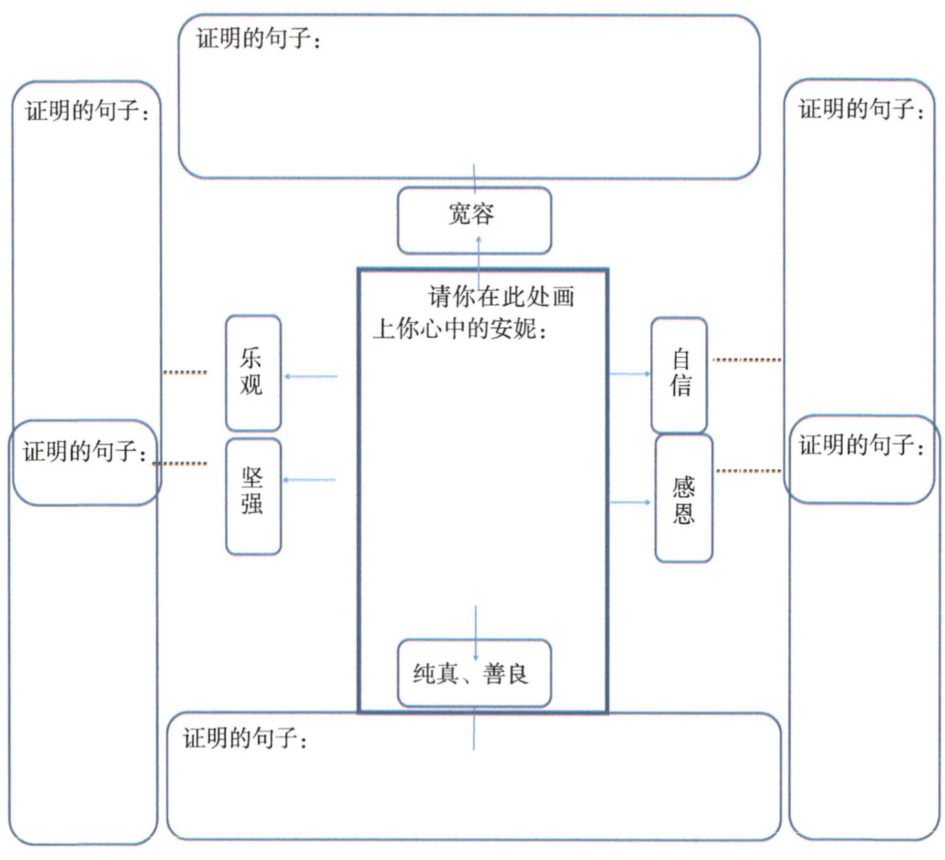

我最欣赏她__________，因为____
____

（三）读懂心

（1）诵经典片段。安妮的成长故事，早已打动了我们每一个人；安妮的纯真形象，早已深植我们心中；安妮的句句话语，同样也能成为我们诵读的经典。找出安妮曾经说过的话语填入下表，并让我们一起来诵读，走进她纯真率直的内心世界，相信一定能带给我们最美的心灵感受。

安妮话语	我的感悟
世界上有这么多可以去喜爱的事物，这真是太奇妙太壮观了！啊，我们驶过来了。回头看看，我要向闪光之湖道一声晚安！我喜欢向这些可爱的事物道晚安。就像对人那样，我知道它们也会喜欢的。瞧啊，那湖水不是正向我微笑吗？	安妮对身边的一切都是好奇的，在她眼里，周围的一切都有生命。
你看那些飞翔的海鸥，多神奇啊！你觉得呢？做一只海鸥多好，你愿不愿意？我可是挺愿意的，做不了女孩儿做这种鸟也不错。天亮时早早飞起，猛然向水中扑下去，再飞起来，在蔚蓝色的大海上飞呀飞，晚上准时飞回自己的小窝儿里，这是多么快乐的事情。	这飞翔的哪里是海鸥，分明是安妮那一颗爱想象的心。

（2）读完整部小说，你是否喜欢安妮这样的女孩做你的朋友？她身上的哪些优点值得你学习？

四、创意天地

（1）抒写心声。老师相信，读了这本书，你们每个人的心中也有很多很多的触动，千言万语，万语千言，把心中的感受抒写下来吧！

读了《绿山墙的安妮》，我想说：________________________________

____

（2）小说结尾，马修死了，安妮放弃上大学的机会照顾年迈的玛丽拉。你怎样看待这个令人遗憾而温暖的结局？请你为小说设计一个结局，通过这个结局表达你的想法。

五、阅读加油站

（1）《安妮系列小说》，[加]露西·莫德·蒙哥马利/著，浙江文艺出版社/重庆出版社。

（2）电影《清秀佳人》，又名《绿山墙的安妮/小孤女》。

六、阅读工具箱

人物描写

人物描写的运用很普遍，人物描写的目的是刻画人物的性格，表现人物的精神面貌，同时也能更深刻地表达文章的中心思想。人物描写应力求具体生动，做到绘声绘色地再现“人物”，让读者如见其人，如闻其声。

人物描写的基本方法可分为四种：肖像描写（又称外貌描写）、语言描写、动作描写、心理描写。

1. 肖像描写

是把容貌（脸型和五官）、神情、身体形态、衣饰、姿势、风度等方面的某一部分或几个部分，用生动具体的语言描述出来。

2. 语言描写

是塑造人物形象的重要手段。成功的语言描写总是鲜明地展示人物的性格，生动地表现人物的思想感情，深刻地反映人物的内心世界，使读者“如闻其声，如见其人”，获得深刻的印象。

3. 动作描写

是对人物举止、动作、行为的描写。动作描写同样要为表现人物的性格服务。

4. 心理描写

是对人物内心的思想情感活动进行描写。

深圳市福田区荔园外国语教育集团　彭小山

深圳市福田区南华小学　邵　成

《假如给我三天光明》阅读设计

一、阅读解析

美国作家马克·吐温曾说:“19 世纪有两位奇人，一个是拿破仑，一个是海伦·凯勒。拿破仑试图用暴力征服世界，他失败了；海伦·凯勒用笔征服世界，她成功了。”海伦·凯勒入选美国《时代》周刊评选的“人类十大偶像”之一，被授予“总统自由奖章”。

《假如给我三天光明》的作者海伦·凯勒(Helen Keller)，1880 年 6 月 27 日出生于亚拉巴马州北部一个叫塔斯喀姆比亚的城镇。婴儿时期的她对任何事情都充满好奇心，常常模仿大人们的一举一动。6 个月大时已经能说出简单的词语。然而 19 个月大的时候，猩红热夺走了她的视力和听力。不久，她又丧失了语言表达能力。从此，海伦的世界只剩黑暗和冷清。这个幼儿不知道如何排遣与世隔绝的孤独感，她变得古怪、粗暴无礼。

海伦是不幸的，但她又是幸运的。6 岁时，海伦·凯勒迎来了生命的转折点——安妮·莎莉文老师。莎莉文老师带她亲近自然、认识世界，了解“爱”的含义，教她识字、写字，使她能够与人们进行沟通交流。在学习的过程中，海伦意识到只有知识才能铺就通往光明的道路。她热爱生活，会骑马、滑雪、下棋，还喜欢戏剧演出，喜欢参观博物馆和名胜古迹，并从中得到知识，不断地从生活中汲取知识的养分。

海伦的一生，是圣火在黑暗中却给人类带来光明的一生。她用行动证明了人类战胜生命的勇气，给世人留下了一曲永难遗忘的生命之歌！

（一）内容解析

《假如给我三天光明》前半部分主要写了海伦变成盲聋哑人后的生活。刚开始的海伦对于生活是失望而消极的，情绪暴躁，常发脾气，乱扔东西。父母多方寻求，终于帮海伦找到了一位老师——莎莉文老师。在这位老师的引导下，海伦对生活重新充满了希望与激情。她学会了阅读，认识了许多的字，感受到了身边无处不在的爱。随着时间的推移，海伦在老师和亲人的陪同下，体会到了许多不同的事物，比如过圣诞节、拥抱海洋、体会秋季和冬天等。

书籍后半部分则介绍了海伦的求学生涯。在求学生涯中，海伦遇到了许多困难，但同时她也结识了许多朋友。学习中，由于她的不屈不挠，她学会了说话、写作。虽然在这个过程中海伦遇到了一些不开心的事情，但她并没有放弃。她的努力得到了回报，成功实现了她的大学梦想，进入哈佛大学。在大学生活中由于生理上的缺陷，繁重的功课让她非常吃力，在老师的帮助以及自己的努力下，最终她以优异的成绩大学毕业，还掌握了英语、法语、德语、拉丁语和希腊语五种语言。海伦后来还介绍了在生活中遇到的一些伟人，比如爱迪生、马克·吐温等。同时也介绍了她体会到的不同的、丰富多彩的生活以及她的慈善活动等。最后，她以一个身残志坚的柔弱女子的视角，告诫身体健全的人们应珍惜生命，珍惜造物主赐予的一切。

（二）作品特色

1. 朴实又富有哲理的自传体叙述

《假如给我三天光明》是海伦·凯勒的自传体式的传记。自传是传记的一种。传记以记叙人物生平事迹为主，自传则是以记述自己的生平事迹为主，同时也包括感悟的流露和对事情人物的评论。本书中，作者虽然饱经磨难，但行文却轻松幽默，能给人以正能量，其中很多生命的感悟皆成至理名言，发人警醒，能给人以正能量。

2. 生动而贴切的想象

这种想象表现在大量基于正常人视角的比喻、拟人修辞中，给人身临其境之感；也表现在对假如拥有光明之后的行动计划中。这些想见的事物都是虚拟的、想象的，叙事也是非现实的，却使读者感受到了更高境界的真实。其次，文中表述生活态度时，处处用视听健全的人来和自己对比，使不同生理条件下的不同生活态度形成强烈的反差。本书中，作者是从一个只有触觉、嗅觉功能的人的角度来讲述认识世界的过程，要使正常人能懂其中况味，大量运用想象和联想是必不可少的。文中大量运用比喻、拟人、做比较等手法，这些想象和联想的画面，生动而贴切，为我们具体展示了那个寂静黑暗的世界里的人寻找到光明和快乐的过程。

3. 真实而丰富的情感世界

命运给予海伦·凯勒不幸，她却将不幸踏在脚下，赢得了光明和欢笑。这传奇的一生，是情感丰富的一生。书中几乎每一个章节都是情感的自然流露，使读者不知不觉融入她的人生中，体会她对光明的渴望、珍视，对人生、对生活的深切关爱，以及对他人博大无私的爱心。在作者的行文中，大量交替运用叙述、议论、描写、抒情等手法，多种方式融为一体，使读者能全面感受到作者丰富的内心世界。

（三）阅读提示

（1）你了解盲人或者哑巴或者聋人的世界吗？你跟他们有过交流吗？

（2）在海伦的成长历程中，哪些人分别给予了哪些重要的帮助？哪些人的帮助是不可或缺的？

（3）整理海伦的书单，海伦的阅读历程是怎样的？哪些书给了她重要的影响？

（4）为什么海伦·凯勒能取得让世人敬仰的成就？

（5）如果将海伦·凯勒和居里夫人放在一起进行评价，你有何感想？

（6）如果召开读书分享会，你会选择书中的哪个章节或片段与大家分享？分享些什么？

（7）此书和别的传记有什么不一样的地方？自传体的传记要怎样才能写好呢？

（四）主题对接

建议与统编版语文六年级下册第三单元“抒发真情”相衔接。

二、阅读策略

（一）预测

策略描述：指读者通过已读过的内容推断接下来发生的事情、事情发展的结局，并通过阅读后面的内容来加以印证。预测的依据主要分为文本线索、个人日常生活、社会经验、先前阅读经验四种。学生预测故事的角度可多样化，如根据题目、目录、自己对作者的了解、书中的插图、故事的逻辑、阅读同类文本的经验等进行有依据的预测。

策略的功用：学生在对作品进行不断预测和验证的过程中，会逐渐理解作品内容，大幅度提升对作品和课堂的参与度，阅读所产生的效果也会事半功倍。

（二）对比

策略描述：把一篇或多篇内容或形式上有一定联系的文本集中起来，通过横向比较或者纵向比较，从内容、结构、主题、表达特点、写作风格等多个角度进行辨析。

策略的功用：读者需要阅读相关的文本或原著，通过阅读不同的文本加深理解和认识，提高阅读水平和细节探究能力。

（三）联结

策略描述：指以阅读文本为原点，挖掘文本中蕴含的文化因子的辐射作用，以师生为资料链接的双主体，共同探寻相关的阅读材料，并在这些参照文本的交互印证下，或体验、或证实、或演绎文本中已有的观念，使阅读的触角伸向文本的文化源头、作者的生命体验和学生的生命体验。

策略的功用：联结策略将学生置于课堂的中心，加强了儿童与文本的多维联系，更多地以儿童的视角去体验、感知、赏析，帮助学生在联结中获取信息、感悟情感、评价鉴赏、迁移运用，从别人的故事中想到自己，用别人的经验来指导自己的生活，从而获得阅读素养的提升。

（四）思维可视化

策略描述：运用一系列图示技术（思维导图、模型图、流程图、概念图等）把本来不可视的思维（思考方法、思考路径）呈现出来，使其清晰可见。

策略的功用：在阅读中，思维导图可运用于梳理故事情节、理清人物关系、对比异同、联结生活等。被可视化的“思维”更有利于理解和记忆，因此可以有效提高信息加工及信息传递的效能。

三、教学设计

（一）切身体验，激趣导读

1. 介绍海伦·凯勒

马克·吐温说过：“19 世纪有两位奇人，一个是拿破仑，一个是（　　）。但是更让我钦佩的是（　　），她的精神让整个世界为之震撼，她的名著滋养着一代又一代人的心灵。”她是谁？（教师出示课件，简介海伦·凯勒）

> 海伦·凯勒（1880—1968），美国女作家、教育家、社会活动家、演说家，19 个月大的时候因患猩红热而盲聋哑。
>
> 7 岁时，安妮·莎莉文担任她的家庭教师，在莎莉文的帮助下先后完成马萨诸塞州剑桥女子学校及剑桥拉德克利夫学院学业，并荣获坦普尔大学及哈佛大学荣誉学位。
>
> 1964 年被授予美国公民的最高荣誉——总统自由勋章，次年又被推选为世界十名杰出妇女之一，被人们称为“精神楷模”。
>
> 主要作品有《假如给我三天光明》《用心看世界》《我生活的故事》。美国著名作家海尔博士曾断言，海伦的《我生活的故事》是 1903 年文学上最重大的贡献之一。

2. 体验盲聋哑

（1）蒙眼两分钟，在老师指令下完成一系列动作。

（2）塞耳蒙眼，只能以手势向老师陈述一件事。

（3）手放同桌嘴上，听同桌说话，只有嘴形，没有声音，尝试能否听懂对方说话的内容。

3. 谈谈盲聋哑的感受

刚才体验的这些，海伦都是轻而易举能完成的，不仅如此，她还完成了很多壮举。

（1）再读海伦简介，感受海伦之伟大。

（2）她是怎么做到的呢？请到书中去寻找答案。

（3）制订阅读计划。

①“《假如给我三天光明》阅读排行榜”（黑板右侧，每天更换，注明看书篇目）

每天由科代表上课前书写四人小组看书总量，个人看书量前五名的同学名单。科代表每日在花名册上以“正”字统计，反馈读书情况，老师及时给予完成阅读任务的同学表扬和激励。对停滞不前者要面谈，了解并多加督促。

②征集问题，每日一问

问题由学生提出，可以是有疑问的地方，也可以是用来测评其他同学阅读情况的。学生围绕人物、情节等出选择题、填空题、问答题各一题，并给出具体的答案出处。

（二）海伦成长思维导图

（1）每个人的成长总是循序渐进的。既盲且聋又哑，这三重打击任得其一，对于一个普通人都是不可接受的痛苦。正是在三重磨难的夹击中，海伦·凯勒居然努力成长，最后取得了许多正常人都无法完成的成就。海伦的学习成长中，先学会了什么？再学了什么？是怎么学习的？她是怎么一步步向前进的？

（2）绘制一张海伦学习成长能力发展的思维导图。（提示：认识事物名称、学会写字、学会阅读、学习说话……）

（3）除了公开的标志性的成就外，如毕业于哈佛、通五国语言、出版多部著作、做了很多慈善活动等。对于健康活泼的小学生而言，能看能听能说是再简单不过的事，对海伦来说却不是那么容易。海伦还喜欢做些什么？她做成了吗？写一份海伦能力鉴定报告。

（三）海伦的书单

（1）在海伦的成长过程中，先后阅读了哪些书籍？列出一个海伦书单。

（2）尝试读一读海伦读过的这些书，看看每一本书给了海伦怎样的影响？哪些书的影响是最大的？

（3）想象海伦是怎样读这些书的？举行一个“海伦的书单”阅读交流会。

书籍名称	阅读时的年龄	海伦的感受	成长作用分析

（4）形成一份报告《海伦精神成长历程》。

（四）海伦的朋友圈

（1）海伦的成长历程是积极进取、不甘妥协的，梳理她的每一个进步的台阶，感悟她付出的数倍于常人的努力，才能感悟她乐观积极与命运抗争的精神；在她成长的背后，朋友圈的每一位朋友都提供了重要帮助。在海伦的成长历程中，她遇到了哪些人？做一张海伦朋友圈的思维导图。

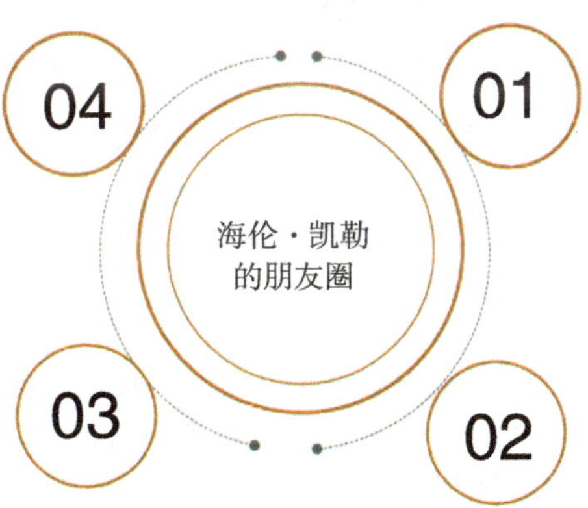

（2）这些人分别给了她怎样的影响？选择几位朋友做个比较。

朋友姓名	交往时间	交往方式	海伦的表现	对海伦的影响
莎莉文小姐				
贝尔博士				
马克·吐温				
爱迪生				
卡耐基				

（3）是什么吸引了这么多的朋友走近海伦呢？从海伦与这些朋友交往中的表现研究一下海伦身上的特质。

____

____

____

（五）主题辩论

（1）确定主题。

①海伦的一生是幸福的 VS 海伦的一生不是幸福的。

②苦难是成功的基石 VS 苦难不一定是成功的基石。

（2）围绕辩题，结合书本，搜集论据，展开辩论。

（3）结合辩题，写成议论文。

（六）感悟书中丰富的想象和联想

海伦不能说，不能看，不能听，全凭触觉来认识世界，然后还要把她认识、了解的过程以正常人能理解的语句来告诉人们，那么，想象和联想就显得十分重要。一起来看看，比如：

> 大地不停地颤动，好像不时有什么沉重的东西砸在了地上，震动由下而上传到了我坐的树杈上。
>
> 那些看起来理性的说明在脑子里荡来荡去，好像失去双眼的鸟儿徒劳地挥动着翅膀。
>
> 每当我进入自己的心灵世界时，就好像一头闯进陈列着各类知识瓷器店的小牛，撞碎的瓷片伴随着那些知识纷纷打在我的脸上，我还来不及闪躲，各种小论文像小魔鬼一样又追了上来。我真想把这一切彻底砸碎。

（1）读一读这些句子，想一想这样表达的效果。

（2）找一找书中有意思的比喻和拟人句，读一读，抄一抄。

（3）书中有许多景物和场景描写，对于一个盲聋者来说，要感受到并描写出来是不容易的。让我们再找一找其中的场景描写，和海伦一起去感受。

（4）尝试用比拟词展开想象，用“风，悄悄地来了”写一段话。

好像　仿佛　如同　似乎　如……一般　就像

（七）海伦哲语的启示

（1）每日积累书中能发人深思的哲语。

（2）展读哲思，猜猜海伦是在发生什么事、什么环境下说出这番话的？

（3）说说自己由此产生的思考与感悟。

（4）全书共分为五个部分，其中最后一个部分是海伦·凯勒的散文代表作，她以一个身残志坚的柔弱女子的视角，告诫身体健全的人们应珍惜生命，珍惜造物主赐予的一切。关于这篇散文，书的“译本序”是怎样介绍的？这篇散文作为整部作品的书名，如此受到推崇，为什么本书不将它放在开头，却放在最后？

（5）书写我的哲思语录。

（八）感悟融合一体的多种表达方式

（1）出示文段，猜猜章节。

①有一天，莎莉文小姐找出“女孩”这张纸卡挂在我的围裙上，让我站在衣柜里，然后把“是”“在……里”“衣柜”这几个词的纸卡放在方框里。

②那个时期跟现在对比真是强烈。现在的人们多幸福啊！大地沐浴着阳光，万物吐露着生命的气息，我的那匹小马在田野里悠闲地散步。

③我还深深地记得那毛茸茸的小鸡，怒放的野花、木棉花和河边的紫罗兰，那软软的纤维和绒绒的棉籽，那玉米田里传来的飒飒声，微风在玉米叶间行走，那被我们抓住的正在草地上吃草的小马，它那愤怒的嘶叫及从嘴里喷出的青草气息，似乎仍在眼前。

④所有的老师都可以把孩子带进教室，但并非所有的老师都能让孩子学到真正的知识。

（2）以上文段都出现在《在游戏里学习》部分，其中运用了记叙、议论、抒情、描写四种表达方式，你能找到各自文段对应的表达方式吗？这样写有什么好处？

（3）出示语文知识链接。

①记叙：是写作中最基本、最常见的一种表达方式，它是作者对人物的经历和事件的发展变化过程以及场景、空间的转换所做的叙说和交代。在写事文章中应用较为广泛。

②描写：就是用生动形象的语言，把人物或景物的状态具体地描绘出来。这是一般记叙文和文学写作常用的表达方法。它所追求的表达效果是用文字绘形绘声绘色地再现客观事物的“样子”，让读者如见其人，如闻其声，如临其境。

③抒情：就是抒发和表现作者的感情。它是抒情文体中的主要表达方式，在一般的文学作品和记叙文中，常常把它作为重要的辅助表达手段。记叙中运用抒情表达方式，能增强文章的感染力，突出文章的中心。

④议论：就是作者对某个议论对象发表见解，以表明自己的观点和态度。它的作用在于使文章鲜明、深刻，具有较强的哲理性和理论深度。

（4）试读《纽约上学的日子》，找找其中记叙、抒情、议论、描写的句段读一读，感悟四种方式交融的表达效果，全班交流。

（5）尝试运用两到三种方式，写一段读后感言。

四、创意天地

（1）海伦说，假如给她三天光明，第一天她要去看那些给予她鼓励的人们；第二天她要去欣赏黎明时白昼挣脱黑暗的时刻；第三天她会在普通人中看见他们的快乐、友善。所有美好的人类品质是相通的。假如你的生命只剩三天，你会选择如何度过？

（2）你的成长过程中，遇到过哪些具有里程碑意义的故事？遇到过哪些影响或帮助过你的人？可以根据生活经历，制作一份图文并茂的《我的自传》或《我的生活》。

（3）利用周末时间尝试一天的盲聋生活，从衣食住行、学习、娱乐等方面写下自己的体验感受。

五、阅读加油站

（1）《假如给我三天光明》。

（2）整理海伦成长中的书单，对比自己与海伦·凯勒的阅读感受。

六、阅读工具箱

传　记

1. 传记是什么

传记是遵循真实性原则，用形象化的方法记述人物的生活经历、精神风貌及其历史背景的一种叙事性文体。从传记中，我们可以了解一个人的生活经历，体悟一个人的情感世界，追寻一个人思想演变的线索，分析一个人成败的缘由，重温那逝去的岁月云烟，感受沉重的历史沧桑，从中获得有益的人生启示，形成一定的思考和判断。自传，传记中的一种，用第一人称的方式来讲自己的生活历程和思想演变。

2. 自传的基本内容

（1）个人的成长经历。围绕着自己的成长经历，选择具有重要意义的事情作为素材，表现自己的成长过程与感悟。

（2）个人思想演变过程。这是自传的主题部分。一般结合自己的成长经历，分阶段写明思想演变过程。通过这些思想演变过程的清理和回顾，总结成长进步经历，表达自己的思考、收获与困惑。

（3）家庭主要成员、主要社会关系。尤其是对自己成长过程中影响最大的人和事。

深圳市福田区景莲小学　文国锋

深圳市福田区南华小学　马金香

图书在版编目（CIP）数据

儿童阅读课程教学案例 / 余云德主编. -- 南昌:
江西教育出版社, 2021.10
ISBN 978-7-5705-2667-3

Ⅰ. ①儿… Ⅱ. ①余… Ⅲ. ①阅读课－教案(教育)－
小学 Ⅳ. ①G623.232

中国版本图书馆 CIP 数据核字(2021)第 211399 号

儿童阅读课程教学案例
ERTONG YUEDU KECHENG JIAOXUE ANLI
余云德　主编

江西教育出版社出版
（江西省南昌市抚河北路 291 号　　邮编：330008）
各地新华书店经销
江西润达印务有限公司印刷
700 毫米×1000 毫米　1/16　33.5 印张　字数 560 千字
2021 年 11 月第 1 版　2021 年 11 月第 1 次印刷
ISBN 978-7-5705-2667-3
定价：98.00 元

赣教版图书如有印装质量问题，请向我社调换　电话：0791-86710427
投稿邮箱：JXJYCBS@163.com　电话：0791-86705643
网址：http：//www.jxeph.com

赣版权登字 -02-2021-669